|智能财务研究系列丛书|

The Bluebook:
Intelligent Finance Research II

智能财务研究蓝皮书

（第二辑）

刘勤　吴忠生　杨寅　等／著

图书在版编目(CIP)数据

智能财务研究蓝皮书.第二辑/刘勤等著.—上海：
立信会计出版社,2022.12
（智能财务研究系列丛书）
ISBN 978-7-5429-7169-2

Ⅰ.①智… Ⅱ.①刘… Ⅲ.①财务管理系统—研究报
告—中国 Ⅳ.①F232

中国版本图书馆CIP数据核字(2022)第223064号

策划编辑　　张巧玲
责任编辑　　张巧玲
美术编辑　　南房间

智能财务研究蓝皮书（第二辑）
ZHINENG CAIWU YANJIU LANPISHU DI-ER JI

出版发行	立信会计出版社			
地　　址	上海市中山西路2230号	邮政编码	200235	
电　　话	(021)64411389	传　　真	(021)64411325	
网　　址	www.lixinaph.com	电子邮箱	lixinaph2019@126.com	
网上书店	http://lixin.jd.com		http://lxkjcbs.tmall.com	
经　　销	各地新华书店			
印　　刷	上海盛通时代印刷有限公司			
开　　本	787毫米×1092毫米	1/16		
印　　张	19.5	插　　页	7	
字　　数	440千字			
版　　次	2022年12月第1版			
印　　次	2022年12月第1次			
书　　号	ISBN 978-7-5429-7169-2/F			
定　　价	98.00元			

如有印订差错，请与本社联系调换

编辑委员会

主　任　刘　勤

副主任　吴忠生　杨　寅　胡炳军　赵燕锡　韩向东
　　　　　李　刚　唐琦松　陈　虎　段大为　付建华
　　　　　魏代森　陈绪龙　沈雁冰　金　源　周吉申

委　员（按拼音顺序排序）
　　　　　曹正凤　丁淑颖　方首宇　郝宇晓　黄长胤
　　　　　李憨劼　李　彤　李志杰　宁义双　乔鹏程
　　　　　任晓慧　谭　瑾　汤洁泉　王得利　王　玥
　　　　　徐晓音　姚树浩　张　超　赵昕昱

前　言

近年来,随着"大智移云物区"等信息技术的迅速发展,财会领域迎来了一轮新的变革机遇和挑战,会计核算、成本管理、财务分析、预测决策、风险管理等有了更先进的流程、算法、模型和工具。大数据技术可以处理更全面的经营数据,基于规则的知识系统能够汇集不同专家的优势,新一代移动计算可以帮助财务人员跨越时空演绎新的管理模式,基于RPA技术的财务机器人则在业财税等多个场合大放异彩。种种迹象表明,以人工智能为代表的新一代信息技术正在引领古老的会计行业从电算化、信息化时代向着智能化时代迈进。

为积极响应党和国家有关发展人工智能产业的号召,顺应财会领域智能化的发展趋势,上海国家会计学院于2018年12月携手中国石油集团共享运营有限公司、金蝶软件(中国)有限公司、元年科技股份有限公司等伙伴,联合发起成立了中国第一家跨领域、开放式、非营利的智能财务研究中心(以下简称中心),并在成功运行两年之后于2021年10月获批升级为智能财务研究院(以下简称研究院)。

研究院以汇智聚力、引领中国智能财务发展为己任,近四年来陆续获得了上海艺赛旗软件股份有限公司、深圳中兴新云服务有限公司、科大讯飞股份有限公司、用友网络科技股份有限公司、浪潮集团有限公司、美国管理会计师协会(IMA)、经邦软件技术有限公司、上海汉得信息技术股份有限公司、汇付天下有限公司、复星财务共享服务中心、申能集团商务服务有限公司、浙能财务有限公司等机构的积极响应和深度参与。与此同时,研究院还积极面向社会招募研究人员,在短短的几年内(注:截至2022年4月)陆续吸引了社会各界超过340位研究同道的申请加入,这些研究人员中既有高校的知名教授和企业的财务高管,又有软件公司的研发人员和著名中介机构的合伙人。众多机构和研究人员的加入,使智能财务研究院的发展如虎添翼,各项事业得以迅速发展。

2018年12月,中心(研究院)成立之后,每年都会在年终隆重举办一场智能财务高峰论坛,该系列高峰论坛已获得行业管理部门、学术界和实务界的热烈反响。此外,进入2019年后,为真实了解我国企业财务的智能化水平及发展方向,中心(研究院)每年会展开一次年度中国企业财务智能化现状调查,并精心制作了《中国企业财务智能化现状调查报告》,历年报告的发布均获得了社会各界的广泛关注与热议。研究院还形成了一套有效的科研课题工作机制,即由研究院发布年度科研课题;研究人员申请承接课题研究;研究院资助并对结果进行评价;将优秀成果推荐在论坛上发表并出版专辑。2019年,中心(研究院)首次发布15个重点科研课题选题,研究成果在第二届智能财务高峰论坛获得了集中展示,为此我们出版了《智能财务研究蓝皮书(第一辑)》,并获得了智能财务研究者的广泛好评。2020年和2021年,中心(研究院)又分别发布了19项和26项研究课题,本次出版的《智能财务研究蓝皮书(第二辑)》就是在前两年45项课题报告的基础上遴选结集而成的。

《智能财务研究蓝皮书(第二辑)》分为理论篇、技术篇和应用篇三个篇章,收集了21篇研究报告,内容涉及智能财务领域众多理论和应用的热点问题,该蓝皮书能够较为真实地反映近两年我国财务智能化研究和应用的水平及发展方向。我们期望本系列蓝皮书能够促进智能财务研究创新体系的构建,引领智能财务研究的发展方向。

本蓝皮书能够成稿出版,需特别感谢社会各方的大力支持。感谢智能财务研究院的合作机构上海国家会计学院、中国石油集团共享运营有限公司、金蝶软件(中国)有限公司、元年科技股份有限公司、美国管理会计师协会(IMA)、上海艺赛旗软件股份有限公司、深圳中兴新云服务有限公司、科大讯飞股份有限公司、用友网络科技股份有限公司、浪潮集团有限公司、经邦软件技术有限公司、上海汉得信息技术股份有限公司、汇付天下有限公司、复星财务共享服务中心等机构的共同努力;感谢21篇课题报告作者的倾情奉献;感谢财政部会计司、上海国家会计学院、立信会计出版社等单位领导的大力帮助与支持。

本著作系国家社会科学基金项目"人工智能对会计工作影响与会计职能转变研究"(项目批准号:20BGL083)的阶段性成果之一。

2022年10月

目　录

理论篇

智能财务中的知识管理与人机协同 3
企业财务智能化水平评价模型研究 11
智能财务发展对现行会计法规体系的影响研究 22
基于智能技术的管理会计体系理论架构与应用架构研究 36
智能财务标准体系研究 48
人机协同的智能财务管理模式研究 62
智慧财务背景下的数据治理方法研究 72
认知智能及其在管理会计中的应用模式研究 84
智能财务背景下企业跨国结算业务风险管理研究 101

技术篇

基于人机协同的财务数据中台构建研究 115
企业财务审核的自动化与智能化技术研究 137
报账机器人的设计、研究和实现 149
智能收单机器人软硬件一体化产品研究 167

应用篇

财务共享服务智能应用的典型场景研究 183
财务机器人在金融行业最佳实践研究 201
基于财务共享平台的智能财务分析模型与大数据分析应用 217
人工智能技术在预算管理业务预测中的应用 230
机器学习算法在洞察费用支出风险中的应用 248
基于大数据分析的应收坏账风险洞察及预测模型研究 260
区块链技术在财务会计领域的应用 275
基于云原生和微服务架构的财务云及典型应用场景研究 286

理论篇

智能财务中的知识管理与人机协同

【摘要】 相对于电算化和信息化阶段主要聚焦于对数据和信息的处理,计算机应用的智能化阶段重点聚焦于对知识的管理和创新。存储在人类财务专家头脑中的财经知识大多具有隐性的特点,因此,如何借助有效的知识表达方式,将人类专家的隐性知识转化为计算机可以自动处理的显性知识并使之得到有效应用,成为智能财务系统建设中的关键问题。未来智能财务发展中的难点之一是创建一种人机协同的知识应用和知识创新机制,这种机制可以帮助我们利用大数据和各类机器学习算法,不断发现和创造新的财经管理知识,进而处理日益复杂的财务管理活动,最终赋能企业创造更大的价值。

【关键词】 智能财务;知识表示;推理引擎;机器学习;人机协同

"大智移云物区"等新一代信息技术的快速迭代给全球社会经济发展带来了前所未有的机遇和挑战,特别是人工智能技术的不断突破,给企业数字化和智能化变革带来了巨大的想象空间。智能财务作为一种新型的财务管理模式和发展方向应运而生,它试图通过智能机器和人类专家共同组成的人机协同系统,完成日益复杂的财务和业务管理活动,并在发展中不断模拟、扩大、延伸和部分替代人类财务专家的工作,最终以更大的效能去提升和创造企业价值。

经过近几年的快速发展,以机器人流程自动化、专家系统、知识图谱、神经网络、自然语言处理、模式识别等技术为突破口的智能财务系统的研究、开发、应用和人才培养等工作已取得了令人瞩目的成效。我国智能财务的发展已逐步迈入快车道。当前,无论是理论界、实业界、教育界还是政府监管机构,都开始把目光逐渐聚焦到智能财务这个应用领域。不容忽视的是,社会各界对如何定义智能财务、智能财务的本质是什么、智能财务系统的基本构成是什么等一系列问题,目前的认识都还存在着一定的模糊性。本文的探讨,希望能为智能财务领域的研究者和建设者们,从知识管理的视角去观察和思考智能财务的发展问题提供一些有益的参考。

一、智能财务的本质是对领域知识的管理和创新

在深入讨论智能财务之前,对信息技术在会计领域的应用历史进行梳理十分有必要。回顾中国会计改革发展40多年的历程,信息技术在会计领域的应用可划分为三个发展阶

段,即电算化阶段、信息化阶段和智能化阶段(表1),其中电算化阶段是初级阶段,信息化阶段是中级阶段,智能化阶段是高级阶段。

表1 信息技术在会计领域的三个应用阶段

阶段	核心技术	变革程度	处理对象	角色定位
电算化阶段	个人计算机、局域网、操作系统、数据库、编程语言	仅涉及管理环节的自动化、未影响管理流程和组织	会计数据	合规管理
信息化阶段	互联网、电子商务、信息安全、SaaS服务、数据仓库、ERP	通常涉及管理流程和组织的再造	会计信息与会计数据	管控+服务
智能化阶段	知识系统、神经网络、机器人流程自动化、知识图谱、模式识别等	通常涉及财务管理模式的重构	财务管理知识、会计信息与会计大数据	赋能+创新

相对于对数据和信息的较高认识度,人类对知识的认识还处于不断深化的过程中,目前有关知识积累、创造、应用等知识管理领域的探讨仍方兴未艾。知识是人脑创新的成果,是人类智慧的结晶,是人类在实践基础上产生又经过长期实践检验后对客观实际的可靠反映。科学技术知识是这样,财经管理知识也是这样。由此可见,对人类智慧的管理,其核心就是对知识的管理。

按照对智能财务的一般理解,即"利用智能机器和人类专家共同组成的人机协同系统,去完成日益复杂的财务和业务管理活动,并在发展中不断模拟、扩大、延伸和部分替代人类财务专家的工作,最终以更大的效能去提升和创造企业价值",再结合对人类智慧和知识之间关系的分析,可以得出这样的结论:智能财务发展的本质就是利用智能技术对财经领域知识进行管理和利用,以及发现和创新财经管理知识的过程。

基于以上认识,本文构建出智能财务系统的基本架构(图1)。

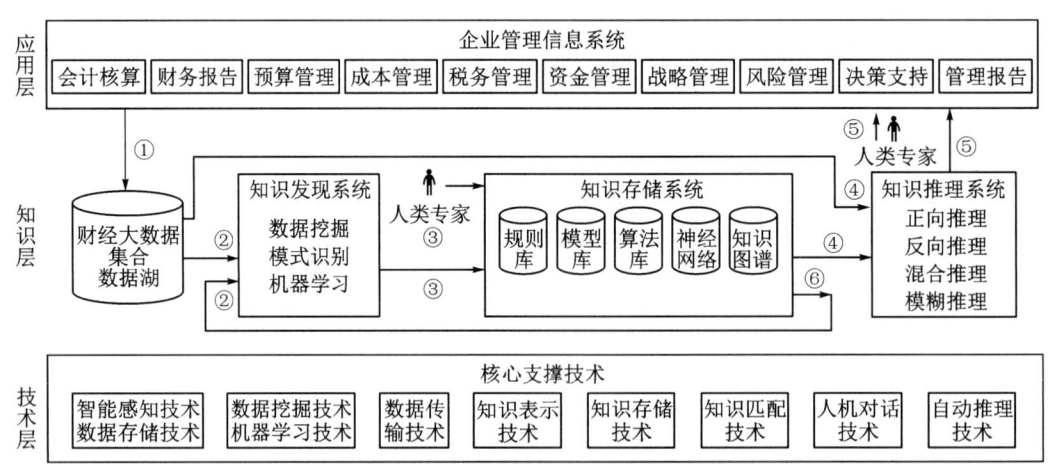

图1 智能财务系统基本架构

从信息系统的角度来看,与传统的企业会计系统相比,企业智能财务系统主要增加的是知识层的知识管理部分(图1)。

在新增的知识层中,知识存储系统将人类解决问题所需的知识通过规则库、模型库、算法库、神经网络、知识图谱等形式存储在计算机系统中,在解决某具体问题时,由知识推理系统(又称知识处理引擎)按一定的检索和推理机制,调用知识存储系统中的知识条目,结合具体的业务数据完成预期的管理任务(图1中④⑤)。例如,通过自动调用规则库中的业务稽核规则和凭证生成规则,结合具体的某项采购业务数据,可智能生成采购的记账凭证信息;通过自动调用经过事先训练的神经网络模型,结合企业具体的财务指标数据,可判断该企业是否存在财务风险;通过自动调用相关供应商的知识图谱,结合某次招标的具体数据,可判断指定的供应商是否存在围标的可能性等。

在新增的知识层中,还可以借助于知识发现系统(未来知识创新系统的一部分)中的数据挖掘、模式识别、机器学习以及深度学习等工具和算法,对从企业管理信息系统中或企业外部环境中收集到的财经大数据,不断地进行加工处理(图1中①),从中发现和创造新的财经管理规则、模型和算法等(图1中②),并适时添加到知识存储系统中(图1中③)以备进一步使用,从而形成智能财务系统中知识不断更新、迭代的良性循环。

需要说明的是,根据观察,知识层的这些系统部件,在目前的实际应用中并非作为独立的知识中台或者独立的外挂系统出现,尽管这种独立的架构可能是未来智能财务系统结构的重要发展方向。从近期上海国家会计学院智能财务研究院评选出的数十个年度智能财务最佳实践案例中可以发现,其中智能财务系统所应用的知识通常是被写入企业管理系统的模块之中,甚至有些知识是被固化到具体应用程序之中的,即所应用的知识并未单独以知识库(如规则库、模型库、算法库、知识图谱等)中可编辑的知识条目的形式来存储、管理和应用,因此这些知识大多是难以被灵活管理的。

二、智能财务系统建设的关键是对知识的形式化

知识是智能的基础,良好的知识表示与处理是计算机有效获得、理解并利用知识的前提。为了让计算机能够理解和处理财经管理知识,并按要求辅助财务工作者完成基于知识的财务管理任务,必须首先明确知识的表示方式,即对相关的财经知识构建模型,只有经过合理表示的知识才能被计算机有效地存储和利用。

知识表示是对现实世界的一种抽象。在计算机中,知识可被理解成以某种结构化的方式表示的概念、事件和过程等。为了合理表示知识,必须先了解人类知识的种类及其基本特点。

知识一般可分为陈述性知识、过程性知识和控制性知识,这三类知识在财经管理中都被大量应用,只是有些知识是以隐性的方式存储在人类专家的头脑中,它们的应用规律尚未被有效地揭示。

陈述性知识提供概念和事实,描述系统状态、环境和条件,是有关真理和常识性的知识,这种知识具有静态的性质。例如,权益回报率是指利润与权益之比;资产是指由过去的交易或事项形成的、由企业拥有或控制的、预期会给企业带来经济利益的资源。

过程性知识是提供有关状态的变化、问题求解过程的操作、演算和动作的知识。例如：年度预算的调整需首先将预算调整申请上报预算委员会，预算委员会无法平衡解决时需报请公司董事会，经批准后的预算调整方案需按原预算编报的流程调整；报关的流程包括接受申报、审核单证、查验、办理征税、结关放行等环节。

控制性知识是包含各种处理过程、策略和结构的知识，通常用控制策略表示。例如：关于出差借款，财务部规定对于200元以下的借款需求不予支持，借款超过500元的，应提前1天通知财务部备款，借款未还的，原则上不得再次借款；关于出差时可乘坐的高铁坐席，大学规定院士、副部级人员可乘坐商务座，教授和司局级人员可乘坐一等座，其他人员只可乘坐二等座。

在人工智能的发展过程中，针对不同的学科特点和知识种类，专家们提出了基于图论、逻辑学、概率论等理论的各种知识表示方式，具体有一阶谓词、产生式规则、框架、脚本、语义网络、知识图谱、神经网络等形式，这些知识表示方式具有各自的适用场合和局限性（表2），它们在智能财务领域都有很好的应用前景。

表2　智能财务系统常见知识表示方式

表示方法	简介	特点及适用场合	局限性	应用举例
一阶谓词	一种形式语言，运用命题演算、谓词演算等描述一些事实，可把数学上的逻辑论证符号化	该表示方法简单、自然、精确、灵活、容易实现，适合表示事物的状态、属性、概念等事实性知识，以及表示逻辑推理的过程	难以表示不确定性知识和启发性知识，推理过程可能冗长、效率低	用于表示企业财务状态、风险水平、企业属性、经营状况等
产生式规则	通常采用 If P then Q 的形式表示知识，P 表示一组前提，Q 表示一组结论、操作或执行的动作	该表示方式格式固定、形式单一，规则间相互较为独立，知识库的建立较为容易，适合用于描述原因到结果、条件到结论、前提到操作等形式的知识	不能表示结构性知识，求解过程效率不高，求解复杂问题时容易引起组合爆炸	用于表示会计稽核规则、记账凭证生成规则、风险诊断规则、投资决策规则等
框架	一种描述对象属性的数据结构，一种结构化的、静止的知识表示方法	该表示方法具有良好的继承性、冗余度低、一致性好，适合表示格式固定的事物、行动和事件等结构性知识	不适合表示过程性知识，通常需与其他表示方式结合使用	用于表示财务报表、增值税发票、银行对账单、标准销售合同等
脚本	框架的一种特殊形式，用框架中的一组槽来描述某些事件的发生序列	适合被用来描述特定上下文中固定不变的事件序列和流程性知识，尤其是一些预先已构思好且具有进入条件、角色、场景和结局等要素的特定知识	灵活性不足，难以表示不确定、不完整、规范性差的知识	用于表示销售流程、开票程序、审计流程、预算审批流程、绩效评价程序等
语义网络	一种以网格格式表达人类知识构造的形式，使用相互连接的点和边来表示知识	该方式能直接明确地表示概念之间的语义关系，是对人类语义记忆和联想方式的一种模拟，可用于快速推理	具有非严格性，关系可能存在二义性，不能表示动态知识和过程性知识	用于表示公司的治理结构、产品零部件间的关系、电子档案管理等

(续表)

表示方法	简介	特点及适用场合	局限性	应用举例
知识图谱	一种有向图,实体作为知识图谱的节点,事实作为边,方向由头部实体指向尾部实体	该方式既可描述确定性知识,也可描述不确定性知识,可以描述包括上下位概念体系、属性关系、结构信息等内容的整个领域知识全景	不适合描述动态性知识和过程性知识	用于表示供应商信息、税务在线咨询问答知识、产品推荐信息、金融反欺诈应对知识等
神经网络	一种模仿人脑神经元结构及其功能的抽象数学模型	通常用来模拟人类的知识表示、存储和推理的行为,适合描述具有模糊、残缺、不确定的,且有足够的数据来提供训练的知识,神经网络具有自学能力	无法解释推理的过程和依据;当数据不充分时无法工作;把一切问题特征都表现为数字,具有局限性	用于建立企业财务风险评估模型、企业成本预测模型、企业信用评价模型、信用卡风险评估模型等

根据对大量案例的研究,目前在智能财务系统中最常见的知识表示方式有一阶谓词、产生式规则、知识图谱和神经网络,其他表示方式相对比较鲜见,它们的适用性还有待于到应用系统中去检验。良好的知识表示方式可以从表达能力和计算效率两个角度进行评价。具有足够强的表达能力,才能充分、完整地表达解决问题所需的财经领域知识;具有足够高的执行效率,才能保证计算机在有限的时间内,利用财经知识处理复杂的管理问题。

总之,欲利用计算机系统实现智能财务中的知识管理,必须遴选出表达能力强和计算效率高的知识表示方式,将人类专家创造的各类知识(可能大多是隐性的知识),形式化为计算机可以自动处理的显性知识,这样才能在智能推理引擎的驱动下,逐步实现对人类专家工作方式的模拟、延伸、扩展和部分替代。

需要说明的是:尽管当前人工智能专家提供了很多知识表示的方案,但由于人类知识的复杂性和现存知识表示方式的局限性,还有很多知识无法用合适的方式来表示。因此,必须结合应用场景,不断探索新的知识表示方式,为更深层次地认知和模拟智能财务管理行为奠定基础。

三、人机协同知识应用和创新机制的建立是智能财务建设的难点

在会计人员中,有关智能财务的发展问题,隐约蔓延着一种"会计职业可能会被人工智能程序替代"的焦虑情绪,这一情绪代表着部分会计人员在现代社会转型中对未来职业发展的担忧,它的产生有其深层次原因,同时也暗示着未来发展的某种可能性。实际上,这一负面情绪也在时刻提醒着智能财务的研究者和财务智能化建设的参与者们,必须对智能财务发展中人的价值进行理性的思考。

尽管当前已经通过大量的案例证实RPA(Robotic Process Automation,机器人流程自动化)和IPA(Intelligent Process Automation,智能流程自动化)等系统确实可以替代部分人类的工作,计算机在运算智能和感知智能上也确实具有相对的优势,但人类在认知智能和知识创新方面的绝对优势似乎还是不可撼动的,所以未来的智能财务系统不可能是完全由机器

组成的系统,因为这样的系统一定是没有灵魂、没有创新能力的系统。

众所周知,机器和人在管理中各具优势,机器适合从事快速的、精密的、笨重的、有危险的、单调重复的、长期连续不断的、复杂的、高速运算和环境恶劣的工作,而人则适合从事创造性的、情况多变的、非简单重复的、对机器系统工作程序的指令安排与程序设计、监督控制计算机系统运行以及维修和保养机器设备等类型的工作。未来的智能财务系统一定是能充分发挥机器和人各自优势的人机协同共生系统。

理想中的人机协同智能财务系统应该由人处理相对复杂的工作(如对工作任务的选择和决策、对结果的评价等),由计算机负责处理程序化的工作(如数据的处理、知识的推理、可用RPA替代的简单和重复性工作等),对各种复杂的问题,必须由人和计算机通过密切的协作来高效地解决。

但事实上,做到这一点并不容易,因为长期以来,管理流程和管理制度的设计基本上未充分考虑人机协同的问题,在组织分工、流程配套、系统衔接等方面基本上是将人和机器分开独立考虑的,并没有兼顾深度融合问题。因此,如果要解决人机协同共生的问题,必须在组织分工、流程配套、信息传递、系统衔接、风险管控、利益权衡以及伦理安全方面进行全面的考虑(图2)。

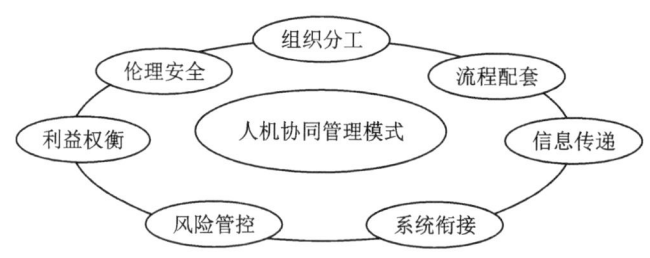

图2 人机协同智能财务管理要素

本文从组织分工、信息传递、系统衔接等方面对人机协同智能财务管理系统进行初步探索(图3)。

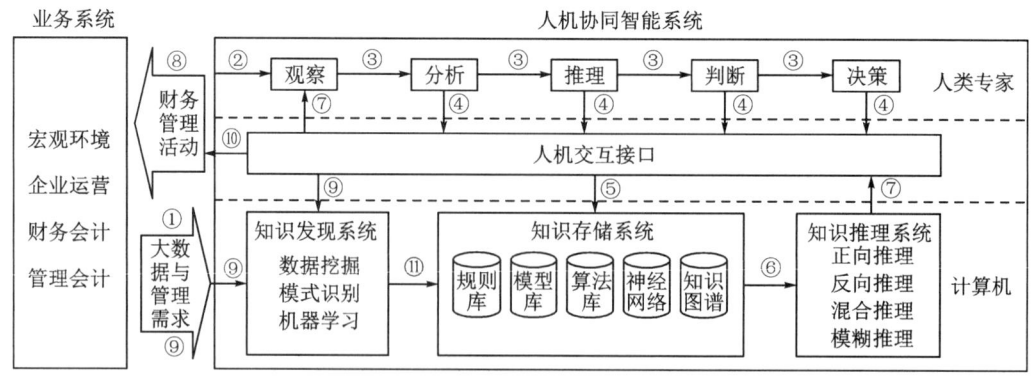

图3 人机协同智能财务管理系统示意图

在人机协同智能财务管理系统中，人类专家将从业务系统中观察到的数据和管理需求（图3中①），经过分析、推理、判断、决策（图3中②③）后，将结果通过人机交互接口传输给计算机系统（图3中④）。计算机通过规则库、模型库、算法库、神经网络、知识图谱等对输入的结果进行分析、搜索、匹配和评价（图3中⑤），并传输给知识推理系统进行推理（图3中⑥），随后再把推理的结果反馈给人类专家（图3中⑦），并据此开展财务管理活动（图3中⑩⑧）。

在该系统中，人机协同的工作机制是：如果规则、算法或者模型已知，则通过人机交互接口确定某些参数（图3中⑤），再经过推理（图3中⑥）后，选择某些多目标决策的满意解（图3中⑦）；如果规则、算法或者模型未知，则基于财务专家的自身经验，对结果进行评价和选择，实现最终的推理和决策（图3中⑩）。

在人机协同知识应用的基础上，智能财务系统会进一步实现人机协同的知识发现和创新。即可以借助于数据挖掘、模式识别和机器学习的算法，利用大数据进行学习，在人类专家的帮助下（图3中⑨），通过知识发现系统，产生新的规则、算法或模型（图3中⑪），即实现知识的发现和创新。

知识发现过程是从数据集中抽取和精化新模式的过程。其中数据的形态有数字、符号、图像、图形、声音等（图3中⑨），数据组织方式可以是结构化的、半结构化的或非结构化的，知识发现的结果可以表示成规则、规律、模型、算法、概念网络等各种形式。

需要说明的是：图3所示的人机协同智能财务管理系统是一种理想中的信息系统，其最终实现还有很长的路要走，不仅需要在知识存储、推理、发现、创新等环节充分考虑人机的组织分工、流程衔接、信息传递等问题，还需在风险管控、利益权衡以及伦理安全等更大的范围内进行机制设计和安排。

四、结束语

智能财务是一门新兴的应用性学科，尽管理论界有关其内涵和外延的探讨存在着较大的争议，但对智能技术的应用和对财务智能的管理似乎是公认的内容。本文从知识管理的角度，讨论了对财务智能的管理问题，指出知识表示方式是关键、人机协同智能应用和创新是难点。本文还具体给出了部分系统的概念模型，相信在实务界的共同努力下，智能财务发展的道路会越走越清晰、越走越宽广。

参考文献

[1] 刘勤,杨寅.改革开放40年的中国会计信息化:回顾与展望[J].会计研究,2019(2):26-34.
[2] 刘步青.人机协同系统中的智能迁移:以AlphaGo为例[J].科学经济社会,2017(2):73-77.
[3] 刘勤,杨寅.智能财务的体系架构、实现路径和应用趋势探讨[J].管理会计研究,2018(7):84-90.
[4] 刘勤,尚惠红.智能财务:打造数字时代财务管理新世界[M].北京:中国财政经济出版社,2020.
[5] 蔡自兴,等.人工智能及其应用[M].5版.北京:清华大学出版社,2016.
[6] 史忠植.知识发现[M].2版.北京:清华大学出版社,2011.

［7］惠军华.知识表示与处理[M].北京:电子工业出版社,2021.

课题负责人:刘勤,智能财务研究院院长,教授,博士生导师
所在单位:上海国家会计学院

企业财务智能化水平评价模型研究

【摘要】 企业财务智能化水平会直接影响经营管理者预测和决策的准确性,使财务管理在经济管理中的作用得到更充分的发挥,因此,提高财务智能化水平对财务工作质量的提升和企业长远发展都具有重大意义。为了帮助企业发现财务智能化建设中存在的问题,提高财务智能化建设质量,提升企业财务管理水平和决策能力,本课题旨在构建系统性、科学性的企业财务智能化水平评价模型。本课题的主要贡献包括:通过文献梳理和分析,构建了逻辑较为严谨的企业财务智能化水平评价模型,从而进一步完善我国企业信息化建设理论和评价体系;企业财务智能化建设是一个不断提升的过程,需要对企业财务智能化所处的层次和等级加以区分,本课题构建了企业财务智能化的阶段划分;本课题对企业发展财务智能化提出了对策和建议。

【关键词】 财务智能化;智能财务;水平评价;成熟度

一、引言

近年来,经济全球化和全球信息化形势突飞猛进,信息技术及其应用已经渗透到经济和社会的各个领域,成为提升产业结构和素质、提高劳动生产率、增强国家综合实力的最先进的生产力。在财务领域,随着"大智移云物区"等新技术的不断助推,智能财务正在成为财务领域学术界和实务界共同面临的新鲜事物,其理论探讨与实践探索成为近两年的热点,引发广泛社会关注。企业财务智能化正在成为国民经济和社会信息化的基础,越来越受到企业和社会各界的广泛重视。

自 2019 年起,上海国家会计学院智能财务研究院[①]开始启动中国企业财务智能化现状调查,调查内容涉及智能财务特征、企业财务信息系统各功能模块的采用情况、企业财务智能化程度以及提升迫切程度、企业对信息技术采用规划及认识,同时也涵盖了企业推动智能财务的关键因素等。基于上海国家会计学院会计信息调查中心,智能财务研究院协同众多合作机构,已经连续 3 年发布《中国企业财务智能化现状调查报告》,以期帮助企业较为真实地了解我国企业财务的智能化水平及发展方向。

---

① 前身为上海国家会计学院智能财务研究中心,研究中心于 2021 年 10 月升级为上海国家会计学院智能财务研究院。

然而,许多企业在财务智能化发展过程中大多处于茫然无序的状态。有些企业没有全面考虑企业的财务智能化投入是否与企业的现有发展规模相匹配,盲目投入大量资金进行财务智能化建设;有些企业担心无法预测财务智能化发展过程中企业将要面临的组织变革、管理变革等一系列变革而一味抵制财务智能化的引入;有些企业虽然导入了财务智能化规划,但是不知道如何评价企业财务智能化水平。企业在推进财务智能化的过程中,普遍存在的现象是片面追求所采用高、新和全的技术,而不管其自身当前的财务信息化基础水平如何,这样就造成了很多企业的财务信息化投资都产生不了合理的回报。对于这种现象,理论界常称为信息技术投资悖论,而产业界常称其为信息技术投资黑洞。因此,如何解决这种现象是理论界和产业界长期关注的问题。

企业财务智能化究竟应该从何着手?应该怎样才能做到企业财务智能化与企业的各项工作相融合并取得理想的效果呢?这是当前既有实践意义又富有挑战性的课题,也是财务智能化领域的研究热点和难点。基于此,本课题致力于通过对企业财务智能化发展规律、企业财务智能化过程中的相关组成因素和影响因素等理论的研究,并结合我国实际情况,提出并建立适合指导我国财务智能化建设及水平测度的企业财务智能化水平评价模型,从而推进我国企业财务智能化稳步健康发展。

二、会计信息化水平评价研究及其启示

(一)会计信息化水平评价研究

会计信息化研究具有一定的国情特点,国外并无会计信息化水平评价的相关研究,下面以国内的专家学者对于会计信息化水平评价的研究展开叙述。

王爱国(2005)认为,企业会计信息化评价应当借鉴企业管理信息化评价,应当建立一个评价体系,能够促进企业会计信息化绩效的持续评价和动态分析。文章从企业信息化水平、经济效果、竞争力的结合构建了会计信息化的三维评价模型。强静波(2011)通过借鉴国资委公布的企业会计信息化的指标以及已有学者构建的会计信息化指标体系,建设了包括信息化基本建设、信息化应用效果、人力资源情况、信息安全以及信息化重要程度等5个角度的评价指标体系,并将这些角度的指标细化为10项分指标。其中,5个角度分别是信息化基本建设、信息化应用效果、人力资源情况、信息安全、信息化重要程度。

在具体地区或行业研究方面,田利军等(2014)基于对航空公司财务信息化系统的研究,构建航空公司会计信息化评价指标体系,包括5项一级指标和15项二级指标,并采用定性与定量相结合的方式对指标进行评价。其中,一级指标包括战略地位、基础建设、应用状况、人力资源、效益指标。文章进一步基于会计信息化指标体系,运用层次分析法(AHP)和模糊综合评价法,对航空公司的会计信息化水平进行评价。王译和徐焕章(2016)对民营企业的会计信息化评价问题进行了研究,构建了民营企业会计信息化建设水平的评价指标体系,包括4个一级指标和10个二级指标。其中,一级指标分别是发展规划、基础设备、人员投入、实施效率。文章进一步用层次分析与模糊综合评价相结合的方法对案例公司进行实证

分析。

在研究方面创新方面,吕学典(2008)通过德尔菲法(Delphi)构建会计信息化指标体系,涉及了包括组织管理、基础设施建设、应用实绩、人员素质、信息安全在内的5大类指标,并将大类指标细化为21项分指标,还根据该会计信息化指标体系对案例公司的会计信息化水平进行评价。董续章(2015)将管理学中的平衡计分卡工具引入会计信息化评价中,围绕平衡计分卡的财务、客户、内部运营以及学习与成长4个维度,构建了包括会计信息系统业务、会计信息系统服务、应用效果、学习与成长4个一级指标的企业会计信息化评价指标。魏文丹(2018)用直觉模糊数的方法对会计信息化评价问题进行了研究,构建了较为详细的会计信息化评价指标体系,包括5个一级指标、12个二级指标、32个三级指标。其中,一级指标分别是战略地位、基础建设、会计信息化实施、信息化保障、应用效益。

(二)研究启示

已有的文献成果基于不同的主题或是不同的发展时期,构建了较为丰富的会计信息化水平评价指标体系,在很大程度上为本课题提供了一定的借鉴参考意义,但现有的研究也存在一定局限性。

首先,已有的研究侧重于对会计信息化水平进行测量和分析,根据关注的主题不同形成了不同方面的评价指标,但现有的评价研究尚缺少对企业财务智能化的评价。

其次,现有的会计信息化评价,关注的是构建较为全面的综合指标,经常将会计信息化投入、会计信息化管理维护以及会计信息化的绩效等全部纳入评价体系中,缺乏清晰的逻辑。财务智能化水平评价研究应当区分决定财务智能化应用的关键因素(原因)和财务智能化应用的绩效水平(结果)。在进行财务智能化水平研究过程中,会面临三个问题:一是财务智能化的投入到底产生了多少价值,这是财务智能化的绩效评价问题;二是企业财务智能化的水平,这是财务智能化的水平评价问题;三是如何推动企业财务智能化水平的发展,这是财务智能化的关键因素问题。第一个问题是要解决企业财务智能化的投入产出问题,第二个问题是要解决客观评价企业财务智能化水平的问题,第三个问题则是要解决如何提升企业财务智能化的问题。

最后,在研究会计信息化水平评价中,很多学者都聚焦于会计信息化水平评价体系构建,并结合某案例企业进行水平评价。但显然信息化应用应当是分阶段的,结合相对应的发展阶段,进行信息化水平测试更有借鉴意义。绝大部分的水平评价都是一步到位的,并没有建立起不同阶段的信息化水平评价体系。

三、企业财务智能化水平评价分析

(一)企业财务智能化概念和特点

近年来,随着信息技术的不断革新发展,尤其是机器人流程自动化(RPA)在财务领域的成功应用,越来越多的企业将人工智能和大数据分析技术引入到财务领域。理论界和实务界普遍认为,财务智能化的趋势已经形成。因此,有学者提出,在我国会计信息化的40年历程中,已经经历了会计电算化、会计信息化(狭义)阶段,目前正处于会计智能化发展阶段(刘勤、杨寅,2019)。

相对传统的纯人工财务、电算化财务和信息化财务,智能财务在信息处理方面有着显著的优势:智能财务可以借助 RPA、模式识别、专家系统、神经网络等技术,自动、快速、精确、连续地处理财务管理工作,帮助财务人员释放从事常规性工作的精力,去从事更需社交洞察能力、谈判交涉能力和创造性思维的工作;还可以借助全面而非抽样的数据处理方式,自动地对财务活动进行风险评估和合规审查,通过自动研判处理逻辑、寻找差错线索和按规追究责任,最大程度保障企业的财务安全。智能财务的发展依赖于信息技术的迭代发展,以及企业在财务领域的实际应用场景。对比会计电算化和会计信息化(狭义),智能财务更应当体现在财务的智能化演进中,借助以人工智能等技术为代表的信息技术,财务管理工作更加高效,从而帮助财务人员去从事高价值的工作,而这些工作也越来越依赖于智能化的工具。

(二)企业财务智能化水平评价的原则

企业财务智能化水平评价主要为了评估企业财务智能化、会计信息化是否符合企业战略发展的需要。为了使评价结果更全面、更客观,在构建财务智能化水平评价指标体系时需要把握以下原则。

首先,指标设计的目的是要客观评价企业财务智能化水平。在会计信息化水平评价指标设计过程中,常常会将会计信息化应用的原因指标(如会计信息化投入、管理层支持、会计信息化人才等)纳入指标体系。同时,也常将会计信息化应用的结果指标(如资金周转率、销售收入增长率以及利润率等)纳入指标体系。如果在财务智能化水平评价指标体系中也混淆了原因和结果指标,那就无法真正对影响企业财务智能化应用的原因以及应用成效进行进一步分析了。本课题所研究的企业财务智能化水平评价模型,仅包括企业财务智能化应用的具体指标,不涉及影响财务智能化应用的关键因素以及财务智能化应用的绩效水平。未来可以进一步分别研究影响财务智能化应用的关键因素以及财务智能化应用的绩效水平等。

其次,企业财务智能化水平评价应当考虑全局性。在构建财务智能化水平评价体系时,要全面考虑评价体系的维度和层次,对财务智能化进行系统层次划分时要符合逻辑关系,不能随意或主观地选取零散的评价指标对评价对象进行评价和分析,不能使指标的内容之间发生重叠和冲突。因此,当建立企业财务智能化水平评价体系时,既要考虑整体指标的协调性,又要兼顾各个指标之间内在的逻辑关系和相互补充关系,从而建立多维度多层次的财务智能化水平评价指标体系。

最后,企业财务智能化水平评价应当分等级进行分析。对企业财务智能化水平实行等级分类,并以此评判企业在财务智能化各方面的成熟特征;针对已经实行财务智能化的企业,用评价指标对企业财务智能化的各相关环节进行定量评估;对企业财务智能化的过程实行等级分类,并明确描述各级特征。企业财务智能化水平评价不仅需要反映企业不同阶段的水平高低和成熟程度,而且要能够帮助企业看到在财务智能化建设过程中,财务智能化能力水平的变化、发展、提升和完善,即企业财务智能化水平评价不仅需要静态描述企业财务智能化水平,还可以动态反映企业财务智能化水平的变化。

(三) 企业财务智能化水平评价模型构建

1. 企业信息化水平评价的借鉴参考

随着企业信息化在企业中应用广度和深度的拓展,基于研究和管理的需要,许多学者开始对企业信息化应用涉及的各个方面进行测评。这类研究可以分为两种:一种是针对单一领域进行测评,另一种是对多个领域进行测评。

单一领域的测评研究包括对数据质量、IT 服务质量、IT 战略影响、用户满意度和 IT 项目管理等方面的测评,其中主要的文献包括 Wang(1998)、Raghunathan 等(1999)、Lee 和 Xia(2005)。在多个领域的测评研究中,具有代表性的是 Delone 和 McLean(1992)提出的 D&M 模型,从系统质量、信息质量、用户使用、用户满意、个人影响及组织影响 6 个维度对信息系统成功进行评价,并在其后续的研究中对其模型不断改进和完善(Delone 和 McLean,2003)。

在国内,侯伦和唐小我(2001)提出从企业信息化组织建设、信息基础设施和信息化系统应用三个角度评价企业信息化水平。程刚(2003)分析了企业信息化水平评价体系内涵、评价意义、评价内容、方法、组织及指标体系。郝晓玲和孙强(2005)认为,企业信息系统应用在实施的过程中往往分为战略层、控制层和执行层,分别对应于企业的战略管理层、信息部门和项目组。肖素梅等(2005)分析了企业信息化水平评价指标和评价方法,齐二石等(2006)也先后探讨了制造业信息化工程效益评价方法和信息化实施能力评价方法。肖静华(2010)所著的《企业信息化水平评价理论与方法》对企业信息化水平评价进行系统分析,对本课题起到很重要的启示作用。

2. 企业财务智能化水平评价指标体系

通过相关文献梳理,企业财务智能化水平评价指标主要涉及技术质量、数据质量、财务智能化运作质量、用户满意度、财务智能化对企业战略的支持以及人机交互水平。同时,企业组织管理理论通常将管理层级分为操作层、管理层和决策层,企业的财务智能化不仅涵盖这三个层级,同样也具有类似的层级划分。结合企业财务智能化水平评价的特点,本课题从基础层级、操作层级以及战略层级来选取评价维度和指标。其中,技术质量和数据质量构成基础层级的维度,财务智能化运作质量构成操作层级的维度,战略支持构成战略层级的维度,用户满意度和人机交互水平协同维度贯穿在这三个层级中。

1) 技术质量

技术质量是指财务智能化相关的硬件设施和软件系统,主要考虑先进性、完备性、扩展性、开放性和安全性。其中,硬件设施包括服务器、终端设备和网络设备等,软件系统则从功能性、可靠性、易用性、效率和可移植性等方面来评价软件质量。ISO 软件质量测度模型则将正确性、可靠性、可维护性、效率、安全性、灵活性、可使用性和互联性作为测度指标。此外,先进性、扩展性和开放性等也是构成评价技术质量的主要指标。

2) 数据质量

数据由基础数据、业务数据和决策数据构成。基础数据指企业内部产生的静态数据,如物料数据、产品数据、财务基础数据和人事基础数据等;业务数据指企业在业务过程中产生的动态数据,如采购数据、生产数据、质量数据、库存数据、销售数据和客服数据等;决策数据指企业满足企业决策需要的数据,如绩效数据、市场数据和财务决策数据等。数据质量的评价指标主要包括标准化、准确性、完整性、及时性、有用性、安全性及可访问性等。

3) 财务智能化运作质量

财务智能化运作主要是指在操作层级的运作水平,包括业务应用质量和财务应用质量。其中,业务应用质量主要评价企业财务智能化对运营层面管理信息系统的支撑程度,包括采购、库存、生产和销售等环节的业务运营方面。财务智能化如何进行更好融合,这是财务智能化水平评价很重要的维度。对于业务应用质量和财务应用质量的测量指标,现有研究主要从用户使用财务智能化系统的频率与范围、财务智能化对流程再造的影响、财务智能化对运作效率的影响等方面进行测量。在业务应用质量方面,从财务智能化对运作管理精细化和优化的促进程度来进行评价。对运作管理精细化的促进体现的是财务智能化应用的管理质量,即财务智能化系统通过流程的规范和数据的规范,促使业务运作更为精细化的程度。对运作管理优化的促进体现的是财务智能化应用的业务融合,即财务智能化通过各种智能工具,对优化管理、市场预测和各类决策提供支持,促使管理更为优化的程度。因此,这里采用管理质量和业财融合水平两项指标评价财务智能化在业务应用中的质量水平,采用管理质量和智能化水平两项指标来评价财务智能化在财务管理中的应用水平。

4) 战略支持

一方面,战略支持主要评价财务智能化对企业战略的支持程度。对于战略支持的评价,现有研究主要从信息化战略与企业战略的一致性角度进行评价。本课题不会将相关部门及其负责人在企业中的地位归为评价指标,而认为这是促进企业财务智能化发展的关键因素,两者不能混淆。另一方面,战略支持主要评价企业财务智能化对企业内部及上下游供应链中的集成支持程度。当财务智能化在企业中仅是一般性应用,与企业战略没有关联时,财务智能化对集成支持程度通常不高;当财务智能化应用与企业战略密切相关联时,财务智能化对企业系统集成具有很强的支撑作用。因此,采用一致性程度和系统集成支持程度两项指标来评价财务智能化对企业战略的支持程度。

5) 用户满意度和人机交互水平

由于用户满意度和人机交互水平存在一定程度的重合,我们将两者合并为一,统称"人机协同"。人机协同主要评价用户对财务智能化应用信息系统的满意程度、财务智能化应用与用户交互的友好性及智能化程度。除了人们公认的财务智能化系统易用性和有用性,随着对财务智能化柔性要求的提高,我们也要考虑用户的满意度,改进人机协同的灵活水平。因此,采用易用性、有用性和灵活性来评价人机协同水平。

综上所述,本课题构建了企业财务智能化水平评价模型的框架,如图1所示。

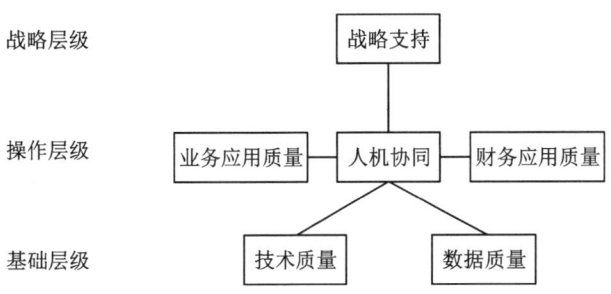

图 1　企业财务智能化水平评价模型框架

(四) 企业财务智能化水平的阶段划分

1. 企业信息化水平的阶段划分借鉴参考

20世纪60年代至20世纪70年代,作为社会技术系统学派代表人物之一的美国哈佛大学教授诺兰,在对西方信息系统建设所走过的曲折道路进行大量的调研分析之后,得出了反映信息系统发展过程的阶段理论假说,并在20世纪70年代中期首先提出信息系统发展的四阶段模型,之后又提出了六阶段模型。其中,六阶段模型被更多的人所了解和接受。六阶段模型就是著名的诺兰模型,它是第一个描述信息系统发展阶段的抽象化模型。该模型指出,信息系统建设分初始期、普及期、控制期、整合期、数据管理期和成熟期六个阶段,这是一种波浪式的发展历程。其前三个阶段具有计算机数据处理时代的特征,后三个阶段则显示出信息技术时代的特点,前后之间的"转折区间"是在整合期中,由于办公自动化机器的普及、终端用户计算环境的进展而导致了发展的非连续性,又称为"技术性断点"。诺兰(1979)在评价函数变量中采用了信息系统的主要目的、信息系统的承担者、关键技术、信息系统部门的计划与控制、用户与信息系统的关联这五个变量。

国内学者也提出了自己的见解。其中较突出的是北京长城战略研究所的学者,他们通过研究以上相关模型提出了"渐进式企业信息化模型",他们提出,在企业中,信息技术起初的作用是操作层次的,然后是战术层次的,随着它向企业经营各个环节的渗透,会逐渐产生战略性的影响(司有和,2003)。他们总结归纳出企业信息化的渐进式过程是从作为文字处理工具,到自动化和信息沟通的手段,再到集成的信息系统、决策支持,直到促使企业运作模式和组织结构的变化。从空间上来讲,信息技术应用是从局部应用发展到超越部门界限,然后再发展到超越外部界限,成为企业与外界联系的纽带。随着信息技术应用范围的扩大,信息技术逐渐打破了企业的水平界限、垂直界限和外部界限,使信息能在组织内部和外部畅通无阻地流动和共享。这两者综合地反映了信息技术在企业中应用的状况。从人们的思想认识角度来讲,人们对信息技术应用的理解是在长期实践的基础上发展起来的,是一个继承和发展的过程,是一个从无序到有序的过程,这就是自然规律。企业信息化的水平不在于企业应用信息技术的时间跨度,而在于人们对企业信息化认识的深化。北京长城战略研究所根据其对企业信息化的长期关注和发展评估,把企业信息化的进程大致分为六个阶段,分别是进入数字化生存阶段、单点数字化阶段、单点自动化阶段、联合自动化阶段、决策支持自动化阶段,敏捷的、虚拟化的企业阶段,如图 2 所示。

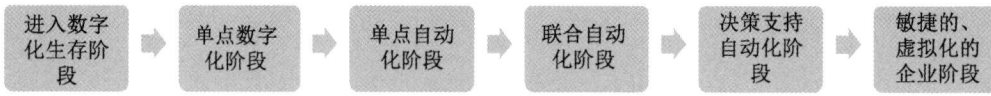

图 2　渐进式企业信息化模型

2. 企业财务智能化水平的阶段划分分析

企业财务智能化水平是一个不断改进和提升的过程,本课题借鉴 CMM①/CMMI② 的思想以及上述企业信息化阶段理论和 IT(Internet Techndogy,信息技术)成熟度模型,将企业财务智能化水平分为五个阶段,如图 3 所示。

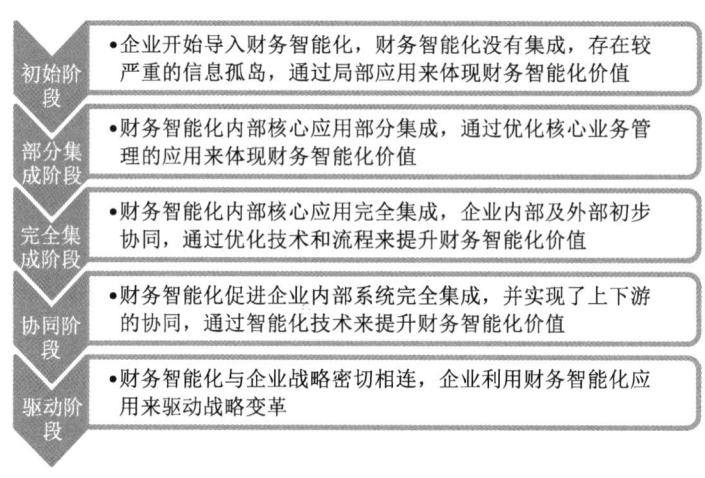

图 3　企业财务智能化水平的五阶段概念模型

企业财务智能化应用水平为一级(即初始阶段)的企业的主要特征如下:在技术方面,企业仅在财务工作的某个领域使用了智能化系统,如预算管理、成本管理等;在数据方面,除了局部数据,整体数据的标准化、完整性、准确性和及时性均较低,数据颗粒度粗;在业务应用方面,管理质量较低,业财融合水平较低;在财务应用方面,管理质量较低,并且智能化不足;在战略支持方面,财务智能化与企业发展战略没有关联;在人机协同方面,操作层的易用性和有用性中等,管理层和决策层的有用性和灵活性均低。总体而言,企业在财务智能化应用方面均处于初始水平,仅在一部分财务工作中通过智能化系统来辅助或替代人工,提高工作效率和减少错误,缺乏应用的广度和深度。

企业财务智能化应用水平为二级(即部分集成阶段)的企业的主要特征如下:在技术方面,企业财务工作的核心应用系统实现部分集成;在数据方面,核心业务数据质量较好,但整体数据的标准化、完整性、准确性、及时性较低;在业务应用方面,管理质量较低,业财融合水

---

① Capability Maturity Model For Software,软件能力成熟度模型。
② Capability Maturity Model Integration For Software,软件能力成熟度模型集成。

平不足；在财务应用方面，管理质量较低，智能化水平不足；在战略支持方面，财务智能化尚处于局部的应用，不能支持企业的发展战略；在人机协同方面，操作层的易用性和有用性中等或较高，管理层和决策层的有用性和灵活性较低。总体而言，财务工作核心业务均应用智能化系统，但智能化应用的广度和深度不足。

企业财务智能化应用水平为三级（即完全集成阶段）的企业的主要特征如下：在技术方面，企业财务工作的核心应用已完全实现集成，与上下游供应链初步协同；在数据方面，数据的标准化、完整性、准确性和及时性达到中等或良好水平；在业务应用方面，管理质量达到中等水平，业财融合水平有所提升；在财务应用方面，管理质量达到中等水平，智能化水平有所提升；在战略支持方面，财务智能化能够初步支持企业的发展战略；在人机协同方面，操作层和管理层的易用性和有用性较高，决策层的有用性和灵活性较低。总体而言，财务核心系统完全集成，智能化的广度和深度有所发展，但在灵活性方面较弱。

企业财务智能化应用水平为四级（即协同阶段）的企业的主要特征如下：在技术方面，企业财务核心应用系统实现内部完全集成，并与上下游供应链实现协同；在数据方面，数据的标准化、完整性、准确性和及时性均达到良好水平；在业务应用方面，管理质量达到优秀水平，业财融合水平中等或良好；在财务应用方面，管理质量达到中等或良好水平，智能化水平良好；在战略支持方面，企业有清晰的财务智能化发展战略，并能有效地支持企业的发展战略；在人机协同方面，操作层和管理层的易用性和有用性较高，决策层的有用性和灵活性中等。总体而言，企业财务智能化应用渗透到所有业务和管理环节，并能对管理优化和各类决策提供有力的支持。

企业财务智能化应用水平为五级（即驱动阶段）的企业的主要特征如下：在技术方面，企业核心应用系统实现完全集成，并与上下游供应链及合作伙伴实现协同；在数据方面，数据的标准化、完整性、准确性和及时性均达到优秀水平；在业务应用方面，管理质量和业财融合水平均达到优秀水平；在财务应用方面，管理质量和智能化水平均达到优秀水平；在战略支持方面，企业有明确的财务智能化发展战略，财务智能化能够有效支持企业发展战略并驱动战略变革；在人机协同方面，操作层、管理层和决策层均实现了高水平的易用性、有用性和灵活性。总体而言，财务智能化应用渗透到所有业务和管理环节中，并能驱动企业战略变革和业务创新。

四、结论与展望

企业财务智能化建设是一项长期的、持久的系统工程，是一个渐进的过程，不可能一蹴而就，必须分阶段、分系统、分步实施。企业财务智能化的建设应由内向外，由战术层向战略层转变。企业财务智能化必须从一点一滴地使用信息技术开始。监管全面、系统的财务智能化整体解决方案非常重要，但结合我国的企业实际情况，很多时候并不适用。总体来说，我国企业财务智能化水平处于快速发展的阶段，但总体水平还比较低，大部分企业并不具备接受系统的财务智能化解决方案的条件。处于不同财务信息化水平的企业应当客观评价自身的财务智能化水平,并制定相应的财务智能化发展规划方案。

企业财务智能化更多的是过程而不是目标。企业财务智能化需要大量的投资,并且不是一次性投资,而是持续性投资。同时,企业财务智能化的投资也不是马上就可以见效益的,必须经过一段时期后,财务智能化与企业的管理模式相适应,效果才会完全呈现。此外,要实现企业财务智能化,必须先加强企业的基础管理工作,尤其需要对基础数据的梳理以及有关人员进行培训。

在财务智能化建设过程中,企业的发展及企业管理的进步,会使得需求不断发生变化。如果企业一味追求一步到位、贪大求全,就会在财务智能化建设期间造成管理失控的局面,导致员工素质、管理基础和系统需求之间产生不可逾越的"巨大鸿沟",甚至会因无资金,难以把项目进行下去。对每个企业而言,财务智能化工作不可能一次性完成,多数需求是在应用及发展中产生的。因此,分阶段逐步推行信息化可以减少投资风险,提高成功率,从而使得信息化建设和企业的发展相辅相成、相互促进。

企业财务智能化发展是我国企业实现财务转型的重要手段,同时也是一项长期、艰巨而又紧迫的任务。如何成功开展企业财务智能化,是学术界和实务界都在研究的重点。本课题结合会计信息化和企业信息化发展的规律和评价模型,在对已有成果进行深入分析的基础上,提出了企业财务智能化水平评价模型和阶段划分。由于时间缘故,本课题尚存在一些不足,包括还没对评价模型的有效性进行评价,同时未收集相关案例进行验证。今后的主要工作将围绕这些不足继续进行深入研究。

参考文献

[1] DELONE W H, MCLEAN E R. Information systems success: the quest for the dependent variable[J]. Information systems research, 1992, 3(1): 60-95.

[2] DELONE W H, MCLEAN E R. The DeLone and McLean model of information systems success: a ten-year update[J]. Journal of management information systems, 2003, 19(4): 9-30.

[3] NOLAN RICHARD L. Managing the Crisis in Data Processing[J]. Harvard Business, 1979, 57.

[4] RAGHUNATHAN S. Impact of information quality and decision-maker quality on decision quality: a theoretical model and simulation analysis[J]. Decision support systems, 1999, 26(4): 275-286.

[5] WANG R Y. A product perspective on total data quality management[J]. Communications of the ACM, 1998, 41(2): 58-65.

[6] XIA W, LEE G. Complexity of information systems development projects: conceptualization and measurement development[J]. Journal of management information systems, 2005, 22(1): 45-83.

[7] 程刚.企业信息化水平的评价体系研究[J].数量经济技术经济研究,2003(5):103-106.

[8] 董绪章,张春横.企业会计信息化评价指标的设计和应用[J].中国管理信息化,2015,18(21):62-65.

[9] 郝晓玲,孙强.信息化绩效评价[M].北京:清华大学出版社,2005.

[10] 侯伦,唐小我.企业信息化及其指标体系探讨[J].电子科技大学学报(社科版),2001(3):38-44.

[11] 刘勤,杨寅.改革开放40年的中国会计信息化:回顾与展望[J].会计研究,2019(2):26-34.

[12] 吕学典.会计信息化指标评价研究[J].情报杂志,2008(7):95-99.

[13] 齐二石,李钢,宋宁华.制造业信息化实施能力测评方法的研究与应用[J].天津大学学报(社会科学版),2006,8(2):98-102.

[14] 强静波.基于主成份分析法的会计信息化水平评价[J].中国会计学会高等工科院校分会第18届学术年会,2011:835-840.

[15] 司有和.企业信息管理学[M].北京:科学出版社,2003.

[16] 田利军,梁丁玲,朱瑞.基于层次分析法的航空公司会计信息化评价[J].会计之友,2014(22):57-61.

[17] 王爱国,石贵泉.会计信息化水平测度与评价[C].中国会计学会全国会计信息化年会,2005.

[18] 王译,徐焕章.民营企业会计信息化发展研究——基于AHP综合模糊评价[J].现代商贸工业,2016,37(34):252-254.

[19] 魏文丹.会计信息化评价研究[D].北京:中国石油大学,2018.

[20] 肖静华.企业信息化水平评价理论与方法[M].北京:电子工业出版社,2010.

[21] 肖素梅,殷国富,汪永超,等.企业信息化水平评价指标与评价方法研究[J].计算机集成制造系统,2005(8):1154-1162.

课题负责人:吴忠生、刘勤

所在单位:上海国家会计学院

智能财务发展对现行会计法规体系的影响研究

【摘要】 随着社会环境的变化,《中华人民共和国会计法》从1985年颁布起,经历了1993年和2017年的两次修正和1999年的一次全面修订。近年来,大数据、人工智能、移动互联、云计算、物联网、区块链等新一代技术的快速发展和应用,推动了财务共享服务、财务机器人、智能财务等新型财务模式、工具、方法、系统的迭代升级。智能财务已经成为实务界和理论界关注的重要问题之一,在对企事业单位财务工作产生积极影响的同时,也对我国会计法规体系产生一定的影响。因此,智能财务的持续变革必然会引起会计行为、会计工作、会计监督、会计责任等会计法规体系的相关问题。

【关键词】 智能财务;会计法规;会计法

一、引言

(一) 研究背景

习近平总书记在党的十九大报告中对中国经济的重大判断指出,新时代我国经济发展的特征,就是我国经济已由高速增长阶段转向高质量发展阶段。会计作为服务经济发展的基础性、应用型学科,必然会在经济转型的重要历史阶段起着不可替代的作用。可以说,经济转型发展一定需要高质量会计的支撑。

现代信息技术的发展不仅给社会经济发展带来新的引擎,也给会计改革发展带来新的利器。以"大智移云物区"为代表的新技术正在改变着传统会计的流程、组织、技术和方法,甚至是战略思维,也为会计服务经济转型的需要提供了基础手段和工具。

随着社会环境的变化,《中华人民共和国会计法》(以下简称《会计法》)从1985年颁布起,经历了1993年和2017年的两次修正和1999年的一次全面修订(王昌锐等,2017;唐国平等,2018)。与此同时,新一代技术的快速发展和应用,推动了财务共享服务、财务机器人、智能财务等新型财务模式、工具、方法、系统的迭代升级。智能财务的持续变革必然会引起会计行为、会计方法、会计工作、会计监督、会计责任、会计职能等相关法律、法规、规范、制度的深层次的会计问题。

基于此,本研究对我国智能财务发展背景下现行会计法律法规的影响进行深入分析,并在"大智移云物区"等新一代信息技术的冲击下,深入探讨会计信息化相关法律法规对政府、事业单位、企业等会计实务工作的适用性,寻求现有会计信息化相关法律法规与智能财务发展背景下会计实务工作之间可能存在的差异。

(二) 研究意义

1. 理论意义

现有文献主要研究会计法律法规整体修改方法和内容的建议。部分文献结合会计相关法律法规内容,探讨了法律法规中会计信息化的变化,以及从信息系统或信息技术角度分析了对会计相关法律法规的影响,但这些研究未能立足于智能财务、新一代信息技术角度,无法有效解释技术对会计工作的影响。基于此,考虑复杂经济环境和新一代信息技术下的会计特征,剖析智能财务发展对会计相关法律法规的影响和转变,可以拓展和丰富新一代信息技术与会计法律法规关系的研究。

2. 现实意义

随着"大智移云物区"等新一代信息技术的介入,会计行业衍生出各种不确定问题,若解决不当,可能导致会计工作的停滞,以及会计职能的混乱,严重影响企业健康发展,甚至经济社会发展。因此,分析新一代信息技术对会计工作的影响机制,在深度分析现有会计相关法律法规中涉及会计信息化内容的基础上,科学评价新一代信息技术的介入效应,可以为智能财务发展背景下相关法律法规的修订提供经验证据和对策建议。

(三) 研究思路与方法

1. 研究思路

本研究在收集会计法律体系、会计信息化相关法规的文献综述,以及对会计信息化应用先进单位进行广泛调研的基础上,首先,从会计信息化、智能化发展的视角,深入分析我国现行会计法律、法规的系统性、完善性和适用性,完成现状梳理;其次,对有关会计法律法规提出修订和完善建议,并进一步提出短期内的解决方案。

2. 研究方法

1) 文献研究法

本研究在发现、整理、消化、吸收已有会计法律体系、会计工作、会计职能、技术与会计关系等相关成果的基础上,进一步掌握理论依据和研究动态,为后续研究奠定理论基础。

2) 问卷调查法与多案例研究法

本研究为保证变量选取的合理性和适用性,在文献梳理的基础上,通过实地调研,抽取大量企业和会计从业人员进行深度问卷调查,对重要企业进行案例访谈,涵盖不同区域、不同行业,对会计法、会计信息化、会计智能化等维度指标和题项进行调研,以确定指标基本维度,确保题项选取的全面性、代表性。

(四) 研究创新点

一是本研究研究智能财务对现行会计法规体系的影响,创新性地将大数据、人工智能、移动互联、云计算、物联网、区块链等新技术与会计工作、会计职能相融合的过程体现在会计法规体系中。

二是现行会计法规体系主要体现在电算化、信息化对会计的影响和作用上,而未就智能化对会计法规体系产生的可能变革进行研究,本研究也将进一步探索对现行会计法规体系的可能补充和修订。

二、信息技术发展对会计工作的影响

(一) 从会计电算化到会计智能化

中国的会计业务受现代信息技术的影响已经历了从电算化、信息化,再到智能化三个发展阶段。

1979 年我国进入会计电算化阶段,特点是用小型数据库和简单的计算机软件取代部分人工会计核算工作,初步实现从工资核算、固定资产核算、成本核算等单项核算到账务处理的计算机辅助处理的转变(杨纪琬,1985)。会计电算化阶段的财务软件和财务人员的工作基本上是分离的,本质上信息技术并没有改变财务处理的流程和基本的组织结构,只是用软件实现了部分处理环节的自动化。

20 世纪 90 年代,ERP 的诞生和计算机网络的普及使会计进入了信息化阶段(周金华,2003),企业开始利用强大的数据处理能力和网络传输能力,将业务管理和财务管理进行了初步整合,开始实现对业财信息的快速处理和实时共享,实现了财务信息的跨时空处理和利用,逐步实现了财务管理从核算型向管理型的转变(杨周南,2003)。财务信息化强调人机工作的协调配合,信息技术已成为财务管理流程乃至业务管理流程的优化和再造工具。

特别是自 2005 年以来,财务共享服务模式在中国的逐步普及,使财务信息化的进程在 OCR(Optical Character Recognition,光学字符识别)、移动通信、云计算和大数据等技术的大力推动下获得了突破性进展。尽管如此,处于财务信息化阶段的财务共享服务,仅借助标准化和流程化为财务转型提供数据基础、管理基础和组织基础,主要针对的是财务会计流程的信息化处理(张瑞君等,2010),并未实现业务活动流程、财务会计流程和管理会计流程的全面智能化。

进入 2010 年以后,由于人工智能技术的突破性进展,人们对看上去更具象征意义的智能技术应用重拾希望,不仅结合高性能计算能力和大数据分析技术,将沉寂已久的机器推理、专家系统、模式识别、机器人等技术赋予了很多新的应用场景,更是对基于神经网络和遗传算法的机器学习进行了深入的研究,雄心勃勃地提出了新一代人工智能的发展目标(杜传忠等,2018)。

在财务领域,随着"大智移云物区"等信息技术的出现和逐渐成熟(刘勤等,2014),财务管理面临着新的机会和挑战,财务预测决策、财务风险管控以及财务成本管理等有了更先进的算法、模型和工具。数据处理技术可以汇集更全面的数据,商业智能和专家系统能够综合不同专家的意见,移动计算可以帮助财务人员随时随地完成管理工作,财务机器人可以实现财务管理活动的自动化操作,现代系统集成技术可以消除业务、财务和税务等之间长期形成的信息和管理壁垒。由此可见,以人工智能为代表的新一代信息技术的发展给财务管理带来了新的发展契机,正在使财务从信息化向智能化方向转变。

相对于会计信息化阶段注重财务和业务信息的整合以及信息的快速处理和实时共享,会计智能化阶段则更注重企业各类信息处理的效率、效益和智能化的程度,如利用物联网、RPA和机器学习、专家系统等技术实现财务处理的全流程自动化,以降低成本、提高效率、减少差错;基于神经网络、规则引擎、数据挖掘等技术自动实现财务预测、决策的深度支持(王海林,2017),以提升其科学性和实时性。这一阶段再造的不仅是流程和组织,还会在更高层面上,对企业管理模式和管理理念进行再造。

(二) 智能化对会计工作的影响

信息化对会计工作的影响主要体现在以下几个方面。

1. 会计工作方式的转变

从固定场所办公到移动环境办公,从处理纸质票据到处理电子数据,从面对面签字盖章到网上数字签名等,会计工作方式已经发生了巨大的变化。会计工作不再基于手工的信息处理模式,而是转变为利用"大智移云物区"等新技术的信息处理模式。

2. 会计职能的转变

会计职能正从核算型向管理型转变,传统的会计确认、计量、记录和报告等核算型工作正逐步被智能化的信息系统所取代。一部分会计人员的工作重点开始转向预测、决策和经营分析等管理和决策职能,另一部分会计人员则开始与业务更紧密结合,把业财融合推向新的深度。

3. 会计观念的转变

传统的会计采用的是一种面向过去的时空观,通过记录和总结以往的业务活动,对业绩和行为做出评价,并以此指导现实事务。在智能化发展下,会计信息系统可以通过网络和云平台直接采集数据,实现业务和财务的一体化处理,从而使会计核算从事后静态核算转变为事中,甚至事前的动态核算。此外,有关对会计不相容岗位的认识,在智能化发展下也发生了很大的变化,更关注系统开发人员和系统运行人员不能相容的问题。

4. 内部控制的重要性彰显

随着会计处理自动化程度的逐步提高,特别是会计信息系统的运行环境从单机到局域网,再到企业网和财务云,会计信息系统的安全性正受到越来越大的挑战。面对人为攻击、自然灾害、软硬件缺陷和故障等带来的威胁,如控制不力则可能会给组织带来信息泄露、声誉受损、业务中断和资产损失等影响,甚至会危及整个国家的安全。因此,会计信息系统的安全和内部控制问题正被大家越来越普遍地关注。

三、中国现行会计相关法律法规分析

(一) 法律法规的总体情况

1. 中国法律法规体系基本内容

中国法律法规体系包括中华人民共和国现行有效的法律、行政法规、司法解释、地方性法规、地方规章、部门规章及其他规范性文件以及对于该等法律法规的不时修改和补充。其中,法律有广义、狭义之分。从广义层面分析,法律泛指一切规范性文件。而从狭义层面分析,仅指全国人大及其常委会制定的规范性文件。当法律与法规等一起讨论时,法律一般是指狭义上的法律,法规主要指行政法规、地方性法规、民族自治法规及经济特区法规等。我国的法律法规体系大致包括以下几种法律法规:法律、行政法规、地方性法规、自治条例、单行条例和规章等。

在法律效力方面,宪法具有最高的法律效力,一切法律、行政法规、地方性法规、自治条例和单行条例、部门规章都不得同宪法相抵触。法律的效力高于行政法规、地方性法规、规章。行政法规的效力高于地方性法规、规章。地方性法规的效力高于本级和下级地方政府规章。省、自治区的人民政府制定的规章的效力高于本行政区域内的较大的市的人民政府制定的规章。

2. 中国法律法规立法体制的基本内容

我国立法体制既是统一的,又是分层次的。就统一性而言,一方面,所有立法都必须以宪法为依据,不得同宪法相抵触;下位法不得同上位法相抵触。另一方面,国家立法权由全国人大及其常委会统一行使,法律只能由全国人大及其常委会制定。而就分层次而言,是在保证国家法制统一的前提下,国务院、省级人大及其常委会和较大的市的人大及其常委会、自治地方人大、国务院各部委、省级人民政府和较大的市的人民政府,分别可以制定行政法规、地方性法规、自治条例和单行条例。可以说,当前的立法体制跟我国国情的实际情况是密切关联的。同时,结合我国法治建设的实践经验,我国已对法律、行政法规、地方性法规、自治条例和单行条例的各自权限范围,做了较为明确的规定。

1) 法律层级

全国人大及其常委会行使国家立法权。全国人大修改宪法,制定和修改刑事、民事、国家机构的和其他的基本法律。全国人大常委会制定和修改除应当由全国人大制定的法律以外的其他法律;在全国人大闭会期间,对全国人大制定的法律进行部分补充和修改,但是不得同该法律的基本原则相抵触。1982年,宪法赋予全国人大常委会制定法律的权力,是我国立法体制的一个重要改革。40多年来,我国的多数法律是由全国人大常委会制定的。

2) 行政法规层级

国务院根据宪法和法律制定行政法规。根据《中华人民共和国立法法》(以下简称《立法法》)的规定,行政法规可以就下列两个方面的事项做出规定:一是为执行法律的规定需要制定行政法规的事项;二是宪法第八十九条规定的国务院行政管理职权的事项。此外,国务院还可以根据实际需要,经全国人大及其常委会授权,对属于全国人大及其常委会专属立法权而尚未制定法律的事项,制定行政法规,但犯罪和刑罚、对公民政治权利的剥夺和限制人身自由的强制措施和处罚、司法制度等事项除外。这些事项只能由法律做规定,不能由行政法规作规定。

3) 地方性法规、自治条例和单行条例层级

省、自治区、直辖市人大及其常委会在不同宪法、法律、行政法规相抵触的前提下,可以

制定地方性法规。省、自治区人民政府所在地的市、经济特区所在地的市和其他经国务院批准的较大的市的人大及其常委会根据本市的具体情况和实际需要,在不同宪法、法律、行政法规和本省、自治区的地方性法规相抵触的前提下,可以制定地方性法规,报省、自治区人大常委会批准后施行。民族自治地方(即自治区、自治州、自治县)的人民代表大会有权依照当地民族的政治、经济和文化的特点,制定自治条例和单行条例。自治区的自治条例和单行条例,报全国人大常委会批准后生效;自治州、自治县的自治条例和单行条例,报省、自治区、直辖市的人大常委会批准后生效。自治条例和单行条例可以依照当地民族的特点,对法律和行政法规的规定做出变通规定,但不得违背法律或者行政法规的基本原则,不得对宪法和民族区域自治法的规定以及其他有关法律、行政法规专门就民族自治地方所做的规定做出变通规定。

4) 规章层级

国务院各部、委员会,中国人民银行,审计署和具有行政管理职能的直属机构,可以根据法律和国务院的行政法规、决定、命令,在本部门的权限范围内,制定规章。省、自治区、直辖市人民政府以及省、自治区人民政府所在地的市、经济特区所在地的市和其他经国务院批准的较大的市的人民政府,可以根据法律、行政法规和本地的地方性法规,制定规章。规章的内容不得与法律法规相抵触。

(二) 国家会计相关法律

会计法律法规体系是调整经济关系中各种会计关系的法律规范的总称,包括会计法律、会计行政法规、会计行政规章等,是由各项会计法律法规所组成的具有一定结构和功能且相互联系相互作用的有机整体。沿用上述法律法规层级,同时考虑到地方性法规、自治条例和单行条例的情况较为特殊,以下从法律、行政法规和规章三个方面进行介绍,如表1所示。

表1 我国会计法规体系

构成	制定机关	法规名称	特征	效力	说明
会计法律	全国人民代表大会及其常务委员会	《中华人民共和国会计法》《中华人民共和国注册会计师法》	××法	最高	最高规范、依据、准则
会计行政法规	国务院	《总会计师条例》《企业财务会计报告条例》	××条例	低于法律	依据《会计法》
会计部门规章和规范性文件	国务院财政部门	《会计基础工作规范》《企业会计信息化工作规范》《代理记账管理办法》《会计档案管理办法》《企业会计准则》《企业财务通则》《关于规范电子会计凭证报销入账归档的通知》……	××规范 ××办法 ××制度 ××准则 ××通知	低于行政法规	依据《会计法》和会计行政法规,部门首长签署(针对会计部门规章)或以文件形式印发(针对会计规范性文件)

1. 会计法律

会计法律是由全国人民代表大会及其常务委员会制定的有关会计规范方面的法律。在我国,《会计法》是指导和规范会计行为的上位法,在整个会计法律法规体系中处于最高地位。1985年首次颁发施行。1993年12月,经第八届全国人民代表大会常务委员会第五次会议修正。1999年10月,再经第九届全国人民代表大会常务委员会第十二次会议修正。2017年11月,又经第十二届全国人民代表大会常务委员会第三十次会议修正。目前我国《会计法》主要分为"总则""会计核算""公司、企业会计核算的特别规定""会计监督""会计机构和人员""法律责任"和"附则"七个部分。

除了《会计法》,在会计法律层级,还有《中华人民共和国注册会计师法》(以下简称《注册会计师法》)。《注册会计师法》是为了发挥注册会计师在社会经济活动中的鉴证和服务作用,加强对注册会计师的管理,维护社会公共利益和投资者的合法权益,促进社会主义市场经济的健康发展而制定的法规。《注册会计师法》由第八届全国人民代表大会常务委员会第四次会议于1993年10月通过,自1994年1月1日起施行。于2014年8月,经第十二届全国人民代表大会常务委员会第十次会议修正。

除此之外,还有其他设计会计的法律,如《中华人民共和国公司法》《中华人民共和国证券法》《中华人民共和国企业法》《中华人民共和国破产法》等,都对会计法律法规起到补充作用。

2. 会计行政法规

会计行政法规是由国务院制定并颁布的适用于全国范围的会计规范,其法律效力低于《会计法》和《注册会计师法》。由于会计法律层级的规定比较原则,实践中对于具体问题有时无法解决,会计行政法规对会计法律层级中未能明确的内容进行了详细的规范,较全面、具体、容易操作。现阶段,我国的主要会计行政法规有《总会计师条例》(2011年1月新修订)和《企业财务会计报告条例》等(2000年6月发布)。

3. 会计规章

会计规章是指由主管全国会计工作的行政部门即财政部以及其他相关部委根据法律和国务院的行政法规、决定、命令,在本部门的权限范围内制定的、调整会计工作中某些方面内容的规范性文件。会计规章,是根据《中华人民共和国立法法》规定的程序,由财政部制定,并由部门首长签署命令予以公布的制度办法。国务院其他部门根据其职责权限制定的会计方面的规范性文件也属于会计规章,但必须报财政部审核或者备案。其中,比较重要的会计部门规章包括《会计基础工作规范》《会计档案管理办法》《代理记账管理办法》《企业会计准则——基本准则》《企业会计信息化工作规范》等。

(三)财政部会计相关部门规章和规范化文件

目前,财政部颁布的会计相关规章和规范化文件较多,本研究将重点讨论与会计信息化相关度比较高的一些规章和文件。对于早期颁布的一些与会计信息化相关的规章文件,由于政府"放管服"改革,一些已宣布停止执行,当然这些规章文件不在讨论范围内,但这些规章文件所涉及的部分内容可能体现在现行有效的相关规章文件中,这些内容也属本次讨论的范围。考虑到财政部颁布的一些规范化文件,主要用来规范内部控制、管理会计等会计的管理行为,涉及的会计信息化方面不是规范的核心内容,具有管理性规范而非基础性强制性规定特点,因此,这部分规范将不列入本研究讨论范围。

鉴于以上考虑,我们将重点讨论以下相关规章和规范化文件的环境适应性以及在信息化新环境下应该考虑的一些问题。

1.《会计档案管理办法》的环境适用性

《会计档案管理办法》主要用来规范单位会计档案管理工作,从会计档案的收集、整理、保管、利用和鉴定销毁等全面规范会计档案管理行为,要求采取可靠的安全防护技术和措施,保证会计档案的真实、完整、可用、安全。经财政部修订,并于2015年12月11日发布的《会计档案管理办法》,比较全面地考虑了信息化环境下对会计档案管理的影响。为适应电子商务、电子政务发展,规范各类电子会计凭证的报销入账归档,财政部于2020年3月23日发布了《关于规范电子会计凭证报销入账归档的通知》,详细规定了单位可以仅使用电子会计凭证进行报销入账归档的条件,进一步明确了电子会计凭证的法律效力,弥补了《会计档案管理办法》中一些不足。

2.《代理记账管理办法》的环境适用性

《代理记账管理办法》主要规范代理记账资格管理和代理记账活动,从而促进代理记账行业健康发展。该办法从代理记账资格的申请、取得和管理,以及代理记账机构从事代理记账业务活动方面进行了全面规范。由于目前的代理记账机构无论是会计师事务所还是专门机构,基本上全部采用了计算机代理记账,特别是采用云平台服务代理记账,这对整个代理记账行业的业务活动、管理和控制方式会产生很大的影响,一些规定面临了新的情况,一些新的情况尚未被考虑。

3.《会计基础工作规范》的环境适用性

《会计基础工作规范》主要规范单位会计基础工作和会计工作秩序,保证会计信息的提供建立在合规、合法、可靠、有依据的基础上。《会计基础工作规范》从会计机构和会计人员、会计核算、会计监督和内部会计管理制度等方面详细规范了单位的会计行为,对提高单位的会计管理水平发挥了重要作用。近些年来,由于单位信息化水平的不断提高,特别是云计算、大数据、人工智能、图像识别、物联网等技术大量应用到业务过程和会计流程中,会计信息随着业务过程而自动产生,会计人员从原来会计信息的识别(确认和计量)、加工主体,变为会计信息正确性的审查主体,会计基础工作在主体、内容、范围上发生了巨大的变化,《会计基础工作规范》的适用性受到一定的挑战。

4.《企业会计信息化工作规范》的环境适用性

《企业会计信息化工作规范》从会计软件和服务、企业会计信息化工作和监督等方面进行了详细规定,对于为推动企业会计信息化建设,规范信息化环境下的会计工作发挥了重要作用。近些年来,企业信息化环境发生了巨大变化,云计算、人工智能等新的信息技术使会计信息化发生了根本变化,《企业会计信息化工作规范》的实际指导作用有了一定的下降。部分原因是一些规定过时、一些规定指导性不强、一些规定已在其他规章或文件中有明确要求,政府"放管服"改革也对该规范产生一定的影响。

四、智能财务发展对部分会计法规的修订建议

(一) 智能财务发展下会计法规修订的需求调查和分析

为了研究智能财务发展对现行会计法规体系的影响,上海国家会计学院联合部分智能财务领域专家,以及详细访谈大中型企业的财务负责人、知名高校教授、软件公司负责人、咨询公司负责人、政府部门负责人,针对《会计法》《会计基础工作规范》《企业会计信息化工作规范》等法律法规中涉及会计信息化的内容开展调查,以便更科学地指导会计工作应用。

1. 问卷调查的设计和组织

上海国家会计学院研究小组多次讨论确定了"智能财务发展下会计法规修订的需求调查"问卷初稿,初稿提交给课题组会计信息化专家审核,并提出了两轮建议,经多次修正后定稿。定稿的调查问卷包括 10 个共性问题、36 个针对具体法规的特定问题以及 12 个和投票人分类相关的问题。题型包括单选题、多选题、填空题、矩阵打分、矩阵选择等。调查问卷向会计信息化及智能财务领域专家定向投放,共回收了 144 个有效问卷,问卷平均答题时长为 32 分 27 秒。

2. 访谈的设计和组织

上海国家会计学院研究小组多次讨论确定了"智能财务发展下相关法律法规修订的访谈提纲"初稿,初稿提交给课题组会计信息化专家审核,经多次修正后定稿。定稿的访谈提纲包括 15 个共性问题,分别从一般问题、《会计法》《会计基础工作规范》《企业会计信息化工作规范》四个方面进行开放性访谈。访谈人员由课题组智能财务领域专家定向推荐,共访谈了 30 位专家。

(二) 总体修订建议

会计法规作为一个系统性的法规体系,应具有普遍性、约束性、地域性和发展性等特点。因此,面对信息技术和智能财务的快速发展带来的挑战,会计法规必须与时俱进,不断地进行修订以适应新时代发展的需要,然而法规的修订工作是一项高度复杂的系统工程,不仅需遵循《立法法》和《规章制定程序条例》的有关法律程序的约定,还需充分考虑全国各地区、各行业、各机构发展不均衡的现况,既要规范、引导和支持信息化应用超前的行业和机构的业务和管理创新,又要兼顾部分机构仍采用手工或部分采用简单会计软件的实际情况,还需适当考虑法规的时间滞后性,以便在约束出现不合规行为的同时,又不至于阻碍新生事物的发展。

结合法规分析及问卷和访谈调研结果,我们认为对我国现行会计法规的修订可以选择以下几个修订策略,如表 2 所示。

表2 会计法规修订的三个策略

序号	策略特点	策略说明	优点	缺点
策略1	突出法律效力	重点修订《会计法》,将需要规范的内容详细写入《会计法》,并自上而下在行政法规和部门规章等下行法规中全面细化相关内容	系统性强、法律效力显著	修订频率高、需要多方协同,修订费时费力
策略2	突出修订便利性	简化《会计法》中的相应条款,只强调原则性的要求,从而保持《会计法》的稳定性,根据环境发展的需要,重点修订行政法规和部门规章中的内容	层次性好、内容重复少,修订较为容易	较策略1法律效力弱、应用者需要熟悉所有法规
策略3	突出实时性	在一段时间内保持会计法律、行政法规和部门规章的相对稳定性,主要通过发布部门规范性文件来响应环境变化对会计的影响,待时机成熟时再采取策略2修订	修订实时性好、操作和指导性强、修订较为容易	"打补丁"的做法、系统性较弱、法律效力较弱,有可能上下法律冲突

1. 策略1:突出法律效力的自上而下全面修订策略

将智能财务发展等环境变化带来的新要求每隔一段时间悉数纳入《会计法》中,这种策略可以借助法律的权威性提升新修订内容的效力。在确定《会计法》中新修订内容之后,再自上而下将有关新修订内容的具体性规范纳入相应的行政法规和部门规章之中。这种策略具有系统性强、法律效力显著的优点,但可能会因为环境变化过快而导致修订频率过高,并且由于修订工作需要全国人大、国务院、财政部及相关部委多层面协同参与,修订工作会既费时又费力。

2. 策略2:突出修订便利性的分层修订策略

这种策略的核心是简化现有《会计法》中的相应条款,只强调原则性的和最基本的要求,这些要求不会因一般的环境变化而变化,可以在较长一段时间内保持《会计法》的相对稳定性。当智能财务发展等环境变化带来法规上的新要求时,主要是通过修订《会计法》下行的相关行政法规和部门规章来满足需求。这种策略具有层次性好、重复内容少、修订相对容易的优点,但与策略1比较,其法律效力偏弱、对使用者掌握完整会计法规体系的要求会更高。

3. 策略3:突出实时性的自下而上的快速修订策略

当智能财务发展等环境变化带来了新的法律要求时,并不急于修订相应的会计法律、行政法规和部门规章,而是保持这些法规的适当滞后性,将亟须约束或规范的要求通过发布部门临时性规范文件来解决,待时机成熟后,再逐级回溯修订其相关联的上行法律法规。这种修订策略实时性好、操作和指导性强、修订较为容易,但其本质上属于"打补丁"的做法,系统性不强、法律效力较弱,如处理不好,还有可能出现上下行法律文件相冲突的情况。

我国目前正处于社会经济发展快速变革期,环境的不确定性是当前会计事业发展的重要特点,会计法规的变化将成为常态。若采取策略1修法,修订的频率势必较高,不利于保持法律的稳定性;若采取策略3修法,新修订的内容法律效力势必较弱,修订的实际效果会打折扣。因此,我们建议尽量采用策略2来应对智能财务发展等环境变化给会计工作带来的新问题,但需同时兼顾对《会计法》中原则性问题不适用部分的关注,以及修法的实时性问题。

基于以上考虑,下文对《会计法》的修订建议主要是基于策略1和策略2的考虑,对财政部相关部门规章和规范化文件的修订建议主要是基于策略2的考虑。

(三) 对《会计法》的修订建议

1. 基于信息化环境统筹考虑环境背景

现行《会计法》主要基于手工会计信息处理方式来规范会计行为,虽已考虑到一些会计信息化的影响,但限于当时会计信息化的发展水平,主要考虑计算机模拟手工处理方式,以及操作流程从线下转移到了线上的情况,未顾及信息化带来的组织再造、流程再造、系统再造的革命性变化。从会计信息化的应用范围来看,在早期《会计法》制定和修订阶段,会计信息化主要在大中型企业应用较为广泛,大多数小企业依然采用手工记账方式处理会计业务。在当时情况下,《会计法》对会计信息化内容的规定完全满足了对会计行为规范的要求。随着信息化技术的飞速发展,云计算、大数据、移动支付、在线审计、人工智能、电子发票、电子档案、数字签名等技术在大中型企业中得到了广泛应用,中小企业也通过 ERP 软件、财务云或代理记账来处理单位的会计业务。

2. 将信息技术的影响适度入法

《会计法》的修订必须坚持从实际出发,总结借鉴和科学预见相结合,不宜过度关注超前的信息技术影响,处理好超前、滞后和同步的关系,对于信息技术的影响应适度考虑。信息技术发展日新月异,技术更替与迭代越来越短,《会计法》修订时应主要考虑信息技术对会计行为规范已产生明确影响或能被科学预见且无争议的未来影响。例如,区块链技术被认为会对会计未来产生深刻影响,但这一技术在会计领域内至今尚未出现较大影响的应用场景,因此,其对会计行为将来的影响意见不一,仅可作关注。而由云计算技术衍生的云服务、代理记账,以及基于机器人流程自动化的 RPA 财务机器人的应用给会计行为已产生较大而现实的影响,《会计法》修订时应予以考虑。

3. 关注信息化环境下会计信息安全问题

信息化环境下大量会计信息被电子化,使得会计信息被复制和盗窃的行为难以被准确发现和追踪。在会计信息存储由纸介质转向电磁介质和其他介质后,会计信息更容易被大量且瞬间损坏。因此,会计信息安全问题应在《会计法》修订中有所体现。同时,应当考虑大量财务机器人上线后对流程风险的影响以及财务会计报告信息化环境下的可验证性。虽然电子格式的会计信息具有易篡改且难觉察等特点,但随着《中华人民共和国电子签名法》等相关法律的应用深入,电子会计信息安全问题在一定程度上可以解决。因此,会计报告应当接受符合法律规定的电子签名或签章,这对采用财务共享集中核算的大型企业意义重大。

4. 关注信息化环境下的市场公平竞争和会计信息社会成本问题

税务、财政和提供公共服务的单位或部门,有义务向提供服务的特定单位开放相关原始会计数据,以降低整个社会的会计信息成本。税务发票和非税票据是税务和政府部门向相关单位提供的原始凭证。票据电子化后,向受票单位开放相关电子发票数据流文件等原始会计数据成为当务之急,建议修订时对这一问题予以考虑。此外,为了扩大数据共享的范围,还需对会计数据标准的建设进行规范,以便为企业和软件厂商提供基本准则。

(四) 对相关部门规章和规范化文件的修订建议

1. 对《会计基础工作规范》修订的建议

随着智能财务的发展,大量的会计信息由系统业务过程自动产生,已使得会计信息产生等会计行为的发生不仅仅取决于单位会计机构、会计人员和相关业务人员,还会受到会计代理记账机构、会计云服务机构、软件供应商等会计服务机构的影响。因此,《会计基础工作规范》不仅要规范单位会计机构和会计人员的行为,还必须规范单位业务人员、会计服务机构的会计行为。

会计岗位、会计岗位职责的划分应充分系统考虑智能化环境下的变化,很多会计岗位已不复存在,很多会计岗位职责被合并、分离和调整,还有一些新的岗位正在出现。《会计基础工作规范》中可做一些本质性、原则性规定,不宜做太细、太明确的规定(如出纳不能记账)。

智能财务已使会计核算产生了深刻变化,会计核算过程中的凭证填制、账簿登记和报表编制等基础工作规范,应基于智能化背景下来考虑,不能太注重手工下的"形式"需要,而应更多关注提供会计信息的真实性、完整性、可验证性和可追溯性。

2. 对《企业会计信息化工作规范》的修订建议

无论是企业还是行政事业单位,都面临着规范会计信息化工作、提高会计信息化水平、降低会计信息化成本的问题。因此,《企业会计信息化工作规范》应该广泛适用于企事业单位。

《企业会计信息化工作规范》作为规范性文件,具有一定的规范和指导作用,不具有强制约束力,规范的制定必须基于单位需求、能为单位创造价值为出发点,按此规范执行,单位能提高会计信息化管理水平,为单位创造价值,规范才有实际指导价值。

在具体的修订细节上,根据问卷和访谈调研结果,很多人建议用"会计信息系统"替代"会计软件";建议修订电子资料所有权归属和时效、电子会计资料的备份频率、自动化技术的应用、会计档案管理、信息安全等内容;建议对应用单位和软件供应商的监督条款更具操作性。

3. 对《代理记账管理方法》的修订建议

传统的代理记账往往只涉及受托方和委托方两方面的权利和义务关系,在采用云平台服务代理记账模式下,大部分代理记账机构采用租赁云平台服务或收入分成方式和代理记账机构一起向委托方提供服务,当代理记账机构服务大量客户的时候,会计信息的产生主要由平台服务方自动提供,原始凭证影像传输的安全可靠、影像识别水平的高低、电子凭证信息获取的完整性等问题都会涉及委托方、受托方和平台服务商三方的权利和义务问题。规范代理记账机构和平台服务商行为,防止在出现问题时双方相互推卸责任,损害委托方利益或社会利益,这是应该考虑的问题之一。

由于采用代理记账的单位大部分为中小型企事业单位,代理记账后一般只关心本单位的纸质账表资料是否完整,符合国家相关规定和要求,对本单位代理记账过程中产生的电子信息不太关心。规范代理记账机构和平台服务商的客户信息安全和保管期限是需要考虑的。

4. 对《会计档案管理方法》的修订建议

目前,电子会计档案信息和其他业务信息往往存储在单位的一体化系统中,大部分单位由系统管理部门管理,电子会计档案如何归档、由谁承担电子会计档案的管理职责、电子会计档案归档移交周期多长、电子会计档案保管时间多长等问题应该有明确规定。

代理记账机构保管着大量客户单位会计电子档案,这些档案如何保管、如何移交,目前尚没有明确规定,需要明确的条款约束。

(五)对加强部门规章和规范化文件执行的建议

这些年来,会计部门规章和规范性文件的执行情况并不十分令人满意。究其原因,其一,相对于全国人大制定的国家法律,由国务院主管部门制定的部门规章和规范化文件先天就存在法律效力较弱的问题;其二,从问卷和访谈调研材料中我们可以发现,会计人员对这些规章和规范化文件的适用性存在一些不同的看法,大家认为有一些地方亟须修订,否则会影响它执行的有效性;其三,这些年来资本市场上不断发生的财务舞弊案件从侧面证明,这些规章和规范化文件在一些公司内并没有得到有效执行,主要原因是其违规违法的成本很低。我们建议可采取以下一些策略:

(1)采取各种手段和形式进一步加强对包括《会计法》在内所有会计法规的宣传和教育力度,特别强调部门规章和规范化文件是会计法律体系中不可分割的组成部分,同样需要严格依法遵照执行。

(2)对违反或不遵守会计部门规章和规范化文件的人物和事件加大曝光力度,在法律允许的范围内顶格处罚,快速扭转有法不依的情况,以降低社会执法成本、增加责任人违法违规成本,逐步提高会计相关群体的自律意识。

(3)根据社会经济、技术发展的需要,及时对部门规章和规范化文件中一些不合时宜的条款进行修订,以提升这些法规的适用性、实时性和权威性,使广大会计工作者和经济组织有更合适的法规可依。

(4)提高会计管理机构的治理能力,处理好大和小、统和放的关系。对涉及社会主义市场经济发展等全局性的重大会计问题,建立更强有力的统筹和监管机制;对不违背国家大政方针,能够不管或下放的管理权限,应简化部门规章和规范化文件的内容,放手给市场或基层去解决。

五、结论与展望

我国已基本形成以《会计法》为主体的较为完善的会计法规体系,本研究分别从技术发展对会计工作带来的挑战、我国现行会计法规适用型分析,以及公众及专业人士对当前会计法规的认识等角度较为深入地分析了智能财务发展对法规适用性的影响。经过调研及分析,本研究发现,我国当前一些会计法规中的规定已不能完全满足会计实际工作的需要,我们结合问卷和访谈调研结果提出了智能财务发展背景下对部分会计法规的修订建议。希望本研究能够为政府相关部门完善智能财务相关法规提供决策参考。

参考文献

[1] 杜传忠,胡俊,陈维宣.我国新一代人工智能产业发展模型与对策[J].经济纵横,2018(4):41-47,2.

[2] 刘勤,常叶青,刘梅玲,等.大智移云时代的会计信息化变革——第十三届全国会计信息化学术年会主要观点综述[J].会计研究,2014(12):89-91.

[3] 唐国平,吴德军,黎江虹,等.论《会计法》修订的理论依据与现实选择[J].会计研究,2018(8):3-11.

[4] 王昌锐,贺欣,邵敏,等.我国《会计法》实施现状及其修订思考——基于问卷的调查分析[J].会计研究,2017(9):3-11.

[5] 王海林.企业内部控制缺陷识别与诊断研究——基于神经网络的模型构建[J].会计研究,2017(8):74-80,95.

[6] 杨纪琬.开发人才,开发智力,尽早实现我国会计电算化[J].会计研究,1985(4):20-25.

[7] 杨周南.论会计管理信息化的 ISCA 模型[J].会计研究,2003(10):30-32,65.

[8] 周金华.会计电算化与会计信息化[J].中南财经政法大学学报,2003(2):137-140.

[9] 张瑞君,陈虎,张永冀.企业集团财务共享服务的流程再造关键因素研究[J].会计研究,2010(7):57-64,96.

课题负责人:刘勤、杨寅

所在单位:上海国家会计学院

基于智能技术的管理会计体系理论架构与应用架构研究

【摘要】 财政部印发的《管理会计基本指引》明确提出,单位应用管理会计要遵循适应性原则,管理会计体系的理论架构和应用架构需要适应性创新,以适应日益发展的信息技术,特别是智能技术对管理会计实践的颠覆性影响。本课题在对相关文献进行综述的基础上,首先对智能技术等相关概念进行界定;其次对基于智能技术管理会计体系的理论架构进行研究,搭建了基于智能技术的"四维"管理会计体系理论架构;最后结合相关智能技术在管理会计中的应用场景及典型案例,搭建了基于智能技术的"四层四维"管理会计应用架构,为后续基于智能技术的管理会计研究与实践提供参考借鉴。

【关键词】 智能技术;管理会计;管理会计体系;体系架构

一、引言

(一)研究背景

近年来,大力推动人工智能发展已成为国家战略。人工智能技术已经具备技术和经济两方面的可行性,并已应用于企业的各个管理领域。目前,人工智能技术的应用处于从计算智能和感知智能向能够理解和思考的认知智能过渡的阶段。智能技术在财务领域的创新应用促进了会计学科的改革和发展。在企业的实践中,智能技术广泛应用于报账和会计方面,但在管理和决策领域相对不足,尤其是在管理会计领域。企业管理会计和管理决策的复杂性和全面性,应用相对困难且缺乏实践案例,给智能化时代的管理会计实践创新带来诸多困惑。学术界对各项智能技术在管理会计中的应用机理研究深度参差不齐,专门针对基于智能技术管理会计体系架构的研究基本是空白。因此,构建基于智能技术的管理会计体系架构具有重要的理论创新意义和实践探索价值。

(二)研究意义

1. 探索基于智能技术的管理会计体系理论架构

管理会计体系本身具有权变特征。财政部印发的《管理会计基本指引》明确提出,单位应用管理会计要遵循适应性原则。因此,识别和适应应用环境是管理会计应用的重要前提。另外,智能技术本身也影响单位的价值创造模式和管理模式,业界面临智能技术在财务领域和管理会计的应用快速发展的局面,亟须推动管理会计体系理论架构的适应性创新。

2. 系统梳理智能技术在管理会计实践中的创新性应用

目前,运算智能和感知智能技术已经开始深刻影响财务会计。但由于管理会计具有业财融合的特征,涉及管理学、管理控制系统等多学科知识,其应用的复杂性和融合性大大提高,需要实践领先企业及时总结智能技术在管理会计中的先进应用经验,带动智能技术在管理会计领域应用水平的整体提升。

3. 搭建基于智能技术的管理会计体系应用架构

随着智能技术在会计核算、财务共享等领域的实质性应用,面向管理会计信息系统的智能化升级已成为重要课题,而面向管理会计信息系统的底层技术架构和算法、算力已不能满足企业财务数字化、智能化转型的迫切需求,业界亟须研究基于智能技术的管理会计信息体系应用架构,以满足信息化、智能化对管理会计的需求。

(三) 主要研究内容、研究方法和技术路线

1. 主要研究内容

本课题报告从以下四部分进行研究:

(1) 导论部分。它主要阐述了研究背景、研究意义、研究方法、技术路线、研究创新点。

(2) 文献综述部分。它分为基于智能技术的管理会计体系基础相关文献、智能技术在管理会计中的应用相关文献和基于智能技术的管理会计体系应用架构相关文献,对它们进行文献梳理和评述。

(3) 研究的主体部分。它共分为三部分内容:一是对智能技术等相关概念进行界定。二是基于智能技术管理会计体系的理论架构研究。课题组梳理了管理会计体系的理论基础,并结合智能化时代管理会计的应用环境及特点,搭建基于智能技术的"四维"管理会计体系的理论架构。三是基于智能技术管理会计体系的应用架构研究。通过探讨相关智能技术在管理会计中的应用场景及典型案例,搭建基于智能技术的"四层四维"管理会计体系应用架构。

(4) 研究结论部分。它主要对本文的理论和实务意义、研究不足和未来研究方向进行梳理和总结。

2. 研究方法

(1) 文献研究法。课题组参考借鉴了国内外管理会计体系相关理论、管理会计信息系统相关理论、智能体理论、决策支持系统理论的文献,为本研究提供理论支撑。

(2) 调查研究法。课题组对中国铁塔、云南烟草、江苏电网等智能财务实践领先企业管理会计信息系统进行了调查研究,相关调研资料为课题研究提供强有力支撑。

(3) 案例分析法。课题组结合大型集团企业管理会计信息系统建设,深入调研了中国铁塔业财一体信息系统和智能化升级项目,为研究提供最新的智能化管理会计转型实践素材。

3. 技术路线

本课题对相关文献进行回顾和系统性梳理，结合管理会计体系的经典理论和智能技术相关理论，提出基于智能技术的管理会计体系理论架构，并搭建基于智能技术的管理会计体系应用架构。

(四) 研究的创新点

1. 创新性研究基于智能技术的管理会计体系基础理论

本课题研究和丰富了管理会计体系的理论基础，在智能财务发展阶段研究和发展管理会计体系理论框架上，创新性提出基于智能技术的管理会计体系基础理论设想。

2. 适应性搭建基于智能技术的管理会计体系理论架构

本课题在对相关智能技术进行界定的基础上，结合管理会计和智能财务相关理论，搭建基于智能技术的"四维"管理会计体系理论架构。

3. 前瞻性探索基于智能技术的管理会计体系应用架构

本课题在基于智能技术的管理会计体系基础理论和理论架构的基础上，分析智能技术应用于管理会计实践的应用场景，搭建基于智能技术的"四层四维"管理会计体系应用架构。

二、文献综述

(一) 国内外研究现状述评

根据本课题的研究思路和技术路线，下面按照基于智能技术的管理会计体系基础理论、智能技术在管理会计体系中的应用、基于智能技术的管理会计信息系统三方面对相关文献进行梳理。

1. 基于智能技术的管理会计体系基础理论相关文献

在国外研究方面，Murphy 等 (1992) 认为通过将管理会计或职能经理组合到一起，决策支持系统和管理会计能够融合成为管理会计系统。Li (1997) 提出了以决策支持系统为基础的管理会计理论。

在国内研究方面，冯巧根 (2016) 认为智能成本会计的管理战略包括结构性共生战略与执行性共生战略。傅元略 (2019) 认为智慧会计理论将会计智能体、深度学习、软计算与传统会计理论融合，并将"三设计一决策"的成果纳入会计智能体的知识库和规则库进行研究。王爱国 (2020) 提出智能会计是一种以"业财融合"为基础、以"财务共享"为核心、以"算法引擎"为支撑所构建的人机共生、协同进化、管理赋能，可满足经济与管理数据分析和辅助决策需要的会计管理系统。

2. 智能技术在管理会计体系中的应用相关文献

Ma (2018) 将动态规划算法整合并运用于管理会计之中。谢琨 (2003) 认为现代人工智能和决策技术的发展为财务分析和会计信息系统的创新提供了强有力的支持和无限广阔空间。王加灿、苏阳 (2017) 认为人工智能和大数据技术能够更好地实现财务业务一体化，打破信息孤岛问题。韩向东和余红燕 (2018) 认为人工智能在财务领域的应用主要有以下三个层面：一是感知层面的应用；二是机器学习层面的应用；三是基于自然语言处理层面的应用。温素斌(2019)认为智能管理会计体系包括以利益相关者创造持续发展的价值为目标，由一套管理会计报告、一套工具组成，由一套系统即智能化管理会计系统实现。李克红(2020)认为人工智能的核心是大数据和机器学习，而云计算是支撑大数据和机器学习的计算能力基础。秦荣生(2020)人工智能在会计工作中应用的场景主要有会计核算语音指令、账证核对验证机器视觉、大数据财务分析、智能财务风险控制、提供精准预测方案等。

3. 基于智能技术的管理会计体系信息系统相关文献

许金叶(2020)认为管理会计系统是智能制造的软智能，属于认知智能阶段的系统，是智能制造中的各个节点(工业机器人)价值创造的驱动软件，包括内容维、过程维、技术维三维层面的网络信息系统。陈亚盛(2020)认为人工智能技术在自然语言处理和机器视觉方面的突破使处理这些多源异构的数据成为可能后，利用这些前置运营数据的新的管理会计系统必将取代分析后置财务数据的传统管理会计系统。李克红(2020)认为智慧化财务管理体系分为数据基础层、智能技术引擎层、综合应用层和智慧层。刘梅玲(2020)认为智能管理会计包括资金管理、资产管理、税务管理、成本管理、投融资管理、绩效管理和管理会计报告。

(二) 文献述评及研究启发

1. 文献述评

通过梳理国内外相关文献，我们发现：

(1)国外研究主要聚焦于某项智能技术对管理会计的影响，而针对智能技术对管理会计整体体系架构的研究基本是空白。

(2)研究智能技术在管理会计中的应用领域相对有限，目前主要集中于风险管控、预算、业绩评价等领域，其他领域有待进一步研究。

(3)管理会计理论研究与智能技术的应用研究相对割裂。目前研究并未探索基于智能技术的管理会计整体架构，更未将理论框架与智能化信息化实现架构进行关联研究和应用研究，专门针对基于智能技术管理会计架构的研究基本是空白。

2. 研究启示

通过对国内外相关文献的梳理和述评，课题组认为相关研究对本课题的启发包括以下几点：

(1)智能化时代的管理会计理论架构需要适应性创新。管理会计理论体系是指导管理会计实践的基础。从相关文献来看，决策支持系统理论、管理控制系统理论、智能体理论和激励机制理论为基于智能技术的管理会计理论体系提供了丰富的土壤。

(2)智能技术在管理会计体系建设中的应用空间巨大。智能技术在管理会计的主要应用领域：预算管理、成本管理、绩效管理、投融资管理、运营管理、管理会计报告中，有较大应用空间。但相关的应用实践落地性案例较少，并且对各项智能技术的应用机理研究深度参差不齐，对智能技术范围的界定也较为模糊，相关问题的进一步分析具有重要的研究价值。

(3)对基于智能技术的管理会计体系应用架构需进一步规范。各位学者对智能化时代管理会计系统架构的研究视角各不相同,他们按照管理会计应用领域将基于智能技术的管理会计信息系统分为预算、成本、绩效等模块的做法,造成了管理会计功能的割裂,不利于完整信息系统架构的搭建,需进一步规范。

三、主体研究内容

(一) 对"智能技术"的界定

本课题对智能技术的界定聚焦于成熟的、具备商业化应用价值的,有利于实现人类智能与机器智能协同,共同形成管理会计实践知识、管理经验的人工智能技术。课题组将目前主流的智能技术,根据其在实现人机协同共智过程中的功能将管理会计领域应用的智能技术分为如下三类。

1. 人机交互类智能技术

这类智能技术的功能是实现人与机器的交互。这类智能技术主要包括机器人、自然语言处理、语音识别、机器视觉和推荐引擎等。例如,自然语言处理赋予机器与人类沟通的能力,无须学习复杂的计算机系统,机器通过自然语言处理来识别用户意图,通过自然语言生成把结果翻译成人类易于理解的语言,从而助力实现人与机器基于人类语言的交互。

2. 机器智能类智能技术

这类智能技术在实现人机交互的基础上,通过数据挖掘、人工智能算法的赋能,能够深入对问题的理解和业务规律的把握,促进对企业管理决策模型的优化,让机器产生对问题的认知和理解。这类智能技术主要包括机器学习、知识图谱、数据挖掘等。例如,机器学习赋予机器从数据中自动总结规律生成算法的能力,使得非人工智能专业人员也可便捷地享受到技术成果;知识图谱赋予机器进行推理的能力,可快速从海量信息中找到关联信息,从数据中抽取信息融合成知识,可通过推理为决策提供支持。

3. 辅助决策类智能技术

这类智能技术模拟人类智能对复杂的企业经营管理问题做出决策,从而辅助人类决策。这类智能技术主要包括认知计算和情景情绪计算等。这类智能技术距离实践应用还有很长的路要走。[①]

(二) 基于智能技术管理会计体系的理论架构研究

本课题认为管理会计体系理论架构应按照财政部《管理会计基本指引》中管理会计的四大要素,即应用环境、管理会计活动、工具方法、信息与报告,分别对应应用环境、管理控制、工具应用、决策支持四个维度。

(1) 应用环境维度是指管理会计体系需要适应单位外部环境的变化和企业管理变革的趋势,与管理会计应用的内外部环境实现动态的交互,体现管理会计应用的"适应性原则"。

(2) 管理控制维度是指管理会计体系需要嵌入企业管理的预测、决策、控制、评价,嵌入单位相关领域、层次、环节,以业务流程为基础,达到深度业财融合,体现管理会计应用的"融

---

① 李憨劼,吴花平.基于智能技术的管理会计体系架构研究[J].财务与会计,2021(15):44-48.

合性原则"。

（3）工具应用维度是指管理会计体系需要基于单位管理会计应用的内外部环境，基于核心理念，选择适用的管理会计工具方法，形成管理会计工具应用体系，发挥服务战略和价值创造功能。

（4）决策支持维度是指管理会计体系建设需要在管理控制和工具组合应用的基础上，整合财务信息和非财务信息，对信息进行加工、整理、挖掘，以管理会计报告和管理会计信息系统为载体，有效满足报告使用者管理决策需求。

在信息化智能化时代，企业经营和企业管理变革变化巨大，管理会计体系理论架构也需要适应性升级。

（1）围绕"网络治理+动态能力"搭建环境自主适应维度。智能化时代下企业管理会计的应用环境具有网络治理的特征，同时，管理会计体系需要依据动态能力提升对应用环境的适应能力，企业需要根据市场环境变化动态更新战略和组织结构，动态交互沟通信息，从而动态感知和应对市场变化，快速响应顾客需求，抓住市场机会和应对市场风险，促进组织学习、创新与变革。因此，本课题围绕"网络治理+动态能力"将应用环境维度升级为环境自主适应维度。

（2）围绕"管理控制+机制设计"搭建智能管理控制维度。国内学者将机制设计理论与管理控制理论相结合，提出管控机制理论。比如，傅元略（2016）指出，管控机制是指管控的结构和运行智能化机理，它起着基础性的、根本的作用。管控机制创新直接关系到管理会计系统的存在是否有优势以及其发展变化的能力，也关系到能否促使公司治理效率和效果提升。因此，本课题围绕"管理控制+机制设计"理论将管理控制维度升级为智能管理控制维度。

（3）围绕"工具整合+算法优化"搭建工具智能应用维度。企业搭建管理会计体系时需要首先根据企业的具体特点对各种管理会计工具方法进行整合应用，充分体现管理会计工具方法的行业化应用特征。同时，在智能化时代各种智能技术以及算法将赋能管理会计工具，提升管理会计工具方法的应用效果。基于各种智能算法的智能技术落地，同时从广义上看，管理会计工具方法本身，也是一种企业管理信息的一种算法，所以本质上管理会计工具和智能算法有着天然的联系。人工智能算法对管理会计工具方法存在显著的升级作用。因此，本课题围绕"工具整合+算法优化"升级工具应用维度为工具智能应用维度。

（4）围绕"管会报告+智能体"搭建智能决策支持维度。决策支持是管理会计的核心功能之一。智能决策支持系统在智能化时代管理会计深度应用中占有较大空间。随着智能财务的发展，基于智能技术的管理会计将成为人工智能支持企业决策的一部分。决策支持理论是源于决策理论和决策支持系统（DSS）结合，近年来相关研究提出组织决策从传统的"经验驱动决策"向"管控智能系统驱动决策"转型的理念，基于智能模型的推理、基于规则的推理（Rule-Based Reasoning, RBR）和基于实例的推理（Case-Based Reasoning, CBR）成为未来智能决策支持系统的特征。因此，本课题围绕"管会报告+智能体"将决策支持维度升级为智能决策支持维度。

综上,本课题在管理会计体系理论基础上,搭建基于智能技术的"四维"管理会计体系理论架构,如图1所示。

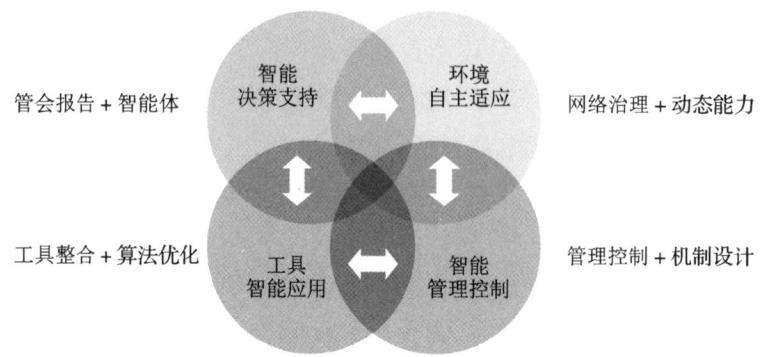

图1 基于智能技术的"四维"管理会计体系理论架构

(三)基于智能技术管理会计体系的应用架构研究

本课题在充分借鉴智能技术在管理会计中的应用场景及典型案例的基础上,将基于智能技术的管理会计体系应用架构分为基础层、数据层、算法模型层和应用层四个层次,搭建了基于智能技术的"四层四维"管理会计体系应用架构。

1. 智能技术在管理会计中的应用场景及典型案例

本课题按照基于智能技术的管理会计体系理论架构,分别从环境自主适应维度、智能管理控制维度、工具智能应用维度和智能决策支持维度四个维度,结合目前领先企业的智能技术应用案例,探讨智能技术在管理会计中的应用场景。智能技术在管理会计中的应用场景及典型案例如表1所示。

表1 智能技术在管理会计中的应用场景及典型案例

理论架构的四个维度	智能技术应用场景	案例举例
环境自主适应维度	经营环境分析	**案例1:亚马逊的动态竞争策略定价模型** 利用机器学习算法动态定价,整体提升利润达25%。 **案例2:某电信企业的客户行为模式分析** 应用人工智能技术开展数据分析,形成非常精准的基于客户行为的经营程度判断
	竞争策略选择	
	竞争能力分析	
	行业智能对标	
	客户行为分析	
智能管理控制维度	业务模型预测	**案例1:银行的产品定价场景** 银行强化学习算法以求收益率最大化,通过机器算法,就可以实现最佳收益。 **案例2:某企业数据异常识别,智能辅助决策** 某企业通过异常数据自动识别,数据关联网络+业务关联信息分析,找到背后的业务原因。
	异常原因分析	
	产品定价管理	

(续表)

理论架构的四个维度	智能技术应用场景	案例举例
智能管理控制维度	智能经营分析	**案例3：银行的客商风险预警** 利用自然语言处理、知识图谱及机器学习等技术，对客户进行全维度画像
	客商智能风控	
工具智能应用维度	滚动预算模拟	**案例1：零售企业的销售量预测** 利用新型销售量预测模型，应对各种丰富场景的销售量模型。
	采购成本预测	**案例2：工业企业的大宗原材料采购价格预测** 在数据智能的支撑下，企业可区分不同原材料梳理相关的价格驱动因素构建采购价格预测模型。
	安全存货管理	
	绩效政策设计	**案例3：深度学习在苏宁云商财务分析和经营预测中的应用** 利用卷积神经网络模型分析后，减少判断者主观因素的影响
	成本动因分析	
智能决策支持维度	智能管会报告	**案例1：通威集团智能交互管会报告** 通过将基于自然语言理解、知识图谱和数据分析技术使管理会计报告具备了智能交互、智能理解、智能分析等功能。 **案例2：海尔集团智能预警模型** 通过用户特征、数据特征和行为特征分析，实现多渠道预警推送和预警数据统计分析

2. 基于智能技术管理会计体系应用架构的搭建

基于智能技术管理会计体系应用架构的最终目标是实现人机协同共智，需遵循的应用原则包括低代码化原则、可解释性原则、问题导向原则、因果关系原则(李憨劼，2021)。如前文所述，"四维"是指环境自主适应维度、智能管理控制维度、工具智能应用维度和智能决策支持维度。课题组结合近年来高校、财务软件公司和咨询机构相关观点将应用架构分为四层，即基础层、数据层、算法模型层和应用层。

1）基础层

基础层，采用基于云原生开源架构体系的新一代技术平台。基础层包括以下四项基本特征：

① 快速响应。通过微服务①、DevOps②、灰度发布③等信息化保障技术实现快速响应。

---

① 微服务是一种架构风格，一个大型复杂软件应用由一个或多个微服务组成。系统中的各个微服务可被独立部署，各个微服务之间是松耦合的。每个微服务仅关注于完成一件任务并很好地完成该任务。在所有情况下，每个任务代表着一个小的业务能力，其具有围绕业务能力组织服务、自动化部署、智能端点、对语言及数据的"去集中化"控制等特征。

② DevOps(英文 Development 和 Operations 的组合)是一组过程、方法与系统的统称，用于促进开发(应用程序/软件工程)、技术运营和质量保障(QA)部门之间的沟通、协作与整合。它的出现是由于软件行业日益清晰地认识到为了按时交付软件产品和服务，开发和运营工作必须紧密合作。

③ 灰度发布(又名金丝雀发布)是指在黑与白之间，能够平滑过渡的一种发布方式。在其上可以进行 A/B testing，即让一部分用户继续用产品特性 A，一部分用户开始用产品特性 B，如果用户对 B 没有什么反对意见，那么逐步扩大范围，把所有用户都迁移到 B 上面来。灰度发布可以保证整体系统的稳定，在初始灰度的时候就可以发现、调整问题，以保证其影响度。

② 数据可视化。比如,充分应用 3D 漫游、GIS①、动态多维等技术实现数据可视化。

③ 海量数据处理能力。通过大数据能力和 AI 运算智能等技术实现对海量数据的处理能力提升。

④ 开放集成。通过 OpenAPI② 开放式应用程序接口实现系统架构的开放集成。

基础层的特点包括从架构风格、发布方式和开发运营紧密衔接等方面做到快速响应,从数据可视化上提升管理需求响应能力,具备海量数据处理能力,注重数据接口开放,兼容异构系统。

2) 数据层

数据层,包括数据标准化[如移动设备管理系统(MDM)③和公共数据资源管理等]、数据治理、业财数据融合、统一的共享数据平台、"非侵入"式数据准备、增强型数据管理④。应建立统一的数据共享平台,将企业的业务系统、核算系统、资金系统、物流系统等系统打通,实现数据自动获取和集成复用,特别是对企业大量存在的半结构化数据和结构化数据的加工处理,形成业财一体数据;通过数据治理,实现源数据的一致性和标准化;通过对元数据动态优化,实现对原数据的主动管理,为机器学习等智能技术应用提供保障。

3) 算法模型层

算法模型层,包括如下四类智能技术:

① 机器人、自然语言处理、语音识别、智能引擎等人机交互功能的智能技术。

② 机器学习、知识图谱、数据挖掘等生成机器智能的智能技术。

③ 认知计算、情景情绪计算等辅助人类决策的智能技术。

④ 增强性分析⑤、持续型智能⑥、可解释的 AI⑦ 的数据智能类智能技术。

在利用智能技术和算法对各种管理会计工具方法赋能后,算法模型层通过人工智能建

---

① 地理信息系统(Geographic Information System 或 Geo-Information System,GIS)有时又被称为地学信息系统。它是一种特定的十分重要的空间信息系统。它是在计算机硬件、软件系统支持下,对整个或部分地球表层(包括大气层)空间中的有关地理分布数据进行采集、储存、管理、运算、分析、显示和描述的技术系统。

② 在互联网时代,把网站的服务封装成一系列计算机易识别的数据接口开放出去,供第三方开发者使用,这种行为就叫做开放网站的 API(Application Programming Interface,应用程序接口),与之对应的,所开放的 API 就被称作 OpenAPI。

③ MDM(Mobile Device Management)是企业 IT 向移动互联网过渡的平台技术,帮助企业将 IT 管理能力从传统的 PC(Personal Computer,个人电脑)延伸到移动设备甚至移动应用(App)。

④ 增强型数据管理利用机器学习功能和人工智能引擎来生成企业信息管理类别,其中包括数据质量、元数据管理、主数据管理、数据集成以及数据库管理系统(Database Management System,DBMS)自我配置与自我调整。

⑤ 增强型分析是建立在机器学习、人工智能(Artificial Intelligence,AI)基础上的人工数据分析助手。在增强型分析技术的支持下,分析的门槛降低了,业务人员主动进行数据分析,并不依赖类似技术人员提供的"报表"。即通过对于未知的数据以及已知的问题,对于现有的模型进行训练,最终罗列出各种可能性和影响因素,从而帮助用户加速并开展有效的数据分析工作。

⑥ 持续型智能是使用实时情景数据改善决策的一种设计模式,其中实时分析与业务运营相结合,处理当前与历史数据,以便为事件响应行动提供建议。它可以被视作一种终极运营型商业智能。

⑦ 可解释的 AI 是指,将运用自然语言从准确性、属性、模型统计及特性等方面自动生成模型提供解释说明。它使得人工智能模型越来越多地被用于增强与代替人类决策,使得模型更易解读,更易理解,用以解决人工智能模型是复杂的"黑盒子"的问题。

模、人类专家建模、人机交互建模,充分实现人机协同共智。

4)应用层

应用层,由基于智能技术管理会计体系理论架构的四个维度组成。其中,工具智能应用维度承接算法模型层人机建模成果,结合管理会计工具方法的核心逻辑以及应用企业管理会计工具组合的内在逻辑,支持相关应用场景的智能技术应用,最后在智能决策支持维度上,实现"BI[①]+AI"应用、智能问答和智能推送,以支持企业管理决策。部分技术成熟且已实际应用的管理会计场景分别在应用层四个维度中列示。

理论架构和应用架构的链接集中体现在应用层,应用层按照理论框架的四个维度展开,在每个管理会计应用维度中列举了部分实践成熟、有实践案例的智能应用场景。

综上,基于智能技术的"四层四维"管理会计体系应用架构如图2所示。

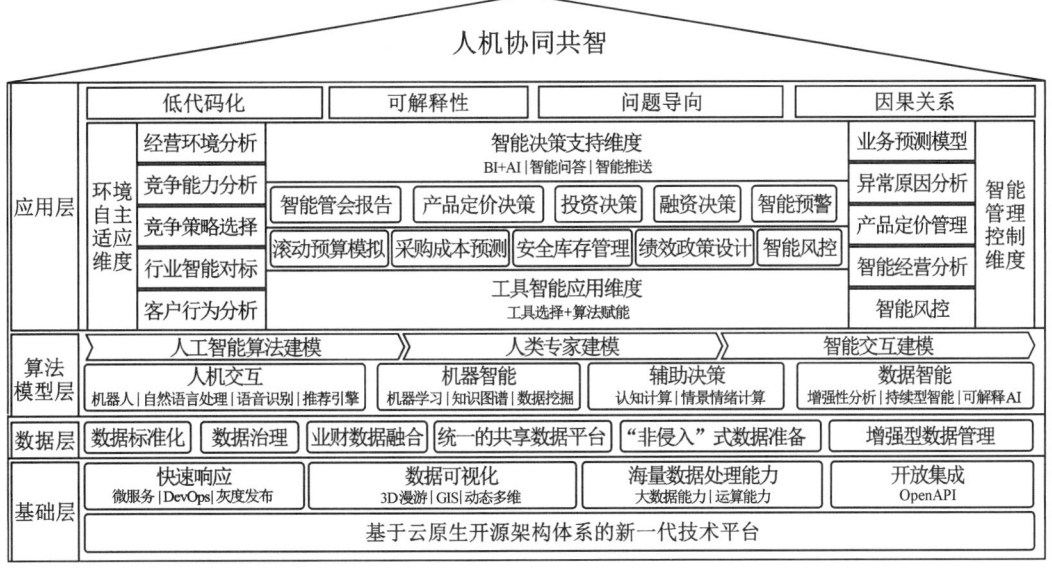

图2 基于智能技术的"四层四维"管理会计体系应用架构

四、研究结论与展望

(一)研究结论

1. 搭建基于智能技术的"四维"管理会计体系理论架构

本课题在管理会计体系基础理论上,围绕"网络治理+动态能力"相关理论,将本课题管理会计体系理论的应用环境维度升级为环境自主适应维度;围绕"管理控制+机制设计"相关理论,将管理控制维度升级为智能管理控制维度;围绕"工具整合+算法优化"的管理会计应用趋势,将工具应用维度升级为工具智能应用维度;围绕"管会报告+智能体"相关理论和

---

① Business Intelligence,商业智能。

实践,将决策支持维度升级为智能决策支持维度,最终搭建基于智能技术的"四维"管理会计体系应用架构。

2. 探索基于智能技术的"四层四维"管理会计体系应用架构

本课题在充分实践的基础上,将基于智能技术的管理会计体系应用架构分为技术层、数据层、模型算法层和应用层四个层次。其中,应用层按照本课题基于智能技术的管理会计体系理论架构四个维度展开,在每个管理会计应用维度中规划了智能应用场景,搭建了基于智能技术的"四层四维"管理会计体系应用架构。四个维度对下承接技术层、数据层、算法模型层,对上构成管理会计信息系统应用的主体逻辑。智能技术在管理会计中的应用场景组成了四维的具体内容,是智能技术在管理会计体系中的主要应用领域。

(二)研究局限性和未来研究方向

1. 研究局限性

一方面,本课题主要基于管理会计相关理论文献和智能技术在管理会计中应用的相关文献进行归纳,由于实践中智能财务处于刚刚起步的阶段,智能技术在管理会计中应用的理论积累不足,相关实践及应用场景并不普遍;另一方面,人工智能技术的商业化也存在发展阶段的限制。因此,课题组对智能技术在管理会计中的应用场景梳理可能不完整,基于智能技术的管理会计体系应用架构搭建也可能存在不完善之处。

2. 未来研究方向

未来,在理论方面,智能技术应用于管理会计的应用场景挖掘,基于智能技术的管理会计信息系统搭建,跨学科开展基于智能技术管理会计体系的技术层、数据层和算法模型层的详细论证,领先企业的智能管理会计实践案例挖掘,都存在持续深入研究的空间。在实践方面,研究基于智能技术的管理会计信息系统的技术架构、管理需求、技术路线和实施方案,为软件服务商和智能化转型领先企业提供智能管理会计信息化架构的前瞻性解决方案等方面,都有待后续进一步研究探索。

参考文献

[1] MURPHY C, CURRIE J, FAHY M, GOLDEN W. DSS in management accounting[J]. Management Accounting,1995,73(2),37-38.

[2] LI D. Management accounting theory based decision support systems[J]. Journal of Industrial Engineering & Engineering Management,1997,2(1):23-25.

[3] MA X H. Study on application of dynamic programming algorithm in accounting management[J].Journal of Advanced Oxidation Technologies,2018,21(2):101-106.

[4] 谢琨.财务和会计智能系统研究[J].财会月刊,2003(2b):59-60.

[5] 冯巧根.基于智能制造的管理会计创新[J].会计之友,2016,(11),126-132.

[6] 王加灿,苏阳.人工智能与会计模式变革[J].财会通讯,2017(22):41-43.

[7] 刘勤,杨寅.智能财务的体系架构、实现路径和应用趋势探讨[J].管理会计研究,2018(1):84-90.

[8] 韩向东,余红燕.智能财务的探索与实践[J].财务与会计,2018(11):13.

[9] 傅元略.智慧会计:财务机器人与会计变革[J].辽宁大学学报(哲学社会科学版),2019(1):68-78.
[10] 温素彬.智能管理会计:趋势与体系构建[J].航空会计,2019,12.
[11] 刘梅玲,黄虎,佟成生,等.智能财务的基本框架与建设思路研究[J].会计研究,2020(3):179-192.
[12] 李克红.人工智能视阈下智慧财务管理模式架构研究[J].会计之友,2020(5):59-62.
[13] 秦荣生.人工智能与智能会计应用研究[J].会计之友,2020(18):11-13.
[14] 许金叶.智能管理会计:智能合约的缔结与履行[J].会计之友,2020(10):156-160.
[15] 陈亚盛.人工智能技术对管理会计研究的影响[J].管理会计研究,2020,3(3):14-17.
[16] 傅元略.智能财务决策:软计算与机器学习集成[J].财务研究,2019(6):31-36.
[17] 王爱国.智能会计:会计转型发展的方向[J].会计之友,2020(9):2-5.
[18] 李懋劼,吴花平.基于智能技术的管理会计体系架构研究[J].财务与会计,2021(15):44-48.

课题负责人：李懋劼[1]

课题组成员：舒文存[2]、吴花平[4]、牛艳芳[5]、耿云江[3]、张志红[5]、董翠华[6]、陈景峰[7]、冯凯[7]、沈远鹏[7]

所在单位 1：中国电子科技集团有限公司

所在单位 2：安徽工商职业学院

所在单位 3：东北财经大学

所在单位 4：重庆理工大学

所在单位 5：山东财经大学

所在单位 6：中兴通讯股份有限公司

所在单位 7：中国兵器装备集团有限公司

智能财务标准体系研究

【摘要】 随着经济不断发展,财务管理不断转型升级,财务信息化领域呈现出蓬勃发展的趋势。在国家大力发展智能产业的背景下,人们开始将智能技术应用于财务管理领域,并形成一种新型财务体系,即智能财务。但在智能财务发展的新阶段,人们对原有的财务信息标准化体系提出了新要求。为适应这一发展要求,本课题在对财务信息化标准体系理论的基础上,对智能财务标准体系进行了初步探讨。

本课题从智能财务体系使用者和实施方的角度,提出智能财务标准体系理论应涵盖的内容,形成包含九个方面的智能财务标准化理论框架,并分别就这些方面的内容进行阐述,同时在某国企集团智能财务体系建设的过程中,以该框架为指导进行实践,提出了企业智能财务建设能力提升的实现路径。

【关键词】 智能财务;标准化;智能财务标准体系

一、引言

随着经济的不断发展,财务管理转型升级与传统手工处理方式的矛盾也日益突出,在不断优化财务管理理论水平和实践创新的过程中,人们开始将信息技术、智能技术应用于财务领域,以期寻找财务管理转型升级的新突破口。

本课题首先是通过现状调查来发现问题,主要通过已经形成的问卷调查,简介企业智能财务体系构建和运营现状;其次是分析问题,通过对智能财务发展及标准化体系构建的现状分析以及目前文献研究情况梳理,分析论证智能财务标准化体系构建的必要性、重要性和迫切性,探寻研究的切入点和突破点,通过理论与方法学基础的概述与分析,确立构建智能财务标准化体系的理论支撑和方法学依据;再次是解决问题,提出了智能财务标准体系框架,并对该框架的构建过程和框架内容进行详细论述,同时在某国企集团智能财务体系建设过程中,通过对其现状的诊断、问题的解决等,在实践中对该标准化体系框架的要素进行运用和分析,对框架内容进行检验和优化;最后是研究总结,归纳总结本研究的主要研究结论,展望未来可能的研究空间。

二、理论与方法学基础

理论是指人们通过实践总结出来的关于自然界和社会的客观规律,方法论是指人们用理论指导实践工作时所采用的研究方式、方法。智能财务标准体系的研究必须有一定的理论基础，也必须遵循一定的方法论。下面将对本研究所采用的理论与方法学进行阐述。

（一）一般系统论

一般系统论是由贝塔朗菲创立的运用逻辑和数学方法研究一般系统运动规律的理论，是关于"整体"的一般科学。它总结了系统的基本规律，包括整体性原理、相关性原理、有序性原理、动态性原理、目的性原理等。一般系统论为本课题研究智能财务体系标准体系提供了基本理论支撑。整体性原理要求我们要从智能财务标准体系的整体角度思考问题，同时注重智能财务标准体系整体和各项标准之间的关系。相关性原理要求我们把智能财务标准体系的各方面有机结合起来，而不是割裂地分析问题。有序性原理指导我们按照一定的客观规律对智能财务标准体系进行构建，并从理论层面奠定制定标准体系的合理性。动态性原理指导我们以动态的观点思考标准体系建设，通过理论、实践和技术的发展，进行不断更新和优化。目的性原理指明了合规律性与合目的性的关系，把合目的性看作是合规律性的必然结果。

（二）标准化理论

标准化理论，是人们对于标准化本质的概括。标准化原理研究常设委员会在1961年对标准化的定义是："标准化"是为了所有有关方面的利益，特别是为了促进最佳的全面经济发展并适当地考虑到产品使用条件与安全要求，在所有有关方面的协作下，进行有序的特定活动所制定并实施各项规则的过程。

构建标准体系主要体现为编制标准体系结构图和标准明细表，提供标准统计表、编写标准体系编制说明。它是开展标准体系建设的基础和前提工作。我国实施《标准体系构建原则和要求》(GB/T 13016—2018)。

标准化原理对于本课题的贡献在于：简化原理为确定相关标准提供了基本方法和原则；优先性原理使我们在论述相关标准时考虑了先后顺序；一致性原理使我们在进行本项研究时，并未以此研究的结论作为智能财务标准化体系的基本框架，而是针对需要考虑的方面提出了一些观点和方向；互换性原理要求我们在制定相关标准时要松紧适度，充分考虑标准化体系的层次性。本课题将重点放在了标准明细表的编制上，对于智能财务标准化相关的要素进行了初步阐释。标准化理论中的标准分类，确定了智能财务标准化的定位。

三、调查问卷结果

2019年，上海国家会计学院智能财务研究中心与天职国际会计师事务所（特殊普通合伙）联合发起进行"智能财务标准体系"的研究工作。为了更好地理解企业财务信息化、智能化的现状及需求，他们邀请企业熟悉公司财务信息化现状的相关负责人参与调研。

在对不同行业财务部门运行情况、智能财务体系的应用情况以及对智能财务标准体系的理解和认识的调查后，通过分析，我们发现目前存在的几个主要问题如下。

(一)智能财务发展阶段尚处初级阶段

大部分企业已经具备一定程度的财务信息化水平,但在智能财务领域的发展还处于初级阶段,人们还是更多地依赖传统信息化技术和手工方式处理财务问题,且企业间信息化发展的程度参差不齐。

(二)智能财务是财务管理变革

企业普遍认为智能财务带来了财务管理模式,甚至是财务管理理念的革命性变化,认为可以通过财务流程的整体优化和再造,整合企业财务职能,促进业财融合,认可人机共存作为最终目标,并期望智能财务体系能够向着人机一体化协同管理的模式发展。

(三)智能财务建设无系统化规划

企业在信息化系统落地实施过程中也遇到了战略目标不明确、缺乏统一规划、项目交付延期、数据标准不统一、数据安全和人才转型等一系列问题。

(四)缺乏标准化体系建设

现有的财务标准远不能满足智能财务发展的需求,急需智能财务领域各相关方积极参与智能财务标准化理论体系的研究探讨,对其进行梳理和顶层设计,形成全面而科学合理的智能财务标准体系,并通过实践不断调整和优化。被调查人普遍认为,系统化的规划、一致性的目标、标准化的建设体系是智能财务建设过程中的主要挑战。智能财务标准体系是会计信息化的高级发展阶段,在现有的会计信息化标准体系的理论基础上,基于智能技术的应用及管理需求的转变,制定数据标准、人才标准、应用标准、系统标准、智能技术标准、运营标准、组织标准的需求显得尤为突出。

四、智能财务标准体系理论框架

(一)智能财务定义

智能技术的出现和逐渐成熟的应用,给财务管理带来了新的发展契机,使财务从信息化向数字化、智能化方向转变。同时,智能财务不仅是财务流程中部分环节的自动化,某个财务流程的整体优化和再造,而是财务管理模式,甚至是财务管理理念的革命性变化,它借助于人机深度融合的方式来共同实现前所未有的新型财务管理功能。

智能财务体系的形成有多个驱动因素,从企业内部的管理上来说,主要是以下三个层面。

在业务层面,智能财务系统的发展要以技术手段为依托。解放财务工作者劳动力的手段有很多种,而最具成效的手段就是采用新技术,在实现业务流程标准化的梳理之后,将流程中操作规则明确、逻辑性强的工作用自动化方式替代,从而将劳动力从复杂的工作中解放出来。这需要深刻理解企业财务管理的实际操作流程,结合标准规范,有效提出优化工作的建议,并结合当前最新的信息技术,尽可能地将原来由人进行的操作改为用电脑自动化来实现。

在管理层面,现代财务管理要求财务成为企业的价值管理者,摆在财务管理者面前的问题是要想成为企业的价值管理者就必须跨过业务门槛,实现业财一体化。众所周知,企业的运营管理是一项十分复杂的活动,企业的管理活动可以划分为不同的管理模块,如资产管理、项目管理、合同管理、供应链管理、人力资源、财务管理、税务管理等,而各个管理模块又包含各种业务场景,每一个场景中又包含各种不同的流程。智能财务系统的进一步发展需要先将新技术在业务场景中进行应用,促进业务流程进一步优化和技术进一步发展,为智能财务系统的形成打下坚实的基础。

在决策层面,从企业决策者角度来看,优秀的财务管理能为企业经营提供明晰的方向。财务信息和指标,是企业决策者在经营管理过程中重点关注的内容,决策层迫切需要从财务管理过程中提取相关经营信息,并通过不断地分析和挖掘为决策者提供准确的决策支持,甚至让机器在大数据和知识图谱的基础上辅助直至替代人来做一些具体的审核和决策,规避相关的决策风险。业务流程、业务场景和管理体系是点、线、面的关系,而智慧财务系统的形成也需要一个由点到面的过程。从理论角度上,我们需要站在管理体系的角度进行统筹规划,确定需要进行技术改造的"线",在"线"上选取合适的业务流程进行技术改造。从长远来看,企业最终需要的是能够帮助企业实现财务转型升级的智慧财务的系统化、信息化服务,具体到实施层面就是要在通过构建相关财务行业应用系统,在财务共享模式下,实现业财融合,并发挥信息系统的优势,利用大数据、人工智能等技术手段,实现智能的财税管理、审计管理、决策支撑。

这三个层面的驱动因素,贯穿了整个企业管理的组织架构,覆盖了从具体业务实施层到管理决策层的业务痛点和管理诉求。智能财务体系需要解决从最底层财务操作到企业经营决策不同角色、不同视角、不同关注点的实际需求,全方位地为企业构筑标准化、智能化的财税管理新形态。智能财务体系框架如图1所示。

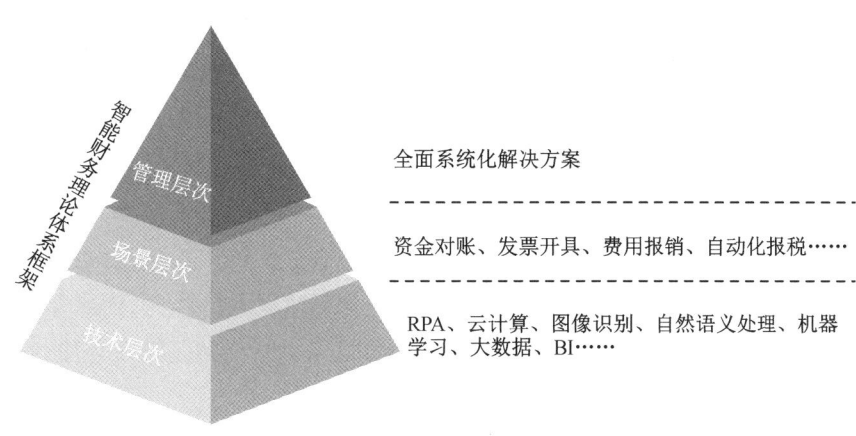

图1 智能财务体系框架

(二) 智能财务的核心

智能时代的财务组织正在由战略、管理、核算财务的分离模式向外延扩展的高级阶段进化。在这一进化过程中,财务组织在发生着积极的自我变革。从刚性管理向柔性管理的进化,让财务组织面对快速变化的业务环境有了更佳的应对能力。智能财务的建设框架是基于智能技术与财务管理之间的契合,存在其内在的逻辑,并在此基础上尝试将财务管理工作自动化、智能化,构建财务智能生态平台。

目前企业财务职能的划分上主要分为核算会计、管理会计、战略财务三个层次,企业财务人员的分配上也呈现金字塔结构。核算会计的人员最为庞杂,但是也是创造价值最低的层次。因此,将金字塔结构变成纺锤形结构,给企业创造更大的价值,是智能财务体系搭建要实现的核心目标,如图2所示。而实现这一目标主要是要实现"三化"。

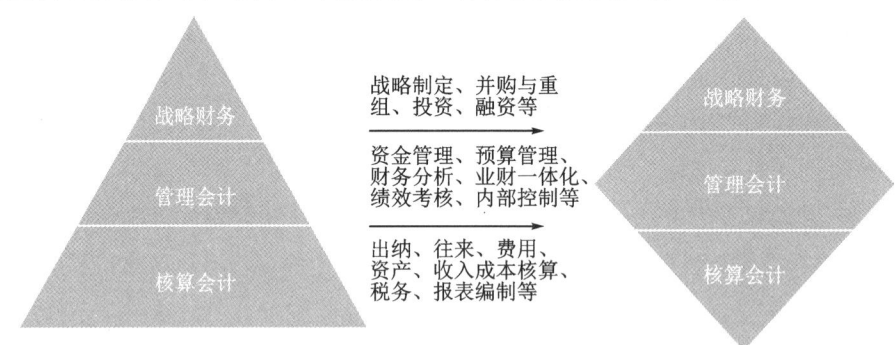

图 2　金字塔结构向纺锤结构转换

1. 智能财务体系目标之财务核算自动化

智能财务使会计核算工作中的逻辑性强、重复性强的工作实现了自动化处理,使得财务部门解放了劳动力,将工作重心转移到对财务数据的运用上来,为管理层和决策者提供更及时、更精确的财务数据,使财务信息不仅能够为日常管理提供支撑,更从企业战略的角度进行分析,为管理者的战略决策提供强有力的支持。

2. 智能财务体系目标之业务财务信息一体化

业务财务一体化,就是需要财务能够理解业务,深入地参与业务前端的管理活动,为业务部门提供有效的经营决策支持。但是,想要做到这一点,业务信息向财务信息高效、自动化、无差错转换这个基础需要打牢。这需要应用智能技术解决数据语言标准化、系统互联互通的实现方式、数据维度一致性的挑战。

3. 智能财务体系目标之管理职能价值化

传统的财务数据处理和数据分析都是建立在结构化数据基础上的,而基于大数据的技术工具,使得海量非结构化数据处理成为可能。这能够帮助我们跳出传统思维,探索数据的应用及价值,提升企业数据精细化管理,运用数据的聚集效应和数据之间的关联关系来寻找数据本身蕴含的经济规律。在效率提升的同时,智能财务体系使财务工作真正成为企业经营的一个有机组成部分,使财务部门不再仅仅是一个成本部门,而是变成价值创造部门。

(三) 智能财务标准体系定义

智能财务标准体系,即围绕智能财务系统开发建设及运营管理建立的标准体系,旨在为智能财务系统的开发建设及运营管理的标准化提供指导和依据。

（四）智能财务标准体系构建原则

智能财务标准体系的构建应突出智能财务的技术特点，并充分考虑对已有会计信息化标准的利用，既不能对过去的标准成果全盘否定、全新打造，但又不能照搬现有的会计信息化标准体系，要根据智能财务的特殊要求，本着利用和改造现行会计信息化标准的思想，构建新颖、先进、适用的智能财务标准体系。智能财务标准体系应按以下原则构建。

1. 引领性原则

以标准规划智能财务的技术架构，定位智能财务的技术功能、性能和服务能力，充分考虑智能财务的云计算、大数据、机器学习、流程自动化、图像识别等人工智能标准需求，引领智能财务技术的发展。

2. 通用性原则

按照通用化、系列化、模块化的标准化思想，以标准化定位智能财务系统的组成方式，在智能财务系统的各个方面充分实现功能、接口、服务等的通用化，以标准化打造理念先进、通用化强、应用服务灵活、方便的智能财务系统。

3. 系统化原则

标准体系应全面性、完整性地规划标准要素，既要包含语义、概念、数据、通信协议、数据格式、代码、设计方法、测试方法等"软"技术形式的标准，也要包含设备、接口、网络环境等"硬"技术形式的标准，还要包含管理、服务等综合性标准，建立系统化、多维度的智能财务标准体系。

4. 适用性原则

标准体系的设计既要考虑先进性，也要考虑适用性和合理性，使技术与应用场景之间能合理匹配、资源充分利用、效能全面发挥。

（五）智能财务标准体系层次结构图

本课题遵循了国家对于标准体系的构建原则和要求，形成了标准体系结构图和标准体系明细表，主要阐述了纳入标准体系明细表中的各项因素的合理性、重要性。

智能财务体系中基础性的标准归类为基础标准，将与管理相关的归纳为管理标准，将技术层面的标准归纳为技术标准，将应用过程中需遵循的标准归纳为工作标准，将系统功能、性能相关的标准归纳为功能标准。

智能财务标准体系层次结构如图3所示。

五、智能财务标准体系详述

根据智能财务的技术特点，本课题将智能财务标准体系设计为由总体标准、数据标准、组织标准、运营标准、智能技术标准、系统标准、应用标准、安全标准、人才标准组成。

（一）总体标准

智能财务标准体系的总体标准指的是在智能财务建设和运营过程中全局性、通用性工作的标准。其包括标准化工作指南、术语和文档管理。总体标准明细如表1所示。

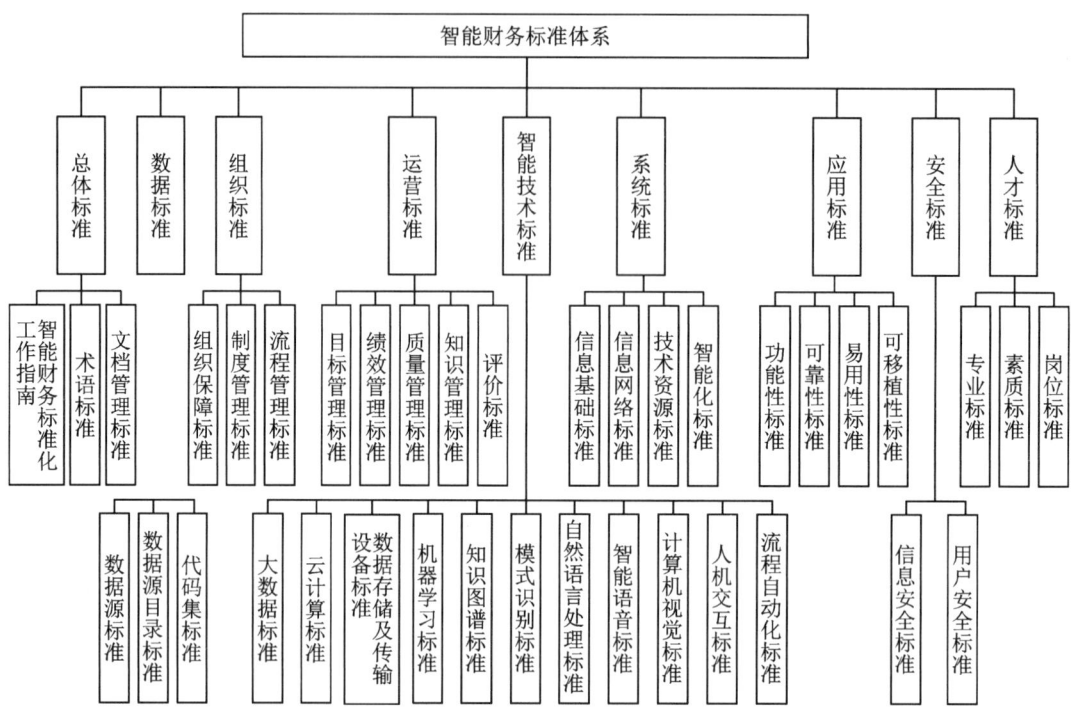

图 3 智能财务标准体系层次结构

表 1 智能财务标准体系总体标准明细

序号	标准名称	标准明细及内容	标准属性
1	智能财务标准化工作指南	智能财务标准化工作的主要目标、机构设置、决策机制、人员构成及配备、对现有标准的评价及引用、监督机构和方式	基础标准
2	术语标准	智能财务标准化工作过程中对于各标准下术语的定义及应用,包含建设层面术语、运营层面术语、信息技术术语等	基础标准
3	文档管理标准	智能财务标准化工作过程中产生的各种文档的编制、审核、变更、完成、存档,文档的可追踪性及索引	基础标准

(二)数据标准

1. 数据标准体系建设

数据标准体系建设存在跨系统、跨环境、跨组织的数据交换。统一标准是各业务之间互联互通、信息共享、业务协同的基础,通过顶层设计和统筹规划,建立针对数据运用的大数据标准体系,从根本上解决各组织各系统数据存在的不标准、不完整、重复、错误、不一致等数据质量问题,使数据在整合、应用的过程中实现统一标准的管理,达到提升整体数据质量、实现信息共享、信息交换、信息关联的目的。

数据元(GB/T 18391.1—2009)是通过定义、标识、表示以及允许值等一系列属性描述的数据单元。通过对数据元及其属性的规范化和标准化，我们可以构建出统一、集成的、稳定的数据模型奠定基础。不同用户可以对数据拥有一致的理解、表达和标识，可以有效实现和增进跨系统和跨环境的数据共享。

数据元目录是以目录形式排列的智能财务数据元的集合。参考《信息分类编码的基本原则和方法》(GB/T 7027—2002)中所述内容为了便于数据元的理解和应用，我们应当将智能财务建设工作中用来表示业务对象的基本概念作为智能财务体系中的一个术语加以规范化，给出标准、规范的说明或描述。

代码表是能够完整表达特定业务对象某个特性的全部值的集合，是以目录形式表达的数据元目录中代码型值域所使用的代码表的集合。

2. 数据标准明细

基于数据标准的各项标准明细及内容，如表2所示。

表2 数据标准明细

序号	标准名称	标准明细及内容	标准属性
1	数据元标准	数据元标准是规范适用于财务管理，通过定义、标识、表示以及允许值等一系列属性描述的数据单元	基础标准
2	数据元目录标准	数据元目录标准是智能财务体系中的一个术语加以规范化，给出标准、规范的说明或描述	基础标准
3	代码集标准	代码集标准是以目录形式表达的数据元目录中代码型值域所使用的代码的集合的标准，规定每一项的名称、代码以及必要的说明及分类原则和编码方法	基础标准

(三) 组织标准

1. 组织标准体系建设

组织管理体系是一个较为复杂的有机系统，是智能财务组织本身成长的需要。组织管理体系要紧紧围绕智能财务建设战略，围绕智能财务的核心业务，才能有序、高效，也才能实现人才的合理配置，实现智能财务发展压力的有效传递。组织管理标准体系包含组织保障、制度管理、流程管控。

2. 组织标准明细

基于组织标准的各项标准明细及内容，如表3所示。

表3 组织标准明细

序号	标准名称	标准明细及内容	标准属性
1	组织保障标准	组织保障标准是规范组织结构规范、角色定位、岗位职责规范、业务汇报关系规范、人员激励管理规范这几个关键要素	管理标准
2	制度管理标准	制度管理标准是规章制度和操作手册、工作职责、财务流程、审批权限、档案管理、工作考核办法等标准	管理标准
3	流程管理标准	流程管理标准规范流程主体、流程战略、流程设计、流程实施、流程优化这几个关键要素制度	管理标准

(四) 运营标准

1. 运营标准体系建设

运营标准主要包括目标管理、绩效管理、质量管理、知识管理、评价标准，是对智能财务建设进行设计、运行、评价和改进的活动标准，有助于制定科学高效的运作体系。

2. 运营标准明细

基于运营标准的各项标准明细及内容，如表4所示。

表4 运营标准明细

序号	标准名称	标准明细及内容	标准属性
1	目标管理标准	可以衡量智能财务建设组织活动成效的标准，规范效率、成本、质量、满意度的标准	工作标准
2	绩效管理标准	用于监督和管理组织绩效的方法、准则，包括投资回报指标、成本指标、利润指标、价值指标、评价指标、执行力指标、持续优化能力等标准	工作标准
3	质量管理标准	规范控制风险、防范差错并持续提升输出质量的控制体系，包括控制目标、流程风险、控制活动、控制类型、控制频率及责任主体等要素	工作标准
4	知识管理标准	规范知识管理组织、专家网络结构、知识数据库、沟通途径、培训体系、知识评测的标准	工作标准
5	评价标准	是对智能财务的质量、价值进行分析评判的标准。包括对主体、客体、目标、原则、指标等要素的规范	管理标准

(五) 智能技术标准

1. 智能技术标准体系建设

智能技术标准是指用于规范智能技术在财务领域中应用所直接涉及的技术的标准。在本课题研究进行过程中，国家五个相关部门联合印发《国家新一代人工智能标准体系建设指南》，对关键通用技术和关键领域技术做了标准规范定义。关键通用技术和关键领域技术主要包括：大数据标准、云计算标准、物联网标准、数据存储及传输设备标准、机器学习标准、知识图谱标准、模式识别标准、自然语言处理标准、智能语音标准、计算机视觉标准、人机交互标准、流程自动化标准。

2. 智能技术标准明细

基于智能技术标准的各项标准明细及内容，如表5所示。

表5 智能技术标准明细

序号	标准名称	标准明细及内容	标准属性
1	大数据标准	规范人工智能研发及应用等过程涉及的数据存储、处理、分析等大数据相关支撑技术要素，包括大数据系统产品、数据共享开放、数据管理机制、数据治理等标准	技术标准

(续表)

序号	标准名称	标准明细及内容	标准属性
2	云计算标准	规范面向人工智能的云计算平台、资源及服务,为人工智能信息的存储、运算、共享提供支撑。包括虚拟和物理资源池化、调度,智能运算平台架构,智能运算资源定义和接口、应用服务部署等标准	技术标准
3	数据存储及传输设备标准	规范数据存储、传输设备相关技术、数据接口等	技术标准
4	机器学习标准	规范监督学习、无监督学习、半监督学习、集成学习、深度学习和强化学习等不同类型的模型、训练数据、知识库、表达和评价	技术标准
5	知识图谱标准	规范知识描述的结构形式、解释过程、知识深度语义的技术要求等,解决知识表示粒度、方式的不确定性问题	技术标准
6	模式识别标准	规范自适应或自组织的模式识别系统的特点、模型、技术要求和评价方法	技术标准
7	自然语言处理标准	规定自然语言处理基础、信息提取、文本内容分析等方面的技术要求,解决计算机理解和表达自然语言过程中的数据、分析方法和语义描述的一致性问题	技术标准
8	智能语音标准	规范人机语言通信的技术和方法,确保语音识别、语音合成及其应用的准确性、一致性、高效性和可用性	技术标准
9	计算机视觉标准	规定计算机及视觉感知设备对目标进行检测、识别、跟踪的技术要求,解决图片或视频采集、处理、识别、理解和反馈等各环节的一致性和互联互通问题	技术标准
10	人机交互标准	规范人与信息系统多通道、多模式和多维度的交互途径、模式、方法和技术要求,解决语音、手势、体感、脑机等多模态交互的融合协调和高效应用的问题	技术标准
11	流程自动化标准	规范包括注释规范、日志规范、排版规范、版本规范、目录规范、命名规范、框架设计、资源管理、质检程序、安全策略	技术标准
12	物联网标准	包括智能感知设备标准、感知设备与人工智能平台的接口和互操作等智能网络接口、感知与执行一体化模型标准、多模态和态势感知标准等	技术标准

(六) 系统标准

1. 系统标准体系建设

系统标准包括信息基础标准、技术资源标准、信息网络标准和智能化标准。系统标准是智能财务系统建设标准编制、管理、应用、维护的主要依据。

信息基础标准由术语标准、软件工程标准、硬件环境标准三部分构成。信息基础标准是信息化建设最基本的信息技术标准,是指导和规范信息网络设计、建设、维护等标准化应用的前提和基础。

信息网络标准由网络体系结构、网络交换标准、网络接口标准、传输与接入标准、网络管理标准和网络工程标准六部分构成。

技术资源标准由信息分类与编码标准、数据元标准、业务文档格式标准、公共信息模型标准和元数据标准五部分构成。

智能化标准由规划、设计、实施、测试、验收五部分构成。

2. 系统标准明细

基于系统标准的各项标准明细及内容,如表6所示。

表6 系统标准明细

序号	标准名称	标准明细及内容	标准属性
1	信息基础标准	指导和规范信息网络设计、建设、维护等标准化应用的前提和基础,术语标准、软件工程标准、硬件环境标准	技术标准
2	信息网络标准	包含网络体系结构、网络交换标准、网络接口标准、传输与接入标准、网络管理标准和网络工程标准	技术标准
3	技术资源标准	是信息化过程中有利用价值的、数字化的、网络化的信息内容,包含信息分类与编码标准、数据元标准、业务文档格式标准、公共信息模型标准和元数据标准	技术标准
4	智能化标准	智能化标准指导财务智能化建设从规划到验收的各个环节,由规划、设计、实施、测试、验收五部分构成	技术标准

(七) 应用标准

1. 应用标准体系建设

在智能财务体系的建设过程中,系统应用首先作为目标实施的载体,功能作为应用的最主要需求,功能性标准设置应作为最先满足的要素进行标准体系设计;其次是与功能相关的可靠性标准,当功能可以实现后对要素信息的可靠性将会有更高要求;再次是系统在操作层面对于易用性、可用性的要求;最后是从安装与系统移植及推广扩展的角度讲,对于可移植性的标准建立。

2. 应用标准明细

基于应用标准的各项标准明细及内容,如表7所示。

表7 应用标准明细

序号	标准名称	描述	标准属性
1	功能性标准	规范包括功能实现的完备性、正确性、恰当性、互操作性、安全保密性和依从性等	功能标准
2	可靠性标准	规范包括应用的成熟性、容错性、易恢复性等标准	功能标准
3	易用性标准	从产品要素和交互要素着手,规范应用的易吸引性、易理解性、易学习性、易操作性等标准	功能标准
4	可移植性标准	规范包括适应性、易安装性、易替换性、移植完整性等标准,应对于适应不同的规定环境时的能力	功能标准

(八)安全标准

1. 安全标准体系建设

智能财务安全标准是指用于规范与智能财务安全有关的基础事项、技术事项和管理事项的标准。《信息安全技术 网络安全等级保护基本要求》(GB/T 22239—2019)已对通用的信息安全基础标准、信息安全技术标准和信息安全管理标准做出规范,本课题只研究基于智能技术的应用下财务信息安全及用户安全专用标准。信息安全标准用于保证智能财务领域相关信息系统及其数据不被破坏、更改、泄露,从而确保系统能连续可靠地运行,包括软件信息安全、设备信息安全、网络信息安全、信息安全防护及评估等标准。用户安全标准用于避免在智能财务各环节中因用户的行为造成的隐患或威胁,以保证信息数据安全、预防误操作等,包括用户身份、用户访问、任务、环境等标准。

2. 安全标准明细

基于安全标准的各项标准明细及内容,如表8所示。

表8 安全标准明细

序号	标准名称	描述	标准属性
1	信息安全标准	确保满足信息的真实性、有效性原则要求,并明确信息采集渠道、规范信息格式以及相关的流程和方式,从而保证信息采集的合规性、正当性、一致性,包括软件信息安全、设备信息安全、网络信息安全、信息安全防护及评估等标准	基础标准
2	用户安全标准	用于避免在智能财务各环节中因用户的行为造成的隐患或威胁,以保证信息数据安全,预防误操作等,建立包括用户身份鉴别和用户访问两个方面的控制	管理标准

(九)人才标准

1. 人才标准体系建设

在智能财务建设、运营的不同阶段,人才的能力是一项重要的影响因素,可以决定其走向和成败。人才标准是指智能财务组织中任职者所需承担的角色、必须具备的知识、技能、能力、素质及应达成业绩目标的集合,是人力资源管理的重要基础,体现了智能财务发展战略、岗位要求和员工能力特质。建设人才标准体系,对激发人才动力活力、提高人才使用效能、提升人才管理水平、推动人才工作转型升级具有重要意义。人才标准体系包括专业标准、素质标准、岗位标准、配置标准。

2. 人才标准明细

基于人才标准的各项标准明细及内容,如表9所示。

表9 人才标准明细

序号	标准名称	标准明细及内容	标准属性
1	专业标准	达成工作目标所必须具备的知识、技能、专业能力和要求,学历水平、专业要求、职称要求、工作经验、行业经验等内容	管理标准

（续表）

序号	标准名称	标准明细及内容	标准属性
2	素质标准	工作中涉及的软能力，基于公司战略导向、文化与价值观的要求，如政治素质、诚信正直、敬业负责、团队协作等	管理标准
3	岗位标准	包括岗位的职责与权限、资格要求、工作内容与要求等	工作标准

六、结论与展望

（一）课题取得成果的总体情况

本课题在专家学者们对于财务信息标准化体系研究成果的基础上，拓展了智能技术应用于财务领域的研究范围，调查了实际使用者现阶段对于相关课题的认识及探索，提出了涵盖九个方面的标准体系，为继续深入研究智能财务标准体系提供了一些研究方向。在智能财务理论体系和实践快速发展的当下，也为将来可能出现的认识误区和发展乱象起到了一定的提示作用。由于智能财务体系的发展与智能财务标准体系的完善是互相推动、互相促进的作用，本课题研究成果还有待在更多的实践中继续完善和深入，形成更为全面的体系，并通过更多的实践实现相关的研究成果转化和应用。

（二）相关课题研究成果

组织保障、总体规划、标准化建设、战略目标被认为是影响智能财务建设的关键因素，系统化的规划、一致性的目标、标准化的建设体系是智能财务建设过程中的主要挑战。在此调查结果的基础上，本课题通过简化、分析、总结，形成了以总体标准为指导，以数据标准、组织

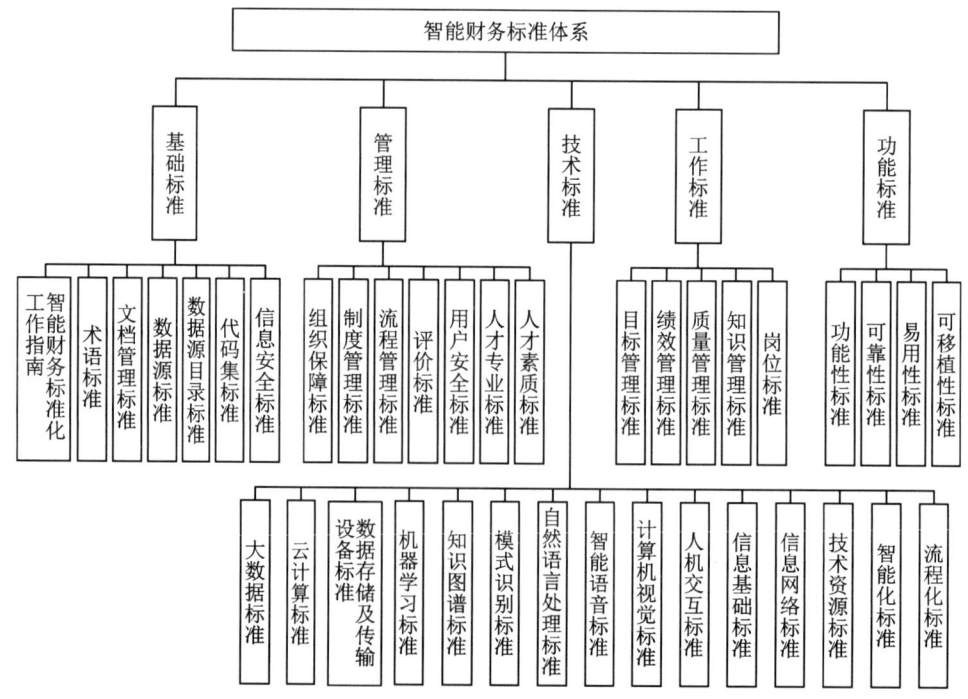

图4 本课题相关研究形成的标准体系

标准、运营标准、智能技术标准、系统标准、应用标准、安全标准和人才标准为主要内容的智能财务标准体系,涉及基础标准、管理标准、技术标准、功能标准、工作标准等多个标准类型。本课题相关研究形成的标准体系如图4所示。

参考文献

[1] 李克红.人工智能视阈下智慧财务管理模式架构研究[J].会计之友,2020(5):59-62.
[2] 高绍伟.财务智能系统构建与模型实现[D].青岛:中国海洋大学,2010.
[3] 刘梅玲.会计信息化标准体系研究[D].北京:中国财政科学研究院,2013.
[4] 张涵语.基于人工智能的财务风险防范机制研究[D].西安:西安电子科技大学,2019.
[5] 廖倪,曾尚梅.人工智能对会计行业的影响及应对[J].商业会计,2018(16):97-98.

课题负责人:王玥,中国注册会计师
课题组成员:王玥、陈丹虹、李博洋、刘子超
所在单位:天职国际会计师事务所(特殊普通合伙)

人机协同的智能财务管理模式研究

【摘要】 当前,企业经营分析与决策活动面临复杂多变的市场环境,在财务与经营状况监测、风险点排查、集团公司与子公司上下级交互和决策等方面存在多个不确定信息来源,这就需要大数据融合的智能财务管理模式来辅助管理者更有效地工作,实现分析与决策协同。而智能财务是一种新型的财务管理模式,本身就蕴含人机协同的理念,从管理层面看应该是以智能财务为核心变革企业战略、组织、决策模式等;从技术层面看应该至少包括财务信息收集与存储,财务信息甄别、诊断及融合,智能财务决策建模与分析等;从实践应用层面看,应侧重于智能化数据处理、分析、决策支持过程。

【关键词】 人机协同;智能财务;REA+财务决策模式

一、引言

当新冠肺炎疫情成为2020年至今的新常态时,会计理论界与实务界在思考并践行如何通过新一代信息技术实现疫情中的远程财务协同办公。面对间隙式持续性爆发的新冠肺炎疫情集团化和国际化带来的各种不确定性,加快建设大数据融合的智能财务分析与决策平台来辅助管理者更有效地工作,助力集团企业世界一流财务管理体系建设,着力夯实高质量发展的微观基础,事关实现社会主义现代化战略全局,具有重要性和紧迫性。

智能财务作为一种新型的财务管理模式,是一种业务活动、财务会计活动和管理会计活动全功能、全流程智能化的管理模式(张瑞君等,2010)。而智能决策的实现一般有两种途径:一是将人机系统获得的财务信息和目标信息,与专家系统中的数据库和知识库进行对比,借助人工智能自动推理技术,经过计算机快速处理,生成相应的决策;二是通过深度学习,模仿人脑机制,通过多层的节点和连接,逐步感知不同层级的抽象特征,通过不断地自我学习完成高度抽象的人工智能任务,生成决策。与此同时,我们要认识到人机协同的智能财务管理模式的创新应是全方位的,应在组织分工、流程配套、系统建设、风险管控、成本收益和伦理安全等方面进行持续协同探索。而人机协同发展是人工智能发展的终极目标,也是智能财务发展的终极目标,研究人机协同发展模式可以帮助我们引导、利用和控制人工智能技术在财会领域中的发展,在发展智能机器的同时,更好地发挥财务人员的作用,实现人类社会的可持续发展。

因此,本课题聚焦于人机协同的智能财务管理研究问题,拟从智能时代的财务管理认知、智能财务决策模式、智能财务管理技术平台三个方面研究新型的智能财务管理模式。

二、相关概念界定与文献综述

(一) 人机协同

人机协同,本质上是人与机器相互沟通、理解的过程。2015年,云从科技率先在业界提出了"人机协同"的概念以及"三段理论",将人机协同分为"人机交互、人机融合、人机共创"三个阶段。人机交互有物理人机交互(如机电一体化、智能控制等)和认知人机交互。其中,认知人机交互是指通过建立认知模型使机器能够识别人的意图、情感、认知等,并从中积累经验不断学习的过程(Huu-Toan 等,2014)。

人机协同智能关注于通过人机交互实现人类智慧(Human Intelligence)与人工智能(AI)的结合。人机协同智能是混合智能以及人脑机理揭示相关研究的高级应用,也是混合智能研究发展的必然趋势。人机协同智能意味着人脑和机器完全融为一体,解决了底层的信号采集、信号解析、信息互通、信息融合以及智能决策等关键技术问题,使人脑和机器真正地成为一个完整的系统。

(二) 智能财务与智能财务管理模式

智能财务的概念目前没有统一的认知,不同的学者从不同的角度给出了不同的解释。比如,韩向东(2018)从决策的角度认为智能财务主要表现为以数据发现、智能决策和智能行动为核心的智能管理系统,可以帮助决策层进行智能判断、策略生成和策略选择。刘梅玲等(2020)从智能技术对财务工作提升与转型的角度认为智能财务是指将以人工智能为代表的"大智移云物区"等新技术运用于财务工作,对传统财务工作进行模拟、延伸和拓展,以改善会计信息质量、提高会计工作效率、降低会计工作成本、提升会计合规能力和价值创造能力,促进企业财务在管理控制和决策支持方面的作用发挥,通过财务的数字化转型推动企业的数字化转型进程。学者刘勤等(2020)认为,智能财务是一种新型的财务管理模式,它基于先进的财务管理理论、工具和方法,借助于智能机器(包括智能软件和智能硬件)和人类财务专家共同组成的人机一体化混合智能系统,通过人和机器的有机合作,去完成企业复杂的财务管理活动,并在管理中不断扩大、延伸和逐步取代部分人类财务专家的活动,或者说智能财务是一种人机协同的新型财务管理模式。

本课题认为既然智能财务是一种新型的财务管理模式,本身就蕴含人机协同的理念,从管理层面看,智能财务管理模式应该是以智能财务为核心变革企业战略、组织、决策模式等;从技术层面看,智能财务管理模式应该至少包括财务信息收集与存储,财务信息甄别、诊断及融合,智能财务决策建模与分析,智能财务决策可视化展示和交互(反馈);从实践应用层面看,人机协同的智能财务管理模式更侧重于智能化数据处理、分析、决策支持过程,强调数据驱动下的财务决策模式创新以及管理方式变革。

三、人机协同的智能财务管理模式创新思路

人机协同的智能财务管理模式创新主要从智能时代的财务管理认知、智能财务决策模式、智能财务管理技术平台三个方面进行阐述。其中，智能时代的财务管理认知强调的是大数据和人工智能等新一代信息技术应用后人们对价值创造战略的认知（价值战略重构）、对多模态数据的认知（多源异构信息融合）、财务决策目标与行为的认知。在新的财务管理认知下，企业要构建新的智能财务决策模式，即通过人与机器的合作，运用 REA 模式（资源—事件—参与者）融合财务数据与非财务数据、结构化与非结构化数据，运用 REA 与动量会计的融合对财务数据进行深层次挖掘，实现智能化的描述分析、诊断分析、规范分析与预测分析。

四、人机协同的智能财务管理模式

（一）人机协同的智能财务管理认知

新一代信息技术环境下企业外部竞争环境发生变化，市场环境日益动态化，技术创新速度加速，顾客需求多样化，竞争越来越激烈，公司需要整合、构建、重新配置内部和外部资源以应对快速变化环境的能力。财务决策服务于企业发展战略，内外部环境的巨变势必推动企业财务决策内涵和特征发生改变。在此背景下探究财务决策的行为特征和方式的变化为企业科学决策提供理论基础，对实现企业价值共创共享的财务决策目标、提高企业市场竞争力具有重要意义。

1. 大数据智能环境下的公司战略重构

大数据与人工智能催生商业模式创新、驱动传统业态升级，推动公司价值战略重构和公司价值生态系统发展。大数据与人工智能环境下公司经营方式的转变推动了公司边界重构，建立了基于契约的信任网络，产生了平台经济、服务经济、体验经济等诸多新形态，公司价值创造体系发生重大改变。大数据与人工智能环境对公司价值生态系统以下四个方面产生了影响。

1）产业环境

随着大数据和人工智能时代的到来，企业价值生态系统的产业环境发生了革命性的变化，呈现出产业融合与细分协同演化格局。

2）运营模式

在大数据环境下，公司价值生态系统的协同合作更为紧密和准确，基于大数据资源构建以流程优化和客户订单为导向的协同运作模式已经成为企业价值生态系统的主要运营模式。基于大数据应用的协同运作主要表现在协同设计、协同生产、协同库存、协同物流等方面。

3）合作方式

大数据环境下，信息数据成为公司价值生态系统中的核心资产，数据传递、信息共享已

经成为价值生态系统中各成员的重要合作途径。由于大数据资源的动态配置和应用,公司价值生态系统的合作方式呈现出多元化发展,业务外包、众包、共同创造等方式层出不穷。

4) 客户市场

大数据技术的开发和应用使得公司进行客户市场决策所依赖的市场信息在数据量、数据结构、数据模态和时效性上都发生了根本性变化,公司能对客户的行为、状态、商务圈等非结构化数据进行动态监控和实时挖掘,洞察用户消费动机和行为偏好。

2. 大数据智能环境下的多源异构信息融合

大数据时代财务信息涉及公司日常经营管理全过程全方位的各类数据,体现出信息资源的多样性和复杂性,并具有信息动态规模海量化的特征。价值共创共享和大数据时代促使财务信息进一步增多,特别是半结构化和非结构化的信息迅猛增长,拓展了公司治理的组织边界,引发了利益协调、数据质量、数据安全等问题。在大数据支持下,数据价值链是从数据获取到数据管理及其支撑辅助的各种利益相关者及相关技术构成的框架,用于检查如何将不同的数据以组织的方式融合在一起,并创造能够为公司决策提供有价值的信息。因此,在智能时代应融合内外部财务与非财务数据,将互联网外部数据和企业披露信息结合,如外部机构市场研究报告、新闻媒体、社交网络、行业/地区年鉴等多渠道非官方数据,促进财务数据和企业经营管理活动中非财务数据的深度融合,综合现状分析和发展预判,形成更为全面有效的价值评估和决策判断。

3. 大数据智能环境下的财务决策认知

面对多源异构数据,传统的财务决策系统已远远不能胜任对大体量财务数据的精确分析。因此,我们应转变对财务决策的认知。

1) 财务决策目标改变

随着单一企业间的竞争日益演变为网络组织之间的竞争,价值创造活动逐步由个体企业的行为演变为网络成员的共同作用。因此,企业决策目标不再局限于自身企业或上下游供应商的发展,而是以价值网增值为首要战略目标。大数据环境下的财务决策更强调价值网整体企业的战略决策,特别服务于企业的价值创造、服务转型以及战略目标实现等。价值共创下的系统内所有利益相关者都是价值共创者也是受益者,因此,融合大数据和价值共创特征的公司价值生态系统应该满足所有利益相关者的决策需求。

2) 财务决策行为改变

大数据智能时代对财务决策行为的改变主要体现在两个方面:一是决策主体,大数据智能背景下多主体参与企业财务决策过程中,不同利益相关者(如股东、员工、供应链参与者等)成为财务决策网中的一环,决策制定不再是个人的工作,分布于网络中的专家系统、管理系统都是决策系统的一部分。大数据环境下,人人都是决策者。二是决策思维,大数据智能环境下财务决策思维发生转变,财务决策从传统的基于直觉、经验、行为决策范式转变为基于数据决策,通过收集海量信息,将财务数据和非财务数据企业相融合,以获取更加丰富的信息,提高决策准确度和决策效率,将数据的客观决策和人的主观决策相结合,可以有效避免决策者依靠经验而带来的风险。

(二)人机协同的智能财务决策模式

大数据智能环境下的财务决策强调服务于企业的价值创造和战略目标实现,更加强调对各类财务决策背后驱动因素的探寻、价值规律的发现以及未来价值趋势的预测分析。因此,我们需要充分利用组织内外部海量大数据财务信息资源服务于各类财务决策、系统整合REA模式、动量会计以及大数据分析方法,构建基于"REA+"大数据智能财务决策模式,涵盖描述性分析、诊断性分析、预测性分析和规范性分析的大数据分析方法,为描述现状、剖析原因、预测趋势及优化决策提供整体性分析框架。

1. REA模式

REA模式采用语义建模的方法是从业务过程视角捕获和表示组织关键资源R(Resource)、事件E(Event)、参与者A(Agent)、地点L(Location)、业务流程P(Process)等数据,为财务过程和业务过程的集成、企业管理系统集成提供统一的数据模型,并将外部世界反映转变为会计信息系统数据库和知识库可以识别的会计决策模型。

2. 动量会计

著名会计学家井尻雄士于20世纪80年代提出的三维簿记或动量会计理论,从时间角度揭示了过去、现在和未来的关系,可以用来完整反映业务活动过程。和现行的复式簿记相比,其反映的不仅仅是简单的会计业务信息,还包含复杂因果关系信息的记载,能够提供企业价值创造维度的相关信息,因此,其能为企业财务决策提供更加有效和完善的依据和支撑。但受限于当时的信息技术条件和相关模型的限制,传统的财务决策模型无法将复杂多维的经济活动数据转换为系统可以识别的会计信息数据,并在此基础上进行分析。

近年来,随着人工智能的发展,新一代信息技术为业务全流程刻画提供了可行性。本课题所构建的新型"REA+"模式在传统REA模式的基础上,融入了动量会计和大数据驱动的价值创造等多维新特征,拓展了REA的表达能力,能够对全价值链流程信息进行刻画,而数据挖掘和机器学习技术又可以挖掘出复杂多维异构数据间的关联。

3. "REA模式+动量会计"

本课题融合REA与动量会计对企业价值创造过程进行分解并分析企业价值增值的动量和动力,即基于动量会计视角,可以分析业务活动增值的动量及成因,汇集所有业务增量进而得到企业整体的价值增量,也可以实现智能追溯,找出企业价值增值的核心动力和价值创造增值的原因,如图1所示,具体思路如下。

一是经济活动的分解及记录。企业的经济活动涉及多利益相关者,多项资源和多事项,覆盖整个财务决策流程。因此,本课题认为,在利益相关者、相关者投入的资源、发生的事项内容基础上,应融入价值创造等新维度信息,重新对经济活动进行分解,并从财务、人力、资源和业务流程等方面进行多维度记录,以期达到对整个价值共创价值链条的流程和事项进行刻画的目标,从而为后续业务关联分析和原因分析奠定基础。

二是经济活动的关联分析。为了更加完整地反映企业的经济活动过程,需要对经济活

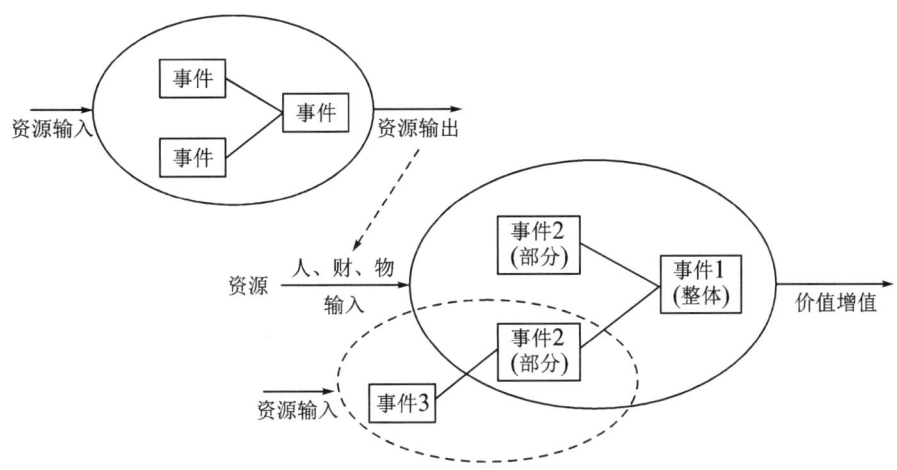

图 1　融合 REA 与动量会计的智能财务信息深度挖掘

动之间的因果关系和复杂相关关系进行记录和分析。对此，我们可以建立事项与事项、事项与资源、事项与利益相关者、事项与价值创造以及背后数据与数据之间的内在关联。基本做法是通过对利益相关者、资源投入、事项、价值创造进行属性分解，分成基本属性和动力属性，然后研究各属性之间的关联关系。其中，基本属性是对该类别的基本描述信息，而动力属性反映出更多动态变化或动力关键要素的信息，具体如表 1 所示。

表 1　财务数据深度分析与决策的 REA 属性分解

属性类型	资源(R)	事项(E)	利益相关者(A)
基本属性	实体属性（描述资源基本状态的信息）	基本行为属性（事项发生的基本描述信息）	类别属性（某类利益相关者的一般属性描述）
			个体属性（自身个性化特征）
动力属性	变动属性（描述资源在某种事项发生时的动态信息，如价格差异、销售量差异、消费差异、效率差异等）	行为环境属性（事项发生前后动态环境变化信息）	共创行为属性（参与价值共创事项、与其他利益相关者的共生关系以及所涉及资源的信息）
			价值诉求属性（作为受益人分享价值的信息）

4. 基于"REA＋动量会计"的智能财务决策分析框架

相比 Farzaneh 等（2017）文中所提出的大数据与会计融合分析框架，本课题构建融合大数据的智能财务决策分析框架（图 2）主要优化的几个点在于：

（1）运用大数据可以动态反映企业的过去、现在和未来，扩展财务分析的时间维度。

（2）通过数据挖掘技术可以实现对财务数据的描述性分析、诊断性分析、规范性分析以及预测性分析，将关注原因挖掘、要素关联关系的诊断性分析独立出来，丰富了财务分析的层次。

（3）融合大数据的智能财务分析与决策是静态与动态结合的综合财务分析与决策，其

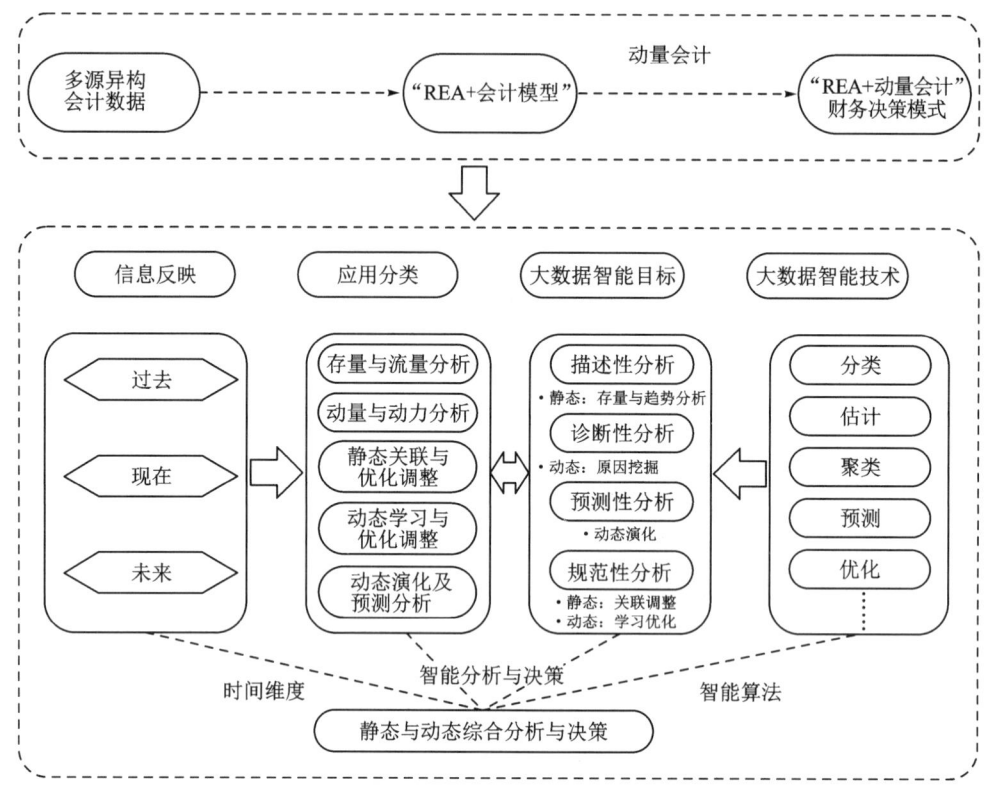

图 2　基于"REA＋动量会计"的智能财务决策分析框架

应用类型不仅包括静态的存量、流量、数据关联与优化，也包括动态的动量、动力、动态学习与优化以及动态演化与预测。

大数据分析方法如下。

1. 描述性分析

描述性分析回答的是"发生了什么""正在发生什么"，即对数据进行描述、总结和属性分析，以促进对结果和底层数据的理解。企业可以通过大数据智能技术对多源异构会计数据进行分类、鉴定、聚类、下钻和可视化等，并将其转换成更好的数据和对经济业务的理解，即从静态的视角多维度分析企业的存量与流量。

2. 诊断性分析

如果说描述性分析回答的是"发生了什么"，诊断性分析则更进一步分析"为什么会发生这种情况，过去的结果是什么原因"。诊断性分析实际为揭示异常指标变动的原因，这些原因不能通过简单地描述性分析来回答，但可以通过组合性的多指标分析进行回答。

3. 预测性分析

预测性分析回答的是"未来会发生吗""某件事情发生的概率是什么"或"它是可预测的吗"，即通过历史数据模拟、评估可能性或概率进行前瞻性分析，主要运用大数据技术通过考察历史数据，检测在这些数据中的模式或关系，然后通过这些关系模型进行动态演化并预测未来,包括分类(如预测是否存在造假)、回归(如预测变量的敏感性)、时间序列预测(如预测下一年度的销售收入)等。

4. 规范性分析

规范性分析回答的是"我们如何根据潜在的约束来优化我们的决策"或者"我们应该根据我们所预期的将要发生的事情来做什么",即在给定约束条件或不断变化的条件下,为识别可能的最佳选项而进行的调查分析,包括现在事项的规范性分析(静态关联与优化调整)和未来事项的规范性分析(动态学习与优化调整)。

六、人机协同的智能财务管理技术平台

现应用于智能财务分析与决策的关键技术与方法是比较分散的,应用的技术、方法以及范围都没有形成集成效应,基本属于某一技术和方法应用于某一特定的领域解决特定的问题,未来技术的发展应是集成化的平台建设,至少包括以下技术平台。

(一) 基于大数据的财务信息收集与存储平台

在传统财务决策依据——财务报表指标的基础上,从企业内部和外部两个角度研究智能财务决策数据库的构建。

(1) 基于"REA+"模式的企业内部经济活动信息的收集。基于融入的动量会计价值创造维度的"REA+"模式,对企业内部的经济活动信息进行收集和分解,并对不同维度的数据间的关系进行分析,捕捉经济活动间的静态和动态关联,为企业的财务决策提供内部经济活动信息统一的数据模型。

(2) 基于数据价值链的企业外部市场信息的收集,能够为企业的各类决策提供重要价值,因此,财务决策的过程需要融入多源大数据,主要包括不同来源(银行、政府、工商部门、会计师事务所等)、不同维度(财务维度、环境维度、利益相关者维度、公司内部管理维度等)和不同类型(结构化数据、半结构化数据、非结构化数据)对企业外部市场信息进行收集。

(二) 基于数据挖掘技术的财务信息甄别、诊断及融合平台

课题组结合数据挖掘技术,搭建财务信息甄别、诊断及融合平台,主要包括:

(1) 内部经济活动信息的诊断,针对获取的企业内部经济活动信息,应从准确性和完整性等方面诊断其内容质量,从及时性和有效性等方面诊断其环境质量,从可解释性、可理解性、利益相关者的满意度等方面诊断其使用质量。

(2) 外部信息的甄别,针对获取的外部市场信息,其在数据结构、频率和展现形式等方面和内部经济活动信息具有差异性,因此,对外部信息的甄别也和内部信息具有一定的差别,应运用文本挖掘、关联规则分析等技术,从真实性、可靠性、来源权威性等角度甄别其内容质量,从可访问性、安全性等方面甄别其环境质量,从相关性、适用性、利益相关者的满意度等方面甄别其使用质量。

(3) 内外部信息的融合研究,企业的内外部信息表达了企业整个经济活动的不同方面,因此,对内外部信息的融合能够进一步提高企业的财务信息质量。

（三）基于深度学习的财务决策建模与分析平台

科学有效的财务决策需要对现有的各类信息进行融合、挖掘和学习，而大数据环境下的海量异构内部外信息给依赖于管理人员的自身经验的传统财务决策模式提出了难题，因此，如何基于海量抽象、隐晦的数据提取出可供企业决策者直接使用的信息或知识，提高财务决策的效率和质量是一个重点研究问题。课题组认为，针对不同决策需求，需要对云计算平台中的多源异构数据进行深层特征的提取和融合。然而海量数据中通常包含大量噪声，有用信息通常隐藏在深层，不同结构的数据在底层分布上具有明显差异性（如数量数据为连续性实值数据，文本数据为稀疏性非实值数据），因而需要针对不同结构数据分别进行特征提取。针对传统的结构化数据，可以基于卡尔曼滤波、贝叶斯模型等统计计量方法进行特征提取研究；针对复杂的非结构化数据，可以基于文本挖掘、人工神经网络等新型数据挖掘方法进行特征提取研究。

（四）基于信息可视化的财务决策展示和反馈的人机交互平台

智能财务决策系统的前端展现负责直接与用户进行交互，主要包括：

（1）多样化展示的财务决策支持层。不同的决策需求、不同的用户对于财务决策系统的展现形式偏好不同，如数据分析人员偏好模型数据表现，而管理人员偏好图形展现等方式，因而应构建多样化的决策展现平台，不限于报表展现（如表格数据、矩阵数据以及自定义报表）、KPI展现、图形化展现（如网络关系图、热力图、仪表盘等）、查询展现（如简单数据查询）、复杂数据查询（提供上钻、下钻、旋转等操作）、明细查询等。

（2）动态交互式的智能决策层。基本思路是针对不同的财务决策需求，依托建模与分析平台的模型研究，在给出智能决策的同时，对背后的因果关系、关联关系进行展示，并加入专家知识模块，基于用户个人需求，实时进行人机交互，协同共享，在此基础上得出最终决策。

（3）动态信息反馈层。针对给出的决策结果，设置信息反馈模块，实时分析决策实施状况，激活相关资料，监控业务关键指标，并向管理者发送预警，以便他们及时发现问题或抓住机会，从而将信息及时反馈给财务决策建模与分析平台，和财务信息甄别、诊断及融合平台，帮助企业进一步提升财务决策能力和效用。

七、结论与展望

大数据智能技术与财务的融合主要体现为揭示企业过去、现在与预测未来，对其进行描述性分析、诊断性分析、规范性分析以及预测分析，而且大数据智能技术对财务领域的影响不仅仅是技术层面，而是涵盖企业战略、组织、价值创造方式等多个方面，融合了财务与非财务、结构与非结构化数据，整合了多个利益相关者资源，对财务决策模式产生了重要的影响。基于此，本课题提出，在智能时代，可以构建"REA+智能财务决策模式"，首先运用REA模式融合并集成价值链多源异构数据，其次将动量会计理论与REA进行融合，对价值链财务信息进行深度挖掘，在事项与事项、事项与资源、资源与资源之间建立起关联关系，挖掘企业价值增值的动量与动力,最后形成"REA + 的智能财务决策分析框架"。而所构建的"REA + 智能财务决策模式"建立在智能时代的财务管理技术平台上,即影响财务变革的大数据智能技术不应该是独立、分散存在的,而应该是集成为平台化建设,包括基于大数据的财务信息集成与存储平台,基于数据挖掘技术的财务信息甄别、诊断与融合平台,基于深度学习的财务决策建模与分析平台,基于信息可视化的财务决策展示和反馈的人机交互平台。

未来研究可以从以下三方面进行深入:

第一,融合大数据的智能财务分析与决策需要多源异构数据作为支撑,因此,如何运用REA 模式实现非结构化的网络数据、社交媒体数据、文本数据等新型大数据与传统的高度结构化的交易数据相融合并实现落地是下一步研究的关键科学问题。

第二,涵盖描述性分析、诊断性分析、预测性分析和规范性分析的大数据分析方法,能够为描述现状、剖析原因、预测趋势及优化决策提供整体性分析框架,未来研究和应用实践中应关注于大数据智能技术(如分类、聚类算法)与不同财务分析与决策情景的深度融合。

第三,大数据环境下的财务分析与决策还强调服务于企业的价值创造和战略目标实现,更加强调对各类财务决策背后驱动因素的探寻、价值规律的发现以及未来价值趋势的预测分析,未来的研究中应充分利用组织内外部海量大数据财务信息资源服务于各类财务决策,系统整合 REA 模式、动量会计以及大数据智能分析方法,构建动态化的大数据智能综合财务分析与决策模式。

参考文献

[1] HUU-TOAN T,HONG C,XICHUAN L,et al. The relationship between physical human-Exoskeleton interaction and dynamic factors:using a learning approach for control applications[J]. Science China Information Sciences,2014,57(12):1-13.

[2] FARZANEH A. AMANI,ADAM M. FADLALLA. Data mining applications in accounting:a review of the literature and organizing framework[J]. International Journal of Accounting Information Systems,2017,(24):32-58.

[3] 韩向东,余红燕.智能财务的探索与实践[J].财务与会计,2018(17):11-13.

[4] 刘勤.智能财务的发展体系及其核心环节探索[J].财务与会计,2020(10):11-14.

[5] 刘梅玲,黄虎,佟成生,等.智能财务的基本框架与建设思路研究[J].会计研究,2020(3):179-192.

[6] 张瑞君,陈虎,张永冀.企业集团财务共享服务的流程再造关键因素研究[J].会计研究,2010(7):57-64,96.

课题负责人:张超[1]

课题组成员:朱卫东[1]、吴勇[1]、张晨[1]、操玮[1]、陈绪龙[2]

所在单位 1:合肥工业大学

所在单位 2:安徽经邦技术有限公司

智慧财务背景下的数据治理方法研究

【摘要】 智慧财务时代,数据已经成为企事业单位的战略级资产,是提升决策质量的重要基石。本研究结合数据治理的一般方法和体系结合,针对智慧财务的业务特点从标准、过程、技术三个关键问题角度提出了智慧财务数据治理的方法体系,并以中国科学技术大学附属第一医院智慧财务体系为实证研究对象,对上述数据治理方法体系进行实证应用研究,建立了支撑智慧财务应用的整合数据体系。本研究发现,数据治理是满足智慧财务的自动化、精细化、智能化等业务要求的必要建设过程和技术基础,数据治理需综合考量治理目标、治理范围、组织管理、数据标准、治理过程与技术方法,形成整合方法体系,才能有效支撑智慧财务体系的建设与落地。

【关键词】 智慧财务;数据治理主数据治理;医院运营数据中心

一、引言

数智化转型是提升经营效率和竞争力的必然选择。传统机构的财务职能部门触及大量核心数据、关联各部门和管理流程,在引领机构各层级向数智化转型上具有天然优势。传统财务管理转型为数字化、智能化、共享化的智慧财务,成为当前企事业数智化转型的关键战略和改革切入点。

智慧财务将财务流程与业务流程整合衔接,使其能够在线协同,进而支持内部控制、实时决策等管理需求。但现有的信息化系统多由相互独立、服务于内部流程操作的软件系统构成,数据分散在不同的软件系统,集成效率低、质量差,业务、财务数据指标的口径不统一,数据应用研发滞后等问题凸显。要完成数智化转型,亟须通过治理数据来提升数据采集和数据转换的效率质量,推动组织全方位、全过程、全领域打通数据。

二、智慧财务与数据治理

智慧财务的实现,是以财务会计为核心、流程驱动的传统财务系统转变为以数据中心为核心、数据驱动的智慧财务体系。

(一)智慧财务趋势特点

智慧财务是近几年的热门话题,在学界和业界会以"智慧财务"或"智能财务"来指代。韩晓怡(2021)认为,财务智能化阶段以会计师事务所2016年引入RPA(机器人流程自动化)

为开端,实现了人工智能与财务的结合。张敏(2020)将企业财务智能化分为智能财务 1.0、2.0、3.0 三个阶段,其最终目标为去中心化,通过中台系统将信息进行自动加工,针对不同类型的决策者提供不同种类的信息。杨寅、刘勤等(2020)认为智能财务智能化是在财务会计和管理会计的基础上,智能融合业务活动和管理活动的系统化工程。杨寅、赵健等(2021)通过调查问卷发现,国内智能财务系统呈现智能化、数字化发展趋势。随着财务机器人的出现,企业财务转型朝向智能化发展的决心更加坚定。张庆龙(2021)认为智能财务机器人能够处理大量重复、步骤明确的基本业务,人机一体化发展成为趋势,财务机器人处理基础工作,将原始数据进行汇总整理。黄丹(2021)从实际工作角度出发,认为智能财务未来趋势是智能化财务核算系统、智能财务共享服务平台、智能辅助决策系统。

总结来看,智慧财务应具有以下特点。

1. 业财融合

智慧财务将模糊财务与其他业务职能间的边界。直接在前台给业务团队提供及时有效的支援,缩短信息差和时间差,不再局限于中后台的定位,使得企事业运营模式更加便捷。

2. 精细管理

智慧财务将会更关注资源配置的精细化、精准化。智慧财务通过更好的数据收集、管理和应用,对基层业务单元和流程环节做到精细化管理,对组织的投入产出进行动态监测,以期实现资源配置的平衡,实现收益与风险之间的平衡,实现组织效益最大化。

3. 力求智能

智慧财务高度实现自动化,通过夯实数据基础,实现从业务发生到财务分析的全流程数据管理自动化,减少人力成本,降低人为风险,使财务人员更专注于高附加值的分析管理。

4. 前瞻分析

智慧财务更强调财务对于分析与业务见解的预测性,财务将不再是以往简单衡量已发生的事实,更能基于价值和盈利管理,提供前瞻性的预判指导业务决策,提升管理价值。

(二) 智慧财务对数据管理的需求

智慧财务对数据管理提出了更高的要求,数据的质量水平也决定了智慧财务作用发挥程度。智慧财务对数据管理的要求如下。

1. 统一标准

智慧财务通过夯实数据基础,实现数据和指标的口径一致、标准,从而达成从业务发生到财务分析的全流程数据的一致表达。

2. 融合共享

财务业务需要进行统一报账、核算和报告,保证会计记录和报告具有规范的标准和统一结构,财务分析中亦需要整合各类经济活动数据信息,实现数据融合共享。

3. 及时高效

业财融合力求财务信息及时准确反映业务活动,除了事后核算监督,事前预测、事中控制也是管理要旨,财务数据的时效要匹配业务发生速度,缩短信息差和时间差,为业务开展与运营管理提供不拔之柱。

4. 数据挖掘

立足于大数据、人工智能等新技术,通过数据收集、管理和应用,建立可高度概括问题、可追本溯源、可拆解问题至业务因素的高质量数据体系,践行数据挖掘赋能决策。

三、智慧财务数据治理方法

数据治理(Data Governance)是组织中设计数据使用的一整套管理行为。国际数据治理研究所(Data Governmance Institute,DGI)将数据治理定义为一个通过一系列信息相关的过程来实现决策权和职责分工的系统。这些过程按照达成共识的模型来执行,描述了谁(Who)能根据什么信息,在什么时间(When)和什么情况(Where)下,用什么方法(How),采取什么行动(What)(王兆君,2019)。

(一)智慧财务数据治理方法框架

国际数据管理协会(The Data Management Association,DAMA)将数据治理框架总结为:"数据治理是围绕数据资产展开的系列工作,通过业务驱动因素、技术驱动因素,对以服务组织各层决策为目标,进行一系列治理活动,完成数据标准、治理过程、服务数据等工作"。(DAMA 国际,2020)国际数据治理研究所(DGI)则从组织、规则、过程三个层面,提炼出数据治理的十个基本组件,包括使命、目标、数据规范、决策权力、职责分工、控制机制、利益相关方、数据治理办公室、数据管理员、数据治理过程,并在此基础上提出数据治理框架(王兆君,2019)。

上述两个典型的数据治理架构为各领域数据治理提供了总体参考框架,针对具体领域,考虑到业务需求、数据特点、应用目标和组织能力的差异,对数据治理的方法需要进一步细化和扩展。智慧财务的应用场景存在如下特点,对数据治理提出了新的挑战。

1. 业财双重目标

智慧财务的核心是业财融合,通过全面梳理业务活动和财务场景的数据要求,同时在符合财务会计准则的前提下,不但要满足支持业务决策的数据需求,还需满足财务会计准则。在会计科目体系、财务处理和监管披露等要求下,全面梳理业务活动和财务场景的数据要求。

2. 数据治理与业务治理

智慧财务力求将业务表达为数据,又力求数据驱动融入财务业务。因此,智慧财务下的数据治理,不再是以数论数、以业务论业务,而是将业务管控的要求表达为规范化的数据形成、采集、汇聚、控制与应用的过程。财务内控与智慧驱动两者皆是题中之要。

3. 全域协同的数据治理

作为经济主体,企事业单位的各类业务活动或多或少都体现出经济活动属性。因此,协同各个业务环节、系统反映财务管理全貌、整体实现智慧化变革是智慧财务的题中之义。这必将大大增加智慧财务数据治理的复杂性。

4. 组织与角色的重新定义

智慧财务背景下的数据治理需要以财务为立足点,串联、整合组织业务工作,IT(信息技术)/DT(Data Technology,数据技术)思维、财务思维、业务思维融合协同是现实中面临的重要问题。因此,智能财务数据治理有必要建立围绕财务、运营部门的数据治理组织架构,建立虚拟数据治理工作组,扩充财务、运营团队能力,重新定义财务、运营人员的工作内涵。

针对上述特点,智慧财务数据治理在通用数据治理框架的基础上,一方面需结合切实可行的目标进行简化,另一方面需要结合智慧财务场景进行细化和深化。因此,本研究提出如下智慧财务数据治理框架(图1),包括顶层设计、治理对象、治理标准、治理过程、治理技术与数据应用六个部分。

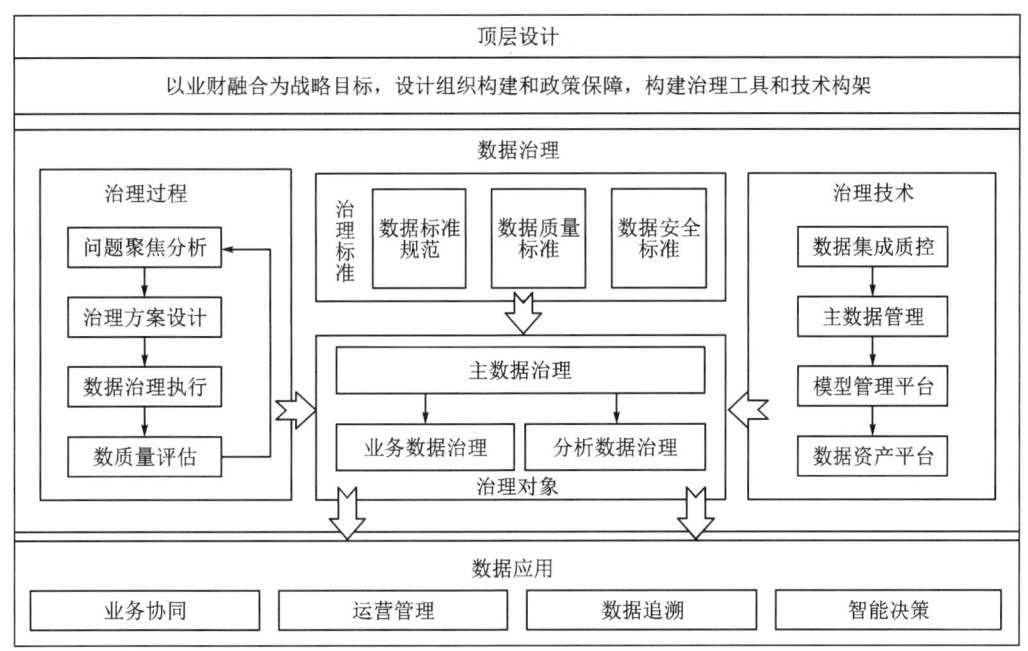

图1 智慧财务数据治理框架

在顶层设计方面,智慧财务数据治理需要立足财务,以业财融合为数据治理的战略目标,合理设计组织机构、内部的管理制度与管理流程,搭建数据治理的技术方法和工具。

在治理对象方面,智慧财务业务中涉及大量的数据统计规则、管理口径与管理规范,因此,本研究认为有必要将分析数据治理作为单独治理对象,并构建主数据治理、业务数据治理与分析数据治理的整体治理体系。

智慧财务数据治理标准需要通过建立有效的数据治理标准体系、可行可控的数据治理过程、搭建数据治理的系列技术工作三方面关键任务来完成。三方面任务将在后文详细阐述。

智慧财务数据治理过程必须将数据治理与业务应用紧密结合。因此,智慧财务数据治理需要关注智慧财务各业务间的协同一致性,关注财务对整体组织运营管理的支撑性,并致力于智慧财务在数据业务追溯应用和智能辅助决策应用。

(二)智慧财务数据治理标准

标准是数据治理工作的基础。根据《信息技术服务治理 第5部分:数据治理规范》(GB/T 34960.5—2018),数据治理包括数据管理体系和数据价值体系两个角度,数据治理标准也需要从这两个角度出发。

1. 数据管理体系的治理标准

数据管理体系是指围绕数据内容、数据质量、数据安全、元数据管理和数据生命周期等建立并完善标准体系。

（1）数据内容：应明确数据标准的内涵和范围，兼具业务数据标准、财务数据、财务指标等要求。例如，在机构主数据上，从业务机构和财务核算单元上建立独立的机构主数据，配套建立两者的映射关系，以保证数据语义的一致性。

（2）数据质量：需建立数据质量管理目标、管理体系、实施机制，并持续优化数据质量，满足数据应用需求。

（3）数据安全：需建立数据安全的管理目标、方针、策略，建立数据安全体系，实施数据安全管控，持续改进数据安全管理能力。

（4）元数据管理：应明确元数据管理的范围和优先级，建立元数据管理的策略和流程，开展元数据创建、存储、整合与控制，并持续改进和优化。

（5）数据生命周期：应定义生命周期和应对不同阶段的管理策略，降低成本和风险，支撑数据资源管理和数据资产运营。

2. 数据价值体系的治理标准

数据价值体系是指围绕数据流通、数据服务、数据洞察等开展数据资产运营和应用的治理。

（1）数据流通：应识别数据资产，明确数据权属，定义数据开放共享、交换和交易等流通方式，保证数据流通过程的合法合规、数据安全和隐私。

（2）数据服务：应明确数据服务的内涵，形成数据服务目录，不断优化数据的服务能力，为管理会计的8大领域业务应用，以及智慧财务智能化、系统化应用提供不同口径的数据支持。

（3）数据洞察：应创建业务视角和用户视角，对数据、业务规律进行分析，获取数据洞察的能力，在智能算法引擎的支持下，进行数据预测、测算、评估。

（三）智慧财务数据治理的过程

随着智慧化、业务化的未来财务管理新特征，智慧财务对管理数据进行梳理和流程再造，这必将对数据治理提出主数据驱动全流程的要求。

（1）数据治理架构阶段：架构阶段是数据治理的准备阶段。这一阶段的主要工作是通过现状调研和需求分析，识别智慧财务各业务场景下的典型问题，完成智慧财务数据治理的整体规划和体系设计。

（2）开展数据治理阶段：在数据治理阶段，在分析、设计、执行、评估四个基本环节进行细节分析与解决。首先，分析问题形成治理的阶段性目标和具体工作计划；其次，完成数据标准和数据模型的设计、开发，为实际执行提供准备；再次，依次完成数据采集治理各流程步骤，提交数据服务和数据产品；最后，从运行情况、数据质量、数据安全、系统性能、管理水平、经济效益等方面对数据治理效果进行评估。在治理过程中引入PDCA循环管控机制，将每一轮执行结果进行检查与评估，为下一轮优化提供新的需求和解决方案。

(四) 智慧财务数据治理的技术

为有效支持智慧财务数据治理的开展,高效、灵活的技术架构和信息管控的技术工具支持是必要的。实现智慧财务智慧治理需要以下技术支持:

(1) 数据集成技术:对智慧财务联通的各系统数据进行集中的采集、清洗、质控、导入、标化。依托集成引擎,实现数据的清洗、转换相关流程。

(2) 主数据管理技术:对智慧财务联通的各系统数据,按照标准主数据进行全生命周期的管理,支持主数据申请、校验、审核、发布等工作流程。

(3) 数据建模管理技术:支持智慧财务场景下数据指标的规范定义、汇聚计算,形成语义一致的分析数据基础。

(4) 数据资产管理技术:支持数据资产的多维呈现,从业务域、数据流转等多维度进行数据资产的查询和管理。

(5) 数据分析技术:实现数据统计、挖掘、分析任务,通过分析工具进行数据展示。

(6) 智能化算法:提供测算、预算、内控、审计等算法服务,为智慧财务多场景赋能。

四、医院智慧财务数据治理方法与案例研究

医院作为事业单位,兼具部分企业经营属性。在当今形势下,医院精细化管理和高质量发展对数据治理的要求更高。医院智慧财务的典型特征是支持"数据驱动业务"模式,满足决策时效性、数据可追溯性、数据一致性和管理协同性四大特征,所以在数据治理方面要满足全面、准确、及时、一致、持续、智能、安全等要求。

(一) 业财融合与医院智慧财务数据治理目标

从政策要求上看,国家对财务、管理会计、绩效考核等精细化要求,以及业财融合的内部管理需要力度不断加大,方向指引日益清晰;从内部运营上看,随着公立医院规模和业务的不断扩大,医改政策倒逼医院从传统规模经济向精益管理转变,运营管理范围不断健全。

内外部因素迫切需要医院建立一套基于"医疗+财务"业财融合模式的智慧财务体系,探索出提升服务质量、降低管理成本、加强医院内控、提高业务处理效率的最佳路径,助推医院业务发展和经济决策支撑。医院智慧财务信息化兼具要义如下:

(1) 医院智慧财务要以创新服务模式为基石,形成以财务共享为基础的战略财务、业务财务、共享服务"三位一体"的创新型医院财务组织架构(图2),实现财务工作由"核算型事务"到"价值创造型"的结构性转变。

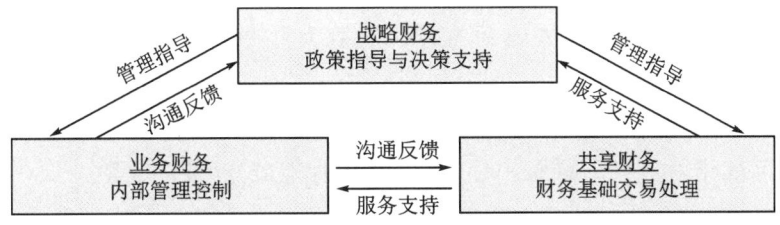

图2 基于"医疗+财务"业财融合模式的智慧财务体系

(2) 以领先的医院管理方式为助力,形成全面化、清晰化、集中化、统一化的"四化"管理,助力新型智慧财务落地;以新型技术为载体和支撑,提升工作效率、提高财务输出质量,以适应大型公立医院管理及发展要求。

(3) 建立一体化、高度融合和协同发展的智慧财务体系,实现报账便利化、票据影像化、业财一体化和财务档案电子化等,进一步提升医院财务管理价值和服务能力。

(二) 医院智慧财务数据治理的组织管理

医院步入智慧财务时代,原有组织已不能够满足智慧财务管理及其体系数据管理诉求,我们需要在原组织架构基础上设置顶层设计、管理体制、岗位职责及人才培训等建设,建立三级数据治理组织架构,推动数据治理的落地。

(1) 数据治理委员会,即数据治理决策机构:建议由分管院长或总会计师、数据治理专家、相关部门负责人组成,负责数据战略、标准的设立,数据治理方案的审批。

(2) 数据治理办公室,即数据治理的执行机构:制定数据治理方案、数据质量提升方案,提交给数据治理委员会审批,发起并组织会议、考核,提供 IT 支持,维护治理工作正常运行。

(3) 数据治理责任部门,即数据治理的责任机构:由数据归口管理与使用部门组成,横跨医院多个职能科室,提出质量要求,制定相应审批流,应用数据并提供管理效果反馈。

(三) 医院智慧财务数据治理的标准

医院智慧财务下的数据治理既要满足智慧财务关于时效性、全面性、一致性、持续性、专业性、安全性要求,还要满足在政策监管框架下的基本要求,推进数据标准化,积极应用各类数据标准并完善组织内部数据标准是开展数据治理工作的必要路径。

1. 数据内容标准规范

智慧财务体系涉及医院各类业务工作,因此,在数据标准上需遵循各类国家、行业与地方标准,同时还需结合医院内部自身情况完善内部标准。

1) 国家标准

国家标准中主要涉及各类通用性跨领域标准和部分医疗行业基础性标准,如《个人基本信息分类与代码 第 1 部分:人的性别代码》(GB-T2261.1—2003)、《个人基本信息分类与代码 第 2 部分:婚姻状况代码》(GB/T2261.2—2003)、《疾病分类与代码》(GB/T14396 ICD)、《手术、操作分类与代码》(T/CHIA001—2017),配套标准 ICD-9、《医疗事故分级标准(试行)》(中华人民共和国卫生部令第 32 号)、《固定资产分类标准及代码》(GB/T14885—2010)等。

2) 行业、地方参考标准规范

医疗行业存在大量行业标准与地方标准,涉及药品、设备、材料、人口学及社会经济学特征、卫生费用等卫生信息分类的行业标准,如《医院人财物运营管理基本数据集》(WS599.3—2018)、《卫生信息数据元目录》(WS363.3—2011)、《卫生信息数据元值域代码》(WS364.4—2011)、《医疗服务基本数据集》(WS373.1—2012)、《电子病历基本数据集》(WS445.10—2014)、《行业标准-国家 DRGs 质控中心》《CFDA 医疗器械分类目录》等。

3) 医院内部数据标准

在国家和行业标准的基础上,医院需要根据自身内部数据交换、存储、管理与应用需求,构建自身数据规范。根据数据来源应用特点,医院可按贴源层、标准层、应用层三类层建立数据标准。同时,医院需定义数据的处理标准,包含数据格式标准、数据排重方法、质量控制方法、专业性数据检索方法等;定义标准层数据技术术语,定义数据分类类型、编码规则,定义数据库、数据表、字段、属性的命名规范。

2. 数据质量管理标准

由于医院系统来自不同的软件商,部分数据手工处理,运营数据在生产、流转、装载过程中,都会出现手工输入错误、质量不达标、流转差错,数据质量无法保证。数据质量标准规范和质量控制是不可或缺的一环。

因此,医院需要建立数据质量控制标准规范,规范约束各类数据的完整性、唯一性、准确性、一致性、有效性。在规范中需要明确三点:

(1) 数据治理标准规范,包含数据标准规范、业务逻辑规范等。

(2) 数据治理的流程技术规范,包含在医院数据治理的实践中,着重在数据表级、表间、字段级多层次进行数据规范和质检要求。

(3) 数据质量控制模板,根据前两者的规范要求,在代码实现和工具使用流程提供标准模板。

3. 数据安全标准

1) 数据信息分级规范

根据数据属性、周期性、价值、法律要求、对组织敏感和关键程度,数据安全标准中需要实现对数据信息分级评估,在权限最小化、合理授权原则下,对人员、角色、账号进行分级权限管理,建立数据表级、字段级的权限策略。

2) 数据安全管理规范

数据安全管理规范的含义有二:一是数据完整性安全规范,技术上对系统数据完整性受到破坏时的自动检测、备份恢复措施;二是数据保密性安全规范,在密码安全、密钥安全方面建立标准规范。

(四) 医院智慧财务数据治理的过程

数据治理过程需要进行任务阶段划分,将复杂庞大的数据治理任务分解为系列子任务,增强数据治理的可实施性,可按照数据治理的过程,划分为分析、设计、执行、评估几个环节:

(1) 分析问题聚焦,并从数据质量、数据安全、数据全生命周期三个方面分析、梳理数据缺陷,形成治理的阶段性目标和具体工作计划。

(2) 发起数据标准和规范,对数据架构、数据建模设计、数据集成、主数据、应用分析、元数据、数据质量等制定明确的标准规范文档和章程,为实际执行提供依据。

(3) 完成HIS(Hospital Information System,医院信息系统)、病案、人力薪酬、物资物流、药品、财务会计、成本核算、预算管理等系统数据采集、清洗、质控、导入、系统上线,最终提交数据服务和数据产品。

(4) 从运行情况、数据质量、数据安全、系统性能、管理水平、经济效益等方面对数据治理效果进行评估。

(5) 引入PDCA循环机制,在效果评估之后,发掘生命周期中的数据问题,依托标准规范进行不断改进、不断修正。

(五) 医院智慧财务数据治理的角色与分工

数据治理在职责分工上,包含决策层、管理层、关键用户层、业务专家、IT 支持。

在数据治理的架构设计阶段,现状调研、需求分析等都需要治理专家、财务等高度参与,以职能业务负责为主、IT 为辅;在数据治理阶段,数据分析、标准制定、数据建模、应用集成等,以 IT 为主、业务为辅。

(六) 医院智慧财务数据治理技术与工具

海量数据治理离不开数据治理的技术与工具支撑,需要建立数据集成、主数据管理、模型管理、资产管理、智能分析、AI 算法等一体化数据治理技术与工具体系(图3)。

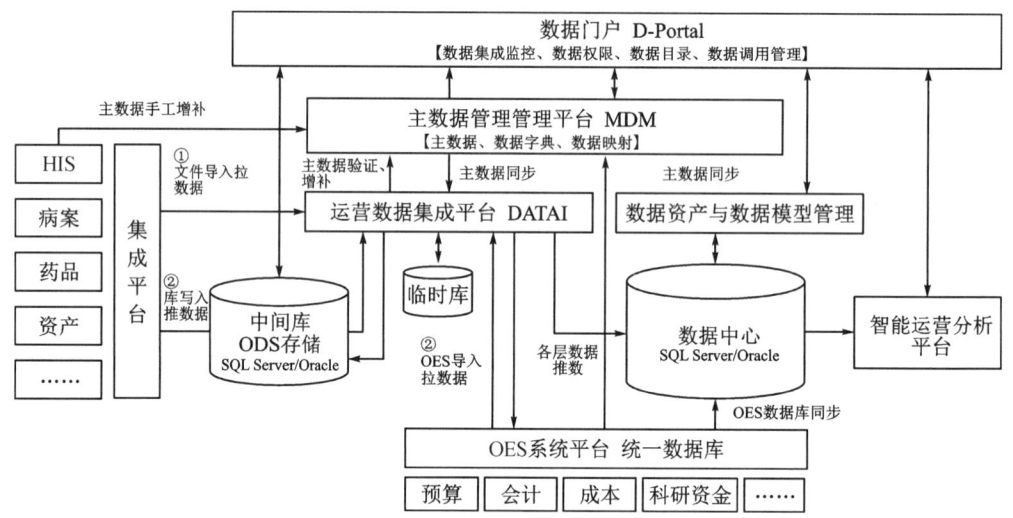

图3 数据治理工具组件

1. 数据集成平台

数据集成工具支持数据批量、实时移动,连接医院异构数据源,提供配置灵活,处理高效的数据集成能力;支持数据采集、清洗、标化、输出、质检等任务分配、监控。

2. 主数据管理系统

医院统一管控的主数据管理平台,实现主数据存储、整合以及共享,做到全生命周期管理;从集团、医院层面上进行主数据管理系统上自主管理,实现各业务系统主数据及灵活查询下载。

3. 数据模型管理系统

数据模型管理实现对数据仓库建库和管理,定义数据转移规则和流程,以及设计数据仓库和前端应用接口的重要依据。其目标为建立统一的数据模型、建立一致性指标管理体系、建立多维度的分析场景与分析主题,为医院决策提供数据支撑。

4. 数据资产管理系统

数据资产管理系统,支持对元数据进行采集、管理,支持不同类型的高质量资产的呈现,有效地将数据进行血缘追溯,以用户可理解、可见的方式组合、呈现。

5. 智能分析平台

根据不同业务场景的需要,智慧财务工作中需要通过查询、报表、多维分析、报告等支撑医院进行数据挖掘分析、审计、风险控制、预测服务等,直观、科学地支持医院决策和管理。

6. AI 算法平台

数据分析算法和 AI 支撑工具,为业务优化与创新提供强有力的支持,满足数据驱动业务需求。从功能上来说,智慧财务、运营管理支持医院经济运行分析、医院运营知识图谱算法服务,支持机器学习任务的构建和任务执行监测。

7. 系统配置管理

系统管理平台支持组织、角色、账号、权限管理,识别数据治理的参与者、相关利益方,按照各角色进行数据治理工作的开展,实现数据质量与安全保证。

(七) 医院智慧财务数据治理实践效果

基于本研究医院智慧财务数据治理的方法框架,中国科学技术大学附属第一医院将数据治理与智慧财务信息化建设进行整合落地,逐步形成了财务管理专业化、财务核算集中化、财务业务一体化的格局,推动财务管理由核算型向管理型转变,为医院的精细化管理和跨越式发展提供支撑。智慧财务体系融合医院运营的各个业务系统过程,也是数据融合、共享、应用、管理的过程。

1. 数据治理实践成果

在战略上,立足医院实际,医院运营数据中心将医院数据治理框架和目标设定为:支持医院价值医疗实现的需求,围绕医院智慧财务进行数据治理,实现数据一致性、准确性、及时性、持续性、安全性;根据新会计准则要求,在会计科目体系、财务处理和监管披露等要求下,对业务数据和财务核算口径一致,全面梳理业务活动和核算场景的数据。

在组织上,医院成立智慧财务数据治理工作组,发挥数据管理的角色,对医院内外部各运营业务要素之间进行数字化链接,以财务为核心,与信息、医工、医务、人事等其他职能科室协同管理,形成医院内外部生态协同网络。

在数据治理实践中,医院运营数据中心以主数据驱动数据治理,依托主数据管理、数据集成平台、数据模型管理、数据资产管理、智能分析 BI、AI 算法等工具,梳理科室、职工、供应商等主数据,以此驱动业务数据的采集、清洗、转换、应用、分析,形成精准、一致、及时、联动、安全的数据体系,为智慧财务、智能决策分析等奠定坚实的基础。

在数据积累与应用层面,医院运营数据中心横向打通了 HIS、病案、PACS(Picture Archiving and Communication System,影像归档和通信系统)、LIS(Laboratory Information Management System,实验室信息管理系统)、内镜管、SPD(Supply Processing Distribution,供应链管理)、物流、药品、固定资产、预算、财务、人力、薪酬、奖金、成本、绩效、合同、科研、单机效能、设备、智能报销、DRG(Diagnosis Related Groups,疾病诊断相关分组)、资金、招投标、报账等几十个系统数据,与财务数据有机贯通,共同沉淀为智慧财务数据资产。

2. 基于数据治理的智慧财务应用和数据分析

立足医院数据治理,结合医院创新的财务管理理念,医院智慧财务建设逐步实现财务自动化、全面预算管理和智能决策分析。

1) 财务自动化管理

医院通过对会计、预算、报销、资产、合同、物流、报账、成本、绩效等异构系统的集成,建立各类不同源数据资源池,完成最小颗粒度业务数据追溯,支撑耗材、资产从采购到付款报账全流程闭环管理。

通过治理,中国科学技术大学附属第一医院财务模式已经呈现出集中化、自动化的新趋势:①员工报销无纸化:员工报销由系统自动关联出差申请单和发票,快捷完成报销。②领导审批移动化:手机终端可随时随地审批,大幅缩短审批周期。③财务审核影像化:财务审核时调阅影像即可查看纸质单据详情。④账务处理自动化:报账系统对接核算系统自动生成会计凭证,保证核算口径一致。

2) 全面预算管理

医院通过对采购、物流、报账、资金管理、科研、预算等系统的集成和数据提取、治理,打造了从编制到执行、从调整到控制、从分析到考核的全面预算管理框架,实现预算占用、预算执行、预算核销等的管理,完成预算考评分析,实现涵盖预算编制、预算批复、预算执行与控制、考核评价等环节的闭环管理流程。

3) 智能决策分析

医院通过智能分析平台,分别建立了经济效益、医疗效率、资源效能、科室损益等分析主题,建立了合计超过 400 项指标体系。

基于数据治理,医院实现数据的同源标化,支撑数据无缝对接院区、学科、亚专科、诊疗组等组织维度,对接年、半年、季、月等时间维度,对接同比、环比、占比、构成等分析方法,最终形成资源配置与效能监测体系,服务医院精益、高效运营。

在此基础上,整体系统通过应用知识图谱技术、AI 预测分析算法等多种智能分析方法,开展专科运营预测分析、病种控费评估、设备效果与饱和度精细化评价等智能化分析应用的探索,形成智慧财务辅助决策的新应用模式。

五、研究结论

本研究结合数据治理的一般方法和体系,针对智慧财务的业务特点,提出了智慧财务数据治理方法框架,以医院智慧财务数据治理为具体实证研究领域,在整体框架、组织体系、标准体系、治理过程、治理技术开展了进一步研究,并以中国科学技术大学附属第一医院面向智慧财务数据治理工作为落地实证进行了方法验证,发现医院智慧财务体系融合医院运营的各个业务系统过程,也是数据融合、共享、应用、管理的过程。数据治理的过程,就是智慧财务体系的真正落地过程。

由于研究条件与能力所限,本研究在智慧财务背景下的数据治理方法的研究的广度和深度方面仍有待进一步探索,需结合不同类型组织的业务特征、不同组织的财经管理能力进行进一步验证和完善。

参考文献

[1] DAMA 国际.DAMA 数据管理知识体系指南[M].北京:机械工业出版社,2020.

［2］韩晓怡.智能财务基础研究［J］.质量与市场,2021(19):6-8.

［3］黄丹.财务管理智能化及其未来发展趋势浅析［J］.商讯,2021(1):33-34.

［4］王兆君,王钺,曹朝晖.主数据驱动的数据治理原理、技术与实践［M］.北京:清华大学出版社,2019.

［5］杨寅,刘勤,黄虎.企业财务智能化转型研究:体系架构与路径过程［J］.会计之友,2020(20):145-150.

［6］杨寅,赵健,吕晓雷.中国企业智能财务应用现状及发展趋势分析——基于调查问卷数据的例证［J］.财会通讯,2021(11):140-146,151.

［7］张敏.企业财务智能化:要素·路径·阶段［J］.财会月刊,2020(17):7-11.

［8］张庆龙.智能财务的应用场景分析［J］.财会月刊,2021(5):19-26.

课题负责人：赵昕昱[1]；乔鹏程[2]

课题组成员：赵昕昱[1]、乔鹏程[2]、操礼庆[1]、程煜华[3]、侯丹丹[4]、冯兴登[4]、徐祥兵[2]、张岩松[2]、殷艳波[5]、王书伟[6]

所在单位 1：中国科学技术大学附属第一医院

所在单位 2：西藏民族大学

所在单位 3：海康信(北京)科技股份公司

所在单位 4：山东国欣颐养集团

所在单位 5：海口经济学院

所在单位 6：深圳长盈精密华东分公司

认知智能及其在管理会计中的应用模式研究

【摘要】 自 2015 年以来,在云计算、大数据和机器学习的共同推动下,人工智能得到飞速发展。随着 OCR 技术、语音识别技术逐步成熟应用于企业实践,感知智能技术的发展也已经趋于成熟,业界普遍认为,人工智能逐步进入认知智能时代。

管理会计主要服务于单位内部需要,其核心是通过利用相关信息,在企业规划、决策、控制和评价等关键环节发挥重要作用。但传统管理会计报告因时效性、缺乏个性化和数据解释力不足等问题,常常被管理者束之高阁。因此,将管理会计与大数据和认知智能技术相结合,进一步改善管理者运用管理会计的体验,具有重要的现实意义。

本研究通过企业调研、专家讨论和文献研究等多种方法,对认知智能在管理会计中的应用场景开展了统计和分析,提炼总结出认知智能技术在管理会计应用的 10 大场景及其应用的模式,并在此基础上,以智能交互在管理会计中的应用为切入点展开技术实现方式研究。

【关键词】 管理会计;认知智能;知识图谱;自然语言处理;机器学习

一、引言

目前中国经济增速放缓,中速发展将会成为未来一段时间经济发展的新常态,向管理要效益、向经营要效益将会成为未来企业发展的主旋律。企业迫切需要进行管理转型以实现下一轮的健康发展,人工智能技术和数据分析的应用是实现企业管理转型的重要工具。

"人工智能"概念起源于 1956 年的达特茅斯会议。之后,人工智能领域的领军人物艾伦·图灵提出著名的"图灵测试",掀起了第一次人工智能浪潮。1960 年,Licklider(利克里德)在论文《人机共生》中提出了超越可编程系统的潜在可能性,"认知智能"的概念初具雏形。20 世纪 80 年代,研究者大胆尝试基于概率统计模型的新方法,人工智能再次兴起,但这一阶段的研究受限于数据量和测试系统,应用止步于学术研究和实验室中。2006 年,Hinton(辛顿)等人提出深度学习技术,推动人工智能进入第三次浪潮。2015 年,在云计算、大数据和机器学习的共同推动下,人工智能技术得到飞速发展。

业内普遍认为,人工智能的发展阶段可分为运算智能、感知智能和认知智能三个主要阶段。对于认知智能的定义,目前学术界并没有统一的界定,其雏形源于 1960 年 Licklider(利克里德)在论文《人机共生》中提出的一种可超越编程系统的潜在可能性;IBM商业价值研究院(2016)、阿里达摩院(2020)等先后提出对认知智能的看法。综合学者和企业实践领域的观点,本研究将认知智能归结为机器通过学习可以具备智能交互、决策支持和数据洞察的能力。

管理会计主要服务于企业内部管理需要,是通过利用相关信息,有机融合财务与业务活动,在企业规划、决策、控制和评价等方面发挥重要作用的管理活动。管理会计的具体内容包含全面预算管理、成本管理、绩效管理和管理会计报告四个核心模块以及在战略管理、运营管理、投融资管理等领域的应用。作为企业财务管理转型的重要方向,管理会计越来越受到企业高层管理者的重视。将认知智能与管理会计结合,探索认知智能在管理会计领域应用的模式及场景,寻求最新的认知智能技术提升企业管理会计实践和质量的方法,进一步改善管理者运用管理会计的体验,具有现实意义和理论意义。

任何企业的管理都脱离不了实际场景的运用,理解场景是解决问题的前提。管理会计只有能够深入业务场景,为企业解决一个又一个的业务场景问题,才能做到真正赋能于企业的经营管理。本研究先从管理会计的应用场景出发,采用文献研究、专家访谈、企业走访等多种形式深入探讨认知智能在管理会计中的应用,并最终选择管理报告智能交互为技术研究的落脚点,深入研讨技术实现方案。以上内容既是本研究的重难点内容,也是本研究的创新所在。

二、认知智能在管理会计中的应用场景分析

本研究以中国知网文献为统计口径,对2015—2020年认知智能在管理会计领域的研究做了详尽的统计分析。研究结果显示,认知智能在战略管理、绩效管理和管理会计报告方面的应用还处于起步阶段;在预算管理领域的研究主要聚焦于销售收入预算部分;在经营预测、成本管理、日常经营决策及风险管理的领域研究资料丰富,这与认知智能在算法领域主要聚焦于回归分析、分类/聚类分析和关联分析方面有密切的关系。

基于此项考虑,本研究将聚焦于与企业日常经营决策相关的场景,分别从经营预测、经营决策和风险管理三个层面展开。

(一)经营预测

1. 销售量预测

销售量预测对企业至关重要,准确的销售预测可以帮助企业制定合理的采购需求计划。传统销售量预测方法分为定性分析法和定量分析法。定性分析法主要依赖于人为主观判断,准确性受判断人专业度和掌握信息的完善程度的影响,不具备稳定性;定量分析法则考虑的要素比较有限,明显少于影响销售的实际因素。

随着人工智能的兴起,基于算法和机器学习引擎的销售预测方法逐渐被应用于实践。叶倩怡等(2017)基于XGBoost(极度梯度提升)挖掘商场属性数据、用户行为信息和商品信

息等,对商品销售额进行预测;蒲嘉鹏(2018)采用XGBoost模型对商品销售价格进行预测,研究结果显示,XGBoost对商品销量预测效果显著;张宁(2019)经过大量实证研究,证明DBN-NN-SVR组合模型算法对于连锁便利店商品销量预测结果有效且稳定;某厂商基于品牌/产品线/渠道,利用GBDT梯度提升迭代决策树和Reg回归模型,对于销售相关的因子进行分析,并预测短期和中长期的销售情况。

从以上研究和实践中可以看出,大家研究和运用的基本框架基本一致,核心解决的问题围绕在识别影响因素对销售量产生的综合影响和影响因素的重要性排序。预测框架可归结为数据探索、数据预处理、特征工程、构建模型与训练模型、模型评估五个核心步骤。

2. 采购价格预测

采购是保证企业生产经营正常进行的必要前提,采购价格是企业成本构成的核心内容之一。

学术研究近期对大宗原材料价格预测的研究内容较为丰富,核心关注点集中在原油、农产品、黄金和煤炭上。吕亮亮(2018)使用SVM模型对国际油价进行建模测试。该模型通过使用核函数将低维空间的样本映射到高维空间,从而将非线性问题转化为线性问题来求取最优值,最终证明SVM模型对国家原油价格预测精度较高。王永乐等(2020)以秦皇岛动力煤市场价格为研究对象,验证使用LSTM模型对煤炭价格进行研究是一个较为合理和先进的方法。张国辉等(2019)通过BP神经网络算法,以2019年衡阳市大豆收购价格为数据进行预测,最后通过对训练样本和测试样本的检验结果对照,验证模型选择的有效性。王家明等(2020)以钢材价格为研究对象,基于ARIMA模型对钢材价格进行预测分析,得到的预测值与实际值趋势基本一致。

基于对文献的研究,本研究发现,学者们对于不同大宗原材料采购价格预测模型倾向有所不同。从模型价格影响因素的层面来看,原油、农产品、黄金和煤炭价格因素如表1所示。

表1 影响原油、农产品、黄金及煤炭的价格因素

品类	影响价格因素
原油	美元汇率、黄金走势以及全球的大宗商品、全球指数、原油供给量与需求量、石油生产成本
农产品	内部因素:主要供给量、需求量、上市时间、相关产品的生产量以及产品种类等因素。外部因素:如天气的影响、产品进出口的影响、美元汇率的影响等
黄金	商品指数、居民消费价格指数、美元指数、WIT原油期货、道琼斯指数、通货膨胀率、G5货币指数、生产者指数和消费者指数
煤炭	气候、能源价格、供给与需求和国家政策

3. 成本预测

成本预测是指运用一定的预测技术,综合考虑各种因素,来推断和估计某一成本对象(一个项目、一件产品或一种劳务)未来的成本目标和水平。

在学术研究领域,关于成本预测的研究文献及成果较为丰富,且涉及行业众多。本研究统计了2015—2020年关于机器学习算法在成本预测中应用的研究文献共有43篇,代表性

的文献有：孙方元等（2015）基于广义回归神经网络算法研究煤炭企业的生产成本，结果证明，GRNN 神经网络预测器的预测结果较 BP 神经网络的预测精度更高；褚福舜等（2019）基于 BP 神经网络算法，通过数据抽取、清洗，构建了车型售后服务业务成本预测模型；王传奇（2020）在传统灰色预测方法的基础上融合 BP 神经网络，构建了基于灰色神经网络的 APU 维修成本预测模型。

综上所述，学者们所采用的成本预测模型也各有差异。这些模型包括灰色神经网络、BP 神经网络等多种预测方法，这也正反映了成本管理的难点。遗憾的是，学者们并未对模型的局限、适用条件做出总结性评价，因此，模型在可解释性和数据查询的可追溯性方面尚存在局限。而从企业实践的角度来看，目前企业尚处在模型应用的探索阶段，这也正是模型的适用条件和可解释性没有得到完善的必然，不能满足场景落地实践的诉求。

（二）经营决策

1. 风险定价

风险定价是指对风险资产的价格确定，它所反映的是资本资产所带来的未来收益与风险的一种函数关系。

目前，关于风险定价的研究成果有：郝演苏（2015）指出，传统车辆保险条款和费率定价标准为从车原则，不考虑人的因素存在定价不合理之处；俞蕾（2018）指出，定价应当全面分析风险因素，加深定价内容与风险的契合度。关于风险定价的企业实践有：某银行针对特定群体的消费需求，研发出以地方增信数据为基础的消费信贷产品，为客户提供不同额度、不同期限的信用贷款；某保险公司依靠大数据资源，以 OBD（On-Board Diagnostics，车载诊断系统）、ADAS（Advanced Driving Assistance System，高级驾驶辅助系统）、多通道场景式理赔服务体系等创新技术为驱动，尝试"一人一车一价"，利用精准定价方式，大大降低保险公司车险的综合成本率；某厂商通过搭建风险判断模型，分隔不同风险的用户群、预测赔付成本，帮助保险公司实现在车险、综合意外险等产品的精准定价。

风险定价模型建立的核心是完成客群分级，并针对客群特征给予不同的定价策略。其基本步骤为收集客户相关信息、基于知识图谱和机器学习技术完成客群分级、针对不同人群开展风险定价。

2. 多目标商品定价

商品定价一直是商业领域关注的要点。随着信息技术的广泛应用，大量信息数据的产生，人们逐渐发现，商品销售之间存在某种关联，并且这种关联可以为企业创造更大的价值，研究商品之间的相互促进关系，并构建综合考虑销售利润和销售额的多目标商品定价模型，具有一定的现实意义。

在传统管理会计模式下，研究商品之间的关联关系并非易事，但在认知智能的帮助下，可以很好地完成对商品关联关系的认知和价值挖掘，此方法已经被企业实践所证实。周上等（2013）尝试建立关联销售定价模型，由遗传算法得出商品组合中的每件商品的最优价格，经实证验证具备可行性；周梦（2019）采用 ABC 分析法、层次聚类算法等对大型零售超市商品捆绑销售定价策略进行分析。

商品关联分析与多商品多目标定价策略被广泛运用于企业实践。其核心主要是关联分析和多目标最优解问题。关联分析是机器学习比较成熟的一个领域,目前常用的算法包括 Apriori 算法、FP-G 算法、FreeSpan 算法和 PrefixSpan 算法。多目标最优解常用的是遗传算法。

3. 促销及市场推广效果评价

随着过剩经济时代的到来和买方市场的形成,企业越来越重视市场营销活动。与此相关的促销、市场推广费用的支出,在企业成本中所占比重已呈现日益上升趋势。运用管理会计原理,指导企业的市场推广活动,可以强化市场推广活动效果。但在实务中,因影响因素复杂,很难准确判断促销和市场推广的实际效果。另外,市场推广活动常常会出现销量滞后效应或提前消耗未来销量的情形,故而对正确评价市场推广活动的效果产生了较大的阻力。

国内对于认知智能在促销效果评价的应用研究较少。国外学者 Kuo(1998)基于人工神经网络和模糊理论,提出模糊神经网络(Fuzzy Neural Networks,FNN),集成 FNN 以学习模糊的 IF-THEN 规则;应用模糊 Delphi 方法来收集模糊神经网络的模糊输入和输出,通过这种预测系统,衡量不同的价格折扣以及促销手段对于促销效果的影响程度。

在市场推广效果的学术研究方面,贾晓霞等(2020)提出以负二分项分布和主成分回归相结合的之后主成分回归模型,并以天猫平台某口香糖广告投放为研究对象,采集该品牌真实广告展现和点击数据进行验证。实证结果表明,负二分项分布和主成分回归模型能够较好地反映出广告投放各维度对销售额的贡献。

在落地实践领域,某厂商为某汽车制造厂商打造智能营销中枢系统,优化广告投放效率是其中的一个核心功能。在优化过程中,服务商仍是使用搭建营销活动的数据多维展示的方式来实现,包括投放中的媒体流量推送的质量、用户的互动效率、各平台媒体留资的意向效果,并通过 AI 对影响营销效果的指标进行链路分析。整个评价体系注重推广业务本身,并没有将推广效果与销量直接进行挂钩。

从学术研究和企业实践来看,促销及市场推广效果评价对企业改善经营效果有一定的推进作用。但是,学术研究层面对于此类的定量研究较少,企业实践也正处于逐步深化摸索阶段。

4. 安全库存决策

库存作为供应链环节的重要组成部分,直接与企业的利益相关联。因此,有效地降低库存成本也就成为各个节点企业利益决策的重要方向之一。而安全库存作为库存控制的一部分,占据了非常重要的位置。

在定性方法上,一般采用历史类比或德尔菲法,依据历史安全库存设置情况或专家意见设置安全库存。在定量方法上,人们往往只考虑需求状况、前置期、缺货成本(缺货造成的客户满意度下降)三个因素。然而在实际的库存管理环节,影响因素远不止这三个,还有来自供应商和物料的其他因素,如供应商服务水平、到货延时率、企业对于供应商的重要性水平、物料合格率、可替换量、物料重要性等。传统安全库存计算方式无法在保证供应和节约成本之间找到合理的平衡点。

为解决此问题,学术界试图采用神经网络或决策树算法来解决多参数影响库存量的问题。具有代表性的有:刘庆(2018)基于LSTM(递归神经网络)模型搭建了汽车配件安全库存量预测模型,并以H汽车制造企业数据为预测和验证依据,结果证明,通过蝙蝠算法(bat algorithm)优化后的LSTM神经网络模型预测具有显著效果;夏田等(2018)基于支持向量机算法搭建了汽车制造业第三方物流安全库存预测模型,如图1所示。

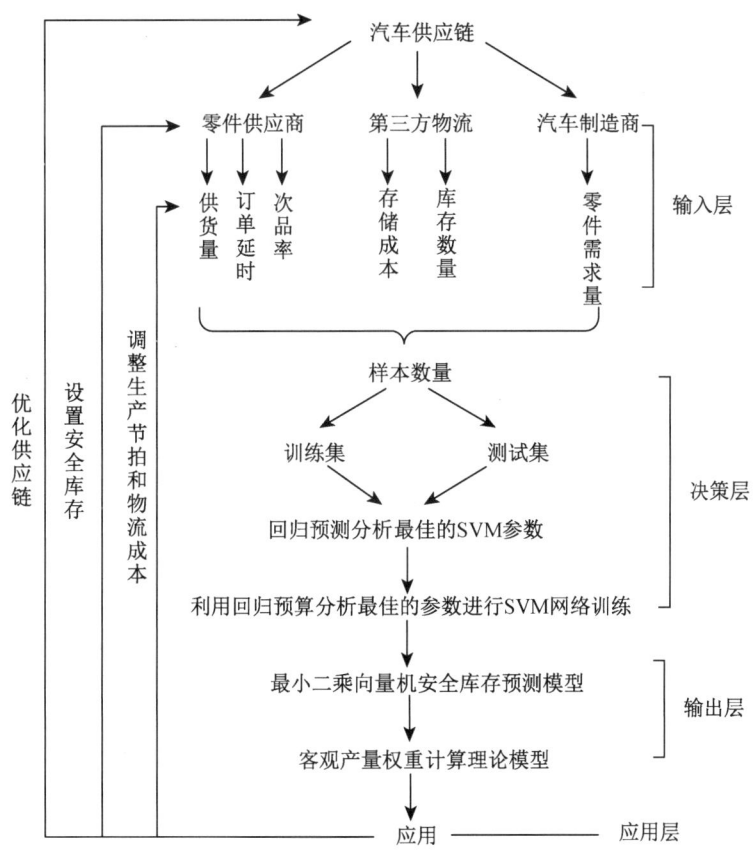

图1 安全库存预测模型

在企业实践中,鲜少有企业直接采用神经网络或决策树算法来开展最佳库存的测算,而是采用更为激进的方式,直接将安全库存量降低为零,以减轻库存成本压力。比如,某白色家电生产厂商,采用VMI管理模式。

当前文献研究所讨论的使用决策树或神经网络模型来预测安全库存的方式可作为企业未来实践的参考。其优势主要有以下两个方面:第一,安全库存的影响因素不再局限于将影响安全库存的核心因素需求状况、前置期、缺货成本等;第二,通过机器深度学习,可以挖掘与安全库存相关的隐性因素。此外,本研究可以通过知识图谱搭建行业库存知识库,将传统管理会计方法下专家判断的考虑要素与库存相关联,比如,库存物料之间是否具有替代性、供应商历史交货情况是否存在逾期趋势等,辅助企业制定安全库存策略。

5. 物流成本优化

物流成本管理一般包括运输、仓储、包装、配送、装卸搬运和流通加工阶段。本研究主要聚焦在配送过程中的配送路线选择策略和仓储阶段的仓库地址的选择策略两个核心领域。

对这两个部分的研究,学术界已经形成成熟的方法论体系,并且已经成功运用于企业实践,如生鲜超市。

1) 关于配送路线选择策略的研究

雷健锋(2017)通过将满意度与调度优化问题融合在一起,引入企业 A 旗下配送中心作为实证研究的对象,运用遗传算法对配送路线选择策略问题开展建模研究;某生鲜超市企业根据门店数据,构建以配送总里程最少和顾客满意度最高的双目标优化模型,并改进遗传算法对模型进行求解,达到智能化的商品选品和库存分配,提升库存周转率,降低库存成本。

2) 关于仓库地址的选择策略的研究

刘巧芸等(2008)基于 WSMP(仓库策略管理规划)、遗传算法和层次分析法的第三方物流企业仓库选址决策算法,运用定性和定量分析的方法多次迭代求得模型的解,以最经济的物流成本实现最高的客户服务水平和物流网络的覆盖率。某生鲜超市借助积累的数据掌握不同地区的物流情况,在综合分析该地区消费水平、交通状况、进出货成本、人力成本和租金等因素后,建立基于 Dijkstra(最短路径)算法的模型,给出最为理想的选址模式。

以上研究表明,在配送路径选择策略上,主要以总配送距离最短、满意度最高为目标建立数学模型,用遗传算法求解。在仓库选址策略上,模型建立时,以最经济的物流成本为目标,同时实现最高的客户服务水平和物流网络的覆盖率。

6. 智能交互在管理会计报告中的应用

管理会计报告越来越成为企业财务管理转型中最受关注的重点。如何快速形成高质量的管理会计报告,成为企业高层管理者特别是 CFO 最关心的问题,但因数据质量不高、缺乏数据追溯分析、报表查看维度固化以及报告时效性差等问题,管理会计报告很难满足高层管理者和业务部门的需要。

学者们对于智能交互在管理会计报告中的应用涉及较少,在企业实践领域,各大厂商纷纷在管理会计报告实践中引入智能交互技术,应用领域主要如下。

1) 对话式数据分析:人机"对话式"数据分析体验

用户可以做到应用自然语言与数据库交互,进行数据查询与数据分析,无论是关系型数据库还是多维数据库。采用国际领先的对话分析技术,可以精准识别用户意图。

2) 智能化数据报告:以 AI 赋能企业数据平台

基于对话式分析引擎,用户可直接与数据报告对话;基于数据洞察引擎,可支持数据洞察报告的自动生成,报告不再依赖手工绘制。系统可以把数据洞察的结果报告,第一时间推送给企业领导。

3）数据变动归因溯源：知识图谱驱动的认知推理引擎

本研究应用了可解释的 AI 技术，通过构建企业数据与业务的知识图谱，建立数据分析的推理链路，实现数据变动的自动归因溯源分析，以数据解释数据，帮助用户更好找到业务变化的本质原因。

4）智能数据可视化引擎：自动绘制精美的数据可视化图表

应用机器学习技术学习元年科技在 20 年的发展中，2 000＋大型企业集团客户的服务案例、20＋行业的深度实践，元年智答的智能数据可视化引擎，根据查询数据维度与度量的组合，结合行业特点、企业共性、用户偏好，选择最合适的图表类型，并自动选择层次分明的颜色。

5）异常监控实时预警：把异常数据实时推送给合适的人

系统在回答用户提出的数据问题时，了解知道用户的数据分析偏好，通过对数据的实时监控引擎，当识别到数据出现异常变化时，可以第一时间把预警推送给最关心此数据的用户。

（三）风险管理

企业的运营并非一帆风顺，存在着许多的风险。风险一旦发生将会给企业带来不可估量的损失，而客商风险是企业风险管理的核心领域之一。

在传统模式下，风险信息收集渠道有限，且大多为非结构化信息，风险的识别和判断需要大量人为经验作为支撑，稳定性不足。除此之外，部分隐性分析需要多层追溯分析后方可察觉，这也为风险识别与分析工作提出了挑战。

为解决传统模式的弊端，国内外学者和实务工作者一直在探寻解决问题的方法。沈春泽(2018)提出人工智能技术对银行贷前、贷中、贷后风险的防范与识别起到积极的作用；季成等(2019)强调大数据智能化风控平台建设对于金融风险防范的积极作用；中国电子学会(2019)在其智能白皮书中表明，智能风控可以助力金融监管机构防止系统性风险；在国内的厂商实践中，某厂商基于自动化信息采集和文本识别技术，帮助企业全方位识别企业风险，被运用于供应商准入、信用管理和客商风险等多个应用场景；某银行已建立智能化风控模型，经实践验证，可以帮助银行自动划分风险客群。

从以上研究和实践表明，智能技术已经具备有效运用于风控领域的条件，并且在信息提取、数据关联建立、信息挖掘和风险预测四个方面可帮助企业有效解决风控难题。

三、认知智能机器人的技术验证与实践

本研究通过探索认知智能机器人管理会计领域的研究和实践，基于自然语言处理技术、知识图谱技术、机器学习与特征功能技术，结合规则引擎等人工智能技术，构建了基于企业数据应用场景的认知智能机器人。

（一）认知智能管报场景说明

企业管理报告是管理决策的起点，而不是管理决策的终点。应用自然语言技术赋予管理报告生命力，让管理者可以有效与报告形成互动，提供管理层洞察数据背后业务原因的有

效助力。

管理报告应用的目的是找到当前企业内部的问题所在,制定相对应的决策。管理报告不是孤立存在的,需要建立信息关联关系,知识图谱技术可以很好地帮助管理者形成洞察。

认知智能与企业管理报告结合的具象产物,就是聚焦在企业数据分析的智能助手。在认知智能的帮助下,企业的管理报告场景可支持更灵活的分析、更细分的业务场景,这将极大幅提高企业进行日常生产经营的决策力。

(二)关键技术能力说明

1. 无门槛的交互能力

认知智能机器人系统与传统计算机软件系统的差异,主要体现在无复杂的操作界面,与使用者进行如同"人"一样的"交流",在发出指令后,系统可以直接给出结果。为了让机器人更好与使用者进行交互,本研究在自然语言理解(Natural Language Understanding,NLU)以及自然语言生成(Natural Language Generation,NLG)两个领域使用深度学习模型 Bert 进行训练,包括但不限于文本纠错、意图识别、实体识别等,并在语音识别技术(Automatic Speech Recognition,ASR)和语音合成技术(Tert To Speech,TTS)的帮助下,让使用者可以用语音与机器人互动。

2. 可解释的分析能力

机器学习算法(如 BIDAF,BERT,XLNet)在进行大数据分析时的"黑盒"模式,在企业应用时面临诸多挑战。

算法多样性,缺乏统一的评测指标:从学术研究中不难看出,针对同一问题,学者们会使用不同的算法模型,而对于算法模型的评测在理论界并没有形成统一的评测指标。这将会造成在实务运用时,面对不同的任务需求、数据源来源和数据格式时,无法采用统一的标准去判断运用哪个算法模型更利于结果的评测。

算法的可解释性:认知智能在管理会计中得到广泛性引用的前提是,基于认知智能算法得出的结果可解释、可追溯。目前,深度学习领域面临的核心问题是随着模型复杂性的增加,模型的可解释性同样按照速度降低。

数据噪声如何识别:在实际应用场景中,数据噪声无处不在,数据噪声的存在将会影响机器判断的准确性。算法模型是否可以识别数据噪声并将其有效剔除,是未来研究需要重点考虑的问题。

企业在数据分析驱动经营决策的场景下,往往更倾向于使用经验找到更符合商业逻辑的方法。本研究通过建立知识图谱与面向业务分析领域的规则引擎,可以建立可解释性的分析模型,在使用者不断与机器人交互的过程中,进行模式识别,逐渐学习行业特征。认知智能通过模仿人类的思维模式,以"白盒"的形式呈现,运用人类的知识来进行推理和决策如图 2 所示。

3. 直观的数据可视化能力

数据可视化技术可以使人更好地感知数据特征,更准确、更丰富、更易懂地展示信息。

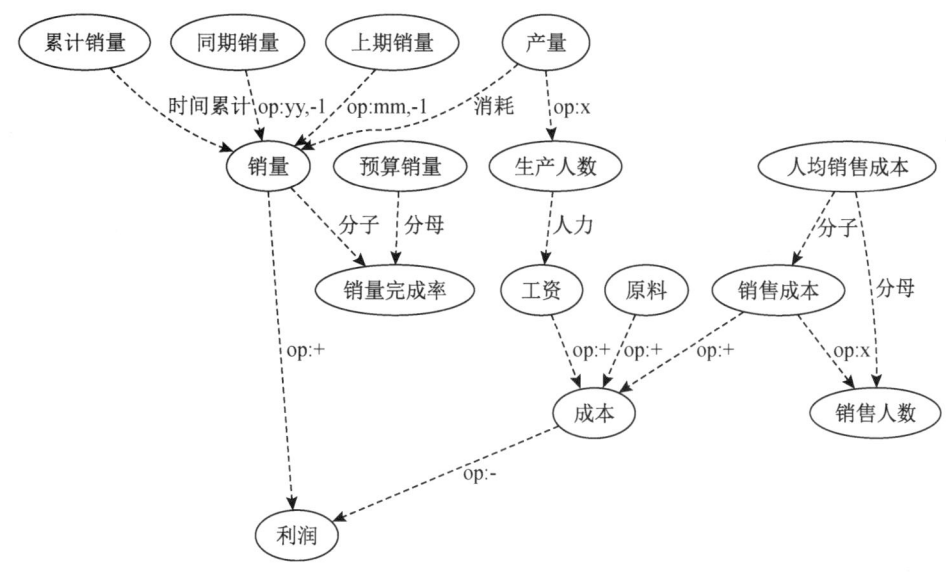

图 2　知识图谱（示例）

但数据可视化会涉及多个领域的交叉，诸如人机交互、图形设计、心理学等，且不同行业也有不同的可视化偏好。机器学习对大量企业数据可视化报表进行特征提取，可以实现对不同数据自动推荐适合的可视化报表。

4. 非入侵的数据处理能力

数据是原料。为了让认知模型更好地工作，需要在企业内部建设统一的数据标准，并确保数据的完整性、一致性和准确性。数据仍是认知智能实践的主要挑战，企业在使用数据过程中，主要面临两个问题。

1）多源数据的歧义、噪声大

三类管理会计应用需要的数据信息主要包括财务数据、业务数据和外部社会大数据，而这三类数据通常来自不同的系统。在形成知识图谱时，这些数据可能会在知识图谱中形成大量的孤立、无用的实体和属性信息，在增加知识图谱的冗余的同时，可能会对机器学习造成偏差，从而影响机器决策和判断的准确性。

2）数据关联性不够明确

基于机器学习和知识图谱的机器推理，依赖于将一个个实体进行关联形成关系网。然而，在实际应用中，多源数据可能存在关联性不够明确的问题，其关联性的强弱也很难判断，在设计知识图谱时存在一定的困难。为解决以上问题，本研究建议使用非侵入式数据准备工具，使得企业无须大规模重整数仓，也不用维护大量 ETL［抽取（Extract）、转换（Load）、加载（Transform）］任务，即可快速享受到数据智能带来的便利。

（三）技术方案说明

目前，工业上较成熟的对话系统主要分为 FAQ（Frequently Asked Questions，常见问题）、任务执行、闲聊三大类。通过深入调研，研究人员发现以上系统在企业数据问答场景并不能得到很好的试用,现有的对话系统主要为 QA Pair。而企业内部数据具有多样性,且不同企业的数据差异性很大,直接导致 QA Pair 梳理激增且不同企业可重复使用性较低。

除了面临对话系统必不可少的 NLU 技术,难点还涉及 NL2SQL 等数据库查询技术,以及基于特征工程的数据可视化推荐等。业务场景与流程如图 3 所示。

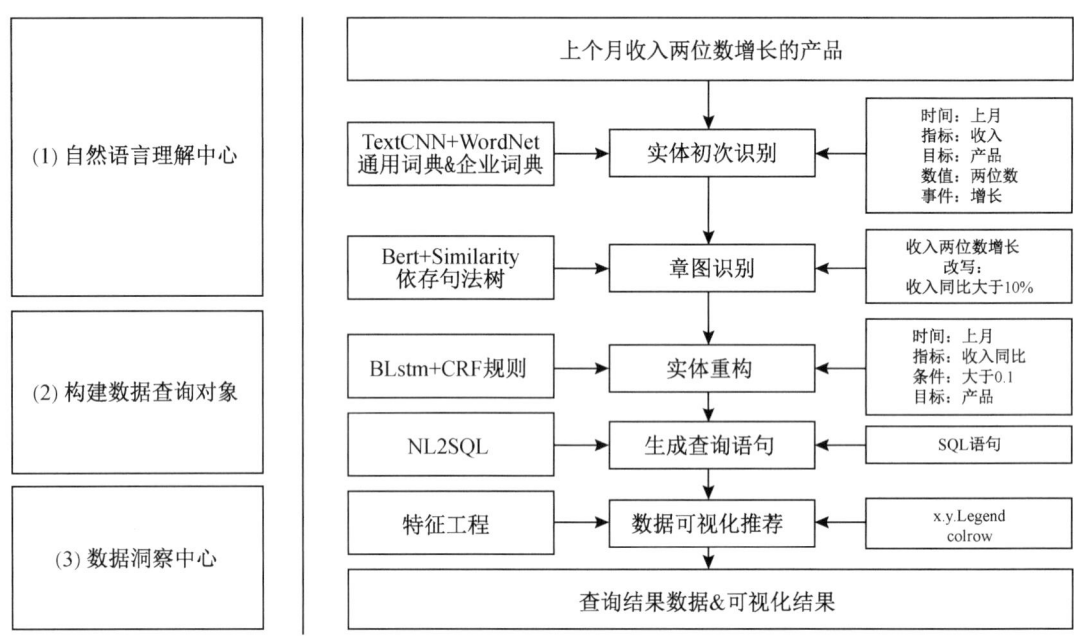

图 3　业务场景与流程

在进行运营时,由于所处的行业不同、业务开展方式不同,企业数据差异较大,为了更好地为企业提供服务,同时使得机器更好地理解企业用户的业务知识。本研究通过底层的数据准备服务,来收集企业数据仓库中的元数据与主数据,并在基础上进行 Word2vec 词向量扩展,以建立企业专属词库,辅以通用词典提高识别的准确度。

在算法层面,本研究基于 BERT 模型构建了实体识别(Named Eentity Recognition,NER)与意图识别模型,利用现有的标注语料进行微调(fine-tune),能满足绝大多数的实体识别任务,并且利用模型压缩等技术,对实体识别模型进行剪枝、压缩,减少了模型结构的大小,并且提高了模型的响应时间。

为了提高自然理解 NLU 的识别度,本研究采用规则引擎与人工智能算法相结合的方式。这使得模型在面临缺少训练样本的冷启动时期,依旧可以保持较高的识别率与准确度。在测试训练集时,实体识别和意图识别的准确度可以达到 95%。为了进一步提高企业用户的使用感受,本研究增加反向交互的环境,即当机器人无法确认用户的查询意图时,通过反问式引导,最终帮助用户找到想要的数据。在用户与机器的交互过程中,机器可以掌握用户的行为习惯,通过用户行为分析与持续训练模型,机器可以自动完成部分配置,从而实现自学习迭代。

(四) 交互式数据分析机器人系统说明

系统提供数据问答、数据洞察、数据预警、数据简报、数据分享五大核心功能,并为企业提供细粒度数据权限控制方案。交互式数据分析机器人系统架构如图4所示,系统部分截图如图5所示。

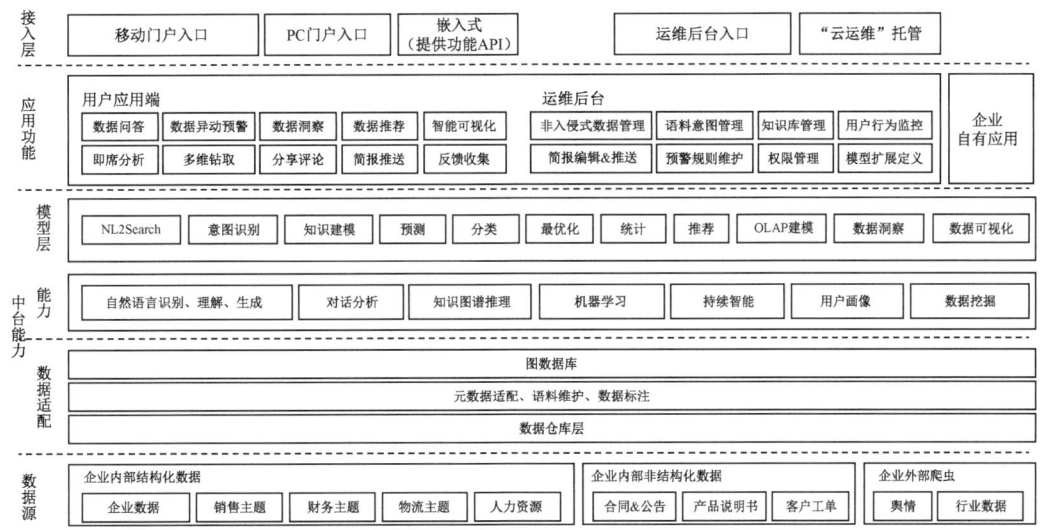

图 4 交互式分析机器人系统架构

1. 数据问答

该功能支持使用者随时随地、实时高效地对数据进行"无门槛"的交互;使用微信聊天式的方式与系统交互。

在用户与系统的交互过程中,机器人可以学习用户行为,不断修正其算法模型,实现自我学习,最终形成更懂使用者特点的"智能助手"。

2. 数据洞察

智能报表,洞察问答获取数据的特征,自动推荐最适合的数据可视化结果进行展示。

即系分析,内存计算引擎支持用户多种数据分析场景的实时计算。

增强分析,通过业务建模,构建企业场景化分析的知识图谱,实现数据自动关联分析、影响因素分析。

开放平台,支持场景化数据分析 API 的输入/输出,可支持企业自研、或与第三方持续建设。

3. 数据预警

数据预警,可基于算法模型自动识别业务数据的异常波动,基于用户日常的问答建立人与数据的关系,在数据发生异常波动时,主动推送给适合的人员。收到数据预警的员工,可直接通过数据问答,多维度分析数据异动的原因。

4. 数据简报

数据简报功能支持通过数据问答的形式快速创建数据分析报告,告别 BI 工具繁杂的操

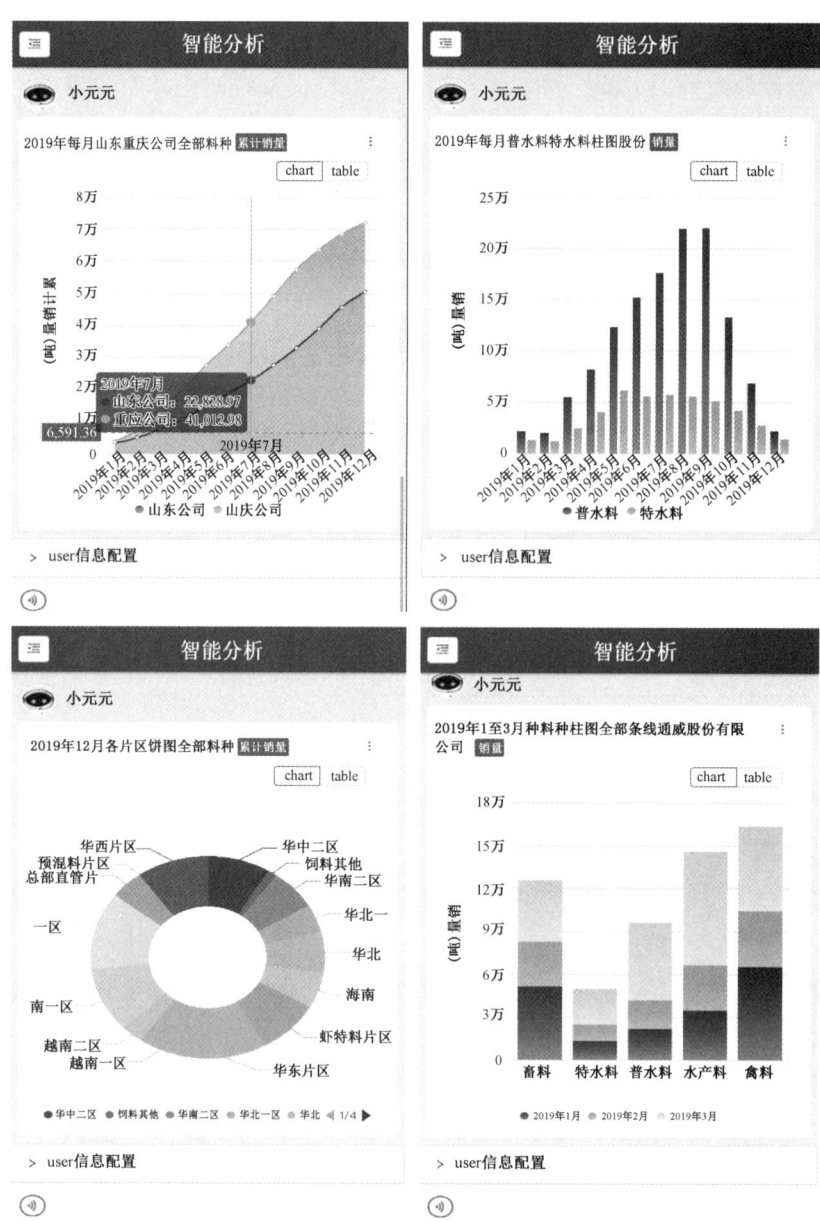

图 5　系统部分截图

作。这使得企业在内部会议前,不再需要花费大量时间浪费在数据的收集与整理,可以把更多精力用于数据分享。

5. 数据分享

数据分享功能通过与微信、钉钉、企业 OA 集成,使数据洞察的结果可在组织内部高效传递,形成数据分析、计划定制、方案落实、效果跟踪的数据驱动管理闭环。

数据权限控制要严控企业内部数据安全,建立细粒度数据权限管控方案,每个员工可在授权范围内,与数据充分互动。

四、结论与展望

(一)企业数据智能应用的 L5 模式

参考智能驾驶的 L5 模式,本研究提出了企业数据智能分析的 L5 模式。具体如下:

LEVEL1——辅助分析:通过自然语言识别技术实现自然语言交互方式的数据查询与探索,以解决特定领域的专业问题为主要任务。

LEVEL2——部分自主分析:以场景应用为主导,构建通用分析单元模型,如主驱动因素分析、预测分析等,形成数据分析的"乐高"组建,企业用户按照自己的分析任务需求,选择相应的组件。

LEVEL3——条件自主分析:基于知识图谱的推理能力,具备对于特定领域的非结构化数据的自主处理能力。在日常分析任务的各个环节,AI 主动提供相关数据见解,为企业用户的决策提供信息充足的引导性建议,构建人类智慧与机器智能的互补,高效协作完成数据分析。

LEVEL4——高度自主分析:应用 NLG 技术完成对数据分析结果的解释,能主动进行数据挖掘和预测,使不同领域的普通用户以自助方式按需定制针对具体任务的数据智能模块变得可能。

LEVEL5——完全自主分析:前四个阶段中数据专家在数据的处理、特征的选取、模型的设计以及参数的优化等核心环节起主导作用,L5 是把让机器对数据分析的能力达到专业人士的同等水平。

(二)认知智能对管理会计的影响

智能交互将改变领导决策模式,并提高企业领导对管理会计的重视程度。传统管理会计报告因时效性、缺乏个性化和数据解释力不足等问题,常常被管理者束之高阁。认知智能技术或将推动管理会计深化应用,主要表现在以下几个方面。

1. 推动管理会计更多地关注未来、预测未来

在企业实践领域,传统管理会计主要关注"发生了什么"。这种模式无疑对于企业管理者做出经营策略调整缺乏指导性,管理者更期望知道的是"为什么会发生""将要发生什么"以及"应该做什么","向未来看"是管理会计实践应用的必然趋势。而运用机器学习中的归因分析,逐步拆解差异影响因素,或能有效解决"为什么会发生的问题";而基于知识图谱搭建的行业知识库,基于对行业发展趋势和企业现状的预判,有望解决"将要发生什么"的问题。

2. 推动管理会计实时化、场景化

当今正处在的 VUCA(易变性、不定性、复杂性与模糊性)时代,面临着诸多的不稳定性、不确定性,行业和企业发展面临前所未有的复杂和模糊。在这样的一个时代,企业的商业模式和经营状况充满了变数。当今的管理会计应用主要目标是帮助管理者应对众多的不确定性。而目前的"数据+算法+算力"正好为企业提供嵌入业务场景,实时为企业管理决策提供支持的机会,在认知智能技术的加持下,通过机器自主学习、自主成长,可以更好地将企业优秀的管理经验和以往的风险应对措施形成沉淀,在业务开展过程中实时指导业务。

3. 推动大数据在管理会计体系中的落地应用

数据是重要的战略资源,也是管理会计应用的基础。有三类数据对管理会计具有应用价值,即财务数据、业务数据及社会大数据。受传统技术所限,传统管理会计主要采用财务数据和业务数据,而对于社会大数据使用较少。随着认知智能的深度发展,社会大数据逐渐被企业所运用。

(三)认知智能领域的关键技术展望

本研究以中国知网文献为数量统计依据,对认知智能三大核心技术进行了研究文献统计。统计结果显示,2015—2019年,机器学习在管理会计研究中的应用最为广泛,自然语言处理和知识图谱技术也逐渐成为学者们关注的焦点,如图6所示。

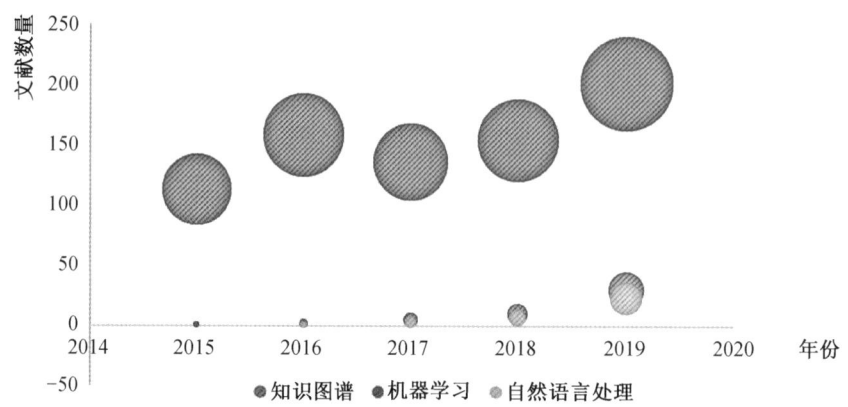

图6 2015—2019年认知智能在管理会计中应有相关文献数量统计

自然语言处理技术(NLP)包括自然语言理解和自然语言生成两个部分,是人机交互的基础。自然语言处理技术(NLP)结合语音识别技术,通过语音信息采集、自然语言理解和生成实现人机信息采集和最终交互,解决智能交互中的信息传递问题。

知识图谱技术是一个宏大的数据模型,可以构建庞大的"知识"网络,为人们提供一种快速便捷进行知识检索与推理的方式,是辅助计算机具备推理能力的核心技术。知识图谱技术通过采集结构和非结构化信息,并将非结构化信息借助自然语言处理技术抽象为实体、关系和属性,形成庞大的"知识"网络。

机器深度学习专门研究计算机怎样模拟或实现人类的学习行为,以获取新的知识或技能,重新组织已有的知识结构,使之不断改善自身性能。机器深度学习是辅助计算机在低成本下完成自我知识更新的核心技术。

(四)认知智能在管理会计领域的场景展望

通过文献研究、专家讨论和企业走访等多种方式对认知智能在管理会计领域的应用开展研究后,发现,认知智能领域在管理会计各领域的应用深度存在差异:经营预测、成本管理、运营管理和风险管理四个领域研究和实践内容较为丰富;在预算管理领域,认知智能核心是辅助销售收入预测,并识别各影响因子的重要性程度;在战略管理、绩效管理领域,认知智能的应用尚处于起步阶段。

本研究从经营预测、经营决策和风险管理三个模块出发,对销售量预测、采购价格预测等十大场景展开详细分析。经对比发现,在成本预测、安全库存管理、物流成本优化和客商风险管控场景中,学术界和企业实践在不同领域的发展阶段存在差异,如表2所示。

表2 十大场景在学术研究和企业实践应用中的差异点

场景	学术研究	企业实践	差异点
销售量预测	√	√	
采购价格预测	√	√	
成本预测	√		学术研究所使用的算法模型成本数据可解释性和可追溯性受限,暂不满足企业实践的需求
风险定价	√	√	
多目标商品定价	√	√	
促销及市场推广效果评价	√	√	
安全库存管理	√		企业实践尝试以VMI或JIT模式将安全库存降低至0
物流成本优化	√	√	企业实践在综合考虑各影响因素的基础上,增加考虑了利用算法模型实现最优路径的定量化计算
智能交互在管理会计报告中的应用		√	
客商风险管控	√	√	学术研究主要集中在金融行业领域,企业实践已经扩展到存在客商风险管理诉求的所有行业

参考文献

[1] IBM商业价值研究院.IBM商业价值报告:认知计算与人工智能[M].上海:东方出版社,2016.
[2] 阿里巴巴达摩院.达摩院2020十大科技趋势[J].软件和集成电路,2020:15-17.
[3] 叶倩怡,饶泓,姬名书.基于Xgboost的商业销售预测[J].南昌大学学报(理科版),2017(3):275-281.
[4] 蒲嘉鹏.机器学习在商品销量预测中的应用[J].电子制作,2018,363(22):81-82.
[5] 张宁.基于深度学习的连锁便利店销量预测的研究与应用[D].北京:北京工业大学,2019.
[6] 王永乐,马婷艳.基于人工智能的煤炭价格预测研究[J].广西质量监督导报,2020(4):191.
[7] 张国辉,吴雄韬.基于BP神经网络的衡阳市大豆价格短期预测[J].湖南工业职业技术学院学报,2019,19(5):30-32.
[8] 吕亮亮.基于SVM的油价预测数据挖掘模型研究[J].中国新通信,2018,20(20):237-238.
[9] 王家明,范学宁.基于ARIMA的大宗工程材料价格预测构建研究[J].工程造价管理,2020(1):65-75.
[10] 孙方元,卫晨.基于广义回归神经网络的煤炭企业成本预测[J].计算机与数字工程,2015,43(8):1378-1381,1551.

[11] 褚福舜,吴奇石,王浩雨.基于BP神经网络的汽车售后业务成本预测[J].现代计算机,2019(20):3-9.

[12] 闫吉庆,黄贺.基于灰关联和LS-SVM的软件成本预测方法[J].信息技术,2020,44(9):138-142.

[13] 王传奇.基于灰色神经网络的APU维修成本预测研究[J].航空维修与工程,2020(7):89-94.

[14] 郝演苏.车险条款费率管制改革须以人为本[J].经济,2015(5):85-85.

[15] 俞蕾.基于大数据的精准车险定价分析[J].商情,2018,000(43):218-219.

[16] 周上,黄章树.基于数据挖掘技术的超市商品定价研究[J].科技和产业,2013,13(2):62-64,99.

[17] 周梦.大型零售超市商品捆绑销售定价策略研究[D].徐州:中国矿业大学,2019.

[18] 贾晓霞,智路平,李巧艳.基于滞后主成分回归的电商平台广告效果评价研究[J].技术与创新管理,2020,041(3):308-318.

[19] KUO R J, XUE K C. A decision support system for sales forecasting through fuzzy neural networks with asymmetric fuzzy weights[M]. Elsevier Science Publishers B. V., 1998.

[20] 雷健锋.基于客户满意度的配送中心车辆调度优化研究[D].成都:成都理工大学,2017.

[21] 刘巧芸,李静,丁璐斌.基于一种改进算法的仓库选址研究[J].物流科技,2008(1):20-24.

[22] 沈春泽.人工智能实现风险预警智能化[J].金融电子化,2018(9):65-66.

[23] 刘庆.基于LSTM模型的汽车配件安全库存量预测研究[D].成都:西南交通大学,2018.

[24] 夏田,邓萌.考虑样本特征的第三方物流安全库存预测模型[J].机械设计与制造,2018(10):269-272.

课题负责人：郝宇晓

课题组成员：张亚东、孟得胜、刘璐、刘博文、文才章、苗寒、邹常林、张探探、刘雨泽

所在单位：北京元年科技股份有限公司

智能财务背景下企业跨国结算业务风险管理研究

【摘要】 本文基于对风险管理和智能财务的分析,讨论了智能财务对管理跨国结算业务风险的影响,并以蒙牛集团跨境资金管理和派安盈公司反欺诈两个案例为基础,探索了智能财务在国际结算风险管理实践中的应用。本文认为,风险管理和智能财务的结合点在于风险管理属于管理会计的一个领域,而智能财务是技术驱动下对财务活动的模拟、延伸和拓展。在企业具备一定财务信息化水平的情况下,智能财务可以为跨国结算风险管理提供更强大的风险识别技术和风险评估系统,以及选择风险管理工具和策略时更值得依赖的信息。企业应积极实施财务智能化转型,提高其跨国结算风险管理能力。

【关键词】 跨国结算;风险管理;智能财务

一、引言

跨国结算业务是国际商务中的核心环节,管理跨国结算风险对于企业在海外市场拓展、跨境投资等活动中顺利收付资金、履行合约至关重要。然而,跨境交易流程复杂、交易真实性难以验证、监管变动频繁等因素使跨国结算风险管理极具挑战。智能财务的发展给企业提高风险管理能力带来了新契机。本文主要探讨了智能财务对企业跨国结算风险管理的影响,首先分析了智能财务对一般性风险管理活动的影响与对跨国结算风险管理的影响,然后以蒙牛集团和派安盈公司的实践为案例,讨论了智能财务在国际结算风险管理中的实际应用,最后进行了总结。

二、智能财务与企业跨国结算风险管理

(一)企业风险管理

1. 跨国结算风险

跨国结算,又称国际结算,指国际间由于政治、经济、文化、外交、军事等方面的交往或联系而发生的以货币表示的债权债务的清偿行为或资金转移行为,本质上是货币的跨国收付业务(丁婷等,2019;朱文忠,2009)。跨国结算风险包括信用风险、操作风险、平台风险、结算方式风险、市场风险、政治与法律风险和信息系统风险等。在跨国结算业务流程示意图中

(图1),企业在交易活动之初应分析交易对手方的资信情况和履行合约能力,防范信用风险(韩超,2018;陈成,2020;沈学恩,2021)。跨国结算责任部门发起、执行结算活动时应防范操作风险,审慎确认合同条款,避免误操作或未能识别第三方欺诈而造成损失,同时应谨慎选择结算平台和结算方式,避免平台风险和结算方式风险(王小燕,2018;杨育灵,2019)。平台风险指银行或第三方支付平台由于自身运营、操作、合规等原因无法正常履行约定的结算活动而给企业带来的负面影响(王应贵、余珂、刘浩博,2021)。结算方式则指不同结算方式的固有风险,例如直接汇款的风险远大于信用证风险。外部的市场风险,包括利率风险、外汇风险和大宗商品价格风险等,以及政治与法律风险影响着结算活动各参与方履行合同的能力及意愿,可能给企业带来损失(杨敏,2020;梁家辉,2020;陈成,2020)。政治与法律风险既包括不同国家政治环境、政策变动、法律合规的风险,也包括政治、法律、社会因素导致的交易习惯与偏好不同的摩擦风险(陈欢欢、管晓永,2021)。信息系统风险则是在跨国结算电讯化的趋势下,各参与方采用的信息系统自身设计或适用性问题给企业带来的可能损失,同时也包括信息系统漏洞被恶意利用的风险。

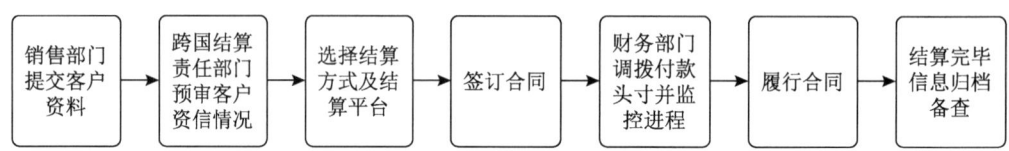

图1 跨国结算业务流程

2. 风险管理实践中的挑战

风险管理即是对不确定性波动的管理,意味着企业在风险和收益之间的持续权衡。由于商业模式、经营目标和利益相关者期望的不同,每家企业都有着不同的风险偏好。风险管理活动的目标是剩余风险——经管理后的风险的分布符合企业的风险偏好。在实践中,如图2所示,在给定风险偏好和企业战略、经营目标的情况下,风险与绩效成正相关关系。若风险管理能

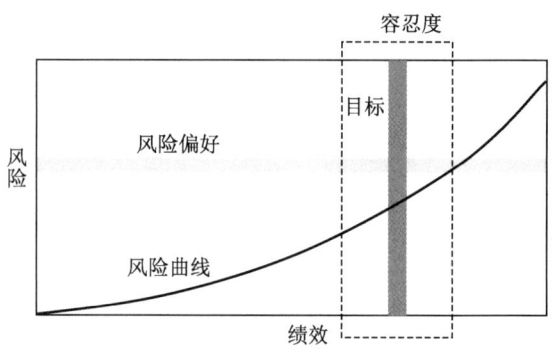

图2 风险绩效曲线

(资料来源:孙友文,2021)

力不足,当业务部门实现远超期望的业绩表现时,企业存在着巨大的风险敞口。而不同的风险管理举措有着不同的资源投入、风险敞口和绩效表现。因此,风险管理的首要挑战在于结合企业的内部情况和市场环境、监管环境等外部信息选择最为匹配的风险管理方式。而且某些风险管理举措只有在满足一定条件的情况下才可行,企业需要实时掌握这些选项的变化。例如,跨国企业很难为其全球经营活动的政治风险购买保险,因为很少有保险公司提供这种产品。因此,企业首先需要拥有持续搜集、处理、分析、报告复杂信息的能力以及相应的数据治理体系和组织架构系统,以整体地考虑风险管理策略、工具和技术的组合,做出最佳

战略、经营决策。其次,企业面临着风险管理策略、工具和技术自身带来的挑战,如信息系统运行的稳健性和模型的适用性等。这些挑战表明,风险管理并非某种策略、工具或技术的孤立运用,而是在与业务流程、组织架构、治理体系等实施环境的结合中发挥作用。

(二) 智能财务及其在跨国结算风险管理领域的应用

1. 智能财务在风险管理领域的应用现状

近年来,大数据、人工智能、云计算、区块链等技术迅速发展,不仅改变了传统的商业模式和生产模式,也给财务管理工作带来了深刻的变革。智能财务即在这样一种背景下产生。刘勤等(2020)认为,智能财务"是一种新型的管理模式,它基于先进的管理理论、工具和方法,借助智能机器(包括智能软件和智能硬件)和人类财务专家共同组成的人机协同智能管理系统,通过人和机器的有机合作,去完成企业复杂的财务管理活动,并在管理中不断扩大、延伸和部分替代人类财务专家的活动"。本质上,智能财务是"智能化场景设计和新技术匹配运用"(吴践志等,2020)。换言之,智能财务既是在场景中根据不同技术的特征选择技术或技术组合,也是从技术出发寻找合适的应用场景,在场景中创造价值。

从场景和发展阶段看,智能财务可以分为弱智能财务和强智能财务。弱智能财务主要是对人工智能技术中的感知智能和运算智能的运用,即模拟人类感知器官的视觉、听觉和触觉等感知能力,以及模拟人类大脑的快速计算和记忆存储能力,对应场景是传统财务会计中重复性较强的业务,如通过传感器搜集数据、通过机器人流程自动化(RPA)自动核算等(吴践志等,2020;杨寅、赵健、吕晓雷,2021)。强智能财务主要指对人工智能技术中的认知智能的运用,即模拟人类大脑的概念理解和逻辑推理能力,进一步形成概念、意识和观念,囊括管理会计领域的场景,如通过机器学习和人工智能(AI)等技术进行财务预测、风险评估等(吴践志等,2020;张庆龙,2021a)。弱智能财务是强智能财务的基础,强智能财务是弱智能财务的发展方向。发展完善的智能财务系统是针对性地部署技术组合全方位覆盖企业的业务活动流程、财务会计流程和管理会计流程,提高财务工作的价值,赋能业务的发展(刘勤等,2020)。

目前,我国智能财务整体仍然处于萌芽阶段,从弱智能到强智能,以及从个别场景的点状应用到同一技术跨场景的网状应用是两项长期发展趋势(杨寅、赵健、吕晓雷,2021;吴践志等,2020)。在风险管理领域,根据杨寅等(2021)关于智能财务应用现状的问卷调查分析,风险管理是企业财务信息系统15个模块中采用率、智能化程度和智能化迫切程度较低的模块之一。但该问卷调查同时显示,与其他模块相比,风险管理模块在采用率上与受访者行业、所有制类型相关联的变异系数最大,说明不同行业、所有制类型的企业在风险管理领域应用智能财务的区别较大。这也是我国智能财务处于初级阶段的一个体现,企业此时更倾向于提升会计核算、费用报销和发票管理等领域的信息化、智能化水平(杨寅、赵健、吕晓雷,2021)。风险管理要求通过智能技术进行辅助判断或预测,属于更高阶段的强智能财务范围。

不同智能技术在风险管理领域中有着不同的应用潜力。刘勤等(2020)总结了AI、大数据、RPA等常见智能技术的典型应用场景,包括数据核对校验、风险智能评估、社区文本处理和风险识别,如表1所示。例如,李雨蔓和卫恒军(2021)认为银行信贷审批可以通过大量数据的输入,训练机器做出智能决策,特别是在信用评分、评级以及企业破产预测等方面。智能技术同样适用于在非银企业的风险管理,特别是在财务、业务稽核方面(王刚、李宗祥,2014)。例如,国美集团在内部控制上应用了RPA,全面、实时地监控旗下门店的"低退高入"情况,即门店将商品低价退回供应商后又以高价购进,存在牟取私利的可能性(杜海霞等,2021)。

表1 智能财务在风险管理中的应用场景

智能技术	财务机器人(RPA)	专家系统(ES)	人工神经网络(ANN)	自然语言处理(NLP)	模式识别(PR)	大数据、移动互联网、云计算、物联网和区块链等技术
应用场景	数据核对校验	风险智能评估	风险智能评估	社区文本处理	未知/待开发	风险识别

资料来源:刘勤,等.智能财务:打造数字时代财务管理新世界[M].北京:中国财政经济出版社,2020.

2. 智能财务背景下的风险管理变革

智能财务和风险管理互相影响。本质上,智能财务是一种相对静态的管理模式,为风险管理提供效率和效用上提升的空间,它本身也会带来风险,特别是在信息安全方面(刘勤等,2020;张庆龙,2021b;刘勤,2021)。而风险管理则是一种持续的管理活动。智能财务和风险管理的交叉点在于,与智能财务相关的风险属于风险管理的范畴,而风险管理又是管理会计的一个领域,且两者均强调业务的整合和价值的创造。

图3为智能财务影响风险管理示意,横轴代表智能财务,纵轴代表风险管理,象限内容代表智能财务影响风险管理的范围和内容,包括风险管理技术(此处指包括信息技术在内的风险识别、评估方法)、风险管理工具和风险管理策略,其中的斜线代表智能财务风险、风险管理智能化水平以及智能财务对价值创造的影响。随着智能财务从弱智能向强智能转变,

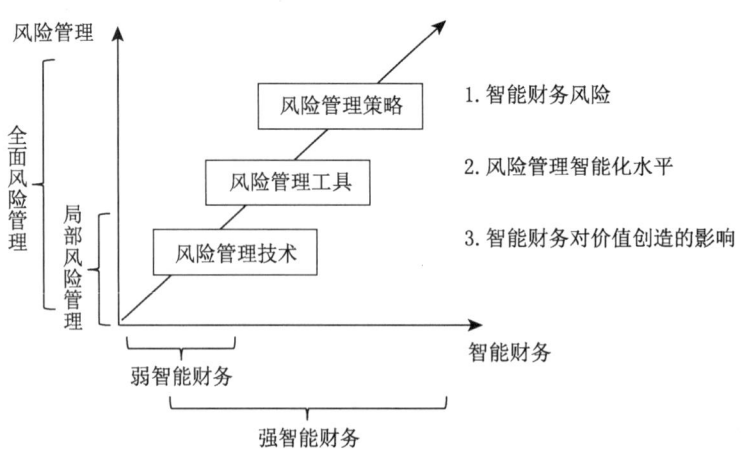

图3 智能财务影响风险管理

它对企业的战略决策、业务,或者说价值创造的影响更深更广,对风险管理的作用范围也从技术层面上升至工具和策略层面。同时,智能财务介入决策和业务程度越深,它自身带来的风险也越大。例如,人工智能技术使企业可以建立更复杂的模型,也"显著增加了产生损失(以及利润)的机会"(米歇尔·克劳伊等,2016)。实践中,由于智能财务本身也在持续的风险管理活动的范围内,风险管理对智能财务有着"反作用",智能财务和风险管理之间并非完全的线性关系,智能财务风险斜线更有可能是曲线。

具体而言,智能财务对一般性风险管理活动的影响表现在三方面。首先,智能财务的部署改变了企业面临的风险类型和分布情况。例如,财务及业务的自动化、标准化、智能化显著降低了各类人工操作风险,如信息录入错误、稽查过失等,但也一定程度上集中了信息安全风险。其次,智能财务提供了新的风险管理技术,也提高了很多其他风险管理技术的应用效率。例如,通过人工智能分析非结构化的数据识别风险和蒙特卡罗模拟法模拟情景评估风险。最后,智能财务,特别是强智能财务,对风险管理工具和策略的选择提供了信息支持,甚至在某些场景下代替人类智能决策。虽然越复杂的系统其固有风险越大,但人工智能和机器学习等技术远超人类的优势在于:它们可以在大量的半结构化或者非结构化的企业内外部数据中发掘人类无法察觉到的或很容易忽略的变化,识别规律或重复出现的模式,预测演变趋势,使企业在风险管理决策中有更值得依赖、更具前瞻性的信息。

3. 智能财务对跨国结算风险管理的影响

不同企业有着不同的财务智能化目标、实施环境、路径和进程,结合上述智能财务对风险管理影响的分析,部署智能财务管理跨国结算风险会形成三种可能的情景。如图 4 所示,在情景一中,智能财务降低了跨国结算风险且仅弱智能财务就贡献了较大风险管理价值。在情景二中,智能财务同样降低了跨国结算风险,但弱智能财务的效果有限,强智能财务贡献了较大的风险管理价值。在情景三中,跨国结算风险先降低后上升,这是由于虽然前期智能财务一定程度上降低了跨国结算风险,但由于应用不当或对信息技术的过分依赖等因素后续又拉高了风险。很多企业当下的现状可能是情景一,随着智能财务的部署、推进朝着情景二迈进。情景三应是着力避免的情况。

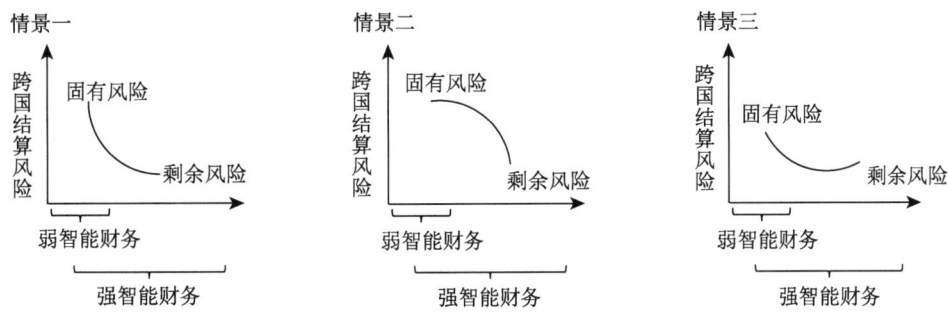

图 4 智能财务下的跨国结算风险管理

弱智能财务(如 OCR,RPA 等技术)为管理跨国结算中人工操作风险、交易对手信用风险提供了新技术,有助于规避和降低风险。例如,将复杂的信用证开具、处理和兑付过程线上化、自动化可以大幅降低人工录入错误数据的概率。强智能财务(如人工智能技术)可以通过构建模型对跨国结算交易对手方的信用水平进行评级,进而仅开展与信用水平匹配的业务,控制风险敞口。该模型还可以添加交易对手方所在国家政治、法律因素等环境变量,管理此类风险。智能财务还可以赋能企业的风险管理策略。例如,企业可以实时掌握己方资金流动性情况和汇率波动情况,采取各种外汇手段减轻或对冲跨国结算中的汇率风险。本质上,整合了RPA、大数据分析、数据可视化等技术的智能财务增强了企业的信息搜集、处理、整合、报告能力,进而增强了企业的跨国结算风险管理能力。

三、实践中的跨国结算业务智能风险管理

(一)案例一:蒙牛集团通过智能司库全面管理跨国结算风险

1. 集团企业资金管理难题

蒙牛集团于1999年在内蒙古自治区成立,于2004年在中国香港上市,于2020年营业收入达到760亿元。蒙牛集团坚持国际化发展战略,在新西兰、印度尼西亚、澳大利亚建有海外生产基地,在北美、欧洲建有跨国研发中心,产品远销东南亚、大洋洲、北美等地区。

全球化的布局在提升蒙牛资源配置效率的同时,也带来了跨境资金管理的难题。首先,从风险管控角度出发,资金集中结算过程中存在着资金支付不及时、资金支付不安全、资金支付数据不准确、资金支付数据泄露等内部风险,而且企业还需要对市场、汇率、国际政治等外部风险因素进行管理(吴践志等,2020)。其次,从财务赋能业务角度来说,如何最大化集团境内外数百家子公司或业务单元资金的利用效率?集团如何支持其境外业务的拓展?

2. 智能司库的应用

蒙牛集团采取了智能司库的模式来统一管理跨境资金,集团司库的主要职能包括现金管理、投融资管理以及资金风险管控(张超等,2021)。一方面,蒙牛希望司库可以实现资金的筹措、营运和增值,另一方面,管理中日益增加的各类风险,包括财务风险和经营风险(李东明,2017)。蒙牛司库于2017年1月建设完毕,分为全球资金共享和资金统筹管理两大板块,分别负责资金的归集、统一结算和增值管理。具体运营模式是结算中心+财务公司,即首先将各子公司的资金归拢到集团总部,由总部统一调度,内部往来结算通过内部账户进行,然后在满足内部资金流动性的情况下,充分发挥集团整体资金的规模优势,最后实现资金留存和运用的合理化(刘勤等,2020)。蒙牛集团在全球建设了5个资金池管理600多个银行账户,为成员公司境外报销、发放工资、采购、销售提供支持,也负责集团企业与海外客户、供应商的资金往来(刘勤等,2020)。在资金共享平台的基础之上,蒙牛集团司库还陆续搭建了供应链融资平台和保险服务链平台,并朝着综合金融服务平台迈进。

蒙牛司库通过结合RPA、图像识别、电子票据、银企直联等技术将线下数据线上化、人工流程自动化,实现了线上跨境支付、跨境收款、国际信用证结算、自动报表生成等国际结算基础功能。同时,通过汇集公司内部资金信息和外部市场信息,自动生成各类信息看板并相应

配置了结售汇处理、理财产品审批、购买等外汇和理财功能。而且,蒙牛司库通过供应链金融业务和体系化的保险业务覆盖了上下游企业,实现了对整个业务生态的统筹管理。通过实施智能司库,蒙牛集团99%的资金业务实现了自动化,在提高结算效率的同时管理了国际结算中的人工操作风险、外汇风险、信用风险等,实现了风险管理和价值创造的统一。

(二)案例二:派安盈应用AI技术管理跨国结算欺诈风险

1. 识别欺诈交易的挑战

派安盈(Payoneer)是一家创立于2005年的跨境收款平台,总部位于纽约,于2021年6月在纳斯达克上市。派安盈向全球500多万家中小企业提供服务,帮助企业像在本地收款一样便捷地收付全球超过150种货币的款项。例如,美国的一个买家只要连接到派安盈的API接口,就可以直接向全球190多个国家和地区的卖家付款。对卖家来说,派安盈的收款服务相比银行速度更快、费率更低。在我国,派安盈通过受中国人民银行监管的合作伙伴向客户提供服务,并通过合资公司积极申请牌照。2020年,派安盈平台交易额达到440亿美元,同比上升53%;2021年第一季度交易额同比上升61%。

快速上升的交易规模不仅给派安盈带来了信息处理上的挑战,而且也造成了巨大的风险敞口。由于派安盈业务遍及全球,受到美国、欧洲、中国香港、日本和澳大利亚等国家和地区政府严格监管,保护客户财产、识别客户真实身份、上报可疑交易是其法定义务,违反该义务或无法妥善履行该义务可能使派安盈受到监管机构处罚甚至取消牌照。同时,派安盈的客户群体以中小企业为主,规范性差,用于评估信用水平的常规数据普遍缺失。所以派安盈风险管理的主要挑战之一是在每天庞大的交易规模中识别伪装成正常交易的欺诈行为和相关账户。派安盈的最初举措是设立全面的反洗钱(AML)、反恐怖主义融资(CTF)以及制裁合规项目,通过RPA工具支持的"了解你的用户"(KYC)和"客户尽职调查"(CDD)流程对客户进行初筛和持续监测。然而,当前的合规程序和技术手段在迅速发展的交易规模面前效率低下、效果有限,派安盈迫切需要技术更深度赋能。

2. AI技术在反欺诈中的应用

派安盈需要从庞大的正常交易记录中识别异常行为和相关异常账户,进而重点调查这些异常账户,但难点在于如何定义、确认"正常"的交易行为。派安盈曾使用事后追溯的方法,即当欺诈行为发生后封锁账户并追查过往交易,也曾根据离线数据训练机器学习模型预测欺诈账户,如图5所示(特征向量可理解为包含对象一组特征的数据组)。但这些尝试都

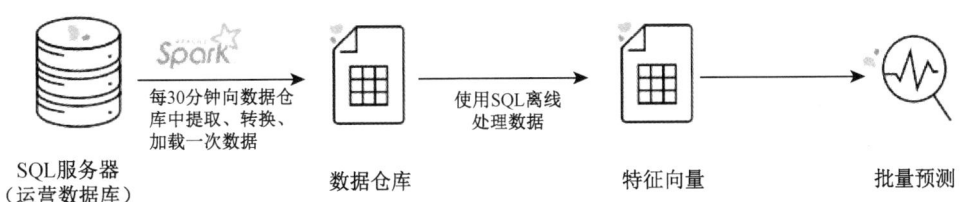

图5 派安盈原可疑洗钱账户识别流程(约40分钟)

资料来源:Iguazio公司官网。

有着重大缺陷——无法从海量数据中实时预测欺诈行为,这意味着巨大的信用风险、合规风险敞口。因此,派安盈与数据科技公司 Iguazio 合作,使用编程语言 Python 中的 Spark 框架和函数开发了预测式机器学习 AI 模型。派安盈在 Iguazio 平台上识别可疑洗钱账户的流程如图6所示。数据进入 Iguazio 平台后会被在线整合成以客户名称和具体交易为中心的结构化数据,然后预测器(predictor)函数会读取该数据,并将 AI 模型处理后的结果写入执行队列(queue)中;一旦一项交易被机器认定可疑,相关账户会被自动冻结①。该 AI 模型可以对每笔交易中的90个参数做判断,以决定某项交易是否表现出欺诈特征,并将欺诈行为的识别时间从原来的40分钟提高到几乎实时(12秒),大幅提高了风险管理效率,降低了风险敞口。在实践中,评价 AI 模型有两条重要的标准:一是投资回报率,二是模型将正常交易判定为可疑交易的概率(false positive)。Iguazio 称该 AI 模型4个月即达到了投资回报率目标,同时保持了接受范围内的、极低的误判率。

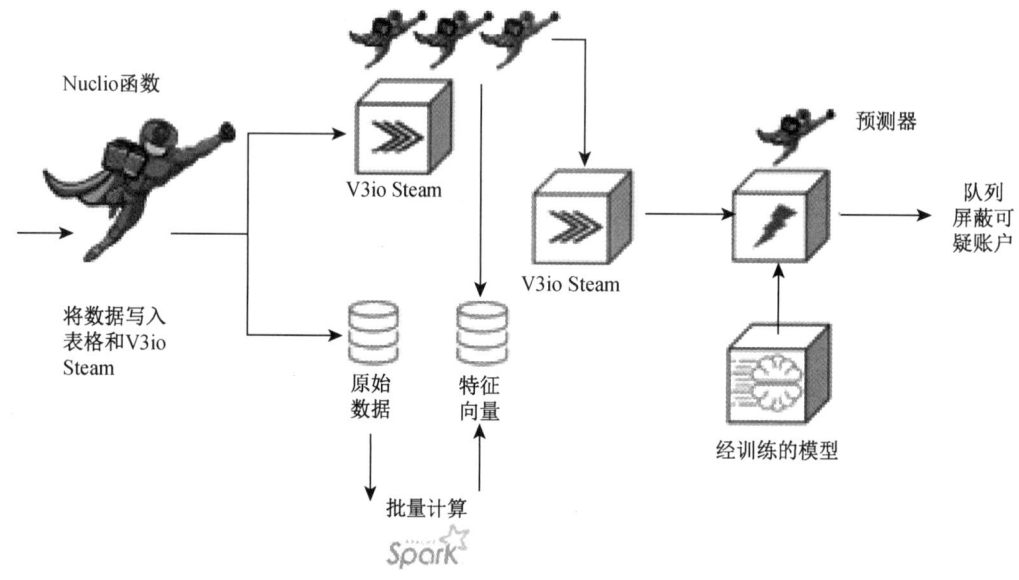

图6 派安盈数据在 Iguazio 平台上的数据处理流程

资料来源:Iguazio 公司官网。

(三)案例启示

通过以上两个案例可以发现,数据和智能财务驱动下的风险管理及价值增值是三位一体的。一方面,数据是后两者的基础。没有数据,就谈不上智能财务。没有数据流程自动化就没有意义,因为要自动化的内容就是数据的传输和处理。没有数据也谈不上算法、模型,因为大量数据集的训练是建立算法的基础。在蒙牛集团的案例中,蒙牛集团先建立了以 SAP 系统为核心的财务共享服务平台 FSSC,随后在此基础上建设智能司库,风险管理的范围进一步拓展。派安盈更是通过挖掘数据训练模型来识别风险。另一方面,智能财务赋能

---

① 参见 Iguazio, Customer Case Study: Payoneer, Available at: https://go.iguazio.com/payoneer-case-study。

风险管理的同时也赋能业务。在给定风险偏好的情况下,风险敞口往往随着业务的发展而增大,智能财务使管理后的风险——剩余风险大大降低,进而支持企业绩效的提升和战略发展空间的拓展,如图7所示。这也符合财务从管控型到赋能型转变的大趋势(王曙光、刘伟乐、张子山,2021)。

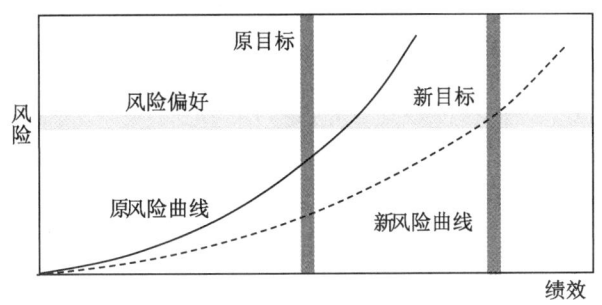

图7 智能财务驱动下的风险绩效曲线示意

因此,部署智能财务管理国际结算风险的前提条件是企业拥有较高的财务信息化水平,企业收集的信息结构化程度高,时效性强,可以真实、全面地反映其经营、财务状况。首先,有必要将企业外部的交易对手方或关联方纳入风险管理的范围。例如,蒙牛智能司库不仅从多个角度对接银行,还连接了上万家供应链服务商。其次,通过利用RPA等计算机感知、运算智能的技术,企业可以降低国际结算业务中人在低附加值事务中的参与程度,规范流程,更高效地整合多维度内外部信息,降低操作风险、信用风险等。再次,AI等计算机推理智能可以应用在更加复杂的环境中,管理国际结算市场风险、合规风险等。但值得注意的是,不同企业有着不同的文化、经营、财务特征,所以不存在可以简单复制的统一智能财务应用模式,例如,很多大型企业集团的司库都呈现出了不同的特征(廖筱燕,2019)。国内外法律法规不同,派安盈的实践也无法直接应用到国内企业中。但正是由于部署智能技术创造价值具有高度的复杂性,这两家业界领先企业如何选择、应用合适的技术,实现"业财技"融合更值得借鉴。

四、结论与展望

本文通过梳理跨国结算业务风险、风险管理和智能财务的具体内容,分析了智能财务对一般性风险管理活动的影响,进而将这种分析应用在跨国结算业务的风险管理上,提出了实施智能财务推动跨国结算业务风险管理的方式,并以蒙牛集团全球司库和派安盈公司AI反欺诈举措为基础,探讨了智能财务在企业国际结算风险管理实践中的应用。本文认为,跨国结算业务是企业财务、业务以及跨境活动的一个结合点。管理跨国结算业务风险需要从全面、整体、可持续的角度出发,这与智能财务的特征不谋而合。智能财务归根结底是在新时代发挥数据的价值,通过人与机器的有机合作,实现对传统财务活动的模拟、延伸和拓展。总体而言,较高的企业财务信息化水平是部署智能财务的前提。智能财务可以为跨国结算风险管理提供更有力的风险识别、风险评估技术,使企业在选择风险管理工具和策略时有更值得依赖的信息。企业跨国结算风险管理能力的提高会进一步赋能业务的发展。

但企业应用智能财务管理国际结算业务中的风险也存在着至少三个方面的挑战。首先,智能财务给企业带来了新风险或加强了某些原有风险,包括数据安全风险、模型风险以及变革的风险等。其次,应用智能财务需要持续的资金、人力等资源投入,而风险管理特别是跨国结算风险管理的价值无法在短期呈现,管理层的态度非常关键。最后,应用智能财务管理跨国结算风险要求企业配备信息技术、财务、风险管理方面的专业人才和复合人才,团队建设难度和运营成本都会上升。但这些挑战无法否认智能财务在跨国结算风险管理上的价值。企业应拥抱变革,有序推进财务智能化转型,加强跨国结算业务风险管理,实现技术、财务、业务和风险管理的有机统一,创造、保护和实现价值。

参考文献

[1] 丁婷,孙文艳,等.国际结算与支付[M].北京:中国海关出版社,2019.
[2] 朱文忠.国际结算最新发展趋势与对策[J].国际经贸探索,2009,25(12):46-50.
[3] 韩超.浅析我国出口企业国际结算业务信用风险及管理措施[J].中国国际财经(中英文),2018(04):6.
[4] 陈成."一带一路"国家国际结算风险分析与对策[J].北京石油管理干部学院学报,2020,27(04):69-72.
[5] 沈学恩.浅谈国际贸易结算风险与防范措施[J].现代营销(经营版),2021(05):26-27.
[6] 王小燕.国际结算业务的操作风险及控制模式[J].现代国企研究,2018(06):152-153.
[7] 杨育灵.警惕国际结算中不诚信银行行为[J].中国外汇,2019(24):56-58.
[8] 王应贵,余珂,刘浩博.跨境支付、分布式记账、数字货币与人民币国际化[J].新金融,2021(06):41-46.
[9] 杨敏.刍议国际贸易结算在进出口企业中的风险分析与应对措施[J].商讯,2020(04):87-88.
[10] 梁家辉.外贸企业国际贸易结算的风险及防范探讨[J].科技经济导刊,2020,28(06):248.
[11] 陈欢欢,管晓永.跨境电商支付信用风险形成机制[J].科技导报,2021,39(04):65-73.
[12] 孙友文.COSO新版企业风险管理框架介绍:如何融合风险和绩效:企业风险管理全球最佳实践与案例精选[C].北京:经济科学出版社,2021(3):1-20.
[13] 刘勤,等.智能财务:打造数字时代财务管理新世界[M].北京:中国财政经济出版社,2020.
[14] 吴践志,刘勤,等.智能财务及其建设研究[M].上海:立信会计出版社,2020.
[15] 杨寅,赵健,吕晓雷.中国企业智能财务应用现状及发展趋势分析——基于调查问卷数据的例证[J].财会通讯,2021(11):140-146,151.
[16] 张庆龙.智能财务的应用场景分析[J].财会月刊,2021(5):19-26.
[17] 李雨蔓,卫恒军.人工智能算法在银行信用贷款业务的应用综述[J].中国商论,2021(18):130-132.
[18] 王刚,李宗祥.集团信息化环境下的智能财务稽核初探[J].财务与会计,2014(11):59-61.
[19] 杜海霞,刘雅兴,陈凌,等.国美RPA的财务场景应用实践[J].财务与会计,2021(9):28-32.
[20] 张庆龙.智能财务研究述评[J].财会月刊,2021(3):9-16.
[21] 米歇尔·克劳伊,丹·加莱,罗伯特·马克.风险管理精要[M].北京:中国金融出版社,2016.
[22] 张超,王逸晨,邹杭兵,等.集团企业资金集中管控模式研究:基于文献研究视角[J].会计之友,2021(13):113-118.
[23] 李东明.集团司库助力并购[J].新理财-公司理财,2017(7):53-55.
[24] 王曙光,刘伟乐,张子山."大智移云"下企业集团财务共享能力构建研究:基于资源编排理论视角[J].

财会通讯,2021(11):147-151.

[25] 廖筱燕.跨国企业全球"司库管理"案例剖析及启示[J].中国石油企业,2019(12):55-59,103.

课题负责人：姚树浩，美国管理会计师协会上海代表处研究经理
　　　　　　　单雨飞，美国管理会计师协会上海代表处研究与知识总监
课题组成员：姚树浩、单雨飞
所在单位：美国管理会计师协会上海代表处

技 术 篇

基于人机协同的财务数据中台构建研究

【摘要】 伴随着大数据、云计算、人工智能等信息技术的相继出现,财务的管理、控制和决策受到相应的影响,企业财务转型成为大势所趋,更多的学者开始关注并从多角度对企业财务的转型进行研究。然而总体来看,智能时代下企业财务中台的系统性研究仍然较为缺乏。

本研究将结合人工智能、大数据的时代背景,寻找数字经济与企业实务的契合点,探索更加系统性与实用性的企业财务数据中台建设,结合 RPA 技术的充分应用实现人机协同、标准化数据清理流程、提升数据处理效率、打破业务数据孤岛,将人的能力更多地发挥到数据分析及决策支撑的工作中,达到创造数据价值、促进企业快速升级的目的。

【关键词】 RPA;财务数据中台;人机协同

一、引言

数字经济发展来势凶猛,新技术层出不穷,以数字化、网络化、集成化、数据化、智能化为特征的数字化浪潮席卷全球。

数字化建设将给企业财务工作带来新的挑战:财务能力(图1)将更加关注支撑业务和

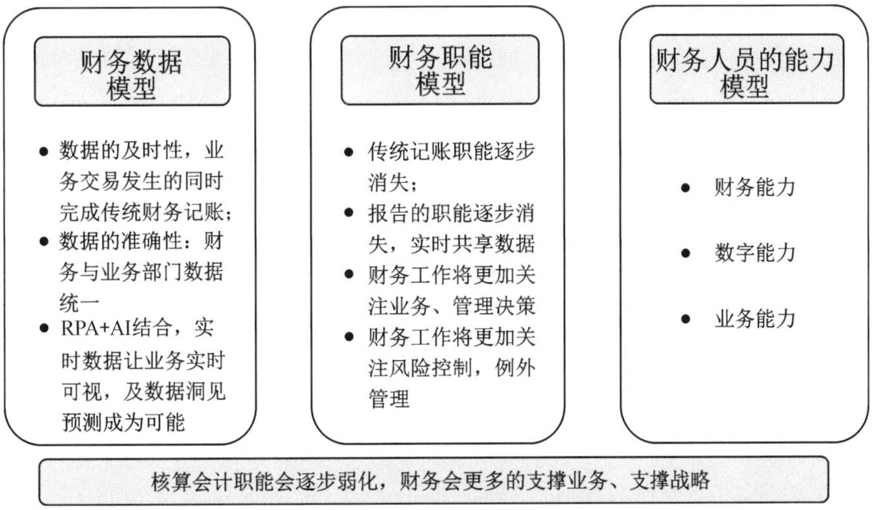

财务数据模型	财务职能模型	财务人员的能力模型
• 数据的及时性,业务交易发生的同时完成传统财务记账; • 数据的准确性:财务与业务部门数据统一 • RPA+AI结合,实时数据让业务实时可视,及数据洞见预测成为可能	• 传统记账职能逐步消失; • 报告的职能逐步消失,实时共享数据 • 财务工作将更加关注业务、管理决策 • 财务工作将更加关注风险控制,例外管理	• 财务能力 • 数字能力 • 业务能力
核算会计职能会逐步弱化,财务会更多的支撑业务、支撑战略		

图1 新时代下的财务能力模型

企业战略,主动转型需要新的技术手段及观念。财务数字化建设需要以价值为核心,以数据为驱动,以新技术为手段,覆盖数字财务运营、战略财务管理、智能财务决策。

"数据"已成为每一家企业的战略资源(图2),数据驱动业务的能力将成为未来企业的核心竞争力。本研究通过智能新技术(RPA+低代码+AI智能技术)和数据治理两个抓手探索财务能力转型,搭建财务智能数据中台,通过软件机器人完成财务口径的业务核心财务数据中台聚集治理,进而结合商业智能(BI)来实现公司运营的实时可视化,并通过数据分析满足洞察决策来支撑公司达到战略目标,提升管理财务职能价值。

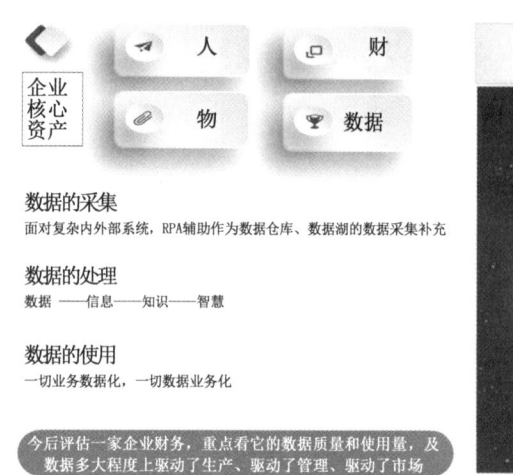
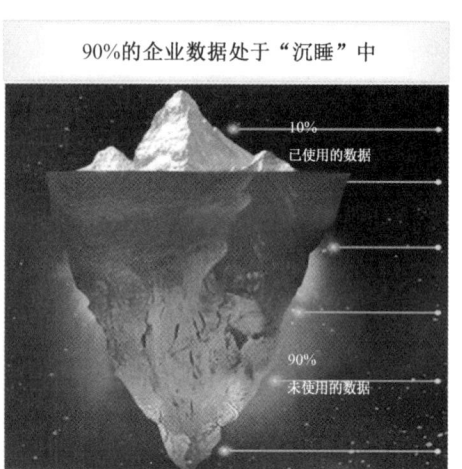

图2 数据是企业的一种战略资源

(一)研究背景和意义

自2020年受疫情冲击以来,世界已经进入"VUCA 时代"[V-Volatility(易变性),U-Uncertainty(不确定性),C-Complexity(复杂性),A-Ambiguity(模糊性)]。企业的战略和业务需要具备依据市场情况快速适应及调整的能力,企业需要通过"数字化建设"来获取这种能力,而数字化转型的优势体现在带动财务转型升级。在财务信息化建设中,企业会面临许多问题,汇付天下有限公司(以下简称汇付天下)作为第三方支付业务行业中具有领先地位的公司,其对于转型过程中的问题解决有着较为新颖实用的方法。

本研究对汇付天下数字化转型对公司财务转型升级的赋能的研究意义主要体现在两个方面:一是理论层面,现阶段鲜有学者以案例形式研究数字化转型如何赋能财务升级转型,本研究丰富了其理论研究;二是现实层面,本研究选择第三方支付这一细分行业,探索汇付天下最新数字化转型措施以及对财务转型升级的赋能,为相关企业提供参考借鉴。

(二)研究思路与方法

本研究的财务数据中台,定位于经营管理及战略决策等内部用途,是从财务部门视角出发的局部数据治理,打通业财数据,进而满足业务经营实时可视及数据分析支撑经营决策的需要。

1. 研究思路

众多数据架构体系都涉及数据的采集、处理、计算、存储、分析使用、安全管控等。本研究参考遵循国际数据管理协会（DAMA）数据治理的规范架构，创新性地选择了灵活、解耦的智能新技术"RPA＋低代码＋AI"，通过非耦合的方式打通多种业务系统，快速实现数据的采集汇聚、清洗处理；通过 AI 的 OCR、NLP 能力实现非结构化数据处理及结构化文本数据的信息整合，完成对现有业务系统的无感知、非耦合适配。

2. 研究方法

考虑到各业系统的复杂性及动态调整，本研究使用软件机器人 RPA 技术模仿人员操作同前端业务系统进行非耦合对接，灵活适配采集数据，以完成业务主数据的获取及清洗。

1) RPA 技术

机器人流程自动化即 RPA 技术，是代替人类完成任务的计算机软件配置，是自主系统、机器学习、人工智能和机器人等技术的结合。RPA 目标是以经济高效的方式自动化结构化任务。RPA 程序能够高效处理一些高度结构化、例行性和手动性的任务，进而，员工可以专注于分析和管理等更高附加值的任务。

2) 低代码开发系统

GDE（General Digital Engine，通用数字化引擎）是一个数字化智能平台，为开发者提供了一个 ADC（Application Development Center，应用开发中心）低代码应用开发平台，在 ADC 开发平台中，通过 RPA 编辑好的各种自动化业务流程，按照步骤被封装于功能模块。低代码开发系统为 RPA 的开发提供了可视化界面，操作简单，并且可实现角色权限控制功能。GDE 还为 RPA 提供数据库能力。RPA 是搭载于 GDE 平台之上的应用资产，作为一个编排组件或者功能模块，在大型平台中能够发挥的功效要远远大于单一应用。

（三）研究重点与难点

（1）不同业务系统的数据标准不一致，需要对基础数据、主数据、元数据、业务数据、报告数据等数据结构统一化。

（2）业务先行造成业务逻辑不完整，业务规则多变，末端部门需求未进入产品设计，项目交期紧，上线后变更频繁（图3）。

➢ 涉及的相关部门
- 业务部门——根据业务开发产品，需要考虑字段要求，提供业务数据(生产)
- 信息中心——校验逻辑的运行，形成有效财务数据(清洗)
- 数据中心——存储业务数据，财务数据，审批流数据(存储)
- 财务部——提供财务字段，校验逻辑，分析并使用业务数据(运用)

➢ 结合情况识别问题
- 标准字段与校验逻辑健全中——财务部
- 业务数据未统一进数据仓，跨多个平台取数——业务部、数据中心
- 校验逻辑运行不健全，烦琐的手工校验——信息中心
- 新增业务系统数据流转未规范，未包括全部关键部门要求

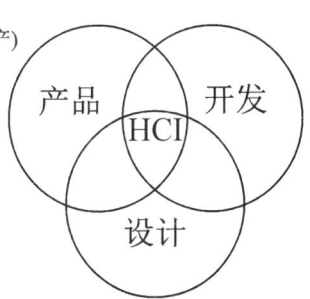

图3 业务先行后造成数据治理的困难

(3) RPA 在实施过程中存在以下问题：①RPA 对外界环境有依赖性，数据的来源和系统环境都会影响 RPA 的实施；②企业内部缺乏熟练运用 RPA 的人才，导致单点任务应用多而规模性应用 RPA 完成批量任务的企业比较少。

(4) 财务数据中台的数据质量管理、数据安全管控、访问权限控制、分层分级数据备份等体系工作需要强大的数据技术能力作为支撑。

(5) 业财融合和数据治理都需要多部门合作（图 4），而且是一个不断优化的长期过程。

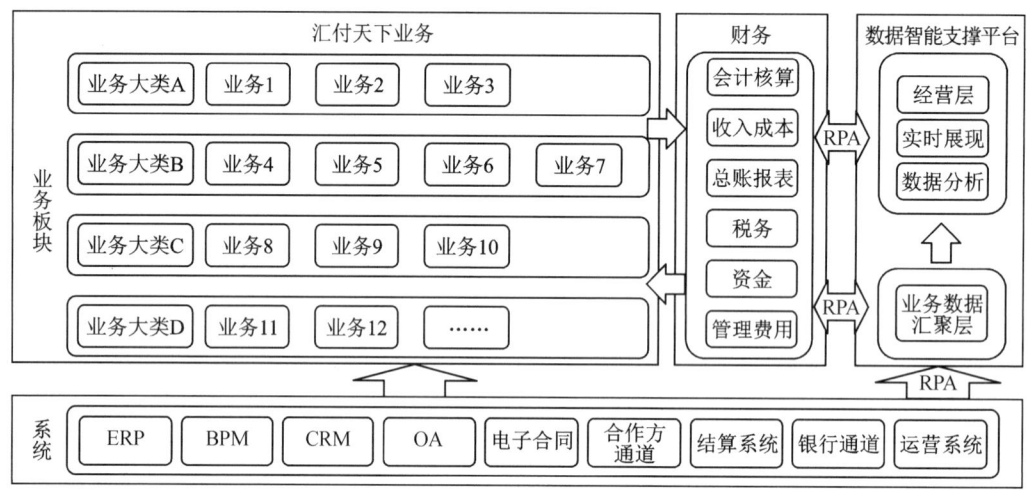

图 4　汇付天下业务数据关联关系

（四）研究突破与创新

(1) 本研究通过"数据"这一核心抓手，整合业财数据，实现完整、一致、实时的财务数据中台，将财务管理职能扩展到企业经营的过去、现在和未来，使业务实时可视化经营成为可能，使数据分析可以支撑业务及战略决策。

(2) 本研究使用 RPA、低代码及 AI 等智能新技术进行数据平台的建设，为业内首次使用该技术架构开展的数据治理工作。

(3) 本研究遵循国际数据协会（DAMA）架构进行数据治理及数据应用，与企业目标相结合，利用信息达到竞争优势。

(4) 通过构建基于智能技术的财务数据中台，企业可以获得贴合不同用户需求的多维度、立体化的数据信息，对管理者的决策过程提供支撑。

(5) 在 RPA 新技术的助力下财务跨界学习创新财务工作内容，财务人员可在赋能后寻求与机器一起协同工作的方法。

二、文献综述

（一）数字化转型研究

基于数字经济的时代背景，积极探寻如何实现企业数字化战略转型已成为理论界关注的重点问题。技术创新是促进企业数字化转型的核心驱动力（王吉发等，2014；李辉、梁丹丹,2020)。部分学者从"用户需求"和"数据赋能"的角度探究了企业数字化转型的机理和模式:数据获取、数据利用和数据分析对企业数字化转型有重大影响(Gupta,2016;Ritter 和 pedersen,2019)。企业数字化转型应当基于对"客户需求、产品服务、消费场景"的全方位重构,要深挖客户需求、探究用户的行为规律,数据实时共享,创造用户价值(赖红波,2019;赵娴、周航,2021)。企业的数字化转型需要对企业的组织方式、业务流程、人员管理等多个方面进行重构(孙德升,2017;陈煜波、马晔风,2018;林琳、吕文栋,2019)。

(二) 智能技术与企业财务发展的研究

智能技术对行业形态及未来走势产生了不可忽略的影响,国内外学者就此进行了激烈的探讨。机器学习在财务会计和管理会计两个不同层面对企业财务智能化革新,利用机器学习构建智能会计引擎所面临的机遇与挑战(何瑛等,2020)。智能财务共享实现需要信息技术、RPA 技术的应用,是当前财务共享服务中心转型的必然选择(李闻一等,2019)。基于财务云的智能制造企业价值协同机制应加强信息安全体系建设,丰富财务云服务功能,完善智能化服务生态系统,为智能制造企业产品服务协同创新奠定基础(吴旺延、荆玉蕾,2019)。财务共享服务奠定了企业财务转型在人员组织、管理制度及数据处理等方面的基础,有助于企业提升竞争力(陈虎,2016)。财务共享服务中心模式有利于企业降本增效(Yu 和 Guo,2020)。

(三) 财务数据中台的研究

国内外学者提出了新技术与财务中台建设的相应措施。程平、陶思颖(2020)结合区块链技术生成智能财务报告,构建出区块链技术在财务报告中的智能应用模型。李克红(2020)基于人工智能对财务信息技术以及财务管理职能的影响,探索人工智能时代的智慧财务管理模式。谌灿霞、宋晓睿(2019)以财务在线稽核与数字化审计的操作实务为基础,从组织协同、数据协同两方面提出其协同作业的具体方式,并对两者在资金、预算和项目管理等重点领域的协同作业过程进行探析。唐勇、胡先伟(2019)从企业信息化、数据和连接、五要素再造三个方面分析探讨,重点阐述了共享服务模式下企业财务数字化变革的关键。高勇(2016)从创新财务管理手段、提升财务管理水平出发,提出了高校财务数字化中后台建设的总体方案。企业数字化建设的难易程度主要取决于技术发展、人的态度、企业战略、准入门槛等因素(Gerhard Oswald, Michael Kleinemeier,2017;Berman,Bell,2011;Manyika 等,2015)。企业数字化建设需要数字化技术、物联网、网络物理系统、网络人类系统和网络安全等技术支持以及对员工进行数字化的战略指引(Kowalkiewicz,2016)。

(四) 人机协同研究

新一代信息技术快速迭代,智能财务试图通过智能机器和人类专家共同组成的人机协同系统完成财务和业务管理活动。人机协同知识应用和创新机制的建立是智能财务建设的难点,对各种复杂的问题,必须由人和计算机通过密切的协作来高效地解决,智能财务应体现"人机物"多元协同、共同发展的基本生态(任宗强、刘冉,2017;刘勤,2021;陆兴凤,2021)。

（五）文献述评

新技术相继出现，财务的管理、控制和决策受到相应的影响，企业财务转型成为大势所趋，更多的学者开始关注并多角度对其进行研究，但总体来说存在"三多三少"的情况：

（1）对于财务数字化的相关概念、特性等理论层面的探讨较多，而对于实施方案的落地设计较少。

（2）对财务转型的必要性论证及宏观改进思路分析较多，而对于具体的技术实现及转型路径的深入探讨较少。

（3）对于企业财务面临人工智能等高科技带来的影响分析较多，而对于企业如何应对挑战、利用数字化手段"化险为夷"的讨论较少。

总体来看，企业财务中台的系统性研究较为缺乏，本研究将结合人工智能、大数据背景，探索企业财务中台建设创造数据价值。

三、财务数据中台建设的思路和实践——以汇付天下为例

汇付天下通过RPA技术与财务数据中台构建与优化项目的实践，已初步搭建完成了基于RPA技术构建的财务数据中台，初步实现了财务数据通过RPA技术自动汇入财务数据中台，发挥了财务数据中台作为数据底座的功能。

（一）财务数据中台建设的必要性和意义

1. 财务数据中台建设的必要性

目前，企业为解决各个部门的日常运作所需要配备的软件系统繁多，如OA、CRM、SRM、SCM等。财务处理渗透在业务处理的各个环节，财务人员需要在多套系统之间频繁地进行切换和处理。因此，企业需要构建财务中台，给财务人员建立一个独立的作业平台和门户。

2. 财务数据中台组成架构

财务数据中台主要由业务平台、数据平台和技术平台三部分构成。业务平台，主要由各类可重复应用、共享的核心财务功能单元构成，可按需灵活调用，为集团型企业提供核心财务服务，类似于财务服务"产品库"。数据平台可理解为业财数据仓库，类似于业财数据的"前店后厂"，通过对输入的内外部业财数据进行整理加工，形成各类数据产品，呈现在"数据服务商店"，使用者可按需获取。技术平台是各类技术在财务场景中的应用，将智能时代各种先进工具与技术运用到财务领域（图5）。

3. 财务数据中台数据治理

数据是企业核心资产，数据准确是科学决策的基础，数据架构和标准的统一是全流程高效运作、语言一致的前提。数据治理将数据作为企业资产进行应用和管理，建立规范的数据应用标准，提高数据质量，实现数据内外部共享，应用于业务、管理、战略决策中。

《DAMA-DMBOK2数据管理知识体系指南（第2版）》定义了11个主要的数据管理职能，包括数据治理、数据架构、数据建模和设计、数据存储和操作、数据安全、数据集成和互操

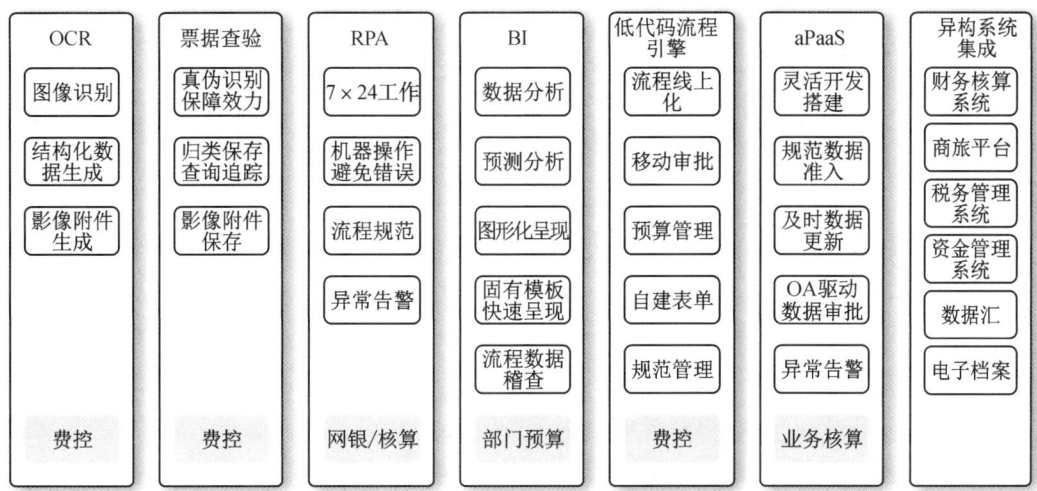

图 5　财务信息化使用大量新信息技术

作、文档和内容管理、参考数据和主数据管理、数据仓库与商务智能、元数据管理、数据质量管理。DAMA战略一致性模型如图6所示。

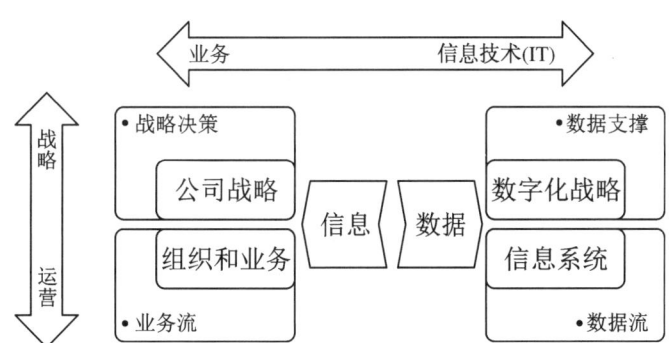

图 6　DAMA 战略一致性模型

平台数据处理主要考虑点如下：

（1）数据规划需要对齐业务战略。

（2）数据规范标准统一，数据保持一致性、唯一性，需要同业务部门参与沟通确定。

（3）确定每种数据的采集点，数据来源需要唯一。

（4）从数据最终分析、使用的角度出发，确定数据标签结构。

（5）确定每种数据采集后的处理方式，为后续数据分析及数据应用打好基础。

财务数据中台数据处理方式如图7所示。

4. 财务数据中台应用架构

（1）人员访问数据的界面：人员通过数据检索、数据分析，提高数据的利用率。

（2）访问数据的权限管理：对于数据的增、删、改、查各类权限，需要统一分类管理，不同

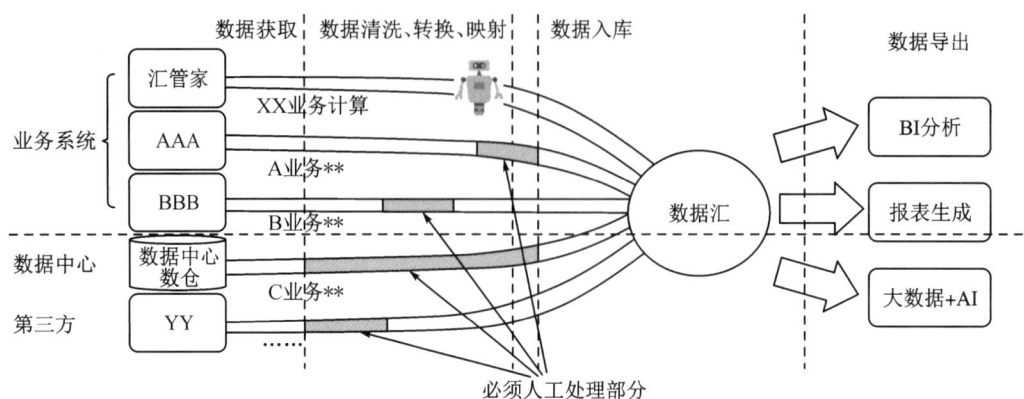

图 7　财务数据中台数据处理方式

角色对于不同数据域有不同的操作权限。

（3）数据分析的模型：针对不同业务数据，同业务部门协商分析模型，确定涉及数据范围及分析方法。

（4）确定不同阶段可视化需求：根据不同阶段的数据展示内容及展示形式分阶段实施BI规划。

（5）数据分析报告模板：确定各种数据分析的报告输出模板，软件机器人根据模板来输出各类报告。

多视角的应用架构梳理如图 8 所示。

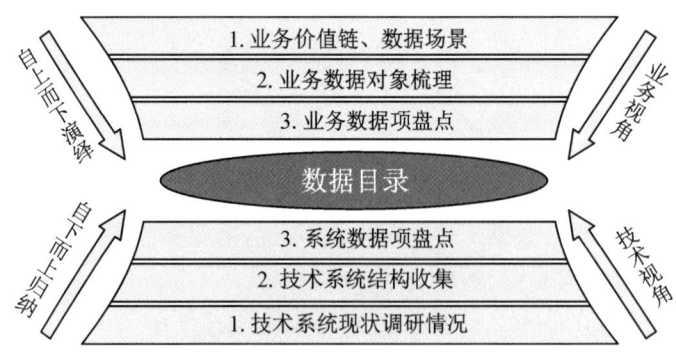

图 8　多视角的应用架构梳理

5. 财务数据中台建设的意义

1) 本研究的主要观点

财务数据中台是大势所趋，数字化转型的核心需要依赖数据的建设，而财务数据无疑是其中一项重要的数据资产,财务数据中台建设能够有效保障业财税一体下的财务数据价值创造。在业财一体化建设阶段,创造财务数据价值、财务数据也将成为企业重要的数据资产。

善变的外部市场与求稳的内部体系的冲突,业财一体化进程加快以及科技发展为企业财务带来挑战,财务数据中台建设是企业内部需求所迫。

财务数据中台与业务系统交互布局实现真正的"业财一体化",通过建立标准的数据流(图9),将数据进行交互和数据共享,以实现管理系统集成交互、财务数据标准化并可穿透。

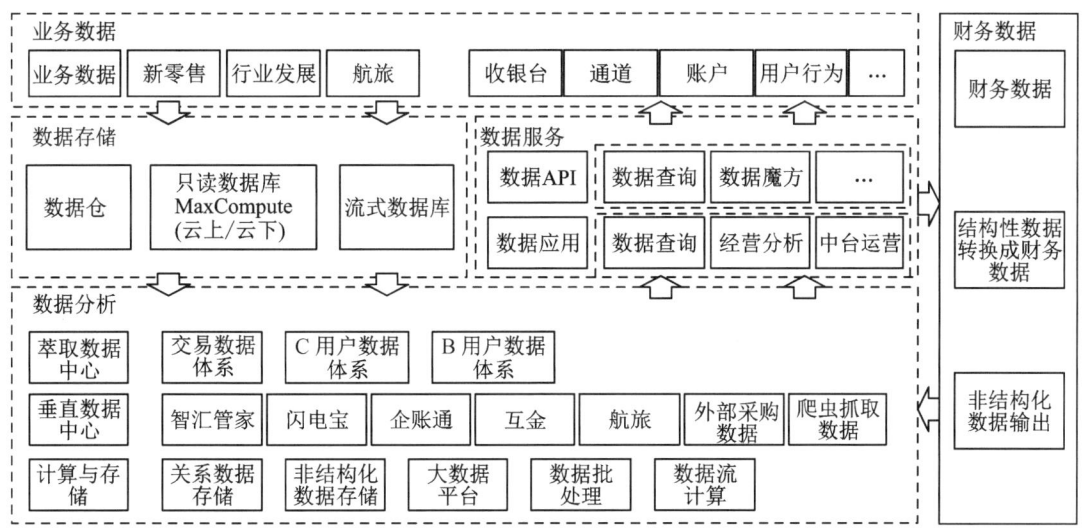

图9　公司系统架构与数据流

财务数据中台要求财务通过使用新技术、新能力,参与企业的战略设计和决策支持,以实现财务的价值提升(图10)。

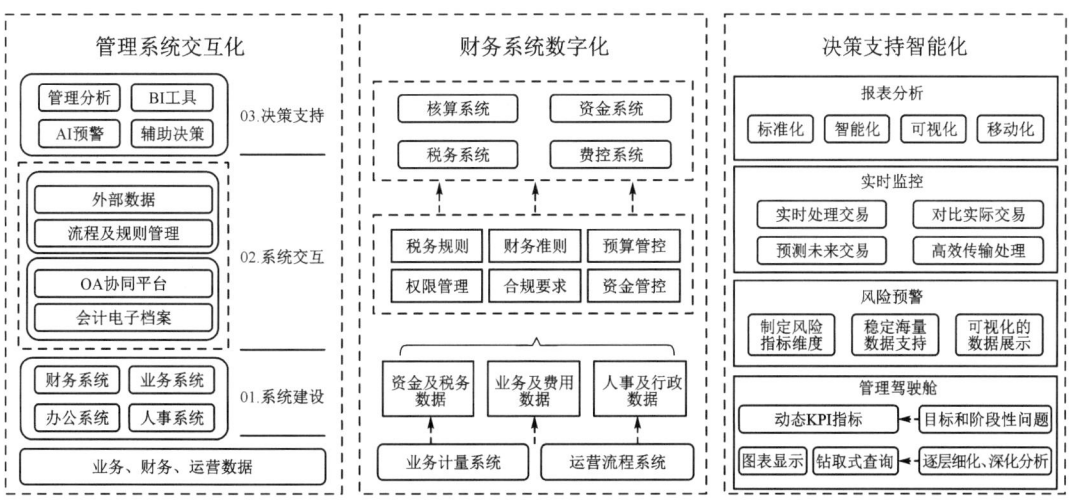

图10　财务系统建设的三个阶段

2) 本研究的现实价值

（1）业务可视：通过打通业务平台，实现业务数据实时汇聚展现，经营状态透明可视。

（2）支撑决策：提供基于"事实"和"数据"的业务决策依据，并进一步提供基于大数据分析的战略决策支撑。

（3）数据创新：基于数据的用户洞察，辅助发现市场机会，形成数据差异化竞争优势。

（二）建设思路和规划

汇付天下从数据采集到通过RPA技术将数据自动写入财务数据中台，同时，根据业务需要、财务要求以及优化后的业务流程实现了业务/财务数据输出、查询以及按照确认的规则实现数据呈现的按需输出。财务数据中台首页如图11所示。

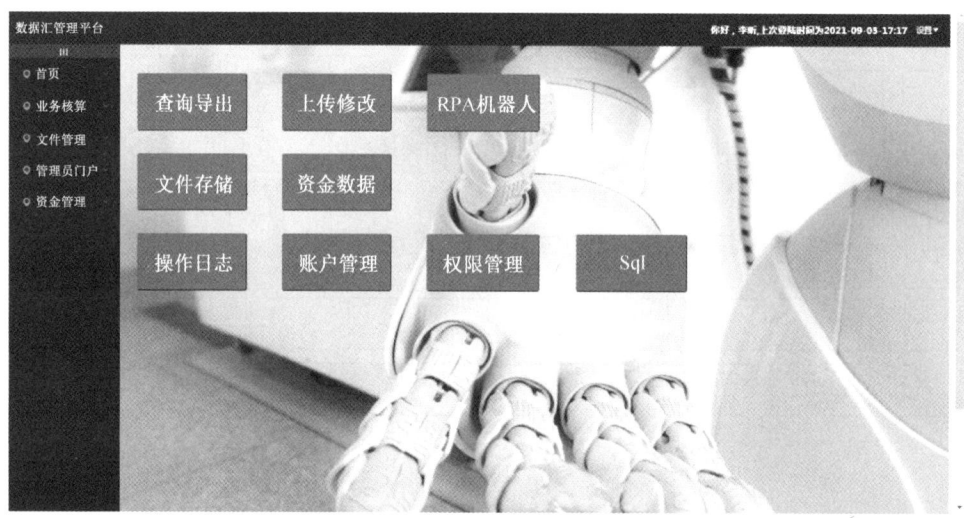

图11 财务数据中台首页示意

财务数据中台与一般数据仓库的区别在于其更加贴近业务、为业务服务。财务数据中台可以解决数据割裂问题，体现数据的价值，重点解决企业数据体系的"四化"问题：孤岛化、阻塞化、缺失化、困难化。

（三）建设过程

汇付天下利用系统以及应用模块的搭建建立起数据流交互基础；通过工作流平台、协同平台以及电子会计档案打通流程，通过数据汇将数据集中输送到数据库进行存储；集中存储的财务标准化数据通过BI等工具呈现数据抓取以及形成各类报告提供决策支持（图12）。

汇付天下财务数字化分为三个步骤项目落地实施（图13）。

第一步，全面建设系统。由系统信息流取代原有的手工台账，这一做法极大提升了结构化数据的获取与标准化，现阶段公司正基于效率提升进行处于系统局部细节优化阶段，重点关注效率提升。

第二步，数据交互。基于第一步的全面系统建设，同时叠加采用新技术如RPA技术与

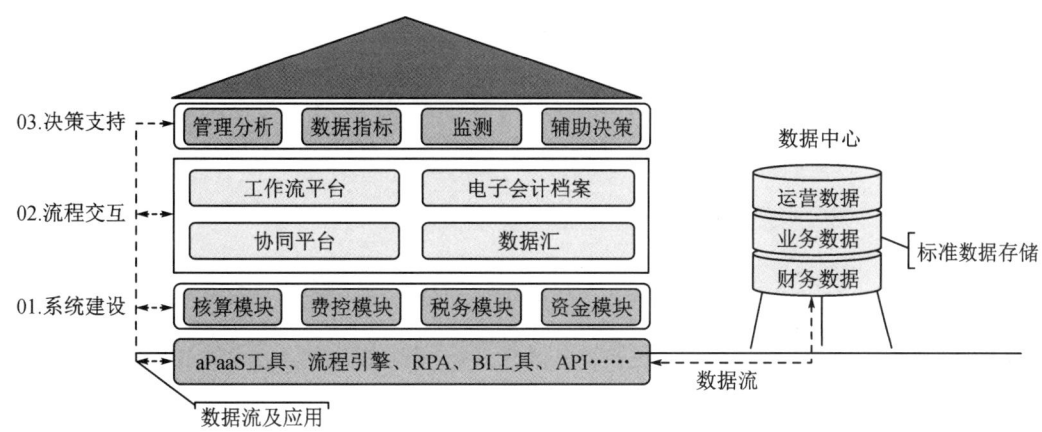

图 12　汇付天下财务数据中台整体规划

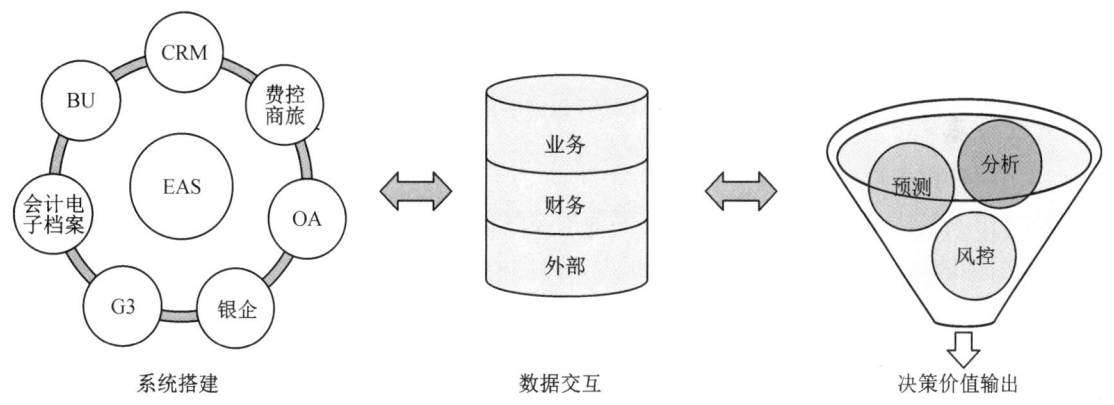

图 13　汇付天下财务数据中台落地实施步骤

低代码平台,将数据采集与过滤进行补全,获取业务、财务及企业外部的全量数据。

第三步,决策价值输出财务价值创造。现阶段以财务运营看板建设为主,将会根据数据治理进度不断优化,从分析、预测、风控等多维度进行全方位价值输出。

汇付天下财务数据中台系统逻辑架构分为五个层次(图14)。

第一,人机交互层:通过低代码开发UI交互界面,实现人机数据交互、分类及清洗确认,数据的查询及应用。

第二,机器人矩阵:机器人作为集约化能力整体,同各业务系统定时或非定时方式获取业务数据,机器人资源空闲时也可做其他流程性事务。

第三,业务层:各种已有IT系统,不需要仅使用API模式对接,而是可以通过非耦合方式适配,业务板块根据不同的业务数据域,完成业务的处理及数据的采集。

第四,数据层:根据不同规则,进行数据的清洗、转换、映射、装载,根据不同业务及数据域分别存储。

第五,分析应用层:依据不同用途使用数据,查询及决策分析,关键业务数据及分析实时进行 BI 展示。

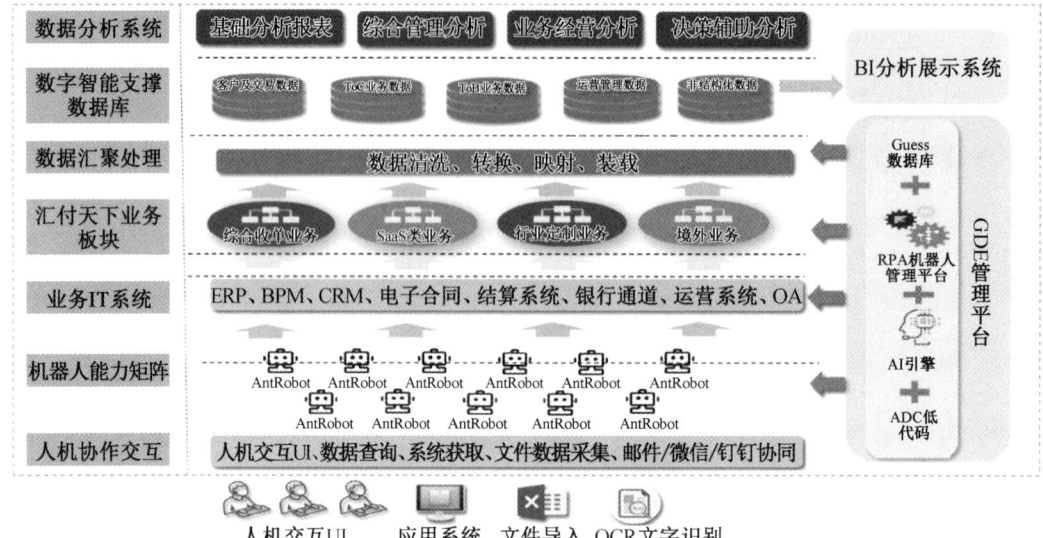

图 14　汇付天下财务数据中台系统逻辑架构

1. 多种"财务数据"汇聚

汇付天下财务数据中台实际实现了与业财系统以及数据中心的对接，实现了业务/财务数据在财务数据中台的初步交互，同步实现了与即时通信工具的对接（图15）。汇付天下财务数据中台系统一定程度地实现了业财务互通，可以做到数据分析结果的及时展现，并按照计划实现业务数据的多级条件筛选、查询导出，以及存量数据的新增及修改等。

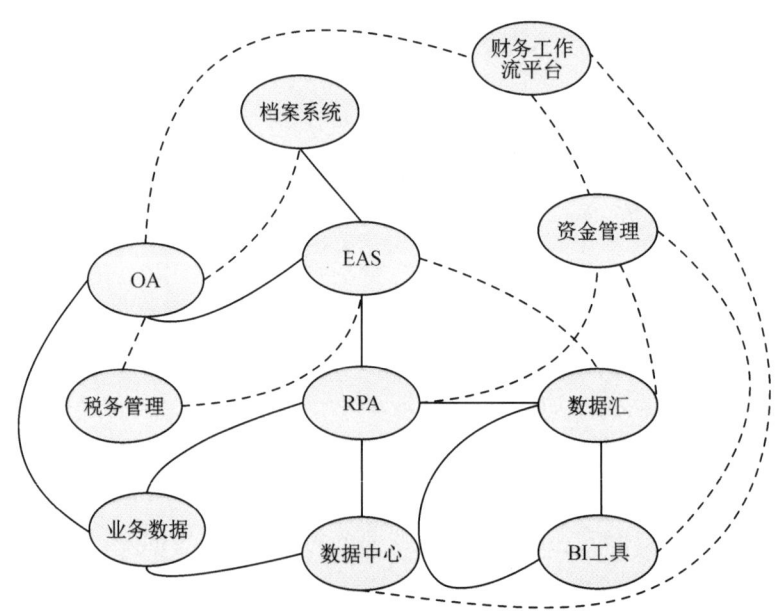

图 15　使用 RPA 技术高效解决非结构化数据的标准化

汇付天下财务数据中台汇聚整合现有分散的多平台数据,充分利用RPA技术,通过提纯加工进行数据资产化,然后通过共享形式,复用数据,快速构建敏捷的数据服务能力,以提升效率和支撑决策,由此形成了财务数据中台的数据管理能力、数据服务能力和数据共享能力。其核心价值是将数据服务直接嵌入财务日常使用的系统中,实时通过数据洞察来改变业务流程,将传统的数据服务模式从事后管控变为事前评估。

2. RPA技术的应用

RPA技术在汇付天下财务数据中台的建设中发挥了重大作用,将原先零散分布、手工处理的数据,通过标准化的能力自动生成并存储于财务数据中台的数据汇数据库中,实现业务财务的联动及融合,可有效支撑业务决策(图16)。

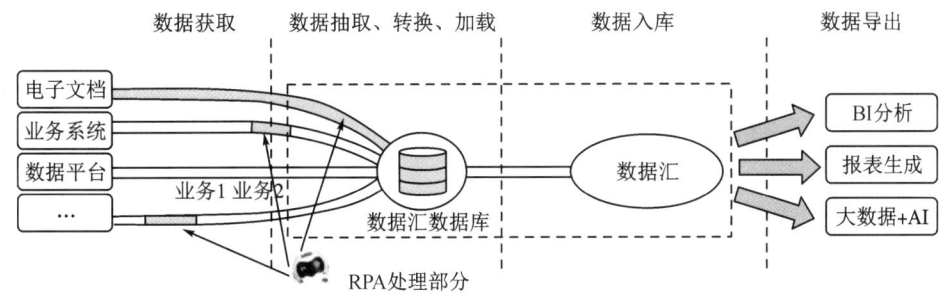

图16 汇付天下财务数据中台的RPA应用

以汇付天下某业务为例,多名会计人员需要在不同时段对多张表格及数据进行手工操作,花费大量时间做数据获取、清理、比对、整合等工作,最后形成一张"业务信息汇总表"作为业务管理台账。过程中主要涉及如下手工数据处理工作:一是计提金额的获取,每月首个工作日需要手工下载数张表格,涉及上万级数据体量,并按固定逻辑对其进行处理,处理后筛选填入"业务信息汇总表"中。二是发票信息登记,每周在线下收到发票后,将手工登录业务管理平台,下载指定日期发票信息表格并与"业务信息汇总表"进行比对,将比对成功数据相应列填。三是实际付款信息登记,每月不定时需要手工登录业务管理平台,下载指定日期付款信息表格并与"业务信息汇总表"进行比对,将比对成功数据相应列填入。

通过RPA技术的应用,上述手工处理操作能够快速精准实现,同时避免了人工操作中产生的误差,使得财务人员更专注于分析由RPA自动实现的"业务信息汇总表",达到财务管控的目的。

再以汇付天下典型的银行流水信息为例,以往大多是财务人员按需在数家银行的网银页面进行明细的下载、整理、汇总与发送,共涉及16家银行的117个账号的操作,工作量大且烦琐。基于此,汇付天下利用RPA技术优化银行流水信息整理。

对于每日操作而言,以往的业务人员需人工登录网银,依次下载需要时段内的明细最后人工汇总明细表格,转变为仅需维护配置文件。而RPA机器人只需完成每日自动定时启动流程,登录按需下载的账号,下载需要时段的明细,汇总发送反馈数据。对于每月操作而言,使用RPA技术后人工操作得到了优化(图17)。以往每月业务人员的工作变为RPA机器人的工作,而人工只需维护配置文件,机器人负责登录银行网银,网银下载明细、回单、截图,网银对账单确认,汇总登记月末网银余额,并将所有过程数据统一汇聚于财务数据中台的数据汇数据库中。

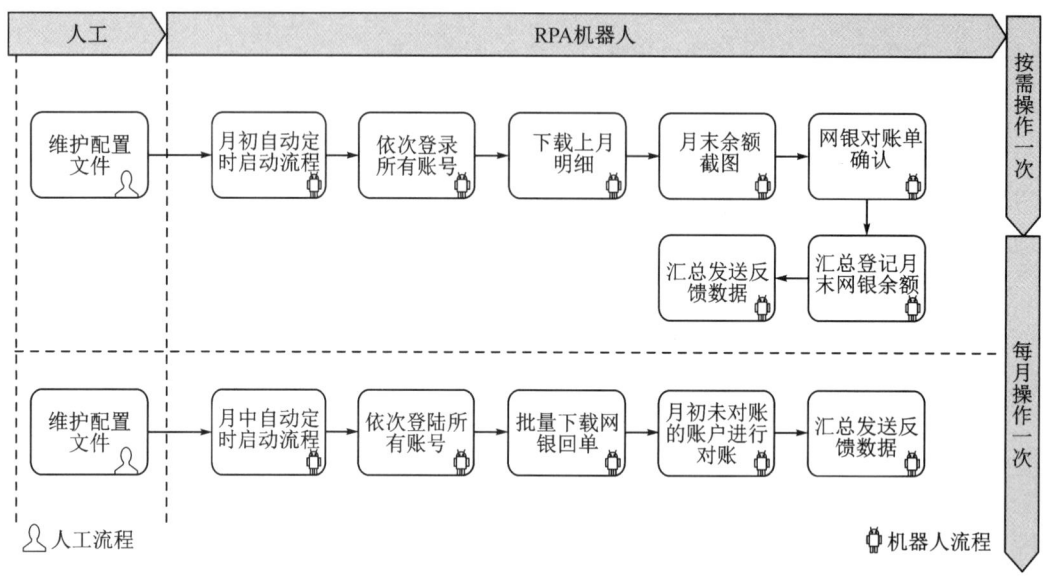

图17　汇付天下RPA优化每月银行对账流程

3. 数据管理及敏捷响应

汇付天下财务数据中台实现了对异构数据的集中管理(图18),将散落的业财数据整合于一个平台。该平台可以确保同一类或同一个数据的来源是唯一的,其他系统可以复用、共享这些数据,使得以此数据产生出来的后续处理的数据结果具有准确性、唯一性。同时,其他系统不必为取得同一个数据再做重复工作,节约了时间和成本。

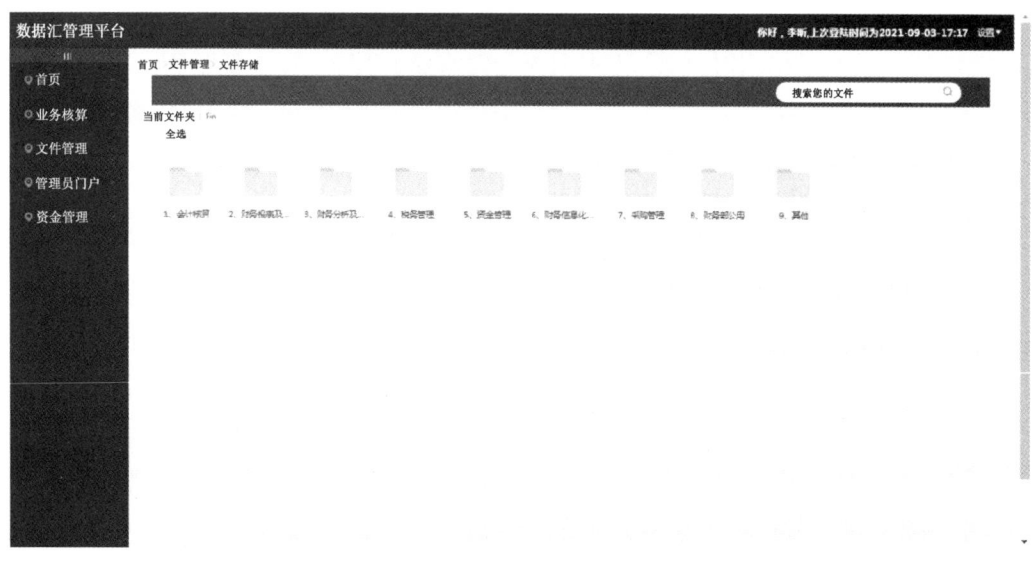

图18　异构数据集中管理示意

财务数据中台的使命是让财务数据用起来。在汇付天下的实际应用中，财务数据中台可以使财务数据作为生产资料融入业务价值的创造过程，并持续产生价值。当出现新的市场变化或需要构建新的前台应用时，汇付天下财务数据中台可以迅速提供财务数据服务，让服务业务化，敏捷响应业务的创新（图19）。

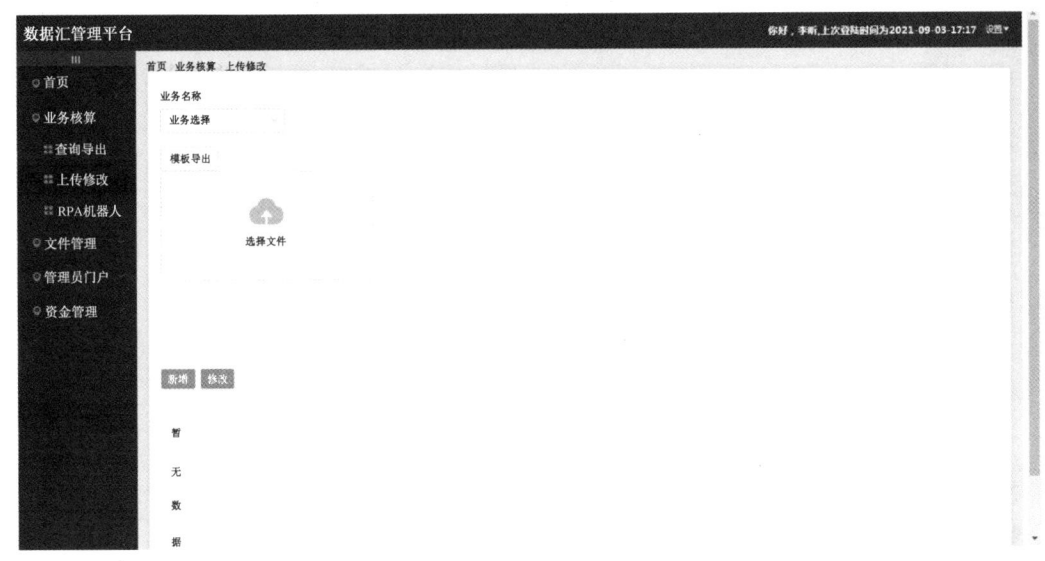

图19　数据简单快速更新示意

4. 多业务扩展

实施过程中，已经实现了新的业务领域数据扩展进汇付天下的财务数据中台，实现了数据抓取、整理、存储以及导出并自动生成日报。所有进入中台的数据均可以通过RPA以及低代码工具实现自动导入及输出，尤其是配合即时通信工具，实现了与业务/财务人员的及时交互（图20）。

财务数据中台所实现的数据能力是实现智能财务的基础，它通过内外部数据的深层次洞察获得的新的商业机会捕捉风险，再通过智能分析技术构建不同部分不同领域的数据模型来实现数据的可视化，优化企业的财务决策与商业决策。

5. 多层次权限管理设置

财务数据中台实现了账户管理、权限管理、SQL以及操作日志等功能，可以使管理员按照业务需求、管理要求以及临时业务需求实现不同业务/财务人员按照权限、规则实施操作（图21）。操作日志可以做到操作流程全程监控、操作流程回溯以及一定程度的合规性管理，同时实现数据和相关文件在权限管理下的上传、查询以及导出。

财务工作的价值，在于用数据更好地支撑决策。财务数据中台的价值在于如何协助企业里用数据的"人"，更好地支撑决策。权限管理正是对于财务流程中不同管理职责、业务流程需要的工作数据以及对应人员进行数据化管理。

6. 工作过程管理

财务数据中台实现了对RPA基础信息的查询、RPA运行流程的实时状态记录、展现以

图20 低代码组建功能实现解决日常数据查询操作

图21 全用户权限管理

及查询(图22),做到了对智能工具的可管、可控,并可以通过RPA实现对数据趋势、数据分类、数据统计的可视化展现及数据的多路径输出。

(四)建设中的人机协同

1. RPA机器人的作用

RPA机器人根据事先设定好的程序逻辑,模拟原先手工操作的各项工作内容,7×24小时无间断提供服务,实现降本增效。同时,RPA机器人可以有效降低错误率,提升企业的竞争力。此外,由于RPA机器人使用其他应用程序用户界面,在规则明确的常规任务中,RPA

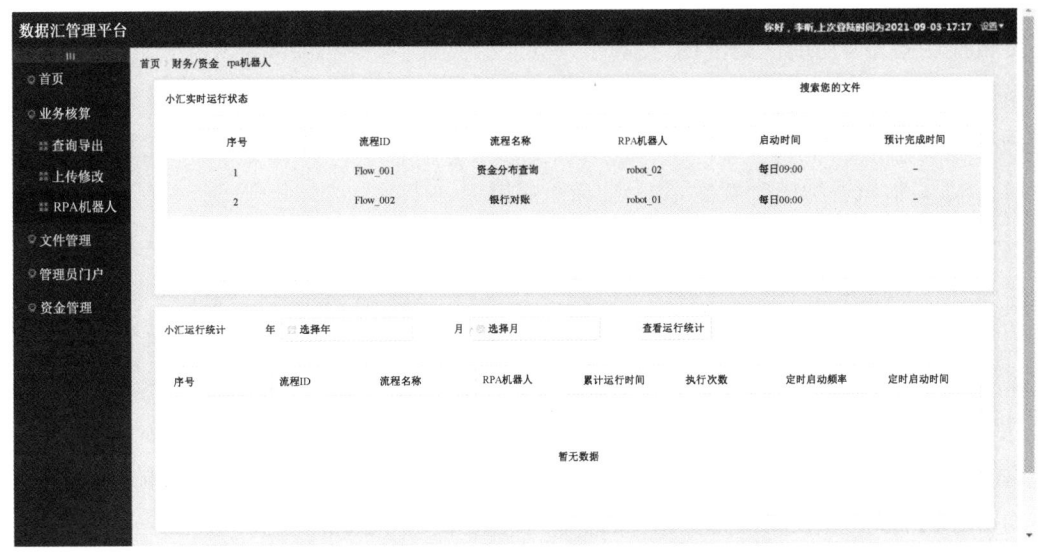

图 22　RPA 机器人的工作状态查询

机器人可以与现有系统快速适配,随需迭代,无须耗费大量开发资源。

2. 财务人员的作用

财务人员需要对工作架构进行重新梳理,总结归纳出 RPA 机器人处理部分与需要利用人的经验进行分析决策的部分;需要与业务团队、IT 团队及外部供应商团队进行合作,确保需求切实落地;需要对 RPA 机器人工作的结果进行监控,及时调整 RPA 机器人的工作状态,以匹配相关业务流程的迭代变化。财务人员的数字化素养、对业务的理解等都对建设的成效起着至关重要的作用。

3. 人机协同

机器和人各具优势,只有充分发挥两者各自优势的人机协同共生系统,才是一个可以不断学习不断进化的系统。在这样的人机协同系统中,财务人员并不会被 RPA 机器人所替代,反而因为 RPA 机器人的使用推动自我升级,适应数字化转型的需要,成为智能化新时代的财务专家。财务人员作为人机协同系统的大脑和中心,指挥 RPA 机器人去完成各项标准化流程,创造更大的价值。

(五) 建设成效

作为企业的天然数据中心,财务部门可以汇聚、分析经营相关数据,RPA 的应用可以帮助财务部门洞察市场、预测趋势,为企业实现更加高效、科学、精准的决策,大幅提升经营管理效率。

整体来看,基于人机协同的财务数据中台在汇付天下的建设已经初具雏形,达到了预计的效果。

1. 提供数据驱动的决策支持

随着汇付天下 RPA、低代码开发系统的使用以及数据中台的建设,建立数据仓库并重视数据挖掘,提升数据的可获得性和分析能力,将财务数据的采集核算工作转为线上,把大量历史数据转化为有用的决策依据,提高了领导层的决策水平和质量,为财务会计向管理会计转型和升级提供了技术支持。同时,汇付天下运用aPaaS(application Platform as a Service,应用程序平台即服务)低代码工具以及RPA技术等弥补断点的部分,打通交互数据,将数据通过BI工具形成各项数据看板,为企业决策赋能。

2. 提供业务价值链的业务支持

汇付天下高度重视业务数据的清洗、抽取、转换为有价值的数据,提升了业务数据和财务数据的集成度,为业务绩效提供多维度的灵活分析。从汇付天下数据的体量和范围来看,数据来源和形态更加多样化,大量的外部数据和内部交易数据都可以作为财务大数据的基础,非结构化数据也逐渐被引入财务数据分析中,使得业务和财务分析包含更丰富的洞察。在交易处理方面,流程管理需要更加实时、集中、标准和自动化,特别是在数据的管理和应用方面,提供了准确、实时的财务分析报告。

3. 共享财务和智能技术提升效率

公司建立共享服务中心以及实施数据汇等项目,提高了企业财务管理流程的标准化水平、运营效率和管控能力。汇付天下的智能自动化机器人的应用降低了成本,尤其是将人工成本缩减了90%,拥有了超强的工作效率,尤其是操作类、数据整理类等工作效率可达人工的15倍。公司低代码的开发交付仅需2～6周,速度快、效率高。同时,财务共享中心中台的建设能集成大量的数据,比如,核算数据、预算数据、资金数据、资产数据、成本数据、外部标杆数据等与高层管理和决策相关的信息,成为公司决策的最重要的数据支持平台。

4. 事前预测管控有效控制风险

在汇付天下迈向数字化的进程中,数据和分析技术是核心驱动力,深入企业业务的价值链,基于数据做出前瞻性的分析和预测。财务工作不再仅仅满足于被动地记录和分析历史,公司管理层也不只是通过财务部门提供的报表被动接受企业的经营结果,而是进行事前预算和事中控制,帮助企业管理层把握未来发展的方向,防范风险。

综上,汇付天下已经按照计划完成了财务数据中台的搭建,实现了财务中台与智能工具的有效结合。财务数据中台已经具备了业务/财务主数据的准入,针对财务属性数据的查询与报表输出能力,也基本具备了业务核算以及数据校验功能与异常报警机制。

财务数据中台的建设思路有利于财务共享服务中心进一步打破企业财务数据与业务数据的孤岛现象,实现数据的汇聚联通,形成统一的数据平台,为后续数据资产的价值挖掘提供原始材料,同时可以推动财务共享服务的数字化转型,真正实现财务数据的价值。

财务数据中台重要的平台建设思路是需要财务人员将其作为数字化转型的工具进行掌握和运用,并结合自身的实践,思考其落地实施问题,尤其是在解放基础会计烦琐的工作的同时,让很多管理会计的实施交由机器人自动化进行执行与一定决策。财务人员和机器共同协作能力将得到高速发展,基于数据中台的智能财务决策也将真正得以变成现实。

四、研究结论与展望

(一) 研究结论

通过项目执行过程中对财务各系统的调研,智能数据中台初步搭建完成,业务数据的汇入及输出已逐步应用到实际业务工作中。尤其是通过智能新技术(RPA+低代码+AI智能技术)和数据治理两个抓手开启了财务能力转型的尝试。通过软件机器人、AI完成了财务口径的业务核心财务数据中台聚及治理,进而结合商业智能(BI)来实现公司运营数据的初步实时可视化,也通过数据治理、分析输出了可以支撑公司战略、提升管理的目标以及业财融合所需的部分数据、趋势分析,增强了财务职能在企业运营中的价值,为今后搭建完整的企业财务数字大楼(图23)奠定了基础。

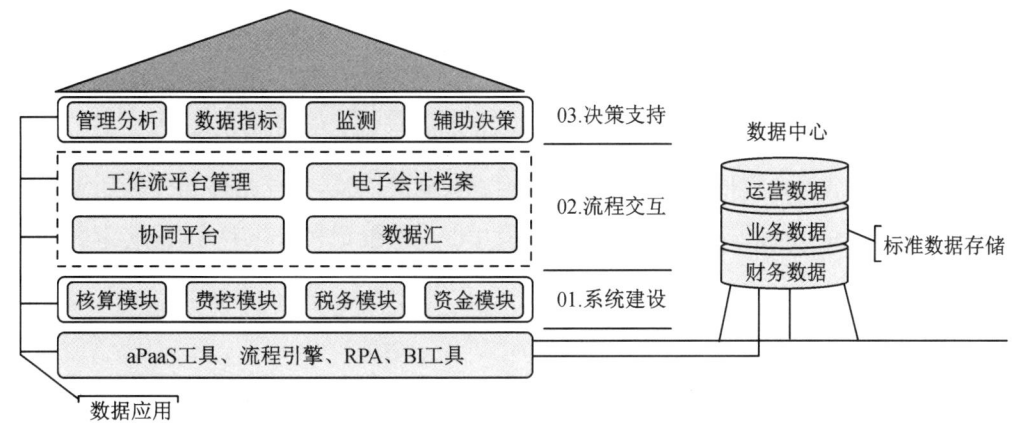

图23 财务数字大楼

数字化财务的基本建设步骤如下:

(1) 财务系统功能性建设已经完成,面对优化需求将分阶段持续推进。

(2) 通过线上流程与拟建低代码平台打通业财数据转化的鸿沟。

(3) 实现财务数据标准化集中存储,并通过BI工具呈现数据价值,为形成各类报告提供决策支持。

(二) 未来展望

伴随着数字化财务的深入,大数据的治理必然会带来数据运算能力的巨大需求。用支持多终端接入的数字化能力,融合智能识别、智能审核、机器学习、RPA、财税语义理解等智能服务,支撑财务应用的流程自动化与决策预测等智能化场景。

未来汇付天下计划追加平台功能如下:

(1) 在线表单流程管理:支持在线编辑,设置表单流程权限,发布在线表单流程,管理跟踪表单流程进度,流程完成的数据自动入库。

(2) 数据治理管理:支持对财务数据中台数据进行抽取、转换和加载,生成新的表单,对表单数据进行报表展现。低代码表单管理设计器如图24所示。

(3) 人机交互管理：支持多种形式的人机交互（web/微信/钉钉/短信），管理机器人启停，多任务队列。

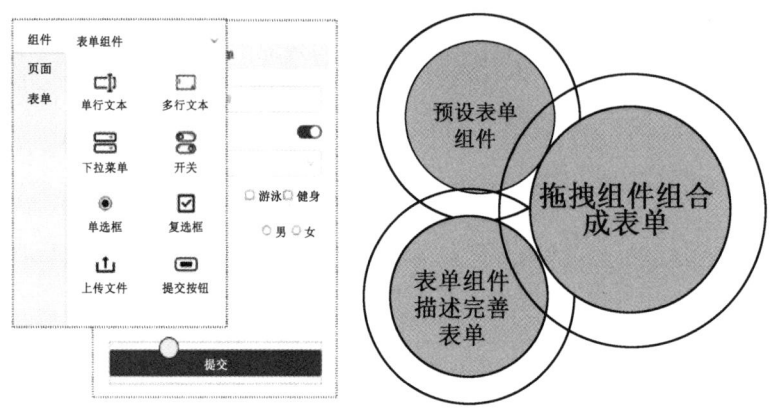

图 24　低代码表单管理设计器

数字化财务未来发展的方向必然与云计算结合，融入基于微服务、容器化、分布式等云原生技术，也会开放性地支持私有云、公有云、混合云部署，满足弹性拓展和计算的需要。财务数据中台能够持续沉淀财务公共服务，满足应用的灵活配置和快速响应力，支撑企业业务的持续创新。

参考文献

［1］ATUL GUPTA. Enterprise resource planning：the emerging organizational value systems［J］. Industrial Management & Data Systems，2000，100(3)，114-118.

［2］RITTER T，PEDERSEN C L. Digitization capability and the digitalization of business models in business-to-business firms：past, present, and future［J］. Industrial Marketing Management，2019，86：180-190.

［3］YU LIAN QIU，GUO FANG XIAO. Research on Cost Management Optimization of Financial Sharing Center Based on RPA［J］. Procedia Computer Science，2020，166(C).

［4］GERHARD OSWALD, MICHAEL KLEINEMEIER. Shaping the Digital Enterprise ‖ Digitalize or Drown［J］. Springer，2017，10.1007/978-3-319-40967-2(Chapter 1)：3-27.

［5］BERMAN S J，BELL R. Digital transformation. Creating new business models where digital meets physical［R］. IBM Global Business Services Executive Report，2011，17.

［6］BRYNJOLFSSON, ERIK, MCAFEE, ANDY, et al. Open Letter on the Digital Economy［J］. Technology Review，2015，118(4).

［7］BONGIOVANNI I，TOWNSON P，KOWALKIEWICZ M，et al. Measuring the Impacts of Government ICT Strategies［R］. Queensland University of Technology，PwC Chair in Digital Economy，2016.

［8］BANERJEE A，BANDYOPADHYAY T，ACHARYA P. Data analytics：hyped up aspirations or true potential？［J］. Vikalpa，2013，38(4)：1-12.

［9］JAY BARNEY. Firm resources and sustained competitive advantage[J].Journal of Management，1991，17(1)：99-120.

［10］BENBASAT I，TAYLOR R N. Behavioral aspects of information processing for the design of management information systems[J]. IEEE Transactions on Systems，Man and Cybernetics，1982，12(4)：439-450.

［11］BRUCE KOGUT AND UDO ZANDER. Knowledge of the firm，combinative capabilities，and the replication of technology[J]. Organization science，1992，3(3)：383-397.

［12］BIRGER WERNERFELT. A resource-based view of the firm[J]. Strategic Management Journal，1984，5(2)：171-180.

［13］CAVALCANTE R C，BRASILEIRO R C，SOUZA V L F，et al.Computational intelligence and financial markets：A survey and future directions[J].Expert Systems with Applications，2016，55(1)：194-211.

［14］CONSTANCE E. Helfat and Margaret A. Peteraf. The dynamic resource-based view：Capability lifecycles[J].Strategic management journal，2003，24(10)：997-1010.

［15］CHOU J S，CHENG，M Y，WU Y W，et al. Predicting high-tech equipment fabrication cost with a novel evolutionary SVM inference model[J]. Expert Systems with Applications，2011，38(7)：8571-8579.

［16］CHOU J S，TSAI C F. Preliminary cost estimates for thin-film transistor liquid-crystal display inspection and repair equipment：a hybrid hierarchical approach[J]. Computers & Industrial Engineering，2012，62(2)：661-669.

［17］王吉发,郭楠,蒋亚朋.企业转型因子的识别方法研究[J].华东经济管理,2014,28(7):121-125.

［18］李辉,梁丹丹."双一流"建设中陕西科技创新的问题及对策研究[J].中国集体经济,2020(19):2.

［19］赖红波.顾客感知差异化视角下设计驱动"新零售"创新的影响机理[J].中国流通经济,2019,33(3):9.

［20］赵娴,周航.数字化赋能传统百货转型:内涵,路径与借鉴——来自传统百货的转型实践[J].商业经济研究,2021(4):4.

［21］孙德升.支持创新驱动发展战略的科技创新政策研究综述[J].现代商贸工业,2017,38(20):2.

［22］陈煜波,马晔风.数字人才——中国经济数字化转型的核心驱动力[J].清华管理评论,2018(Z1):30-40.

［23］林琳,吕文栋.数字化转型对制造业企业管理变革的影响——基于酷特智能与海尔的案例研究[J].科学决策,2019(1):85-98.

［24］何瑛,李埱爽,于文蕾.基于机器学习的智能会计引擎研究[J].会计之友,2020(5):52-58.

［25］李闻一,于文杰,李菊花.智能财务共享的选择、实现要素和路径[J].会计之友,2019(8):115-121.

［26］吴旺延,荆玉蕾.基于财务云的智能制造企业价值协同机制研究[J].高等学校文科学术文摘,2019,36(6):1.

［27］陈虎.基于共享服务的财务转型[J].财务与会计,2016(21):23-26.

［28］程平,陶思颖.基于区块链技术的智能财务报告研究[J].会计之友,2020(5):156-160.

［29］李克红.人工智能视阈下智慧财务管理模式架构研究[J].会计之友,2020(5):59-62.

［30］谌灿霞,宋晓睿.财务在线稽核与数字化审计的协同作业探析[J].财务与会计,2019(8):70-72.

［31］唐勇,胡先伟.共享服务模式下企业财务数字化转型探讨[J].会计之友,2019(8):4.

［32］高勇.高校财务数字化平台构建研究[J].会计之友,2016(8):94-96.

[33] 张瑞君,陈虎,张永冀.企业集团财务共享服务的流程再造关键因素研究[J].会计研究,2010(7):57-64,96.

[34] 丁锦红.人工智能冲击下的会计思变[J].经贸实践,2017,(17):238.

[35] 韩向东,余红燕.智能财务的探索与实践[J].财务与会计,2018(17):11-13.

[36] 李克红.人工智能视阈下智慧财务管理模式架构研究[J].会计之友,2020(5):59-62.

[37] 梁荣华,史济建.人工智能在财务决策支持系统中的应用[J].计算机工程与应用,2001(8):118-121.

[38] 刘勤.智能财务的发展体系及其核心环节探索[J].财务与会计,2020(10):11-14.

[39] 刘勤.智能财务中的知识管理与人机协同[J].财会月刊,2021(24):15-19.

[40] 刘勤,常叶青,刘梅玲,吕洪雁.大智移云时代的会计信息化变革:第十三届全国会计信息化学术年会主要观点综述[J].会计研究,2014(12):89-91.

[41] 武海燕.传统财务共享服务中心的局限及改进[J].财务与会计,2018(8):71-72.

[42] 武宝贵.人工智能在企业财务管理中的应用路径探索[J].中国管理信息化,2020,23(1):47-48.

[43] 宋衔.人工智能技术在企业财务管理中的应用分析[J].环渤海经济瞭望,2019(11):90.

[44] 陈虎,孙彦丛.财务机器人:RPA的财务应用[J].财务与会计,2019(16):57-62.

[45] 任宗强,刘冉.人机交互模式下企业知识管理平台研究[J].技术与创新管理,2017,38(5):526-529.

[46] 陆兴凤.智能财务下"人机物"多元协同新型财务管理模式探究[J].财会月刊,2021(12):57-65.

[47] 郑天娇,王刚,周振,等.中台战略思想下的财务信息化体系探析[J].会计之友.2021(2):123-127.

[48] 王刚,郑天娇,叶明.集团信息化环境下的财务中台构建路径初探[J].财务与会计.2020(9):64-66.

课题负责人:金源(汇付天下有限公司,执行董事兼CFO)
课题组成员:徐燕、陶怡华、李昕
所在单位:汇付天下有限公司

企业财务审核的自动化与智能化技术研究

【摘要】 随着财务共享模式在国内企业尤其是大型集团性企业的普及,同时国内外各财务共享系统、费控系统的不断更新迭代,财务审核相关流程已经表现出标准化、流程化、自动化和智能化的发展趋势。财务审核作为企业风险管理中的重要环节,任何企业都极为重视机器学习等新兴技术在财务审核流程中的应用。本研究对机器学习技术在企业财务审核中的应用进行探索,研究了国内外智能化技术在企业财务审核中的应用场景、基于机器学习技术的财务审核建模及基于对话式交互的财务审核数据查询等技术。本研究具有重要的研究价值与实际应用意义,有利于将机器学习技术、深度学习和数据挖掘等创新技术融入财务审核工作中,帮助企业快速挖掘自身所独有的数据特征和风险因素,形成个性化、有指导意义的 AI 数据资产,助力实现企业财务数字化转型。

【关键词】 机器学习技术;智能审核;智能质检;企业财务

一、引言

(一) 研究背景

企业财务审核的核心是对审核事项的"合规性""合理性""合法性"进行准确、高效的判断。因此,如何在财务审核环节应用机器学习等新兴技术提高工作的效率及准确性并降低财务风险,成为企业管理者和科研人员的关注重点,也越来越受到企业界的关注。

传统的财务审核智能化应用研究与实践主要集中在以下几个方向:

(1)基于成熟的影像采集系统和 OCR 技术对审核附件中的实物或影像承载的发票、行程单及其他报销凭证进行识别,获取结构化数据并自动结合预设规则与报账单据信息进行比对、判断。

(2)基于与财税系统的集成对接以及企业内部发票池的建立对发票等报账附件进行自动化验真与查重,通过系统手段识别假发票和重复报销等违规事项。

(3)建立基于历史审核经验、企业规章制度和法律法规对财务管理的相关规定等总结出"规则",将这些"规则"内嵌在费控系统、财务共享系统中,并在财务审核环节由系统自动获取单据相关的结构化信息与预设的"规则"进行逐一比对。

(4)在系统中建立企业内信用评分体系,对用户的报账行为和结果进行信用评分,并将信用分结果应用于财务审核环节中。

（5）基于外部系统集成和搜索的结果在财务审核环节提供辅助判断的信息，其中最常见的应用就是各类舆情信息的搜集以及与企查查、天眼通等集成，获取相关往来方的历史风险记录，辅助财务人员在审核时进行判断。

然而，除了 OCR 技术，国内外对于机器学习技术在财务审核流程中的应用案例还较少，一些企业在相关领域做了前沿探索。比较典型的如阿里巴巴自主研发的阿里云原生的智能账单功能，利用人工智能技术预测消费趋势、规划预算投入和智能发现异常消费，提升企业云费用协同效率。某大型集团财务共享中心尝试自主研发了 AI 服务用于预测报销单据中的费用类型字段取值并在审核环节进行比对和提示。

同时，研究发现，仅基于规则引擎的智能财务审核方案在实际应用中存在明显的局限性：

（1）企业往往无法穷举所有业务的审核规则并在系统中进行配置，同时梳理审核规则本身也需要财务部门具备较高的专业素养并进行大量的资源投入，有一定的使用门槛。

（2）当前外部市场环境变化快速且频繁，规则引擎如需及时响应业务规则变化就需要企业持续投入资源进行维护，成本更高，并且能否应对业务规则变化完全取决于人工维护是否及时准确。

（3）规则引擎必须依靠人工梳理、统计、更新校验规则，它是一种主观经验积累和总结，无法客观、动态地反映出企业近期的风险变化趋势。

因此，本研究将重点通过机器学习技术在财务审核环节应用场景的拓展，探索基于 AI 的新一代智能财务审核方案。

（二）研究步骤

本研究步骤如下：

首先，对国内外机器学习等技术在企业财务审核中的应用场景进行深入调研，探索机器学习技术在财务审核流程中的潜在应用场景。

其次，针对特定的企业财务审核应用场景，对不同场景下大量的历史数据进行收集、清洗和标注，利用机器学习技术、神经网络等方法构建多个全新算法模型。

最后，研究基于对话式交互的查询技术，并将其融入财务审核环节中。

（三）研究意义

机器学习技术的应用对于财务审核工作的影响将是巨大的。机器学习技术不仅可以采用全新的思路对部分无法量化定义的规则或无法完整获取数据的审核点进行辅助判断，而且可以对整个财务审核工作的结果提供指导性判断和建议，具有重要的研究价值和应用前景。

（四）研究创新点

本研究的创新点如下：

（1）本研究在基于机器学习技术的财务审核相关算法建模方面针对尚未普及应用的场景构建了 5 个算法模型，以全新的业务视角和技术手段提升了财务审核的工作效率和工作质量。

（2）本研究在整体方案层面把机器学习技术与传统规则引擎等进行了融合，探索形成了新一代基于 AI 的智能财务审核方案。

二、企业财务审核场景梳理

本研究通过深入研究国内外机器学习算法在财务审核的应用场景，总结和预演了多种可利用机器学习技术进行风险控制、管理提升且目前尚未普及使用的潜在应用场景，具体如下：

（1）直接预测财务审核结果通过、不通过的对应概率并推送审批建议：基于历史财务审核任务及每条任务的相关提单人、组织数据、规则引擎校验结果等信息进行学习，提取对潜在审核结果影响较大的特征向量并进行预测。

该方法相对于过去仅基于规则引擎进行财务审核判断具有几方面的明显优势：

第一，规则引擎往往无法完全覆盖企业的财务审核要点，因此，企业很少有单据、业务流程可以完全依赖规则引擎进行结果判断，而机器学习技术弥补了这一缺陷，只要算法性能足够优秀，即使没有完全覆盖所有的影响因素也可以在较高 AUC 水平下准确预测审核结果。

第二，规则引擎是固定的、静态的，而机器学习技术可以动态地总结用户近期的特征变化并不断提高算法性能。

第三，机器学习算法本身可以兼顾规则引擎的校验结果，并在此基础上进行进一步的预测判断，更为科学、准确。

（2）对预测结果和过程进行解释：结合当前"可解释的 AI"相关理论与实践，对机器学习算法进行判断的过程和结果应加以展示和说明。

该做法相比仅仅利用机器学习算法做结果预测，具有更多显著优势：

第一，挖掘数据背后的管理含义，如某些公司、业务类型对审批结果不通过的影响特别显著，那么企业管理者可以进一步分析其背后产生的原因，是否合规培训不到位、是否业务单据设计过于复杂等，从而可以采取对应手段提高企业管理水平、降低日常运营风险。

第二，将判断的过程和依据展示给用户，可以更有效地建立用户的信心，从而促进 AI 相关功能投入生产使用。

第三，便于透明化持续监控，有利于算法模型的持续更新、优化。

（3）由算法预测并推荐审批后续操作工作：结合审批是否通过的预测结果，由算法直接推荐后续的审批相关操作，包含批退或审批通过、选择批退原因、选择审批意见等，减少用户操作、优化用户体验，同时降低人工误操作带来的潜在风险。

（4）将 NLP、智能客服、知识管理与财务审核融合：当前财务共享模式普及、财务审核人员岗位变动较快、企业管理准则变动频繁，可以在财务审核环节集成、嵌入基于 NLP 的智能客服系统和智能搜索系统，提前预置企业管理准则、审核标准等知识内容，便于财务审核人员在审核的同时，随时查询最新的审核标准、知识和关联单据，降低财务审核岗位的学习成本。

三、基于机器学习技术的财务审核相关算法建模

传统的财务审核模式主要基于人工方式或预制系统规则对单据信息中的各项审核点（如是否存在重复报销的单据、单据中是否包含违反公司规定的敏感词等）进行检查，以此确定单据是否审核通过，而无论是仅基于人工审核或仅基于规则引擎判断的方式都存在一定局限性。

本研究针对当前财务审核中面临的诸多问题，尝试使用机器学习等技术从"点"和"面"两个方面进行改进，并结合对话交互算法最终探索形成基于AI的新一代财务智能审核方案：

（1）针对具体审核点的算法构建：针对过去基于规则判断是否重复报销、是否出现敏感词的局限性，构建"基于机器学习的重复报销预警"模型和"单据事由中文敏感词检测"模型。

（2）针对审核任务的算法构建：将财务审核任务看成一个整体，获取每一条审核任务的风险因素（如提单人的信息、组织信息、事项类型信息等）进行评估并结合审核点的判断结果预测并推荐审核结果和审核操作选项，构建基于机器学习的"面向共享运营的通用智能审批"模型和"基于机器学习的智能质检"模型。

（3）针对审核人员随时查询企业财务规章制度和相关单据的需求，构建"基于对话式交互的财务审核数据查询"模型。

（4）将本研究涉及的5个机器学习的模型与传统规则引擎校验结果进行有机结合，形成基于AI的新一代智能财务审核方案模式，如图1所示。

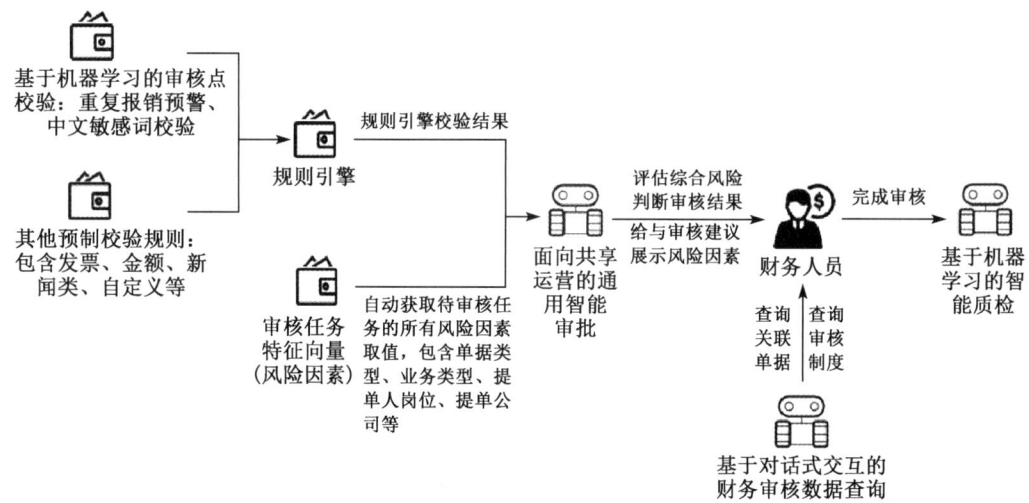

图1 基于AI的新一代智能财务审核方案

（一）基于机器学习的重复报销预警

传统的重复报销预警往往采用"发票号重复"等规则进行校验，对于部分无发票、小金额报销场景（如每月通信费补贴）很难进行判断。本研究尝试从"文本的相似度"入手，通过对单据"事由"等信息的语义理解，进行重复报销的判断和预警。

常用的文本相似度计算方法可以分为字面匹配相似度、基于语料库的文本相似度计算方法。字面相似度一般采用杰卡德（Jaccard）距离、编辑距离、最长公共子串等基本方法。基于语料库的计算方法有词袋模型、神经网络等方法。本研究将对利用机器学习算法解决重复报销问题进行介绍。

1. 训练数据的构建

本研究选取多个企业领域的应用场景（如出差申请、费用报销等），以实际使用中的样本进行筛选，构造相似程度不同的文本数据对。聘请5名财务专家对文本对的语义相关性进行打分，相似度得分取5名专家打分的平均值。根据句子的相似程度，评分分为10个等级，分别为0.1、0.2、0.3、0.4、0.5、0.6、0.7、0.8、0.9、1，表示相似程度从小到大依次增加，其中1代表非常相似，0.1代表完全不相似。本研究共收集到训练样本1万条，我们从中选取440条为测试集，剩下的样本为训练集。最后，通过计算文本的相似度得分后，得到的训练数据如表1所示。

表1 重复报销训练数据示例

文本对	文本1	文本2	Score（得分）
1	以智慧科技公司申请的公众号：新智慧记、智慧生意经，公众号认证费用300元/个，合计600元；冲借款KD-01-20180508-32806	报销新智慧记、智慧生意经的公众号（智慧科技申请的）认证费用300元/个，合计600元；（冲销借款：KD-01-20180508-32806）	0.83
2	新智慧记、智慧生意经，公众号认证费用500元/个，合计1 000元	报销公众号的认证费用1 000元	0.13
3	接待××到访合作伙伴（一行包含：××商务总监-汤总　××产品总监-王总　××商务主管-张经理）	接待××商务总监-汤总、××产品总监-王总等人	0.75

2. 文本相似度获取

本研究融合多种相似度计算方法，包括最长公共子串、Jaccard距离、编辑距离、文本长度差、Word2vec平均词向量、BERT句向量6种相似度计算方法。

以上6种方法涵盖了基于字面匹配、基于语料库以及基于预训练语言模型BERT的方法，能够很好地融合各种方法的优点，比如，词向量对短文本效果好，BERT对长文本效果要好一些。将以上6种方法计算得到的相似度得分分别作为训练数据的一个特征，构造的训练集的数据格式如表2所示。

表2 构造的训练集的数据格式

文本对	最长公共子串	Jaccard距离	编辑距离	文本长度差	Word2Vec平均词向量	BERT句向量	Score（得分）
1	0.84	0.84	0.94	0.94	0.95	0.93	0.83
2	0.07	0.00	0.00	0.00	0.30	0.31	0.13
3	0.51	0.62	0.37	0.28	0.85	0.78	0.75

3. 重排序过程

本研究依托大量数据集训练得到基于 XGBoost 的重排序模型。该模型能够很好地拟合各个方法得到相似度得分。重排序过程先以 6 种相似度计算方法得到问题与候选集中各个问题的相似度得分作为重排序模型的输入特征，输入到训练完成的 XGBoost 模型中分别计算问题与候选集中各个句子的最终相似度得分。其计算方式如下：

$$Score = F_{XGBOOST}(x_1, x_2, x_3, x_4, x_5, x_6)$$

其中，x_1 为最长公共子串得分，x_2 为 Jaccard 距离得分，x_3 为编辑距离得分，x_4 为文本长度差得分，x_5 为 Word2vec 平均词向量的余弦距离，x_6 为 BERT 句向量的余弦距离。$F_{XGBOOST}$ 代表训练得到 XGBoost 重排序模型。$Score$ 表示问题和相似问题的最终相似度得分，以该得分从大到小进行排序，得到候选集中与问题最相近的候选句子，即可召回准确的答案。

4. 关键信息加权

在报销领域，公司名、合同号、姓名、时间、金额等信息对判断事由之间是否相似至关重要。因此，在方案中，抽取出公司名、合同号、姓名、时间、金额 5 种信息，根据关键信息是否一致，进行加权或者惩罚。关键信息的权重根据经验设置。

5. 实验及结果分析

为了对本研究所提方法进行验证，本节采用步骤 1 中介绍的数据集对模型的准确性及性能进行测试。对于收集到的 1 万条样本，从中随机选择 440 条样本作为测试集，剩下的样本为训练集。经测试，本研究所提出的方法的准确率为 0.91，从实际应用的角度来看可以满足该场景。

此外，本研究也对模型的时间性能进行了验证，实验结果如表 3 所示。

表 3 重复报销预警性能比较

样本长度为 80 字符			
样本量	耗时（秒）		
	单线程	4 线程	8 线程
100	0.075	0.074	0.075
500	0.096	0.092	0.091
1 000	0.124	0.11	0.116
5 000	0.296	0.309	0.262
10 000	0.502	0.405	0.435
50 000	2.25	0.858	0.78
100 000	4.32	1.539	1.109
500 000	20.76	5.72	3.72
1 000 000	41.56	10.55	7.11

（二）面向共享运营的通用智能审批

本研究尝试对打破传统财务审核中"基于具体审核点的校验结果最终判断审核结果"的思维，将审核任务视为一个整体对象判断风险并预测审核结果。

为了便于读者理解，这里可以举一个相似案例。部分银行放贷授信审批时会通过 AI 对对象进行风险评估，获取对象的年龄、职业、学历、收入、信用记录等多项因素综合判断授信风险。从微观角度看，职业、年龄等因素并不会直接决定具体某一笔贷款业务中对象是否可能按时还款。但是从大数据角度看，不同职业、年龄的对象的还款能力、还款风险是不同的，这些因素都会从宏观层面影响是否放贷或授信额度的审批结果。

本研究的模型正是采用了相似的思路，获取审核任务的相关风险因素和历史审核记录进行模型训练，从而构建出可以预测财务审核通过概率、审核操作选项的智能审核算法，并且进一步对预测的过程进行了解释和展示。

1. 训练数据的构建

本研究选择某公司一年以来的真实历史审批数据，经过数据分析选择出有效的字段。当不同客户上传自己的历史审批数据时，计算机会自动从多个不同的数据表中提取相关字段作为特征。这些特征主要分为日期、连续型和离散型特征三类。

2. 特征提取

本研究通过对取到的数据进行分析，从审核任务相关的 200 多条相关特征向量（风险因素）中通过反复验证拟提取包含报销金额、费用类型、信用等级、单据驳回次数、组织创建时间、影像是否完备等数十项对审核结果影响明显的数据特征，用于模型训练。

此外，规则引擎的校验结果（如重复报销预警和中文敏感词检测等）也将作为辅助特征进一步提升模型效果。

3. 智能审批模型构建

本研究将采用机器学习模型构建智能审批模型，其基本原理都是在训练数据中找到业务单据审批通过和不通过的分类边界。根据构造的训练数据，智能审批问题将建模为业务单据审批通过与否的二分类问题。该模块是通用智能审核算法的核心部分。使用 sklearn 机器学习第三方模块构建。近年来，LightGBM 算法在各大比赛中取得显著的效果，在分类、回归等问题上表现良好。LightGBM 算法通过构造多棵决策树来拟合残差，同时可以在训练误差中增加正则项以防止过拟合。

不同用户的数据经过在线预处理后，进入该模块在线训练生成 LightGBM 模型。完成模型训练后，用户上传单条或多条未审批的数据，模型计算后返回是否审批通过的预测结果。

4. 实验及结果分析

智能审批作为一种分类任务，通常使用交叉验证法，计算模型在测试集上的准确率和召回率来评估其训练效果。

在财务审核场景下，审批不通过的比例是偏小的，将它们在分类任务中定义为正样本，则召回率的计算方式为：

$$Recall = TP \div (TP + FN)$$

其中，TP 为把正样本预测为正样本的数量，即把审核不通过预测成审核不通过的数量；FN 为把正样本误判成负样本的数量，即不通过的样本预测成通过的数量；$Recall$ 为召回率。

我们使用某公司真实的历史审批数据进行训练，训练数据为 8 万条，测试数据为 2 万条，最终测试效果如表 4 所示。

表 4　智能审批测试结果

模型	准确率	召回率
LightGBM	0.96	0.92

（三）基于机器学习的智能质检

当前，企业中的质检流程主要通过手工建立质检方案，其基本原理是对已经完成的审核任务设置一定范围条件并随机挑选生成质检任务，然后由专业质检人员进行重复检查，判断审单任务的工作质量并进行质检通过、打回整改等操作。然而，此种方式不仅要求质检人员具备专业的知识背景和业务背景，而且还比较费时费力。为提升共享任务的质检效率，寻找一种智能的质检方法成为目前亟待解决的问题。

本研究首先提出一种基于机器学习技术的智能质检方法，针对真实场景的业务数据，通过对历史共享任务数据进行分析，定义出包含单据信息、任务信息、提单人信息和审核人信息等影响因子，并根据不同类别的影响因子提取出不同的数据特征；然后使用基于机器学习技术的分类方法，从特征空间中找到训练数据质检通过和不通过的分类边界，最后根据预测置信度划分共享任务的风险等级（根据经验，约定 0~0.4 为低风险，0.4~0.6 为中风险，0.6~1 为高风险）。此外，为了提升模型的分类效果，本研究采用在线学习技术对模型进行迭代更新。本研究以 LightGBM 算法为例，介绍基于机器学习技术的智能质检过程。

1. 数据获取

本研究建模数据来源于企业真实的应用场景，选自某公司一年以来历史质检任务审批数据。

2. 特征提取

本研究通过对获取到的数据进行分析，根据业务人员定义的影响因子，拟提取包含是否为免审单据、单据总金额、任务信息、提单人信息、审核人信息、费用类型等 50 项数据特征用于模型训练。

3. 训练数据的构建

本研究采用提取到的单据总金额、任务信息、提单人信息、审核人信息、费用类型等 50 项数据特征作为模型训练的数据特征，将数据集中质检通过的样本标注为 1，作为正样本；质检不通过的样本标注为 0，作为负样本。将正样本和负样本进行随机混合，然后按 8∶1∶1 的比例构造出训练集、验证集和测试集。

4. 智能质检模型的构建

本研究将优先采用LightGBM算法构造决策树,并训练质检通过和不通过的分类模型。具体而言,预置迭代次数d(人为设定,本研究设置为10),对每次迭代,执行如下操作:

(1) 采用构造好的决策树预测输入的训练样本的质检是否通过。

(2) 计算预测值和真实值之间的损失函数得到各个训练样本的梯度。

(3) 对梯度的绝对值进行降序排列,并选取前$a\times 100\%$个样本作为一个新的子集A。

(4) 从剩下的$(1-a)\times 100\%$个样本中随机采样出$b\times 100\%$个样本作为子集B。

(5) 将子集A和子集B合并,计算信息增益值,并根据该信息增益值对分裂点进行选取。

(6) 根据分裂点将数据划分到左右子节点上,完成对模型的一次迭代。

此外,为避免模型出现过拟合,模型训练时,根据模型在验证集上的效果设置早退参数(*early-stopping*)。本研究设置为7。

5. 审核任务质检及风险预测

先对输入的审核任务提取特征,然后利用训练好的智能质检分类模型对输入的审核任务预测其质检是否通过,并根据置信度得到审核任务的风险等级。一般而言,我们根据经验约定当置信度区间为$[0,0.4)$时,审核任务的风险等级为低风险;置信度区间为$[0.4,0.6)$时,审核任务的风险等级为中风险;置信度区间为$[0.6,1]$时,审核任务的风险等级为高风险。

6. 在线迭代训练

为了不断提升模型的预测效果,本研究采用在线学习机制进行增量学习,从而对模型进行迭代更新。先设定数据样本增量训练阈值$DATA\_NUM\_MAX$,新输入的样本量达到该阈值后即开始增量学习。在增量学习时,加载最近一次训练好的模型作为初始模型,然后使用新输入的样本对模型进行训练,训练过程与模型构建的训练步骤相同,直至模型再一次收敛为止。

7. 实验及结果分析

从机器学习的角度,智能质检与智能审批同属于基于结构化数据建立的二分类学习任务。因此,本研究使用和智能审批同样的方式进行性能测试,使用公司历史质检数据,训练集为8 000条,测试集为2 000条,最终的测试结果如表5所示。

表5 智能质检测试结果

模型	准确率	召回率
LightGBM	0.92	0.90

(四)基于对话式交互的财务审核数据查询

本研究在调研中还发现随着财务共享模式的普及,财务审核岗位和人员的变动表现出更为频繁的趋势,部分大型集团的财务审核岗位还需要同时了解掌握多个不同口径(针对不同事业部、分子公司)的财务审核规范,企业普遍存在降低财务审核岗位学习成本的需求。

因此,本研究尝试将自然语言处理(NLP)等技术融入财务审核场景下,让财务审核人员在审核的过程中便捷地通过智能客服交互的形式查询相关单据、企业相关审核制度,从而帮助审核判断,降低岗位学习成本。

1. 基于深度学习的自然语言过滤条件生成

本研究解决了需要用户手动输入关键词并选择相应字段的问题,能够基于用户的自然语言,直接生成过滤条件,在各类信息查询系统中进行查询,提升了用户查询的效率。

2. 语料库的构建

本研究使用的语料库主要包含以下两种:

(1)通用领域的语料库:数据来自百度百科等网页数据。我们利用了网页中的表格数据,同时搜集了普通用户对表格中数据的各种各样的问法,并聘请了 SQL 专家来对数据进行标注。最终,通用领域的语料库规模为 6 万条,其中 5 万条用作训练集,剩下的 1 万条为验证集。

(2)特定领域的数据:数据来自该场景内的实际用户数据。为了保障数据的正确性,我们聘请了专家来进行数据的标注。

3. 数据预处理

数据预处理主要分为列信息增强、同义词词典两部分,对以上生成的语料库来进行预处理。

(1)列信息增强。我们观察到,在表格数据中,某些字段所对应的值具有在一定范围内或者可枚举完成的特征,为了能够利用到这些特征信息,该模块为某些字段构建了词典信息。然后,通过相似度计算方法[如余弦距离、TF-IDF(词频-逆向文件频率)等],将与问题最为相近的特征值加入表格的字段信息中,达到信息增强的目的。

(2)同义词词典。研究发现,普通用户对于同一个问题的问法是多种多样的。为了减少这种由于问法的多样性所带来的歧义等问题对最终模型过滤条件生成的质量的影响,该模块构造了同义词词典来对用户的自然语言进行归一化。利用同义词词典,能将用户的输入尽量映射为统一的、利于模型处理的问句,来提升模型的表现。

4. 深度学习模型的构建

深度学习模型的优劣直接影响了最终过滤条件生成的好坏。本研究将预训练好的 RoBERTa 模型作为编码器,通过将过滤条件的生成分解为 5 个子模块来构建分类模型。

(1)基于 RoBERTa 的编码器。本研究利用了预训练好的 RoBERTa 模型作为编码器,为后续分类任务抽取特征。

(2)解码层。为了生成过滤条件,本研究将解码层分成了 5 个子模块来得到最终的输出。5 个子模块分别为:Where-number,用来预测条件的数量;Where-col,用来预测条件所涉及的字段名;Where-op,用来预测字段所对应的操作,包括"＝""＞""＜"等情况;Where-value，用来预测字段所对应的值；Where-relation，用来预测多个条件间的关系，包括"AND""OR"等。

最后，我们基于以上模型结构，利用语料库及预处理模块对预训练好的 BERT 进行精调（fine-tuning），使用交叉验证法对模型进行选择，得到最终表现最好的模型。

5. 模型预测

（1）前向计算。利用已经训练好的模型，输入用户的问句，通过前向计算，得到模型的输出，包括 Where-number，Where-col，Where-op，Where-value 和 Where-relation 等。

（2）后处理。后处理主要分为依存句法分析和过滤条件值的验证两个部分。

6. 实验及结果分析

为了对本研究所提出的方法进行验证，我们采用通用领域语料库和特定领域的数据分别进行测试。对于通用领域语料库，我们从中随机选择 1 万条进行测试，将剩下的 4 万条用作训练。采用不同方法进行模型训练的结果如表 6 所示。从该结果可以看出，使用列信息增强与只预测条件可以获得最好的结果。此外，将训练好的模型在特定领域的数据上进行测试，对随机挑选的 118 条测试样本，准确率为 0.90，进一步验证了所提方法的有效性和实用性。

表 6　不同模型性能比较

模型	准确率
无列信息增强	0.870
列信息增强	0.878
列信息增强 + 只预测条件	0.901

四、总结与展望

将机器学习等 AI 算法融合企业的财务审核场景中，助力企业向数字化、智能化转型是未来的发展趋势。经过实践研究证明，机器学习技术既可以从"点"出发用于对财务审核流程中具体审核点的校验判断，也可以从"面"出发以大数据视角去判断审核任务的整体风险和预测审核结果，还能将对话式交互等技术与财务审核融合以提高用户的审核体验、降低岗位学习成本。

同时，本研究也认为，机器学习技术在财务审核场景下的应用与传统的基于规则引擎的财务审核应用之间是一种互补的关系，企业可以有机结合共同构成"以 AI 判断 + 规则引擎校验共同辅助人工决策"的智能财务审核模式。

在现有阶段，受制于 AI 算法性能、实际生产环境数据质量等条件，AI 算法的预测准确率还达不到 100% 或极度接近 100% 的水准，因此，它无法完全替代人工财务审核的工作，更多承担的是辅助人工判断、提高工作质量和效率、提高工作体验的职能。长远来看，随着经验不断积累，算法不断优化，当 AI 预测的准确率不断提高、无限接近 100% 时，那么 AI 将完全可以代替部分人工财务审核的工作,企业便可以在控制经营风险、降低成本的同时将更多人力资源投入相关的运营、分析、管理工作中,为自身创造更大价值。

参考文献

[1] 劳卫伦,刘珺,洪慧君.面向财务共享服务的电子影像系统设计[J].大众用电,2016,2:145-147.

[2] 何晓梅,郭以东."互联网+"模式下的增值税发票验证集成方案研究[J].价值工程,2018(19),244-246.

[3] 李克红.人工智能视阈下智慧财务管理模式架构研究[J].会计之友,2020,5:59-62.

[4] 杨寅,刘勤,黄虎,刘梅玲.智能财务共享服务中心运营管理研究[J].会计之友,2020,19:143-147.

[5] 余小敏.企业应收账款及信用管理政策研究[J].中国商论,2020(12):2.

[6] CHEN T Q, HE T. XGBoost: extreme gradient boosting[J]. R package version 0.4-2, 2015, 1(4): 1-4.

[7] KE G L, MENG Q, FINLEY T, et al. LightGBM: A highly efficient gradient boosting decision tree[J]. Advances in Neural Information Processing Systems (NIPS), 2017, 30, 3146-3154.

[8] LIU Y H, OTT M, GOYAL N, et al. Roberta: A robustly optimized bert pretraining approach[EB/OL]. (2019-07-26)[2020-08-06]. http://arXiv preprint arXiv:1907.11692.

课题负责人:方首宇
课题组成员:宁义双、姚望
所在单位:金蝶软件(中国)有限公司

报账机器人的设计、研究和实现

【摘要】 人工智能是产业信息化时代数据的消费者和生产者,其理论发展和产业应用相辅相成。而企业的业务、财务活动积累了大量沉淀数据,人工智能的精准化赋能,可以使这些数据产生额外的价值。本研究对人工智能在全周期财务活动中报账机器人的应用情况进行的研究,对全流程语音报账、原始凭证(单据、发票、合同等等)的智能化采集和财务知识图谱在审单场景中的应用,进行了探索、研究和实践。本研究完成了从文本分类、实体识别、基于知识图谱的问答匹配等算法实践,对相应的财务场景进行了可行性研究。研究结果表明,在报账系统中选择合适的人工智能算法,对单据识别、合同识别、语音填单、财务审核、风控预警、单据校验等全周期财务流程都能大幅提高效率。

【关键词】 智能财务;数据采集;人工智能;知识图谱

一、研究背景

人工智能推动人类文明进入智能时代,而目前的这一波智能化浪潮主要是由大数据和深度学习驱动的。企业的财务与业务活动产生了大量的沉淀数据,反推人工智能技术的迭代,需求也重新定义和升级,人工智能技术得以在企业经营活动,在对规划、决策、控制和评价等方面发挥重要的作用。过去十几年,大型企业集团的财务共享中心建设如火如荼,中小型企业的网络费控报销系统建设也得到了快速的普及应用。信息系统的建设连接了业务、财务,并通过数据的自动化传递和转化,改变了传统的手工报账模式,对于提升企业业财融合、提升报账效率起到了极大的促进作用。

图1展示了传统报账系统的基本逻辑(以付款流程为例)。报账人直接在报账系统手工录入并发起报账流程,或承接业务系统(如供应链管理系统、营销管理系统等)在报账系统发起报账流程,经业务领导对业务真实性、合理性、合规性的审批,财务对合规性及形式要件复

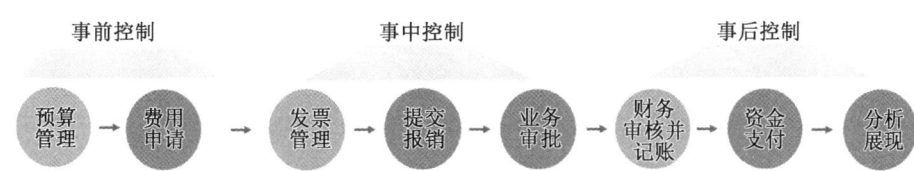

图1 报账系统基本流程

核,通过后进行资金支付并生成会计凭证。但近年来,由于场景和需求的变迁,传统报账系统已经逐渐不能适应企业的需求。

(一) 企业用户报账的场景和需求

1. 聚焦用户诉求

传统报账系统的缺点非常明显,我们从流程链路上的一线用户手中收集了一些用户反馈,如图2所示。例如,报账用户说,交互不友好、步骤冗长、流程复杂、系统反应慢;审批用户说,单据事项繁多、审批量大、效率和控制难以两全、审核点太多记不住;财务用户说,规则多而杂、单据合规率低、事无巨细全找财务。

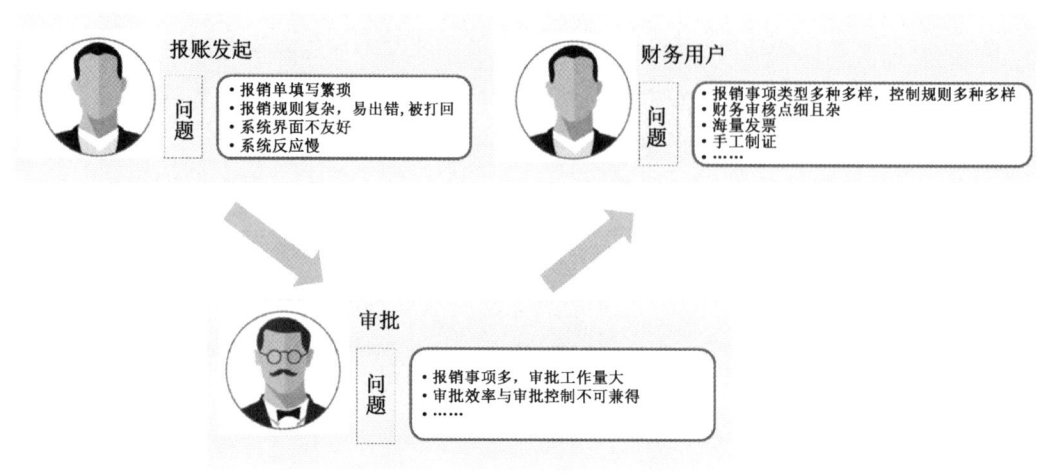

图 2 报账系统用户的烦恼

2. 业务需求快速变迁

企业一线用户的诉求反映了市场对于报账系统智能化提升的需求。随着企业面临的内外部经济环境变化,企业对于精细化管控的诉求不断提升;随着业务发展,企业的业务流程在不断发生变化。因而传统报账系统无法快速反应、有效支撑企业需求。

3. 数字化转型驱动

数字化时代来临,人工智能、大数据、区块链等前沿技术逐渐应用于各行各业,但是目前在企业报账流程中的应用程度仍非常有限,会计从业人员对于数字化技术在会计领域的应用也充满期待。国内外大量研究和实践也在不断探索智能技术在会计领域的应用,如 RPA(机器人流程自动化)技术、OCR(光学字符识别)技术、人工智能引擎等技术的日新月异。

(二) 基于人工智能的报账机器人的能力框架

综合企业诉求和数字技术驱动等多因素分析,应用自动化、规则引擎、区块链、大数据和人工智能等前沿技术提升报账系统能力,构建新一代智能报账体系,显得愈发重要和紧迫。基于人工智能的报账机器人将从前期的智能采集、智能填单、智能预订,到后期的智能审核、智能制证、智能付款、智能对账和智能客服,覆盖报账全流程中的各个业务场景,如图 3 所示。

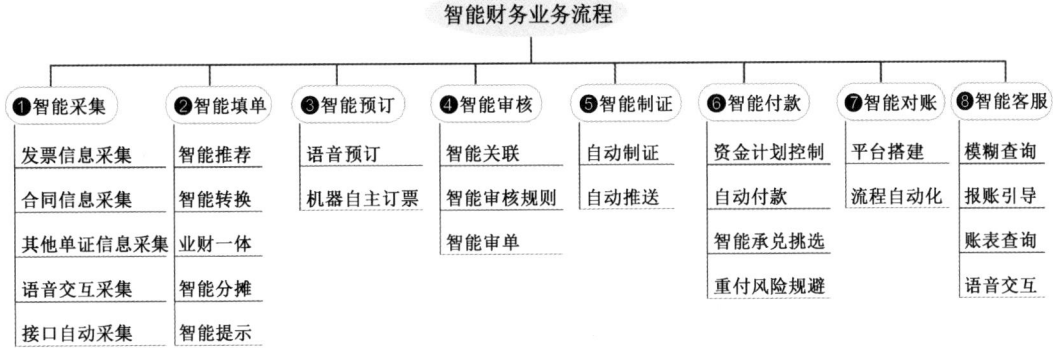

图 3　智能财务流程中的智能应用

考虑技术成熟度和业务紧迫性,本研究主要聚焦传统报账系统痛点,从"智能采集"和"智能审核"两大主题入手,进行了一系列业务和智能技术上的探索和验证。

(1) 财务信息智能采集:财务流程中,用户的业务文本、台账记录、原始凭证等非结构化信息,难以高效安全地组织成结构化信息被中后台有效利用,我们结合语音识别、OCR 技术和深度学习技术,进行语音录入识别、原始凭证要素提取、合同要素提取等方面的研究。

(2) 财务规范智能审核:采集的数据需要高效审核才能真正被后台利用,单据的真实性、合规性、必要性、合理性的审核,是财务系统中耗费大量人力的工作。课题组对规则引擎和知识图谱相结合的审核方案进行研究后,初步认为知识图谱在解决财务制度和用户单据的一致性问题上有很大应用前景。

(三) 报账流程智能应用场景分析

本研究针对智能报账机器人的课题开展了一系列技术研究和验证,并取得了一些进展,下文将详细分析这些场景。

1. 财务信息智能采集

(1) 对于原始凭证和票据:通过多端智能采集和识别,提升报账效率,单据的采集包括原始凭证图片的 OCR 解析,各类票据和合同要素提取算法(文本或者图片)等,实现业财税的流程自动化,如支持多种形式(扫描、拍照、图片等)发票的智能识别,实现生成支出记录;验真、防重功能严控税务和二次报销风险;根据发票智能填写报销单据信息,自动价税分离,从根源上降低填报工作量;将部分税收规则内置于系统计算逻辑,自动实现进项税额转出和视同销售。

(2) 对于用户填报单据:采用全流程语音交互技术,融合文本纠错、意图识别、实体识别、文本匹配、规则引擎等技术。全流程交互,会先对语音解析错误的文本进行纠错。比如,"报销 9 月 16 日从上海到俞林的机票 560 元",其中城市"俞林"会被纠正为"榆林",纠正后的文本会被解析为单据类型(差旅类)和实体字段(时间、出发城市等)并提交报账后台形成自动填单应用,快速发起支出及报销。其中 AI 算法会识别支出单据类型为"飞机票",金额为"560 元",日期为"9 月 16 日",出发城市为"上海",到达城市为"榆林"。

所有采集信息集成起来,形成完整的结构化报账系统的信息来源,供规则引擎和知识图谱进一步分析,来进行财务规范的风险控制。本研究通过NLU(自然语言理解)这个领域的一系列算法和模型来实现。

2. 财务规范智能风控

以风险管控为导向,针对不同用户的操作特点,智能财务系统可为企业构建分层级分应用场景智能风控防线;同时,可以将财务规范、管控要求嵌入流程设计当中,通过填单助手、审单助手完成财务标准、预算、合规、风险控制。应用场景如下:

(1)智能稽核:一般情况下,满足信用条件或机器审单全通过的智能跳过稽核;机器自动审单通过的随机智能推送稽核岗(设定概率);机器审单警告事项未通过,原则上满足信用条件应跳过稽核岗的随机推送给稽核岗。

(2)审单风险推送:超过税法税前扣除比例、客商风险、合同执行进度预警,员工逾期未还、拆单报销、报销价格标准高于大数据抓取平均水平,以及机器审核未通过的警告型推送。

(3)智能抽审:设定抽审参数比重,按照设定方案随机进行智能抽审;机器审单警告事项未通过,但满足信用条件跳过稽核岗的,实现在此范围内完成随机抽审。

针对以上环节的场景,课题组研究了知识图谱进行风控审单的方案,图4展示了财务系统中典型的智能风控方案的概要,我们将利用图数据库进行规则生成、自然语言理解和图谱推理的相关研究。例如,在某次进行常规的报销费用排查时,某公司发现某业务人员出差费用相比于同期整体水平高出20%以上,经核实,发现在财务审核和业务环节中核存在一定风险点。智能风控通过在报销环节中核对整个差旅全流程的行为轨迹,能协助该公司发现行为异常、行为重合、行为违规的风险。

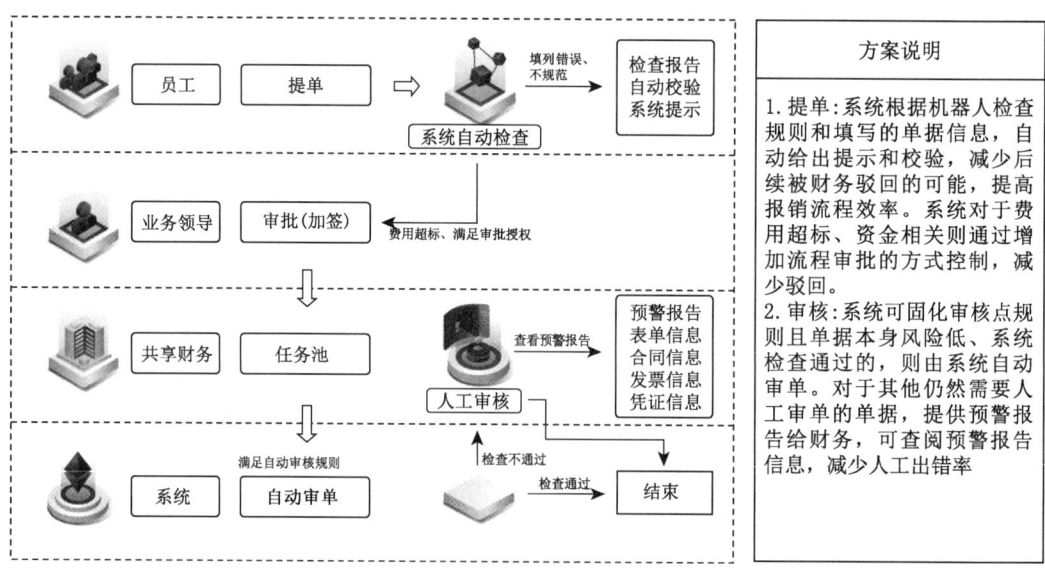

图4 智能风控提升审单效率

二、智能报账机器人设计和研究

本研究在智能报账机器人的研究和实践中,融合了报账系统的 OCR 技术和 NLU 技术,结合规则引擎和知识图谱的智能审单等一系列人工智能应用。这些应用建立在智能中台的组件之上,包括但不限于文本纠错、意图识别、实体识别、深度语义匹配、预训练语言模型、模型蒸馏、OCR 技术、知识图谱审单、KBQA(Knowledge Base Question Answering,基于知识图谱的问答)等人工智能组件。课题组进行了系统的研究和开发工作,对业务、算法和流程都进行了可行性研究,并在我们的部分客户中进行了部署和使用。本研究的三个大的人工智能技术方向如下:

(1) 全流程智能语音报账:语音输入的支出类型意图和字段识别,解决了用户语音录入和采集问题,并计划实时更新支出表单的上下文,进行修改字段、提交页面、功能导航等多种功能,已经完成了相应算法模块的验证。

(2) 原始凭证录入:包括报销单据的要素识别和合同要素的提取,应用了深度学习的 OCR 技术,结合最先进的预训练模型 BERT(Bidirectional Encoder Representation from Transformers)、多视角训练和模型蒸馏压缩等算法,可以高精度地提取发票、单据和合同中的通用要素。

(3) 智能图谱审单:报账后台对意图以及字段的规则引擎校验等功能性模块,解决了单据校验问题,并验证了图数据库的效果;同时正在开发知识图谱的问答查询,以及用问答的方式进行图谱审单。

(一) 全流程智能语音报账
1. 产品设计方案

工业上成熟的数据采集算法,针对语音和文本会用到 NLU 技术,针对图像会用到 OCR 技术。OCR 技术有相对成熟的方案,从原始凭证提取结构化信息。研究主要关注语音报账的 NLU 技术模块,通过调研相关的人工智能算法,已经自研出了一套可迁移的智能语音报账系统。图 5 左侧是业务场景,右侧是算法和场景结合的流程示意图。

在算法层面,课题组采用数据增强技术对已有的用户行为数据进行了数据增强,并对其进行迁移学习满足了系统冷启动的需求。智能报账的语音入口有时会将个别词语识别错误,需要文本纠错算法将错误词语修正为正确表达后,再进行意图和实体的识别,如前述"俞林"修正为"榆林"。再利用文本分类作为意图识别模型,能够准确识别出用户的填单需求。基于 BERT 微调(fine-tune)的命名实体识别(NER)模型,能满足绝大多数的实体识别任务。针对特定的实体,如出发城市、出发地点等。因为其涉及的范围较广,在缺少足够语料的情况下,课题组加入了规则引擎、通用化词典检索等,对深度学习模型的输出做了适量优化,保证了报账机器人最终输出的正确性。在测试项目中,意图和通用实体的准确率可以达到95%。同时,为满足用户自定义支出类型、自定义支出记录字段的需求,课题组重新整理了支出记录对应的字段,构建了一个完善的标准元数据体系。在用户可自定义支出记录的场

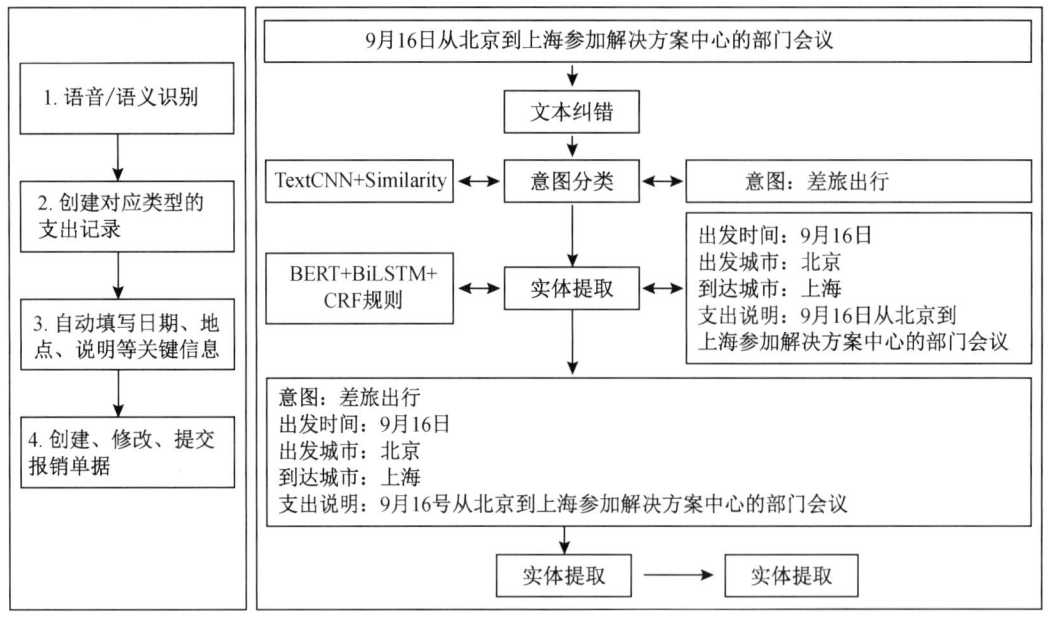

图 5　智能语音交互场景和算法流程

景下,课题组还加入了文本相似度匹配模块,用于与现有的用户行为数据做匹配,从而满足用户自定义快速上线的情况。

在系统层面,课题组开发了触发式的自动更新模块。一旦用户自定义了新的支出类型或者修改了原有的表单,在保证不影响系统服务的同时,系统通过推送元数据更新可自动完成模型训练、模型效果验证、模型替换、服务切换等一系列流程。

在报账机器人开发的过程中,课题组主要遇到了用户元数据不规范、标准字段映射关系不一致、实体识别边界错位,以及用户说话方法差异带来的转换问题。当用户的表述过于口语化,或者表述的语序存在差异时,模型的识别结果可能会有偏差。为了解决上述问题,课题组添加了对应的规则引擎以及专用的时间识别服务,用于日期校验、核查等。

2. 算法方案介绍

智能语音报账的功能是通过人工智能算法实现的,用户通过语音转文字(或者纯文本)方式接入报账系统,经过系统中的文本纠错、报账意图分类和实体识别模型三种算法的流水线处理,转变成报账业务中的结构化数据。以图5中的报销场景为例,算法流水线识别的报销意图为"差旅出行",出发时间为"9月16日",出发城市为"北京",到达城市为"上海",并记录整条文本为支出说明,根据这些结构化数据,报账系统会自动更新表单上下文,并提交表单,完成单笔报账。流程中的主要算法分别介绍如下。

1)文本纠错模型

语音转文字出现的少量错误需要被纠正,课题组在 BERT 基础上设计了纠错模型。BERT 是一个优秀的通用型的预训练语言模型,通过在海量的语料上进行自监督学习得到通用语言特征表示,目前在常用的自然语言处理的任务中,已经成为 NLP 的标准语言模型。

利用BERT掩码语言模型的特性,能够将BERT迁移成一个多分类的标记模型,从候选词表中输出概率最大的字符作为每个位置的候选替换词。这在一定程度上提高了纠错部分的错字检测准确度,并且因为BERT的预训练模型充分考虑了上下文语义信息,其改写部分的能力也大大增强,减少了对传统词典的依赖。

2) 意图分类模型

在报账场景下,文本分类模型实际上是将用户的语音输入识别为想要报销的单据类型,也就是意图分类。作为一个经久不衰的文本分类模型,TextCNN最大的优势是网络结构简单、参数数目少、计算量少、训练速度快。TextCNN的结构非常简单,先将文本分词进行词向量嵌入,再经过不同的卷积核得到多通道的特征图,然后进行最大化池化操作并拼接各个池化值得到这个句子的特征表示,最后用柔性最大化(Softmax)进行分类。

3) 实体识别模型

当前的业务场景里实体识别模型的目标是识别用户问句中的业务字段,如"9月16日从上海到榆林机票经济舱560元"的单据中,"9月16日""上海""榆林""560元""经济舱"分别是"支出日期""出发城市""到达城市""支出金额"和"舱位"字段。在提交单据的时候,作为报销类型"飞机票"的字段提交到机器人报账系统的后台。针对这些字段,课题组使用了序列标注模型BERT + BiLSTM + CRF(Devlin,2017)算法,用词典结合作为补充的方式来识别常用词列表(如城市名、飞机舱位等),有效地提高了实体识别的效果。

(二) 原始凭证录入

原始凭证的种类繁多,如发货票、收货单、领料单、银行结算凭证、各种报销单据、发票、合同等。在财务系统中,企业需要将所有凭证进行图像扫描并存储,以便于信息化和校验,同时防止票据信息被改变。它们的识别原理类似,通过图像处理引擎对发票图像切边、压缩、增强、校正,并运用OCR技术将发票上的文字信息识别并导出,大量节省人工录入时间。在报账机器人中,凭证采集主要包含发票要素提取和合同要素提取。

1. 发票要素提取

发票信息提取是财务活动中一项非常核心的要素,适合多种场景以及复合场景,包括进销项管理、企业费控自动化、员工报销、税务分析等。发票内容一般包括票头、用途、客户名称、银行开户账号、商(产)品名称或经营项目、计量单位、数量、单价、金额、经手人、单位印章、开票日期等,增值税专用发票还应有税种、税率、税额等内容。OCR技术可以有效解决手工录入发票信息出错率高、效率低等行业痛点,显著节约成本,提升财务报销业务流程效率。目前的OCR技术已经非常成熟,其广泛应用于财税票据、身份验证、内容审核、教育、保险医疗、交通以及拍照识别/翻译等领域,可以满足不同客户的各种需求。

发票重要要素的识别准确率可以达到99%,单张识别速度仅需数百毫秒。研究流程中采用市场上成熟的技术,保证了票据录入的准确率,同时支持一些高效率的功能,如发票批量OCR技术、发票批量验真、结构化信息自动录入。图6显示了典型的发票要素提取场景(火车票)。

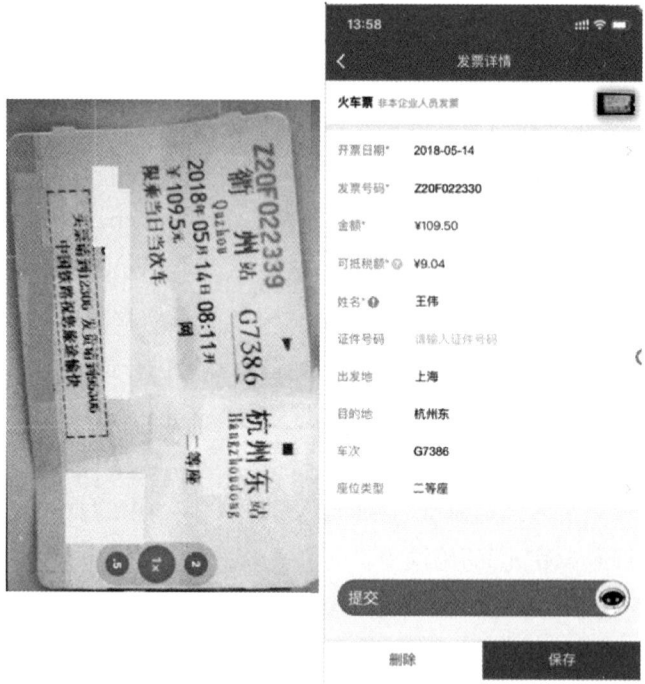

图 6　发票要素提取场景(火车票)

主流发票 OCR 的算法技术,通常包括图像增强、字符识别、等一系列流程。OCR 识别过程一般会用到文字检测算法和端到端识别算法,前者基于主干、候选回归、候选区域及精细化二次回归,需要对任意文字形状进行精确表示,解决任意形状长行文字检测问题;后者的端到端识别算法,传统上采用文字识别系统以两阶段、多阶段检测、序列识别模型级联为主,但是非规则文字识别效果精度不足,目前最先进的算法都采用端到端 OCR 识别算法,并引入弱标注算法,避免大量精标注全监督数据高成本、低效率问题。

2. 合同要素提取

合同作为企业活动中最重要的凭证之一,合同条款非常详细,合同的审核是企业防范法律风险的必要程序,尤其在风控要求高的企事业单位,合同的审查要求非常严格。为了防止合同被另一方恶意修改,合同的出具方需要对合同的全部文字条款做确认,文本审核的工作量非常大。因此,利用 OCR 技术和深度学习技术解决合同比对工作中,纯人工审核造成的时间成本高、人力成本高和风险高等难题,是非常重要的。通常,合同的场景复杂,长文本比较多,要素提取会碰到非常多的问题,涉及人工智能和 OCR 技术的多个方面,如表 1 所示。

表 1　合同要素提取相关需求

问题类型	OCR 要求
多勾选问题	识别出"黑框""√""×"等常见字符
上下文理解问题	分块能力

(续表)

问题类型	OCR要求
选择场景/分支问题	分段能力
组合要素问题	数字、百分数高准确识别(95%以上)
表格问题(合并单元格)	表格识别后正常还原及合并单元格识别的能力
篇章问题	段落及前后上下文黑体字识别能力
水印问题	水印去除功能
印章问题1	红章、黑章识别以及去除功能
印章问题2	识别出印章中的文字信息
歪斜图像问题	歪斜图像角度矫正
图片旋转问题	判断图片方向以及旋转至正常方向的能力
公司名、人名的识别准确率	公司名、人名识别准确率提升(99%以上)

智能报账机器人中合同要素提取的场景通常包含如下部分,本研究针对性地进行了分析和实践。

1) 通用要素的识别

销售端起草的合同通常是 Word 文档,签署之后经过财务盖章的合同通常是扫描版的 PDF 文档。针对这两种文档,需要构建合适的深度学习模型,在该场景中,课题组采用了结合了规则引擎和基于 BERT 的序列标注模型,用于一般要素和篇章的要素抽取;利用低资源的多视角半监督(cross view training)训练解决标注数据少的问题;模型压缩用于解决大模型效率慢、小模型效果差的难题。算法模型验证了合同要素对 11 个要素进行抽取,在 Word 电子文档上的 F1(精度和召回的调和平均值)值为 87% 左右,PDF 扫描文档 OCR 上的 F1 值会相对下降。

2) 合同比对

为了防止合同被另一方恶意修改,系统需要检查在起草阶段的 Word 文档和归档的 PDF 文档的是否一致。合同要素经过提取,在保证重要字段识别率的情况下,系统可以自动比对同一份合同字段和篇章级别的区别,可以使用深度匹配、文本分类等算法,大大节省比对的成本。

3) 条款风险识别

在要素提取的基础上,借助规则引擎和智能财务图谱,研究自动发现必要条款的缺失,判断关键字符合财务制度,条款约定是否符合法律条款等后续任务。

图 7 显示了右侧采购合同的扫描图片,经过要素提取算法,可以结构化为左侧的各个要素。

(三)智能图谱审单

1. 审单业务场景

业务层面的智能审单应用,包括智能采集、智能审核和智能风控三个流程模块。首先,

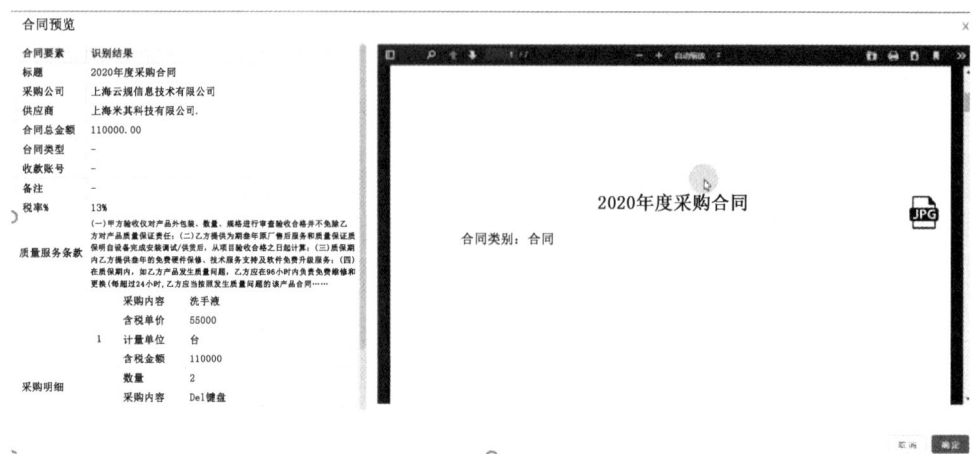

图 7　智能合同要素提取效果

智能采集完成 OCR 或者人工录入结构化数据，系统针对发票进行自动审批和自动报销。其次，智能审核是指多层级校验及规则引擎自动审核，包括合规敏感词校验、企业黑名单过滤、发票真伪防重、信用审单、规则引擎审核和人工补录审核，其中最重要的规则层包括基础信息库、规则引擎、抽审引擎和统计学模型等部分。最后，智能风控主要完成单据报销的行为分析、对比分析、趋势分析和统计分析，通过数据分析实现财务的智能风险识别。

智能审单的职责主要是审核历史单据的真实性、合规性、必要性和合理性方面的信息。智能图谱审单的应用范围包括基本检查、行为分析、智能风控三个部分：

（1）基本检查是指实现对报销所用票据真实性、报销单据内容与实际支出的一致性、报销内容合规性等自动检查，以及合规敏感词校验、供应商黑名单过滤等。

（2）行为分析是指通过同类报销单对比、异常行为检测、信用记录检查等，对报销人和审批人的行为进行分析，智能识别虚假报销，提高审批效率。

（3）智能风控领域的应用指的是自动生成报销相关的财务报表，智能识别财务风险，对自动审核的单据进行抽审检查。

2. 智能图谱审单的引入

单据审核属于重复高、业务密集、依赖行业知识与人工经验的任务，人工审核过程慢、周期长，并且审核出错会带来极高的成本和风险。智能风控模块包含常见的风控点，基本实现了基于大数据和知识图谱的智能风险预警，以及包含基于规则引擎的审批关注点。主要的检查点如表 2 所示。

表 2　常见报账风险点

检查点	要求
报销时间要求	每月 20 日前发生的费用在当月 25 日前必须报销，20 日后发生的费用报销日期不超过下月 10 日
合规敏感词校验	企业名称中不能出现"SPA""度假"；发票内容不允许出现"烟酒"等

(续表)

检查点	要求
供应商黑名单	一旦标注为黑名单供应商,系统禁止付款或者进行特殊审批
交通报销规则	加班交通费、差旅地交通费、市内交通费,允许在一个报销单位统一报销
事项呈批要求	预算事项呈批审批通过后,才允许进行业务招待
供应商选择要求	预算金额大于20万元的采购项目,需采用邀请招标,如直接向单一供应商采购的方式,需特殊说明原因
合同预付款要求	施工类项目预付款比例不得超过合同额的5%,设备采购类不得超过50%
多少金额内的零星报销可以现金结算	1 000元
费用支出聚合报销不能超出	5笔
单笔借款金额不能超出	5 000元
业务招待人均标准	200元
业务招待费礼品标准	小于200元

信用审单根据信用等级不同,决定该类单据的审核流向。信用等级按照信用分数进行划分,其中小于等于60分为C级,60~80分为B级,80~100分为A级。各个等级都有明确的对应权益和惩罚,以及级别变更的触发条件和信用分数加分与扣分/降级机制。

智能风控部分借助先进的风控与分析建模工具完善事前、事中和事后的风险监控与挖掘。图8是一个典型的智能风控模型。举例来说,其中,预测模型是实现机构报销同比异常增长分析,社会网络分析是进行经办人与供应商关联分析,成本中心与供应商关系分析;而风险模型则负责绘制异常报销的风险地图,提醒潜在的报销风险项。

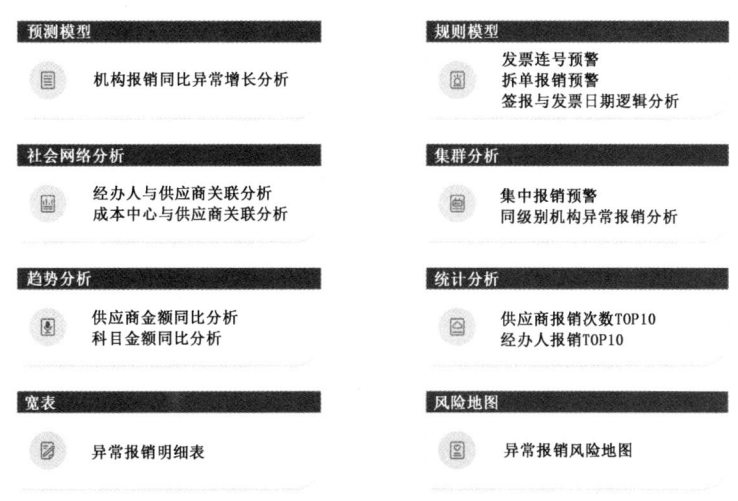

图8　智能风控模型

目前,本研究已经实现了利用规则引擎审核单据和识别风险,并且使用了知识图谱进行了图谱审单技术的尝试。知识图谱需要对规则或者单据信息进行要素提取和要素实体消歧,做好统一实体不同表述之间的关系映射,最后将三元组信息写入图数据库。知识图谱还能在现有的流程审批的基础上,取代固定的、不易拓展的检索匹配模块,优化报账机器人的审单流程。图9是一个典型的智能风控预警场景,知识图谱可以沿着财务节点进行追溯,容易发现某两张票据存在明显的财务违规,比如,同一员工的飞机起飞时间和餐饮发票的时间是同一个时间段,存在虚报发票的风险。

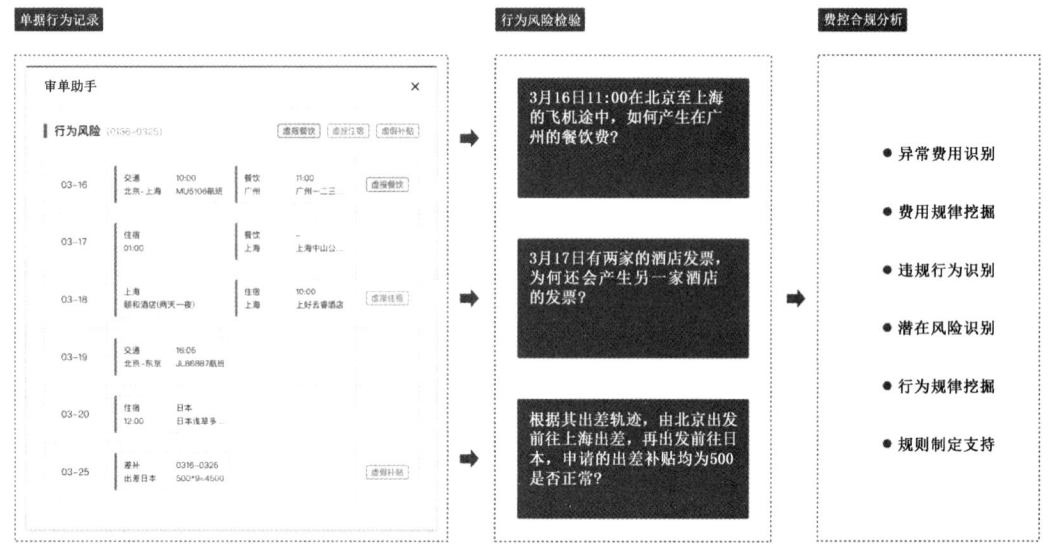

图9　行程冲突校验

审单知识图谱技术除了用于报账机器人,还可以用于单据的多重校验,可以很好地明细借款、还款、项目立项、项目合同单据等相关单据的信息,明确资金链的走向以及对应单据所处的状态。同时,在单据流转的过程中,需要规则核验图谱来进行自动化核验。新的单据信息可在单据图谱中查询流转状态,基于规则的核验图谱用于查验,决定单据的审核走向。图10是一个检测单据时间冲突的图谱审单样例。

三、企业应用案例实践分享

某企业报账系统已启用多年,相比传统手工报账模式,报账系统在报账降本增效方面发挥了很大的价值。但随着企业规模迅速增长、业态复杂度随之增加,传统报账系统越来越不能满足该企业对于效率和管控的需求,对于员工用户、审批用户、单据传递岗、扫描及档案岗、费用会计都没有做到人尽其用。

该企业与课题组合作,将双方在智能领域的研究成果应用于财务报账系统,构建基于人工智能的报账机器人。在以下应用场景中都显著提升了效率:

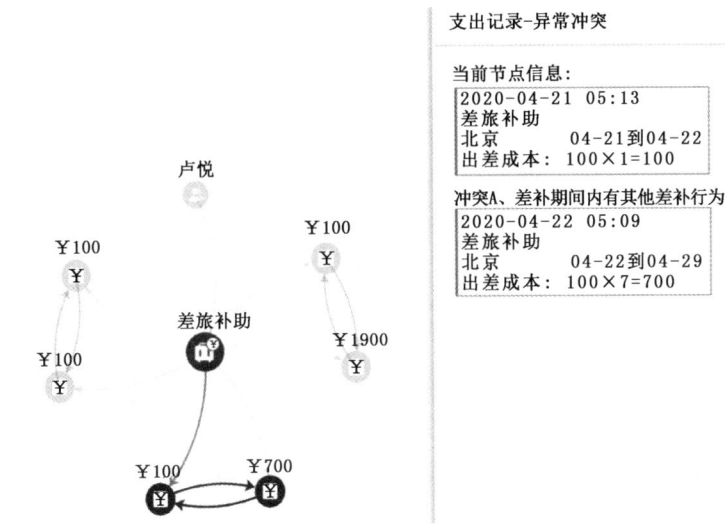

图 10　图谱审单中的时间冲突校验

（1）OCR 技术辅助智能填单、智能比对等：每月分别可节省 200 人天①和 17 人天。

（2）智能交单箱与智能账机器人融合：分别节省 30 人天和 20 人天/每月。

（3）智能客服应用：平均每月提效 80%，节省 19 人天。

（4）智能规则引擎与知识图谱技术：分别节约 50% 和 70% 的时间。

（5）知识管理：只需维护时间，约 3 人天可完成。

当前该企业尚处于智能报账机器人上线初期，已经大幅提升了流程效率，基于月均 18 000 单的报账规模，整体节省了约 300 人天，在效率提升的同时，对于数据分析、风险管控能力也有了较大提升。

四、成果和展望

项目需要分阶段实现，目前项目实现了一些基本的功能，并在项目上进行了测试，结果表明课题组研发的智能报账系统可以极大提高企业财务场景的效率：

（1）语音输入的支出类型意图和字段识别，解决了单据高效录入和自动报账问题。

（2）发票票系和合同要素的提取，解决了原始凭证要素结构化和对比核验的问题。

（3）报账后台对意图以及字段的规则引擎校验等功能性模块，用规则解决了单据校验问题，并验证了知识图谱在智能审单和单据冲突校验等场景的有效性。

未来，课题组会针对报账机器人进行算法和流程上的优化，主要考虑页面的导航和上下文的交互，以及不同企业冷启动的泛化能力，需要考虑模型的通用化、适配性、可迁移能力。多租户模式在一定场景下丰富了数据的来源，给深度学习系统提供了大量的用户行为数据。

---

①　人天：工作量单位，含义是一个人一个工作日做的工作量，即人×天。如果每月某项任务需要 20 人天的工作量，引入人工智能之后，只需要 2 天。

这在一定程度上可优化模型对自然语言的学习,从而可以使模型能够具有更强的自然语言处理、归纳的能力,也将为图谱的应用、推理带来大量语料。我们计划着重研究以下几个部分。

(一)全流程语音交互的智能财务助手

全流程财务语音助手,是对智能报账机器人进行流程优化,可以为企业提供财务流程的智能语音导航、智能订票和智能报账,以及智能问答(财务制度、HR制度、公司规章等垂直领域)等综合性的智能助手能力。

我们对其中的算法已经进行了深入的研究,并测试了算法的效果,可以提供即插即用的通用组件,如语音识别、文本纠错、意图分类、融合规则的实体识别、问答系统、词典匹配以及深度语义匹配等算法组件,如图11所示。

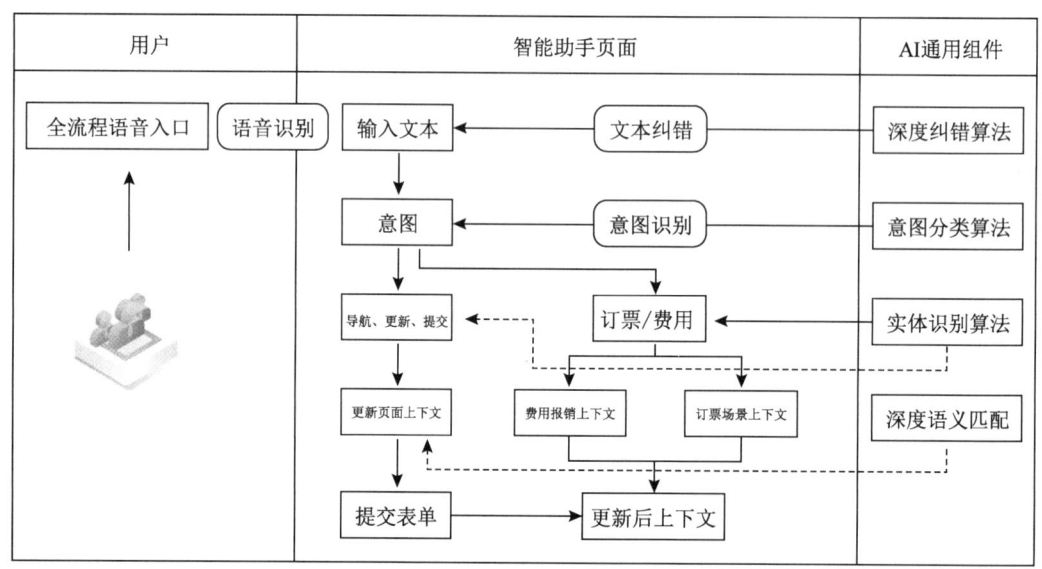

图11 智能语音交互模型

全流程的报账机器人主要会解决两个场景的问题:费用报销业务和订票业务,以及在这些场景中进行导航、更新和表单提交等操作的功能。

1. 费用报销业务

用户通过语音入口,输入语音转换为文本。当用户的意图为费用报销时,系统会返回费用报销的页面上下文并使用实体识别算法,从文本中提取当前支出类别下的字段。当发现用户的意图是修改页面上下文时,如"修改目的地""增加审批人"等,系统会更新费用报销页面上下文中相应的字段。用户对结果满意之后,可以语音输入"提交表单",或者"切换到订票页面",此时意图算法会识别为"按钮"动作,或者"页面导航"动作。这样费用报销从初始化到最后提交,语音全流程介入并调用AI组件,完成智能化报账。

2. 订票业务

订票业务和费用报销的流程类似,但是涉及和票务供应商的三方交互。订票场景是一个对订票页面上下文进行逐步填空的过程,必要字段填空结束,则可以完成订票操作。比如,识别用户的意图为航班预定,进入航班预定的页面,系统会提示用户"出发地、目的地"等必要字段缺失,用户可以再次语音输入"出发地为上海",则系统会填入出发城市为"上海",再次进行航班预订页面进行查询;多次交互之后,订票场景的必填字段都已经填充完毕,最后语音录入"立即预订"则触发后台订票。

(二) 不同企业冷启动的泛化能力

报账系统私有部署的方式,可以有效隔离企业用户,保护企业客户数据的安全性。但是,当报账系统服务的企业用户数量和支出类型意图数量不断增大,每个客户都进行模型私有部署,算法模型的资源消耗会超出服务器负载能力,即使是弹性云服务器成本也非常高。为此,计划设计租户数据资源隔离、标注模型资源共享、无感式配置的方案,既保证企业的数据安全,也能让模型的效能达到最大,最后可以让用户用最小配置达到最大化效果。

1. 企业数据资源隔离

引入租户ID,每个企业定制一套单独的支出类型元数据,进行私有化存储和隔离,并且可以做额外的字段定制。每个企业的支出类型,都是全局支出类型的一个子集,企业用户访问服务的时候,只能访问该用户元数据所对应的模型子集。

2. 标准模型资源共享

企业凭租户ID获取对应的模型资源,数据资源则互相隔离。未来研究将进行算法层面和业务层面的验证,并选出效果和资源最优配置的模型方案。在支出类型太多,且分类不平衡的情况下,意图分类的精度会下降,有一些方案可以提升模型效果,已经完成了一部分验证。

3. 企业用户无感配置

传统上,企业客户需要配置支出类型意图和实体类型,如在机票支出意图中,需要配置起飞城市、到达城市、金额、日期等实体,该意图及下属实体再和系统中的标准意图和实体进行手工映射,流程烦琐,对顾问和企业都不友好。未来研究的方案是,通过深度学习学习到支出类型的语义特征和聚类特征,引入自然语言的匹配、推荐和分类,自动化生成元数据,让用户感觉不到配置的过程。

(三) 基于知识图谱的自然语言的智能查询和审单

典型的报账流程,从员工语音录入开始,到填单提交后台,最后规则引擎给出规则校验。报账系统解决了单据的要素提取和填单的问题,规则引擎则要解决单据的合规问题。本研究已经做了图数据库的智能审单系统的技术验证,并且在图数据库中测试了图谱审单的效果,如图12所示。图数据库可以在全局视角下提供更有价值的决策信息,并梳理复杂业务场景,如跨部门、跨项目的单据场景。

基于员工、单据和部门等要素节点构成的知识图谱已经建立。在引入图的自然语言理解和查询之后,就可以对财务制度和报销单据的企业图谱进行规则图谱生成和企业智能风控。总体方案的概要如下。

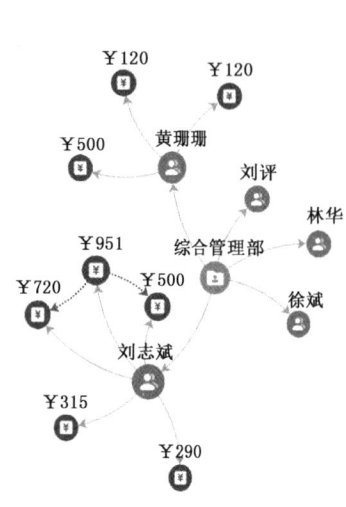 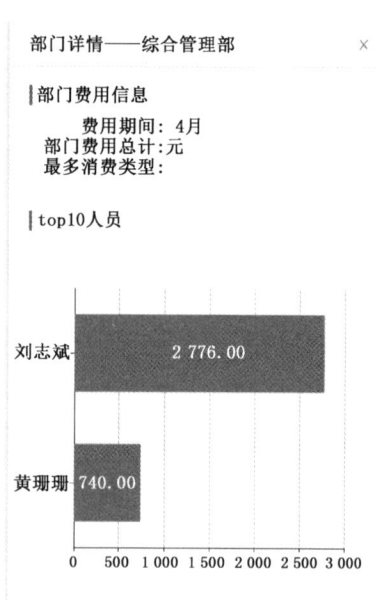

图 12　基于图数据库的数据探索

1. 企业智能风控

企业审批单据时,需要综合历史支出情况、经费预算等各类信息,单靠一张报销单的内容无法实现。在知识图谱的场景下,所有员工、单据、部门、项目都会以互相关联的节点存储在图数据库中,可以进行节点和规则的查询和复杂推理。

(1) 审批人可以自动从图谱中提取关键风险节点上的信息,比如,某个员工在某一日同时在两个城市进行酒店的报销,这显然是一个风险点,一张单据的校验无法体现冲突。

(2) 从当前风险节点进行单据回溯和归因分析,比如,如果部门最近到北京出差较多成本增大,已经超出警戒值,则系统可以回溯到项目节点和毛利润节点。

2. 基于知识图谱的问答和审单

通常,基于知识图谱的自然语言问答和审单通常遵循如图13所示的流程。首先,用户可以输入自然语言,如"查看宜昌分行综合管理部的差旅费用使用情况",KBQA问答系统会识别文本中的<实体1,关系,实体2>三元组,如<宜昌分行,子部门,综合管理部>和<综合管理部,支出,差旅费>,利用问答模板和深度匹配算法,系统会找到宜昌分行、综合管理部、差旅费三种重要节点,从图数据库中找到匹配的路径,返回图谱的可视化。其次,图谱可

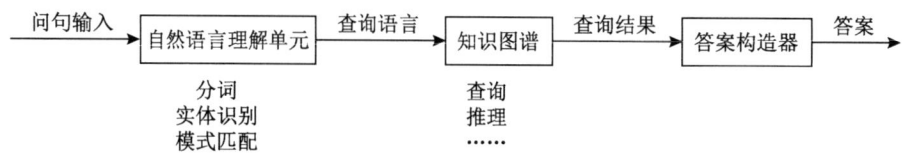

图 13　基于知识图谱的问答和审单

以从问题中的三个节点挖掘相关节点或者冲突节点。相关图谱的案例,如宜昌分行、综合管理部、人员费用统计或者人均归属利润等;冲突节点的案例,主要涉及财务规则的审单,如同一个人的机票和餐饮费的同时不同地的冲突检测等。

知识图谱在企业财务和单据图谱中的应用、真正落地会使企业大大受益,可以解决单据整个流转过程的风险审核,有效优化企业财务制度,我们在这个课题中做了有益的实践和探索。

五、成果价值

本研究进行了人工智能在全周期报账机器人系统中的可行性验证和算法实现,课题组的研究成果,包括人工智能算法模块和报账机器人流程设计。其中的模块包括智能填单(语音识别、文本纠错、意图识别和命名实体识别算法)、发票/合同等原始凭证的要素提取(OCR、发票要素提取和合同要素提取),以及知识图谱审单等算法模块。

本研究将报账机器人的应用场景与相关企业合作,构建了基于人工智能的报账机器人,在很多应用场景实现了效率的显著提升,在月均18 000单的企业场景中,总计每月可以节省300人天工作量。结果表明,选择合适的人工智能算法,对单据识别、合同识别、语音填单、财务审核、风控预警、单据校验等全周期财务流程和报账系统在提高效率和辅助决策方面都具有可观的改进效果。未来,课题组将探索更有特色、更有创新性的功能模块,不仅为企业提效降本,也能提供决策与创新的功能模块。

参考文献

[1] 朱进.智能化模式下高校财务报账流程优化研究[J].航空财会,2019(2):73-75.

[2] 尚惠红,张鄂豫,张文铭,等.智能财务引领企业数字化转型[J].新理财:公司理财,2020(7):68-70.

[3] 王莉娜.数字化对企业转型升级的影响——基于世界银行中国企业调查数据的实证分析[J].企业经济,2020(5):69-77.

[4] 李志常.企业数字化转型技术研究及应用[J].科学与信息化,2020(16):168.

[5] 叶武震,田戴鑫,徐鸿宇,等.人工智能在财务报账中的运用[J].中国战略新兴产业,2019(42):155.

[6] 孙洁.企业财务危机预警的智能决策方法研究[D].哈尔滨:哈尔滨工业大学,2007.

[7] 孙明菊.浅谈原始凭证的审核[J].经济研究导刊,2014(1):157-158.

[8] 杨蕾.基于人工智能的企业财务机器人创新实践研究[J].科技经济刊,2019(36):27.

[9] 汤铭.基于领域知识库的校园智能问答系统关键技术研究[D].南京:东南大学,2018.

[10] 潘喆琼,龙正雄,胡瑞瑞,等.基于图像识别的业务智能化审核技术研究[J].科学技术创新,2020(5):67-68.

[11] LAFFERTY J, MCCALLUM A, PEREIRA F. Conditional Random Fields: Probabilistic Models for Segmenting and Labeling Sequence Data[C]. Proc. 18th International Conf. on Machine Learning, 2001.

[12] YOON KIM. Convolutional Neural Networks for Sentence Classification[J]. EMNLP, 2014, 1746.

[13] HOCHREITER, SCHMIDHUBER. Long Short-Term Memory[J]. Neural Computation, 1997, 9(8), 1735-1780.

[14] LAMPLE G,BALLESTEROS M,SUBRAMANIAN S,et al. Neural Architectures for Named Entity Recognition[C]. Proceedings of the 2016 Conference of the North American Chapter of the Association for Computational Linguistics: Human Language Technologies,2016.N16-1030.

[15] JACOB DEVLIN,MING-WEI CHANG,KENTON LEE,et al. BERT:Pre-training of Deep Bidirectional Transformers for Language Understanding[J]. arXiv preprint arXiv:1810.04805,2018.

[16] FENG-LIN LI,MINGHUI QIU,HAIQING CHEN,et al. AliMe Assist:An Intelligent Assistant for Creating an Innovative E-commerce Experience[J].CIKM,2017,p2495.

[17] KELVIN CLARK,MINH-THANG LUONG,CHRISTOPHER D. et al. Semi-supervised sequence modeling with cross-view training[J]. EMNLP,2018,D18-1217.

课题负责人： 李彤[1]

课题组成员： 王宏星[2]、汤洁泉[2]、许彬[1]、鲁湘[1]、邵家伟[1]、苗寒[1]、高杨[1]、张探探[1]、杨阳[1]、刘雨泽[1]、丰艳彪[1]

所在单位 1： 北京元年科技股份有限公司

所在单位 2： 科大讯飞股份有限公司

智能收单机器人软硬件一体化产品研究

【摘要】 随着数智能时代的到来,越来越多的中大型企业都在关注、探索智能财务的建设和应用。本研究以智能收单机器人软硬件一体化产品研究应用为对象,通过调研、访谈和搜集资料,探索引入智能收单机器人的必要性,实现纸质单据从收单、验单、退单、分拣到归档的全流程处理,全程自动化、数字化、智慧化的可行性,分析发票电子化及趋势对产品带来的影响,测算投入产出比及市场未来发展前景,并围绕如何降本增效实现企业数字化转型,最终提出产品标准化框架及商业运营模式的构建思考。

【关键词】 收单机器人;软硬件一体化;报账机器人;智能财务

一、引言

本研究源于企业内因。科大讯飞于 2020 年正式上线了报账机器人系统,但在员工交单环节体验有所欠缺,机器稳定性不够,且后端还需要一定的人力去进行发票扫描工作。因而实现人机交互操作,解放基础岗位人力去支撑高价值工作,降低设备采购及后续运维成本,成为此次研究的目的。

由于智能收单机器人兴起时间不长,国内外可以借鉴的资料和案例相对缺乏。业内领先企业的产品如何成体系化,并形成具备可复制可推广的经验,也需要研究人员发挥跨学科、跨专业背景的优势,结合智能报销实践应用场景,提升智能技术的实用性,探索机器人技术、计算机视觉技术、NLP 自然语言处理、人机交互等智能技术在智能报销各个环节中的应用,并按照报销流程进行梳理归纳。

同时,对于智能收单机器人终端设备的定义,目前业内对此的理解还不够统一。由于行业标准的缺失,各个厂家设备的互通性差。借此研究,可为下一步行业标准的提出做好思想准备,并探索建立融入生态参与运营的商业模式。

二、文献综述

在国外研究方面,有大量的专家学者和工程人员在研究如何通过机器人流程自动化技术(RPA)实现纸质文档的自动化处理。Ripcord 公司是其中的典型代表,通过采用"智能硬件 + OCR + NLP + AI"实现了档案的合规自动化处理,并且极大提高了处理效率和用户体验。

在国内研究方面,将新一代信息技术与财务经营管理相融合,来探索研究企事业智能化的财务应用,诸如在员工报销场景方面,在报销单的填报、纸质报销单的归集、单据和票据影像的采集、电子发票和纸质单据的融合、报销单据的合规审验等方面,国内的专家学者做了大量的研究。元年研究院《2021 管理会计应用的七大趋势》指出:"我国企业在这一轮建设的是完全依托于新一代信息技术的财务共享中心,它不再主要依靠人员集中和专业化分工来提高效率。基于 RPA 机器人技术,企业的大量结构化、规则导向、可重复的工作任务均可由机器替代人工自动完成,这使得财务共享中心在一定程度上将会向虚拟化、无人化发展"。国内一些理念比较领先的企业也已经开始采用收单机器人结合人工智能技术来代替人工基础工作。

根据中国社会科学院人口与劳动经济研究所与社会科学文献出版社发布的《人口与劳动绿皮书:中国人口与劳动问题报告 No.20》,"十四五"时期我国劳动力供给侧与需求侧均出现重大变化,人口老龄化加速,劳动年龄人口持续减少。到"十四五"期末,15～64 岁劳动年龄人口约为 9.7 亿人,比"十三五"期末减少了 3 000 万人。企业在报销过程中存在大量低效重复手工作业,迫切希望通过自动化方式,将有价值的人才从初级收单岗、扫描岗、初审岗的工作中释放出来。通过梳理国内外相关研究成果,我们发现:

国内外在研究实现无纸化办公、数字化转型方面的技术路线是类似的。但是他们的应用场景是有区别的,国外采用智能硬件终端一体机主要是面向通用的纸质文档处理,而国内的突破口是从报销单据处理入手。

国内在对智能报销的研究中往往将其狭义地理解成基于移动报销软件的流程自动化,在对其实际应用中也存在一定的不足和弊端,应用软硬结合的智能收单机器人可以从用户体验、企业合规、减员增效等方面为企业带来额外的价值。国内的财务共享服务中心由于面对海量的单据操作,现有报销的标准作业流程中有很多场景可以使用智能硬件终端的方式来优化替代人工。

三、研究的主体内容

本部分我们按照调研问卷的统计分析、科大讯飞的探索研究、技术创新应用知识点、产品影响因子的分析、商业模式的建设剖析、产品标准化框架思考 6 个部分内容进行论述。

(一)调研问卷的统计分析

1. 调研问卷的背景

为了更好地了解大家对智能收单机器人软硬件一体机的看法,包括是否上线了类似设备、哪些企业上线了、希望它具备哪些功能、影响它推广的制约因素、是否支持电子发票不打印、怎么看待电子发票对它的影响等。课题组带着这位问题,特别邀请了智能财务中心多位专家、相关负责人参与了本次调研,一共设置了 17 个问题:

第 1～5 题调研对象性别、工作年限、所担任的职位、企业的类型及规模。

第 6~10 题调研对象所在机构财务共享建设现状,包括是否建立了财务共享服务中心、是否配置有专门的收单岗工作人员进行收单、报销单实物交单的介质是什么、月处理报销单据量有多少、填报报销单的方式等。

第 11~14 题调研对象从提交报销到收到报销款的时间,影响的可能因素有哪些,以及对于电子发票是否还需要打印、对纸质发票彻底消失的判断等。

第 15~17 题调研对象对引入智能收单机器人的一些理解和看法,包括希望具备哪些功能,对于普及推广的制约因素可能有哪些,未来多长时间内会考虑应用这样的一套软硬件集成的设备。

本问卷以"问卷星"电子问卷的形式发放,通过问卷星在线填写的方式发放给调研范围内的人员,主要包括一些企业的中高层管理人员。最终收回有效问卷 76 份,其中得到来自上海、湖北、山东地区相关机构回复的问卷占到了 55%。

2. 主要观点的总结

本次调研对象,从从业年限来看 16 年及以上占 56.58%,11~15 年占了 23.68%,从职务来看问卷对象基本覆盖企业财务基层、中层、高层各层级。我们通过对不同类型、规模企业在财务共享报销方面的建设运行情况、发票电子化的影响,以及对智能报销终端软硬件一体化产品理解和认识的调研,总结出三个方面的主要观点。

首先,在财务报账领域的信息化建设方面,一半的企业还是传统的纸质填报甚至部分 Excel 填报的方式,而效率相对较快的手机可随时随地记录填报的方式仅占 26%,对于实物发票 80% 还是采用线下直接交给财务收单人员,而仅 4% 的个别企业探索了智能收单机器人的应用,但基本上也还是处于小范围试点阶段。可以看出,各企业在财务领域的信息化建设水平和发展程度是参差不齐的。

其次,关于是否愿意引入智能收单机器人,我们发现 1 年内考虑引进的企事业单位主要以民营企业为主,占比 62.5%;3 年内和 5 年内则是以国企为主,分别占比 56% 和 40.63%。这种趋势一定程度上也符合不同企业的特色,民营企业相对体制机制比较灵活,求变创新意识转变快;国企由于一些体制机制的约束,灵活性还是相对欠缺,一般会待到市场检验成熟,有成功案例佐证时,才考虑引入,风险相对可控。

最后,关于希望产品具备的功能,如图 1 所示,排在前 4 位的分别是智能填写报销单、智能单据初审、自动签收采集影像以及自动分拣归档。可以看出,对于产品功能,企业希望的是自动化、智能化。而对于影响产品推广的因素,首要的就是价格高用不起占 67.11%,其次则是功能有限性价比不高,占 61.84%;稳定可靠性考验时间太短占 46.05%。因此,如何降低产品的成本,保障功能的稳定可靠,从而提升其性价比,也是本研究的一个重要内容。

(二)科大讯飞的探索研究

1. 组建课题的研究团队

先是寻找课题研究的合作伙伴,组建课题团队,如图 2 所示。研究对象主要是科大讯飞

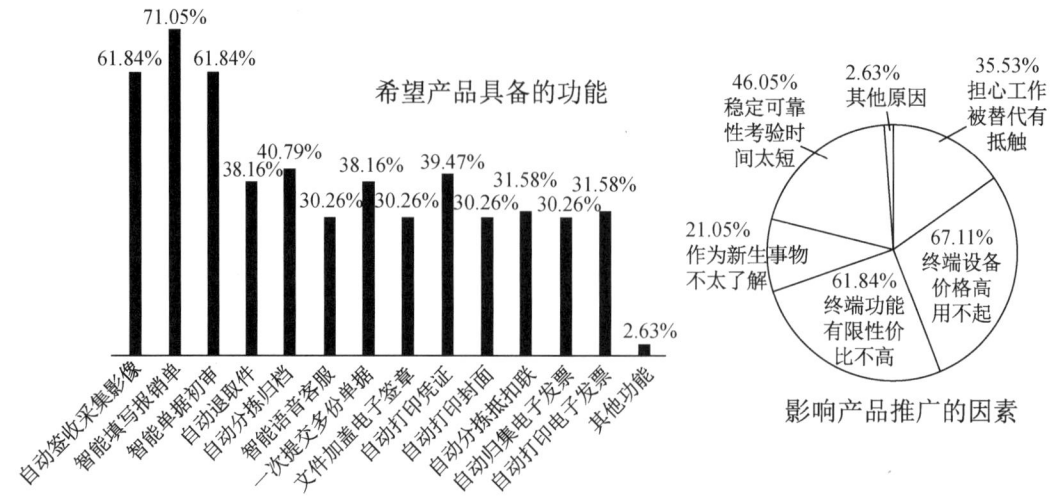

图 1　希望产品具备的功能及影响推广因素

股份有限公司、北京元年科技有限公司、北京单多啦科技有限公司。单多啦是硬件收单设备供应商,在业内有一定的知名度,其产品覆盖了高中低等多个不同系列,功能也比较丰富,后文将详细介绍;而科大讯飞主要是提供 AI 能力的植入,如报销时基于图像识别的发票 OCR、基于 NLP 的智能审核、基于 FAQ 知识库构建的语音客服智答等;元年则是提供 ECS 共享平台底座,输出费控报账的功能,并实现软硬件能力集成交互。我们希望通过这三家公司发挥各自专长优势,取长补短,展开合作研究。

打造极致的硬件收单 & AI智能 & 智慧财务的大平台

01　单多啦硬件集成
以单多啦D4产品快速在讯飞交付为依托,逐步迭代至D5系列,研发打造下一代功能包括:自动装信、自动装箱、自动收单、分类分拣、自动归档、自动扫描、自动识别

02　科大讯飞AI智能交互
输出科大讯飞AI语音及识别的底层能力,赋能收单机智能交互,赋能元年财务信息化的拟人化识别。
- 合同智能审核　　・多轮语音对话智能交互
- 读懂财务会计准则　・更多AI场景

03　元年ECS共享平台
共享共建新一代交单后台管理方案,赋能元年影像系统、费报系统、报账机器人系统完整的收单能力,以及打造全链条高效的数据管控体验,增强实物管理、影像管理、财务智能初审、合规风控、报账智能审核、匹配会计准则

图 2　课题研究团队

2. 硬件产品的功能说明

本研究按照高配版、标准版和轻量版列示产品功能(图 3),罗列了单多啦在企业应用较多的三个型号,所对应功能及规格参数的差异。可以看到,高配版和标准版在功能上是一致的,只是在体积大小以及暂存格的数量上有所不同,而轻量版则只拥有较少常规的功能,来满足基本的交单、扫描、归档即可,这中间不需要暂存格,这种型号适用于退单少、审批快的企业应用。除了标准功能,本研究提供一些增强功能,主要运用科大讯飞的一些 AI 技术,来解决员工交单或报销过程中的常见问题、报销政策等人机咨询,也包括故障出现时的客服指引,从而依靠人机协同来完成工作。

功能		说明	高配版	标准版	轻量版
标准功能	识别登录	扫码、刷员工卡、人脸识别	✓	✓	✓
	员工交单	贴发票交单/装信封交单	✓	✓	✓
	自助填单	集成第三方报销/自助报销填单	✓	✓	✓
	自动扫描	交单即扫描、即交即走	✓	✓	✓
	智能初审	系统影实对比	✓	✓	✓
	自动分拣	分拣单据到暂存格或归档箱	✓	✓	无暂存格
	自动归档	支持按法人/单据类型/时间等维度放入不同归档箱	✓	✓	✓
	财务取单	开箱取单、归档	✓	✓	✓
	员工退单	暂存格直接退单	✓	✓	
	员工补单	现场补单:与原单据合并 事后补单:在归档箱前合单	✓	✓	✓
增强功能	语音播报	讯飞主动降噪麦克风阵列交互播报	✓	✓	
	智能客服	故障类问题智能客服排查人工兜底	✓	✓	
	智能问答	FAQ 知识库支持报销政策/问题等解答	✓	✓	
规格参数	空间占用		110×88×195 cm	110×50×120 cm	52×52×140 cm
	暂存格		60 个,可扩展	20 个,可扩展	无
	归档箱		3 个	3 个	2 个
	扫描仪		高速扫描仪	高速扫描仪	高速扫描仪
	打印装置		内置打印机	外接打印机	外接打印机

图 3　产品功能清单列表

3. 数据交互流程

如图 4 所示,流程从报销系统发起填单、提报后,按两个分支,实物进入交单、扫描,影实比对,有问题的处理退补单,无问题的进行分拣、归档、装箱;而同步电子流也在进行业务和财务的两级审批,最后完成付款入账。需要说明的是,这个流程是可以灵活调整的,可以先报销后交单或先交单后报销,包括一些 AI 的能力也都可以根据需要做些选配。

4. 数据可视化统计分析

如图 5 所示,通过管理后台的仪表盘,我们可以总览自己管理的机柜信息和单据信息,如正常运行的机柜数、提醒取件的机柜数、机柜本月上传的单据数、机柜里退件或废件数量、已归档可以取件的单据数、本月已经取走的单据数等。

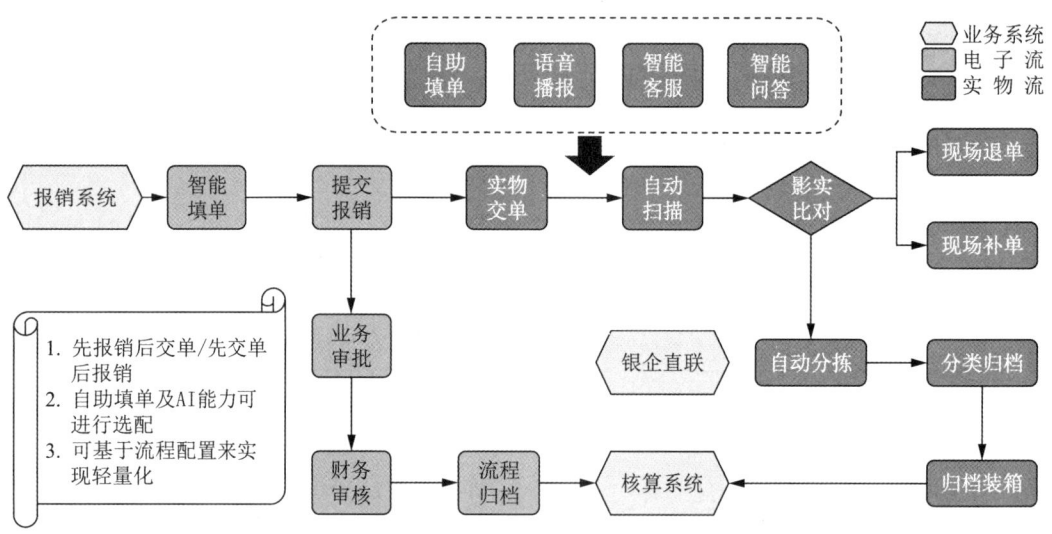

图 4　数据交互流程

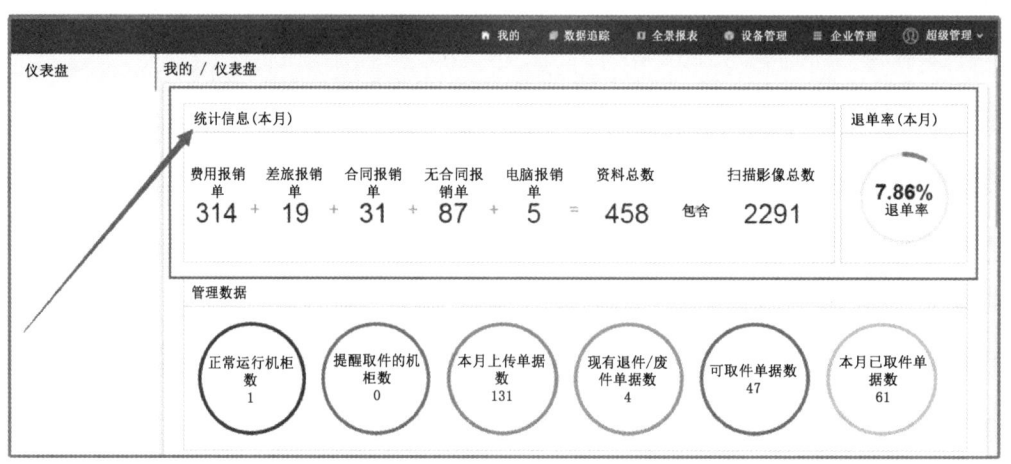

图 5　管理员后台功能仪表盘

除此之外，管理后台的全景报表还提供统计分析和预警监控两大功能。我们可以监测到单据量的变化趋势，实现单据流转的全程跟踪，发票信息逆向查看和消息通知等；也可以监控查出机柜中停留 7 天以上的单据的清单，取件员可以根据清单联系相关人员，如果是退件或废件停留可以联系提单人及时取走，如果是一直没有审核可以向审核平台反馈。

5. 智能应用场景的研究

除了硬件本身提供的常规功能交单、扫描、初审、分拣、归档，课题组还思考未来可以结合 AI 能力的一些应用场景，提供可供员工选择的报销入口通道，让机器能听会说，能理解会思考，基于人机协同来实现设备的无人值守，提升员工的报销体验，释放后端咨询岗的压力，成为有温度的机器人。场景如表 1 所示。

表 1　智能应用场景列表

语音播报	讯飞主动降噪麦克风阵列交互播报
系统登录	基于人脸识别技术的验证登陆
智能填报	基于票据 OCR 的能力自动生成费用支出记录
智能客服	用于解决机器故障类问题客服机器人排查人工兜底
智能问答	建立 FAQ 知识库支持报销政策或问题等机器人解答

（三）技术创新应用知识点

智能收单机器人创新性整合了前沿技术，运用"物理机器人＋人工智能"的一体化解决方案，可以更好地服务于企业收单报销等各类深层次场景。这里主要介绍 AI 机器视觉、电子签章及区块链确权的应用。

1. AI 机器视觉

智能收单机器人在机器视觉的应用主要有三个方面。

（1）通过人脸识别进行身份认证，提高用户操作的便利度以及追溯用户操作的全过程。人脸识别技术是基于人的脸部特征，对输入的人脸图像或者视频流，先判断其是否存在人脸，如果存在人脸，则进一步给出每个脸的位置、大小和各个主要面部器官的位置信息。并依据这些信息，进一步提取每个人脸中所蕴含的身份特征，并将其与已知人脸进行对比，从而识别每个人脸的身份。

（2）通过基于深度学习的 OCR 技术进行文字识别和票据识别。传统的 OCR 基于图像处理（二值化、连通域分析、投影分析等）和统计机器学习（Adaboost，SVM）存在抗干扰能力差的问题，由于单字识别引擎的训练是一个典型的图像分类问题，而卷积神经网络在描述图像的高层语义方面优势明显，因此，主流方法是基于卷积神经网络的图像分类模型。实践中的关键点在于如何设计网络结构和合成训练数据。目前，主流票据识别的全票面文字识别准确率能达到 95% 以上，特别是增值税机打发票，目前市面上成熟的 OCR 识别方案能够做到 99% 以上的准确率，非常适合于智能收单机器人结合实现发票识别及验证功能。

（3）通过计算机图像识别技术进行单据物体识别，图像识别技术可能是以图像的主要特征为基础。每个图像都有它的特征，如字母 A 有个尖，P 有个圈、而 Y 的中心有个锐角等。研究表明，视线总是集中在图像的主要特征上，也就是集中在图像轮廓曲度最大或轮廓方向突然改变的地方，这些地方的信息量最大。而且眼睛的扫描路线也总是依次从一个特征转到另一个特征上。由此可见，在图像识别过程中，视觉机制必须排除输入的多余信息，抽出关键的信息；同时，在大脑里必定有一个负责整合信息的机制，能把分阶段获得的信息整理成一个完整的知觉映象。

系统基于这些运用通过训练来完成对单据和机械夹爪的识别，在出现异常状态时自动捕捉，从而确保智能收单机器人不会因为异常而无法正常运作。

2. 电子签章

电子签章，与我们所使用的数字证书一样，是一种用作身份验证的手段。其泛指所有以电子形式存在,依附在电子文件并与其逻辑关联,可用以辨识电子文件签署者身份,保证文件的完整性,并表示签署者同意电子文件所陈述事实的内容。

对于设备而言,通过应用电子签章技术在员工自助交单自动采集的档案影像上自动添加电子签章,可以有效防止档案影像文件在后期流转过程中被人为篡改,从而保证财税档案的真实性和完整性以及签名人的不可否认性。电子签章有利于未来普及电子档案系统,提升影像档案文件法律效力。

3. 区块链确权

区块链确权是指,当用户给自己的作品进行确权时,确权数据会以 Hash 值的形式存储到区块链上进行保存,通过区块链去中心化和分布式记账等特点,以有效保证存储的电子数据不被篡改,保障确权数据的真实性和原始性。

对于设备采集的影像文件,"电子签章+区块链确权"可以最大限度确保影像文件和原始文件的一致性,以及相关影像文件的法律效力。

(四)产品影响因子的分析

1. 发票电子化影响分析

目前国家正在推行发票电子化,本研究设计的产品未来是否还有需求空间?为此,课题组也做了如图6所示的分析,我们从一个报销单的构成来看,它由三部分组成,纸质发票、电子发票以及相关的证据链附件,那么毫无疑问纸质发票的数量会逐步减少,而电子发票会逐步增加,但是相关的结算单、入库单等这些原始的交易单据附件基本是不变的,还是要继续上传。因此,我们可以预见未来,将会进入一个纸电"双模驱动"的常态,它也会催生出:①对实物从收单、审单、归档、生成电子档案的全流程可追溯的管理诉求提升;②纸质全面整合对数据加密的安全要求提升;③附件及剩余纸质发票影像化的需求提升;④会推动会计电子档案的快速普及。

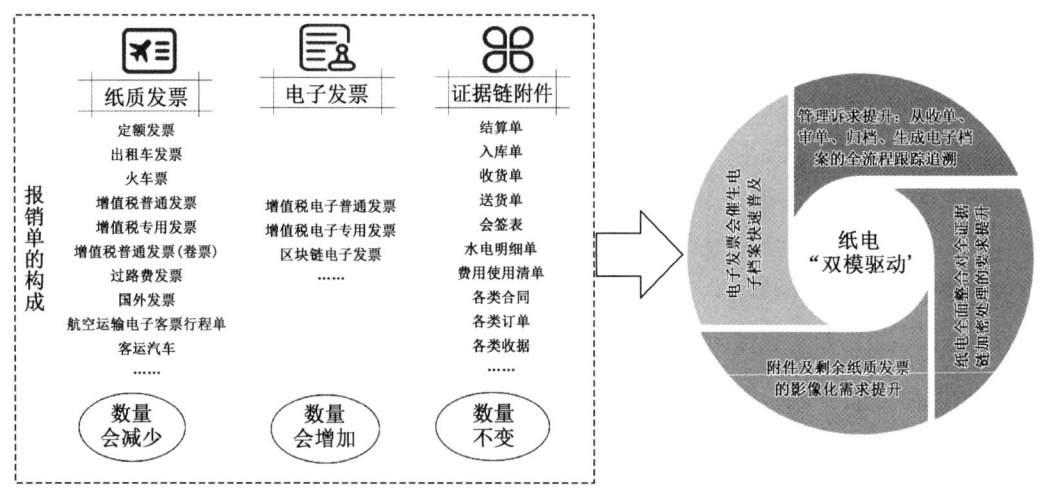

图 6 发票电子化的影响分析

2. 市场竞品的比较分析

据不完全统计,目前市场提供与报销相关的机器人,主要有三类:

第一类是纯软件机器人。这里主要指依托 RPA 技术而打造的机器人,旨在简化员工的报销流程、减轻财务人员繁琐的发票查验和防重工作,使多种企业合规性规则与发票合规性规则灵活可配。典型代表有艺赛旗、大象慧云、德勤 SAP、中石油小铁人等。

第二类则是用在专业领域的报销。浙江平湖医疗保险服务中心于 2020 年 12 月上线的医保自主报销机,在上线 1 个月后,帮助了不少市民受理了报销业务,在资料规范、操作正规的前提下,办理报销的流程往往只需短短几分钟就可完成,既缓解了人工窗口的压力,也帮助市民节省了更多的时间。据了解,此次浙江平湖医疗保险服务中心上线使用医保自助报销机在全国尚属首次,目前市级行政服务中心和各镇街道政务服务中心均已配置了这种自助报销机,让更多市民进行医疗"就近办"。

第三类则是硬件与报销软件集成的一体机。这里国内的典型代表有优易讯、唯你网、远光、令才等。相比较而言,从产品的功能来看,这些典型代表供应商产品都提供交单、扫描、退补单、归档、装箱的基础能力。但从功能的齐全完整性来看,目前所研究的设备还提供了其他能力:一是提供自助填单能力,可以用来解决部队或军工企业,因为保密要求不能手机填单的问题或是中小企业无报销系统的情况;二是在分类归档方面,也可以支持按法人、单据类型、时间等不同维度进行分类归档;三是借助人工智能的能力提供一些增强功能。当然,由于时间关系,本研究未能全面了解竞品设备的功能,而是通过收集的宣传资料获悉信息,故不代表所列举的能力其他供应商就一定不具备。

3. 成本对比及价值分析

本研究以单多啦实施的 A 客户,每月 6 000 单量的规模来统计成本,如图 7 所示。传统方式下每份单据的单位成本是 6.73 元,而使用了智能收单机器人后的每份单据的单位成本是 2.43 元,每月合计成本也由 4.04 万元下降到了 1.46 万元,节省了 2.58 万元,成本节约率达 64%。同时,从单据量的规模和成本的趋势图来看,我们也发现传统方式下单据越多,成本越高,呈现递增趋势,而在应用智能设备的情况下,单据量越多,成本越小,呈现递减趋势。

同时,智能收单机器人的应用也带来如下几个方面的价值:

(1) 显性价值。替代影像扫描功能 7×24 小时值守;投递即发票审核低错误率;发票数据积累便于后续内控合规检查。

(2) 隐性价值。加速财务共享转型的进度;智能财务、数字财务的转型基点;进一步优化流程,提升组织效能;机器人上岗,可优化掉诸多审批环节。

(3) 应用价值。大幅提升费用审核质量(OCR 二次验符确保原始发票与填报一致,增值专票实现抵扣联投递的检查,各项费控合规校验全覆盖 360 度无死角审核);大幅提高工作效率(费用报销单符核效率提高 90%以上,沟通效率提升 80%以上,账务处理效率提升 90%以上,内审工作效率提升 60%以上);解放财务费用稽核人员(生成费用大数据方便领导决策,解放费用会计人力投入转移到高附加价值的工作,实现财务团队由核算会计向管理会计转型)。

传统方式	成本(元)	数量(个)	合计(元)
扫描岗	6 000	4	24 000
员工取退件	20	300	6 000
丢单缺票处理	400	6	2 400
档案整理入库	1	6 000	6 000
设备折旧（扫描仪等）	500	4	2 000
合计成本(元)			40 400
单位成本(元/单)			6.73
单多啦 D4200	成本(元)	数量(个)	合计(元)
员工取退件	20	100	2 000
丢单缺票处理	400	0	0
档案整理入库	0.3	6 000	1 800
设备折旧（交单设备等）	3 600	3	10 800
合计成本(元)			14 600
单位成本(元/单)			2.43
合计每月节省成本 25 800 元,成本节约率达 64%			

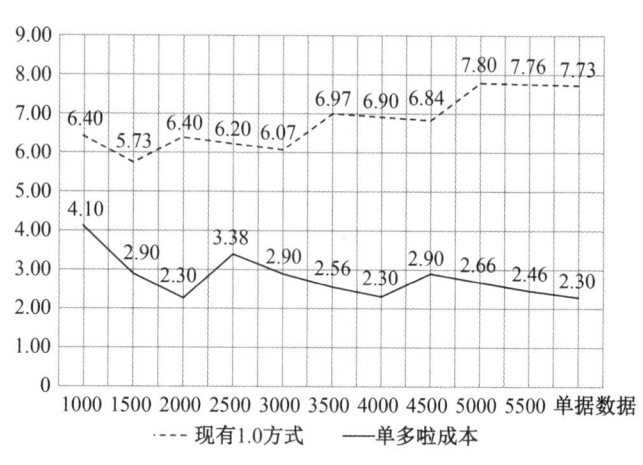

图 7　成本对比及趋势图

（4）服务价值。公司管理层安心（降低人工成本、降低管理成本、降低内控风险、提高工作效率和员工满意度、拥抱时代变革提前进入数字化时代）；财务省心（智能初审能大幅降低退单率，降低沟通成本，减少邮寄量；全票种 OCR 识别，发票二次校验，大大减轻收单、审单的工作量，杜绝错票、替票，降低收单风险；实现报销审批流与纸质票据投递流全线上监控，解除流转风险；自动归档，方便后续业务处理）；员工顺心（7×24 小时不间断全自动服务；便捷收单及时退单；提升报销体验，缩短报销周期，全过程监控无断点）。

（五）商业模式的建设剖析

1. 商业模式的构建思考

从调研问卷的统计结果，结合国内参观的企业建设情况来看，目前智能交单机器人尚还处于起步阶段。首先，从外观来看，不同供应商提供的产品款式各不相同，没有统一的标准规范，同时由于市场需求量少导致产品生产成本高，从而直接影响了消费者的采购热情，没有组建生态圈来合力形成足够的议价能力；其次，从产品的功能体验来看，目前可提供的能力相对还是比较单薄，与大家所期望的自动化、智能化、无人化的有温度有感知的产品还有不小的距离，而这则需要契机和时间等待。

当前我们仅仅是结合三方的能力，有它的短板和局限性，而未来一定是聚合效应共建生态，整合分散的各类资源。课题组希望基于四个产业链的融合来构建"四位一体、融入生态、参与运营"的模式，如图 8 所示。

（1）从硬件供应产业链思考，提供标准化的产品设备、统一化的 API 接口，而不是各设备设计制作商各自为营，这样可以做到规模化生产降低成本，可以有效解决客户关心的成本高性价比的问题。

（2）从软件供应产业链思考，由于有了标准化的接口，可以做到与市场上主流的财务共享平台产品适配,如元年云、友报账、简约费控、每刻报销、汇联易、易快报、喜报等,做到软硬件的无缝对接集成,可以缩短建设周期。

(3) 从人工智能产业链思考,为了使产品更有温度更有生命力,作为中间服务集成商的人工智能公司,可以将人工智能不同能力植入产品中。这是作为整个生态解决方案中画龙点睛的一环,为不同客户需求提供增值服务。

(4) 从快递及园区产业链思考,快递的引入主要是解决一些公司跨区域共享交单的问题,同时,也可以考虑在园区投放,不同企业共享设备,来提升产品价值。

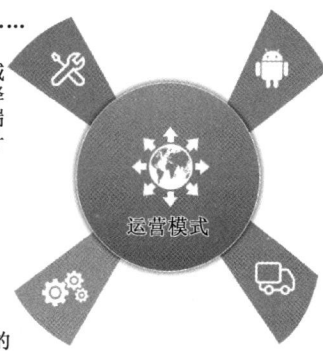

四位一体、融入生态、参与运营

图 8 运营模式的构思

2. 市场前景的发展预测

本部分通过分享两份国内专业的报告数据来了解机器人的市场发展前景。

智研咨询发布的《2020—2026 年中国服务机器人行业产业竞争现状及投资发展潜力报告》数据显示,预计到 2020 年中国机器人市场规模将突破 100 亿美元,2016—2020 年的平均增长率达到 20.5%。

中投产业研究院发布的《2021—2025 年中国机器人产业投资分析及前景预测报告》中显示,2018 年,我国机器人市场规模达到 535.9 亿元,同比增长 14.4%;2019 年,我国机器人市场规模达到 588.7 亿元,同比增长 9.8%,预计 2021 年我国机器人市场规模将达到 813 亿元,未来 5 年(2021—2025 年)年均复合增长率约为 15.80%,2025 年将达到 1 463 亿元。

可以看出,无论是国内权威的智研咨询的报告,还是中投产业研究院的报告,都预测了机器人市场规模将会不断扩大,机器人的平均增长率或是年均复合增长率,都达到了 15%～21%。当然,这里的机器人是统称,包括工业机器人以及各类服务机器人,而本课题所研究的智能收单机器人,课题组认为属于服务机器人的一个细分领域。课题组以 2022 年的采购量保守为 2 000 台,年需求平均增长率 10% 为基数并结合不同产品的平均单价进行预测。由表 2 可以看到,未来 5 年的收单机器人的收入总额预计达到 9.6 亿元,其中 2026 年将达到 2.3 亿元的规模。需要说明的是,其中不包含生态共建中其他供应商的收入测算,因为这部分收入暂时缺少数据基础,故仅以硬件产品的测算为主。

表 2 市场前景发展预测表

产品	平均单价（元）	2022 年		2023 年		2024 年		2025 年		2026 年	
		需求量（台）	收入预测（元）	需求量（台）	收入预测（元）	需求量（台）	收入预测（元）	需求量（台）	收入预测（元）	需求量（台）	收入预测（元）
轻量款	30 000	600	18 000 000	660	19 800 000	726	21 780 000	799	23 958 000	878	26 353 800
标准款	80 000	100	80 000 000	1 100	88 000 000	1 210	96 800 000	1 331	106 480 000	1 464	117 128 000
高配版	150 000	400	60 000 000	440	66 000 000	484	72 600 000	532	79 860 000	586	87 846 000
小计		2 000	158 000 000	2 200	178 800 000	2 420	191 180 000	2 662	210 298 000	2 928	231 327 800

以年需求平均增长率10%为基数测算,未来5年,总需求量达 12 210 台;预测总收入达 964 605 800 元

(六) 产品标准化框架思考

1. 标准化框架构建意义

智能收单机器人作为新兴事物,从2017—2018年开始在市场上出现,到如今4~5年的时间,市场上也出现了不少相关的产品。但是经过调研,目前我国并没有关于此类产品标准化框架的研究资料,如问卷调研结果及市场预测。智能收单机器人具有很大的市场前景,但价格是影响市场普及的一个重要因素,因此,搭建标准化产品框架的意义重大。

共同打造一个标准化的大市场,可以帮助相关设备生产企业少走弯路,实现和第三方生态系统的互联互通,从而有效降低成本,扩大产业规模。对于终端用户而言,产品标准确定后,通过采购标准化的产品可以有效保护投资,并且用更低的价格购买相关的产品及服务。

2. 标准化框架构建思考

标准化框架构建强调开放性和互操作性,方便行业内的利益相关者或技术人员跟踪获取最新的标准信息。确定现有企业标准与未来的行业标准甚至国家标准以及响应未来智慧财务应用需求之间存在的漏洞和差距,针对漏洞和差距提出处理建议,健全智能收单机器人软硬件一体机标准体系。

课题组提出两种方式的构想,具体如图9所示。方式一是硬件供应商开放底层标准化SDK,即相关设备的一些调度指令,交给软件厂商,比如北京元年科技有限公司,根据客户的需求,再来定制个性化的功能;方式二则是产品标准能力 API 接口调用,即是硬件供应商将交单、审单、分拣、归档等功能封装好,然后提供标准化的对外接口,给到软件厂商直接调用,这个适合满足无个性化需求的客户,软件厂商也可以快速实现交付。

四、研究结论与展望

本研究通过理论研究、案例学习、实践走访等方式,共同探索了在财务共享模式下,为了解决用户报销体验差、实物单据流转慢、财务审核效率低等问题,基于人工智能、物联网等技术,依托科大讯飞股份有限公司、北京元年科技有限公司、北京单多啦科技有限公司三方的核心力量,探索了财务一站式智能收单机器人,实现从收单、验单、退单、分拣到归档的全程

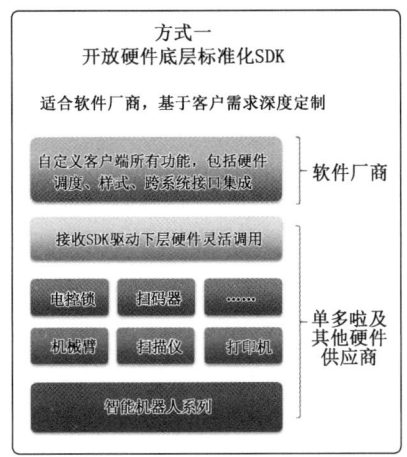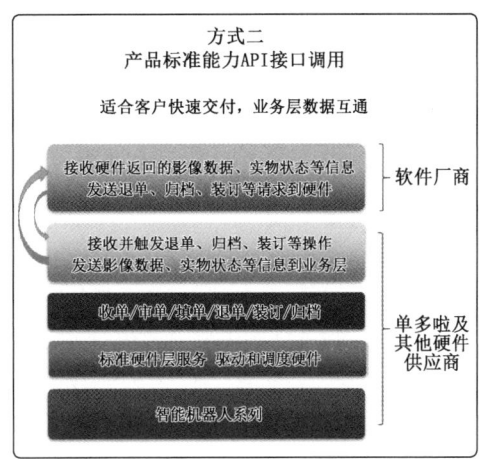

图 9　标准化框架的思考

自动化、数字化、智慧化的软硬件一体化应用。结果证明,技术和实施都是可行的,但从市场反馈和调研情况来看,尚处在起步阶段,最大的瓶颈在于成本过高,需要寻求办法降低成本提高性价比。

而对于如何降低产品成本、提升盈利水平,课题组提出了两个设想。一方面是对硬件产品进行统一化、标准化、规范化,争取形成几家有知名度的专业企业。现在更多的是初创或小规模企业,资源分散各自为营导致生产成本高。另一方面是提倡共建生态、融入生态。共建生态,是指与市场上主流的财务共享平台产品适配,如元年云、友报账、简约费控、每刻报销、汇联易、易快报、喜报等,做到软硬件的无缝对接集成,可以缩短建设周期;融入生态,是指将产品尝试融入阿里云、钉钉、腾讯云、企业微信、飞书等生态,打通数千万家企业的财务系统,参与到运营中使产品价值得到持续的发掘递增。同时,为了使产品更有温度更有生命力,作为中间服务集成商的人工智能的公司,可以将人工智能的不同能力植入产品中,这是作为整个生态解决方案中画龙点睛的一环,为不同客户需求提供增值服务。

本研究还有一些局限性和不足,一是问卷样本量比较少,此次问卷的主要对象是智能财务研究人员包括相关责任人,说服力尚有一定欠缺,还需扩大样本的地域和行业分布。二是尽管提出了标准化框架以及运营模式的构想,如果想要真正落地还需发动社会力量和资源共同提升势能。三是目前产品还在研究论证阶段,各项理念还没完全筹划好,需要推动实践应用落地。

参考文献

[1] 上海国家会计学院智能财务研究中心,等.数字智能时代:中国企业财务共享的创新与升级调研报告[R].上海国家会计学院,2021.

[2] 刘勤,等.2021年影响中国会计从业人员的十大信息技术评选报告[R].上海国家会计学院,2021.

[3] 陈虎.基于共享服务的财务转型[J].财务与会计,2016,(21):23-26.

[4] 于冉,金铭.财务机器人时代的到来传统会计何去何从[J].科技经济市场 2017,(06):91-92.

［5］杨志勇,刘静宇,汤洁泉.讯飞智能收单机器人规划方案[C].单多啦,2021:4-12.
［6］蔡长春,汤洁泉.讯飞智能收单机器人规划方案[C].优易迅,2021.18-21.
［7］智研咨询集团.2020—2026年中国服务机器人行业产业竞争现状及投资发展潜力报告[R].2020.
［8］中投产业研究院.2021—2025年中国机器人产业投资分析及前景预测报告[R].2021.
［9］杨彦.嘉兴医保自助报销用上机器人[N].嘉广集团全媒体新闻中心,2021-03-09.

课题负责人：汤洁泉[1]

课题组成员：段大为[1]、王宏星[1]、汪明[1]、杨志勇[2]、刘静宇[2]、鲁湘[3]

所在单位1：科大讯飞股份有限公司

所在单位2：北京单多啦科技有限公司

所在单位3：北京元年科技有限公司

应用篇

财务共享服务智能应用的典型场景研究

【摘要】 自 2017 年《新一代人工智能发展规划》发布以来,国家层面提出的有关人工智能的战略要求越来越多,国内外企业在人工智能方面均开展了大量的研究与应用。中国石油以打造世界一流智能型全球共享服务体系为愿景,以为公司、员工、合作伙伴提供优质高效服务、推动管理转型,为合规经营保驾护航,为公司创造价值为使命,于 2017 年正式启动财务共享建设。本课题通过全面研究并识别财务共享服务中采购至付款、销售至收款、总账至报表三大业务流程及共享运营的智能应用场景,介绍中国石油在智能应用的部分实践,旨在为中国石油如期建成世界一流智能型全球共享服务体系奠定坚实基础,为国内外企业财务共享服务智能应用的理论发展和实践探索提供帮助。

【关键词】 财务共享;智能应用;典型场景

一、引言

(一) 研究背景

中国石油天然气集团有限公司(以下简称中国石油)是产炼运销储贸一体化的综合性国际能源公司,在 2019 年《财富》世界 500 强排行榜中位居第 4。为响应中共中央、国务院关于国有企业深化改革的系列要求,中国石油提出了"逐步建立财务、人力资源、技术、信息、物资采购、审计等共享服务中心,提高公司整体运营效率和服务水平"的规划部署,并于 2017 年正式启动共享服务建设,于 2019 年正式成立中国石油集团共享运营有限公司(以下简称共享运营公司),到 2020 年年底已实现财务共享国内 100% 覆盖。

在建设过程中,智能化始终是中国石油共享服务体系的重要特征。2017 年 12 月,中国石油财务共享机器人流程自动化程序"小铁人"诞生,正式开启了中国石油财务共享的智能时代。2018 年,中国石油共享运营公司与上海国家会计学院等多家机构联合成立了"智能财务研究中心",共同推进智能财务研究工作。2019 年,智能识别、知识图谱等人工智能技术在费用报销等业务场景试运行。2020 年,中国石油共享运营公司与科大讯飞联合承担财务共享服务智能应用典型场景研究课题,并探索将语音交互技术应用到差旅申请等场景中,助推中国石油数字化转型、智能化发展。

(二) 研究意义

本课题的研究意义在于:通过智能应用的研究和落地,提升中国石油共享服务建设的智能化水平,运用RPA(机器人流程自动化)技术、大数据、自然语言处理等技术提高运行效率及用户满意度,增强风险防控能力,提升创效能力;通过释放劳动力实现财务人员工作重心从价值核算向价值创造、价值提升转变,从决策执行向决策支撑转变,更好地保障生产经营服务,更加专注地为公司提质增效;同时,在智能化应用基础上,形成中国石油财务共享服务智能应用建设经验,为其他企业财务共享智能化水平的提升提供借鉴和参考,为智能化在财务共享领域的研究和应用提供实践价值。

(三)研究方法

本课题采用研究的方法如下,做到宏观和微观相结合、理论与实践相结合。

1. 趋势分析法

中国石油分别于2016年、2018年、2019年赴葡萄牙、爱尔兰、美国参加了全球共享服务论坛,于2020年参加在线全球共享大会,并多次邀请共享服务咨询及IT行业领先专家进行趋势分享,及时掌握人工智能领域、共享服务领域、智能财务领域的最新发展趋势和动态,为本课题研究提供借鉴,以期研究结果能够具有前瞻性、引领性。

2. 对标分析法

在世界一流智能型全球共享服务体系建设过程中,中国石油始终坚持对标行业领先,先后与壳牌、英国石油、通用电气等国外企业共享中心进行了交流学习,还先后与中国石化、宝钢集团、中广核、华为、腾讯、中兴通讯等国内企业进行了交流学习,以汲取在智能财务领域先进的经验做法和典型的应用场景。

3. 经验总结法

中国石油自2017年上线共享服务以来,在机器人流程自动化(RPA)及图像识别应用领域已经开展了一系列的实践应用,积累了良好的理论与实践经验;科大讯飞作为国内外人工智能领域的领先企业,在AI+医疗、AI+财务等领域表现出色,推出了一系列智能产品。本课题研究通过对中国石油共享服务及科大讯飞已有智能化应用的总结,为财务共享智能应用典型场景的研究及实践落地奠定良好的基础。

4. 实践实验法

本课题始终坚持"理论联系实际"的研究原则,用实验来检测研究理论,用实践来实现研究成果,结合智能技术成熟应用案例与财务共享业务场景,进行移植实验,应用实践,从而验证智能技术在财务共享的适用性。

(四)主要内容及创新点

本课题通过财务共享服务智能应用的研究和落地,提高财务共享的自动化、智能化水平,提升用户体验,实现价值创造,促进中国石油数字化转型。本课题内容主要包括:

(1)通过梳理端到端流程的全业务场景,结合"大智移云物区"等智能技术的特点和应用案例、应用趋势,深度挖掘能够取得预期成效的智能应用场景,并结合共享基础,按照用户需求、技术成熟度、发展趋势等因素对智能应用场景进行描述。

(2)聚焦用户体验,落地实践部分典型应用场景。在近期可以实现的智能应用场景中,结合现有数据、人才和技术基础,落地部分智能应用场景,并对技术可行性和操作可行性进行验证,达到效益提升目的。

本课题的创新意义在于,对端到端流程的业务场景进行详尽梳理和归纳分析,为共享实现智能化锁定典型场景提供了基础,是中国石油共享服务发展道路上一次重要的突破创新;同时,本课题通过对智能应用场景识别,挖掘智能应用的机会点,并对近期规划应用点落地实施,为财务共享智能化水平提升奠定了基础,助推了中国石油财务共享从自动化阶段向感知智能、认知智能阶段跨越,同时将对国内外大型企业共享服务领域智能应用起到良好的示范作用。

二、财务共享服务智能应用的典型场景

(一)采购到付款业务智能应用典型场景

财务共享模式下,在费用报销相关业务场景可引入智能技术,如语音识别、大数据分析、智能收单柜、RPA 等,实现集成化、标准化、智能化费用管控。费用报销业务流程及相关智能应用如图 1 所示。

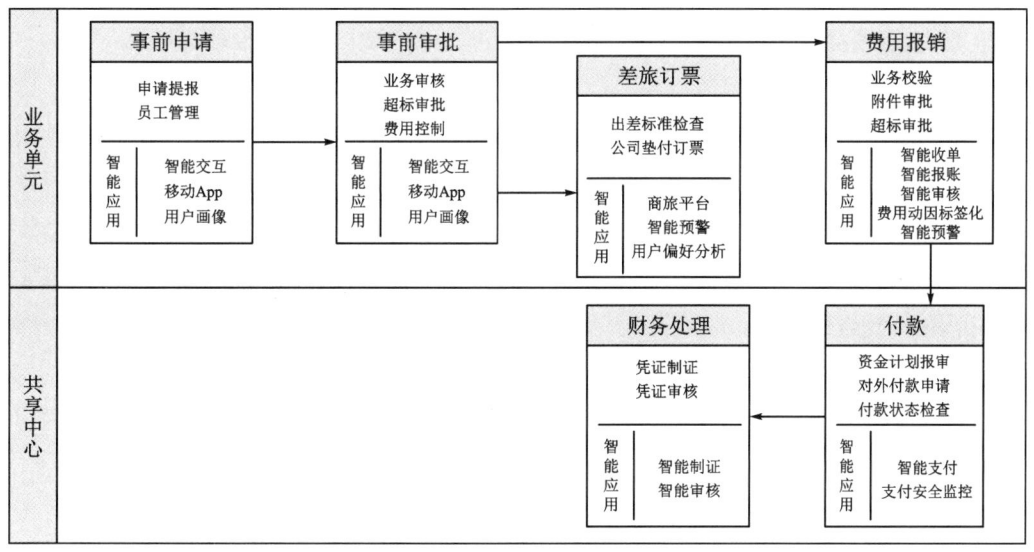

图 1 费用报销业务流程及相关智能应用

1. 移动 App 智能交互填单

企业可建立业务移动 App 客户端,引入语音识别和智能交互技术,实现方便、快捷填报相关业务申请单。业务人员登录手机 App,发出语音指令,如"我要出差""我要申请××费用"或"××费用申请"等,系统通过语音识别自动弹出相应业务申请界面。填单过程中,业务人员可通过系统引导或问答方式,采用语音或文字交互,对申请事由、预计金额、购买方式等信息进行智能填写,如语音填报"申请 1 000 元购置办公用品",系统自动识别并填充申请金额为 1 000 元,申请事由为购置办公费。

2. 大数据分析用户画像

财务共享服务应用大数据分析技术,借助报销平台的海量数据,建立用户画像。结合各流程节点的数据,对报销人、审核人的审核通过率、是否超标审批、是否有作废发票等风险点逐一分析,形成报销人画像和审核人画像,并建立用户评级制度。

3. 移动 App 多维度智能审核

业务人员在移动 App 客户端进行业务审核,打破时间、空间限制,同时引入用户画像、规则逻辑、异构系统集成等技术开展多维度智能审核。在系统后台设置审核标准,自动检查是否超标,并在表单中标记异常项目。

4. 商旅平台快捷订票报销

差旅费报销是日常报销业务中最常见、涉及人员最广的一种行为。在传统模式中,员工需垫付资金或借备用金,因而出行和报销体验不佳,系统可引入商旅平台,建立申请、订票、报销一体化的运营方式,实现员工出差免垫付、免发票报销的良好体验。

5. 用户偏好智能服务

结合大数据分析下形成的用户画像,根据用户偏好进行智能推送及提醒,提升用户体验。在商旅平台,根据历史出行记录、往期订单分析用户习惯,对出行方式、下榻酒店进行差异化推荐,实现便捷订票。

6. OCR 识别智能报账

在报销填单环节中,应用 OCR(光学字符识别)技术,对发票、结算单及其他支持性附件中的信息进行提取,根据后台逻辑,判断报销类型,据此展示适合的填单界面。对于附件中所包含的财务信息,如发票上的销方单位、含税金额等信息,自动填充报销表单中的结算对象、分摊金额等字段,用户只需通过向导式的操作指引对各项信息进行确认、修改,可实现"你给我票据,我帮你报销"。

7. 智能校验审核

在费用报销环节,当报销人完成填单提报后,基于财务管理制度设置逻辑对填单内容进行校验审核;若校验通过则进入付款环节,若校验不符则返回人工进行处理。

8. 报销行为智能监控

在报销审核环节,应用 RPA 技术,对发票连号、报销金额、审批流程等关键报销风险点进行智能监控,强化风险控制。当业务人员填单提报后,系统按照不同要求进行检查,如招待费重点对发票是否连号进行检查,对是否存在拆分报销进行核查;若存在异常转至人工进行处理。在差旅费报销环节增加超范围、超标准报销智能监控,若超标则推送领导进行二次审批,确保业务风险受控。

9. 智能支付自动到账

基于费用报销金额小、重复性高、规律性强的特点,可采用 RPA 技术,实现报销资金智能支付和快速到账。应用 RPA 技术可根据报销单中的开户名称、金额、银行账号等信息自动生成付款单,与资金计划进行匹配成功后,自动向银行发送付款指令,根据监测到的银行支付状态,自动生成报销凭证,若支付失败则返回人工处理。采用智能监控技术,出现资金重付、错付、漏付情况,自动进行报警,确保资金安全。

10. RPA 智能制证审核

应用 RPA 技术制证和审核机器人、规则引擎和机器学习技术,梳理核算规则,进行智能制证和审核。当单据及附件内容与制证逻辑不符时,返回人工干预,机器人对人工干预处理结果进行二次学习,自动梳理后台逻辑进行修改。后期随着自然语言理解与机器学习技术的不断进步,可逐步实现机器人对报销文件制度等内容自动翻译和理解,形成相应处理规范,自动修改 RPA 内置规则,实现全流程自动化处理业务。

(二) 销售至收款业务智能应用典型场景

销售商品(提供服务)是企业较为常见的经济行为。销售商品(提供服务)一般包括市场管理、合同/订单管理、商品出库、开票、应收核算和收款结算等环节。在传统模式下,销售收款流程较为烦琐,处理效率较低,且存在客户信息不完整、回款不及时、收款信息不对称等风险点。在财务共享模式下,在相关业务场景中,企业可通过智能技术,如语音交互、自然语言处理、RPA、知识图谱等技术,实现业务处理的科学化、规范化、智能化。销售商品(提供服务)结算流程及相关智能应用,如图 2 所示。

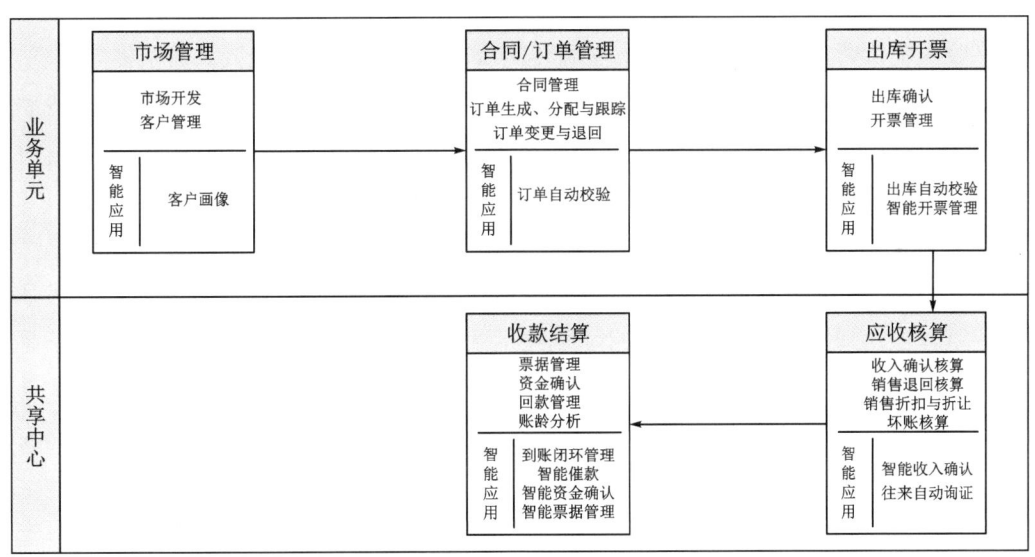

图 2　销售商品(提供服务)结算流程及相关智能应用

1. 客户画像

客户画像一般包括客户信息收集、画像建立和信用评级。通过客户画像分析,企业可实施精准营销和降低信用风险。

2. 订单自动校验

在 ERP 系统中,企业根据客户需求或合同约定生成销售订单,执行订单时,系统自动检查销量、价格、有效期、客存量是否在控制范围内,检查客户预收款和信用额度,信用额度不足则通知客户补交货款;同时,通过OCR技术,识别合同信息,并将其与订单信息比对,只有一致方有效。

3. 出库自动校验

目前,部分企业通过人工比对出库信息进行商品出库管理,容易造成商品出库混乱,甚至丢失。通过RFID(Radio Frequency Identification,射频识别技术)等物联网技术可将商品和库存系统建立连接,实现实物流与信息流的精准匹配。当商品被预订时,库存系统通过二维码将出库授权信息与商品关联,并将授权信息同步至RFID扫描终端数据库。当商品出库时,通过扫描商品二维码,自动与库存系统授权信息校验,若无误,则可通过,否则报警提醒工作人员进行相关处理。

4. 智能开票管理

引入开票机器人实现开票业务自动化;打通ERP与开票系统数据接口,将ERP的开票信息自动同步至开票系统,开票结束后将电子发票回传至ERP和电子档案系统,实现自动校验、自动存档,提升开票信息的准确度,减少人工确认带来的失误;打通ERP与销售App数据接口,将电子发票自动发送至客户,减少发票线下流转时间和交付成本,提升发票流转效率。

5. 智能收入确认

在收入确认时,企业可通过OCR技术,自动识别订单、发货单、合同及发票中的信息,通过知识图谱技术匹配信息,实现自动填单。如用户选择了"客户名称",企业可根据概率原则、表单类型等条件,自动带出"销售流向""运输方式"等信息,若与实际不符,人工可再修改,同时自动优化推导模型,完善语义网,不断减少人工填制单据工作量。

6. 智能催款

企业可运用智能技术进行自动催款,根据客户信用、合同约定、账龄等信息制定灵活的催收政策。当达到催收条件时,系统自动创建催收任务,通过语音合成技术,将催收信息自动合成语音,催收信息自动发送,催收电话自动呼叫,并在充分理解客户意图的基础上与客户进行对话,识别客户的还款意愿,引导客户进行还款,从而切实提高催收效率和质量,有效弥补人工催收的不足。

当客户存在严重违约时,智能催款系统可通过规则引擎和RPA技术,根据合同、发货单、发票等信息形成律师函或诉讼函,辅助法律部门自动发送至客户邮箱,并自动收集相关法律证据,最大限度减少企业经济损失。

7. 智能资金确认

当企业收到款项后,系统自动对收款信息进行确认,一般包括资金分拣、编制收款单、上传相关扫描附件等操作,同时还需对未清项进行核销,实现挂账信息的闭环管理。

8. 智能票据管理

采用系统集成和RPA技术,当票据入池时,根据票面信息自动生成收款单及票据入池申请单,实现票据自动入池;当票据到期承付时,根据到期日提前自动生成付款单,自动形成资金计划并上报审批,当资金计划通过审批时,实现票据自动承付。同时,在票据流转过程中,通过建立规则引擎和错误模型,实现相关业务单据的自动审核和自动纠错,减少票据人工操作。

(三)总账至报表业务智能应用典型场景

1. 关账至报表编制流程智能化应用

财务共享服务处理的关账至报表编制业务包括关账、合并抵消、报表编制三个子流程。关账,包括关账日历管理、月末检查对账和期间管理三个场景。合并抵消,为合并报表编制进行的调整抵消活动,包括验证和核对关联交易、内部交易是否准确,账抵法下内部交易、关联交易是否记账准确,上载、校验业务部门或区域财务数据等。报表编制,包括单体财务报表编制、准则转换调整、合并财务报表编制、数据分析与管理报告编制。其相关智能应用场景及流程如图3所示。

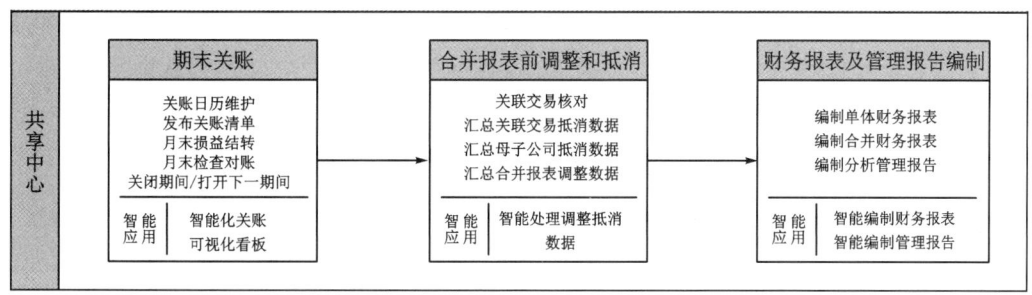

图 3　关账至报表编制流程及相关智能应用

1)智能关账与过程可视化

按规定时间自动生成关账清单并依次执行月末结转、关联交易对账、月末检查调整等一系列关账前操作。企业通过预警系统,可实现关账前的账务自动检查和风险控制,若检查出错误时,则关账流程暂停,同时自动提醒相关责任人,修改完成继续执行月末检查直至无误后,系统自动在关账清单标识完成该事项。当关账清单事项全部标注完成后,自动关闭当前账期和打开下一账期。

利用BI(商业智能)工具建立可视化数据分析看板,设定"关账至报表完成进度条及预警状态栏"以监控关账进度和财务报告编制进度。

2)关联方自动对账

依托云端部署区块链分布式账本,利用智能合约技术,将公司各关联方的交易事项进行上链操作,提供不可篡改、可追溯的一致性业务交易记录,实现智能合约自动化处理,保证关联交易各方按照条款忠实执行,替代了交易各方的手工对账工作,提供第三方审计、监管可追溯;上链的同时,对交易各方的数据进行Token化处理,通过对不同角色赋予对应的操作权限,实现交易类数据资产的全生命周期管理,提供合规、准确的关联交易数据。

3) 智能编制财务报表和管理报告

运用 RPA、BI、会计专家系统等技术自动收集不同来源的数据,关账完毕后自动触发单体报表数据采集和自动计算,同时按照预设的准则调整转换规则。然后,按照合并报表编制规则,自动采集汇总数据和单体报表数据,将两类数据按预设规则计算,自动生成合并报表,完成所有对外披露财务报表的编制。

同时,高级分析等智能化工具可结合组织架构、公司治理、核心流程等关键业务组成部分,以结构化和非结构化的财务数据为基础,自动生成各种功能报告,包括财务报告、管理报告、交易报告、运营报告、监管报告等;同时也支持"业绩指标快报""成交明细报表""本量利分析"等定制化分析或查询报告。

2. 薪酬业务流程智能化应用

薪酬业务主要指业务单元通过手工或自动化开展的薪酬计提、薪酬发放和社保公积金缴纳等经济活动。其相关智能应用场景及流程如图 4 所示。

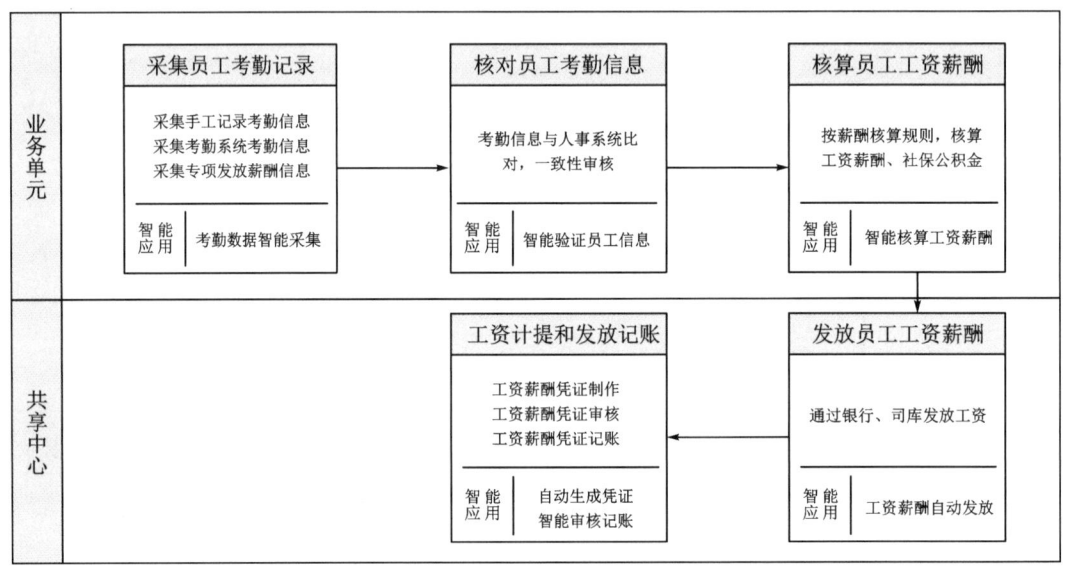

图 4　薪酬业务流程及相关智能应用

1) 考勤数据自动采集

建立员工画像,逐步记录并完善员工考勤习惯、工作时长、绩效记录及薪酬信息,通过建立与打卡系统、人脸识别及指纹识别等考勤系统的接口,自动获取并校验员工考勤数据,作为员工薪酬自动发放的数据基础。

2) 自动核算工资薪酬

利用规则引擎、机器人流程自动化、智能填单等技术,按照预设的工资标准和薪酬核算方法,结合人事系统的考勤数据和专项发放信息,计算出每个员工当月应发工资、社保公积金和个人所得税,自动生成工资薪酬审批表,提交审批人在线审批。

3) 薪酬自动发放和记账

利用机器人流程自动化、规则引擎等技术,当工资薪酬通过审批后,系统自动通过银行代发或者司库代发,利用自动化流程监控技术,对发放过程实施全程监控,一旦出现发放失败的情况,系统按预设规则判断是否卡号错误,短信提醒员工个人和业务处理人员,修改卡号后重新向银行传递数据包。薪酬发放成功后,系统按预设规则,自动将员工工资薪酬数据按应记账的核算单元(成本中心)进行分摊,按核算单元与会计分部的对照关系和制证规则自动计算各记账分部数据并生成凭证,按预设审核规则完成凭证审核和自动记账。

3. 税务业务流程智能化应用

税务业务流程包括税金核算、税金缴纳和税务申报等。利用智能技术处理上述业务,实现"纳税申报自动化"与"税务预警自动化"两个典型场景。其相关流程及智能应用如图5所示。

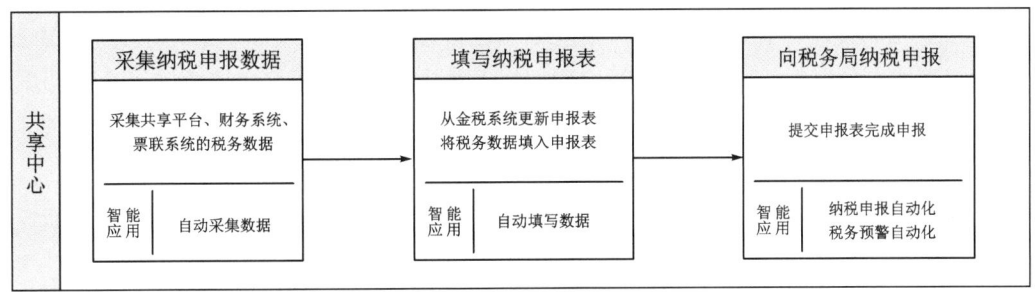

图5 税务业务流程及相关智能应用

1) 纳税申报自动化

通过建设税务平台,内嵌自动申报流程和规则,一端连接前端业务系统、财务系统、共享服务平台等多种渠道获取税务数据,另一端连接税务申报系统,将涉税数据加工处理后自动执行税务平台纳税申报流程。或者通过RPA机器人,自动登录税务系统录入已经准备好的纳税申报数据,提交申报表,自动缴纳部分类型税金。

2) 税务预警自动化

通过建设税务平台,将各类型税种税目的业务处理规则、处理逻辑和模型内嵌于平台中,使平台能够根据实际涉税业务自动识别税务风险并预警,同时利用智能化技术不断完善预警逻辑,利用大数据计算和智能决策分析系统提供税务业务处理建议,助力企业规避税务风险和税务筹划。

4. 档案管理流程智能化应用

档案管理流程是指财务共享中心对电子会计档案移交、档案保管、档案统计、档案提供和利用、档案鉴定和档案销毁。其相关流程及智能应用如图6所示。

1) 自动采集档案资料

月末结账完成后,操作人员在电子档案管理系统执行"档案自动采集及归档",自动从财务系统中自动采集会计凭证、会计账簿和财务报告,从OA系统和合同系统中分别采集电子

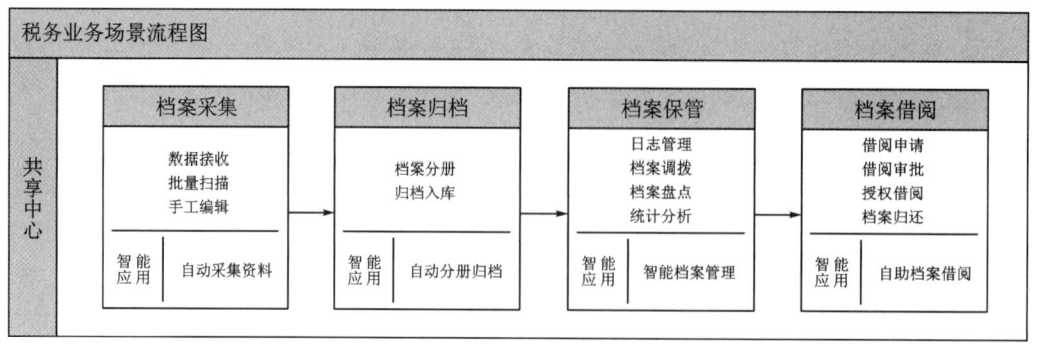

图 6　档案管理流程及相关智能应用

公文和电子合同,从 ERP 系统物资模块采集出入库单、CO(Controllin,管理会计)模块采集成本分摊表、HR 模块采集工资表等电子单据,从共享平台电子票联系统采集电子发票,从银企互联系统采集银行电子回单,从其他业务系统按预先设定规则采集相应原生信息数据。凭证附带其他影像资料的,通过扫描新增到档案系统中。采集的同时,完成电子会计档案和电子附加编码的匹配校验。

2) 自动分册归档

利用规则引擎、RPA、条码技术,在档案数据采集后执行"电子归档"指令,系统自动完成电子会计凭证、电子会计账簿和电子财务报告的自动成册上架,自动生成卷号和上架号等库位信息,实现档案自动成册、归档、上架入库。入库后生成专用条码,保障电子档案分册信息与实物档案的一致性。

3) 智能档案管理

电子会计档案成册入库后,操作人员可通过系统,对档案库存状态、盘库、调拨、查询权限和库位管理等内容实施全流程线上管理,自动生成档案流转的日志记录,实时监控档案流转信息。同时,智能查询分析功能,提供多维度的档案管理分析报告,能够在可视化面板中全面展示档案库电子会计档案类别、档案数量、各类别处于借阅状态的档案数量以及库存状态等内容,可按交易对象、报销人、借阅人等不同维度性质个性化统计报表,为企业档案精细化管理提供数据支持。

(四) 共享运营智能应用典型场景

1. 智能派单

在财务共享模式下,共享中心统筹处理所有会计核算工作,通过搭建"任务池",自定义分配规则,将报账业务在共享中心内部进行智能分配,实现业务与人员的最佳匹配,确保业务处理及时,任务分配公开、公平。同时,采用大数据分析技术可对"任务池"进行智能管理。通过分析历史月份、时段任务量数据,对某段时间内的业务量进行预判,对业务高峰提前预警,以便管理人员合理调配资源。

2. 绩效智能展示

应用大数据分析技术可在共享运营平台搭建实时、动态的绩效看板,通过对业务人员绩效的精准分析,实现同一部门或人员不同时期、同部门不同人员之间、不同部门之间等多维度的业绩智能展示,激励业务人员创造更好的绩效。

3. 智能客服

利用自然语言处理、大数据分析、RPA、知识图谱等技术,搭建聊天机器人、智能搜索、智能翻译等客服工具,建立统一的知识库,实现用户日常问题的自助处理,利用问题满意度反馈、转人工处理结果进行知识库更新,减少人工客服工作量,提高响应客户的效率和质量,提升客户体验。

1) 电话客服 AI 应答

引入智能 AI 语音客服,当用户拨打客服电话时,系统引导用户说出咨询问题,根据问题关键字进行语义理解,进行智能解答。如解答完成且客户满意,自行挂断;如未能解答问题,自动接转至人工客服组进行解答。

2) 线上客服智能答复

开通在线客服,引入聊天机器人和智能搜索引擎,当用户使用线上客服时,输入问题关键字后,系统随即推送关联的常见问题列表,用户可选择类似问题进行查看,若没有相关问题,则继续进行问题详述,聊天机器人根据问题自行理解,推送相关操作规程进行解答,若 3 次以上未能解决的,转至人工客服组进行解答。

三、中国石油财务共享智能应用实践

中国石油财务共享坚持数字驱动,主动拥抱数字化转型,利用自动化、智能化技术,自主研发 RPA"小铁人"机器人和智能语音秘书"油宝",逐步探索出一条机器能听懂、能看懂、会学习、会操作的智能财务共享之路。

(一) 机器人流程自动化(RPA)应用实践

中国石油财务共享先后上线制证类、审核类、发票认证类、资金支付类、银行回单分拣类、电子会计档案归档类等 6 类共 180 个 RPA"小铁人"机器人(图 7),平均处理效率为人工

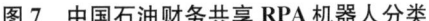

图 7　中国石油财务共享 RPA 机器人分类

的20倍,完成工作量占比达54%以上,同时形成了一套具有中国石油特色的机器人流程自动化应用运行框架及开发模式。"小铁人"的应用使得共享运营公司完成从人力密集型向技术密集型的转变,实现低成本、高质量服务。

1. 制证类机器人

制证类机器人主要负责完成会计制证任务。会计核算是财务共享核心业务之一,中国石油核算单位多、层级深、业务广,财务共享以服务目录接收各单位提交的服务请求,基于统一的规则引擎、凭证引擎、调度引擎,分别为不同服务目录设置了不同的"小铁人"制证类机器人,以满足不同业务场景下的核算内容、派工方式、机器人管控。对于各种业务场景下的制证处理,制证类机器人都先按系统化的审查规则进行自动校验,全部通过后调用凭证引擎完成制证。目前,共享中心在员工报销、资金收款、付款、转款、销售公司非油核算等业务方面都实现了自动化制证。

2. 审核类机器人

审核类机器人主要负责完成会计凭证审核任务。在财务共享模式下,每个业务场景被拆解到不同岗位,制证机器人完成凭证制作后,任务将流转至凭证审核岗,审核类机器人依赖于已系统化的人工审查规则进行自动校验,全部通过后完成凭证审核工作。目前,共享中心在员工报销、资金收款、付款、转款、销售公司非油核算等业务上实现了自动化凭证审核。

3. 发票认证类机器人

发票认证类机器人主要负责完成增值税专用发票的自动认证任务。发票查验通过进项发票通道与国税局系统对接,报销业务提报时,系统获得发票的结构化全票面信息。在报销业务完成会计制证后,系统会自动记录业务表单与发票、凭证之间的关联关系。在会计凭证完成审核后,系统自动将与凭证对应的增值税专票信息推送发票认证类机器人,发票认证类机器人按系统配置的规则(如认证单位、账期与税期的关系、税号管控等)通过进项发票通道,发送发票认证指令,并跟踪发票认证的返回状态,在获得发票认证成功的状态后完成发票认证任务。

4. 资金支付类机器人

资金支付类机器人主要负责完成个人报销款项支付任务。中国石油财务共享付款业务流程为先挂账后付款,付款流程采用先款后证模式。在报销业务核算过程中,对于事项的真实性、发票及其他支持性附件、收款账户信息等已完成审批。在付款业务处理过程中,涉及资金支出账户、支付方式、账务处理方式等均按默认规则预设,资金支付类机器人主要完成收款人账户信息的校验、付款指令的发送、付款指令的跟踪,检测到银行付款成功后完成支付任务。

5. 银行回单分拣类机器人

银行回单分拣类机器人主要负责建立银行回单信息与会计凭证信息的对应关系。基于中国石油司库系统提供的与中国石油财务公司及商业银行线上直联功能,以及会计档案电子化管理功能,银行电子回单通过中国石油财务公司流转至司库平台,银行回单分拣类机器人通过查询司库平台、中国石油交易平台、中国石油财务公司系统、商业银行等付款单、付款报文中的线索,完成银行电子回单与会计凭证的自动匹配、电子化归档,取消了电子回单打印,极大地减少了回单的分拣与核对工作量。

6. 电子会计档案归档类机器人

电子会计档案归档类机器人主要负责完成会计档案电子化后的自动组卷工作。中国石油推广施行会计档案电子化管理后,在财务共享前会计档案的组卷工作仍由各单位财务人员通过系统完成会计档案的电子化归档操作。在财务共享上线后,通过梳理业务流程及业务规则,会计档案组卷机器人负责完成所有会计凭证、原始凭证、会计账簿、财务报表的自动组卷工作,它将区分不同地区公司、档案机构、期间,在月末或年末启用,每年自动组卷1亿余卷内件,节省了大量档案管理员的手工组卷时间。

中国石油财务共享"小铁人"如同共享运营公司员工,有明确的岗位、清晰的职责,7×24小时高质量完成本职工作,极大提高了共享运营公司的运营效率。图8是中国石油财务共享RPA机器人运营平台监控情况,在共享运营管理体系下,"小铁人"的工作可管理、可控制、可扩展、可监控,每位"小铁人"的工作动态可实时掌握。

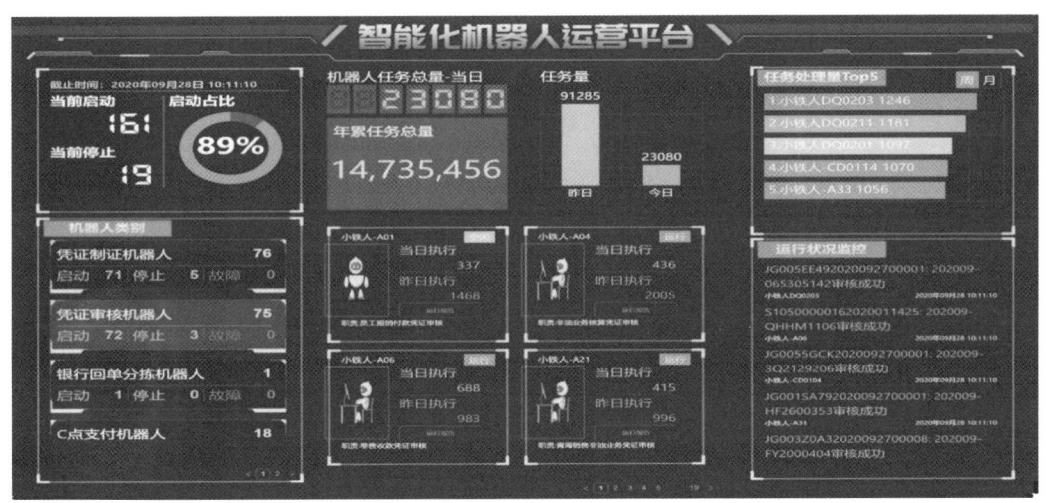

图8 中国石油财务共享RPA机器人运行监控

(二) 进项税发票池应用实践

中国石油所属企业多、税种复杂,传统模式下各企业业务人员手工查验发票,错报、重报、假发票风险较大,税务岗位人员依赖Excel完成税务核算,效率低、错误率高。为加强税务管理,中国石油在推进共享建设的同时,搭建了进项税发票管理平台及统一的进项税发票池(图9),自动获取国税总局电子底账库增值税全票面信息,实现增值税发票自动查重、验真、认证等功能,提高发票处理效率,提升合规管控能力。平台上线一年累计拦截交易对方开出的不合规发票超过1万张,金额数亿元,查出已经认证后又被出票方作废发票涉及税额数千万元,有效解决了发票风险管控难的问题。

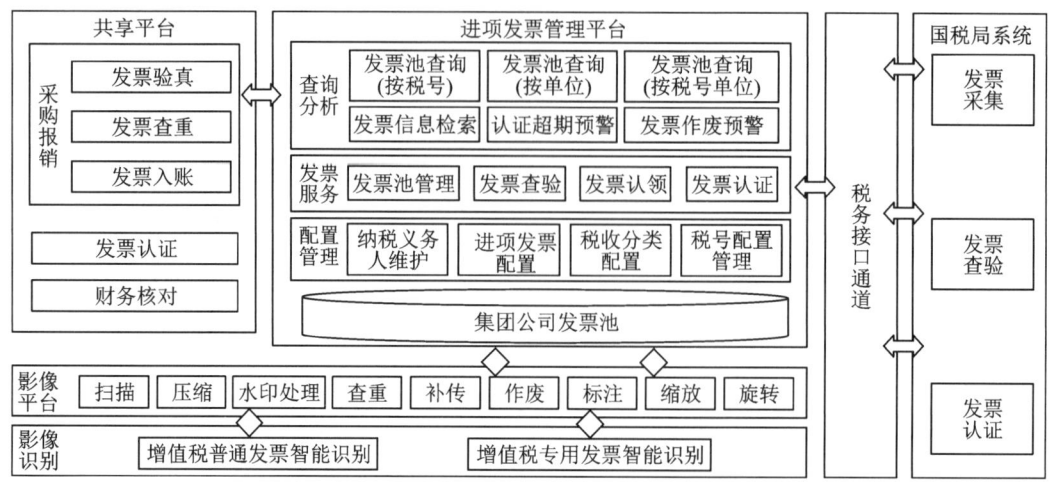

图9 中国石油进项税发票池应用实践

基于进项税发票池积累的丰富的发票全票面信息,联动挖掘内外部数据信息,开发完成发票大数据分析服务(图10),向企业提供可视化发票情况概览、供应商分析、发票场景分析、税收筹划、基础信息查询等服务,支持企业整合采购资源、降低采购成本、分析发票行为、管控涉税风险。

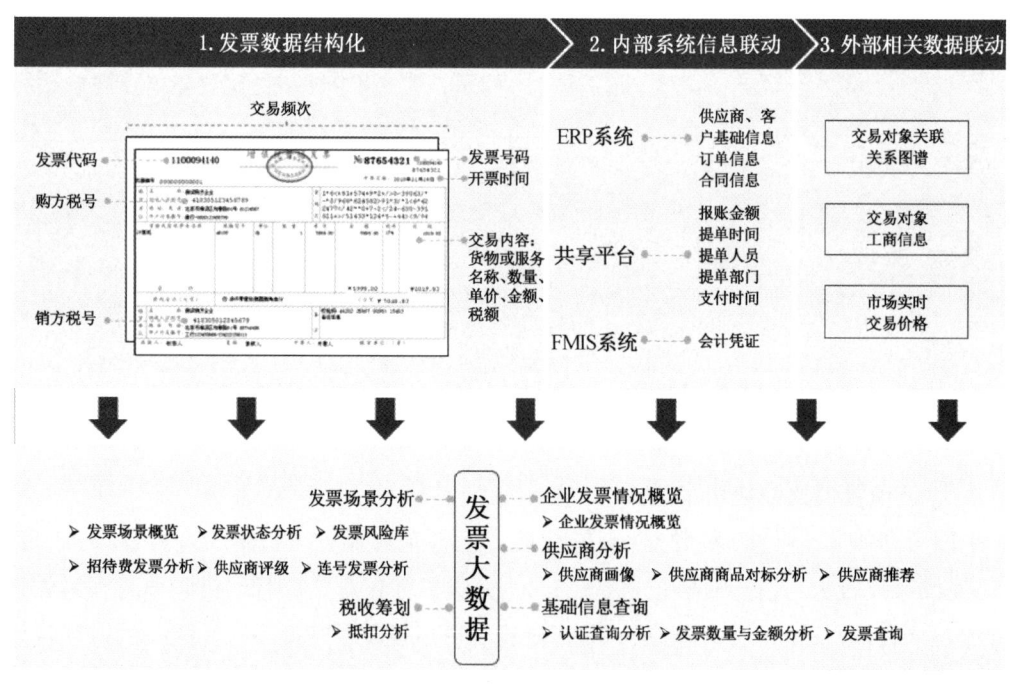

图10 发票大数据分析应用实践

(三)差旅费报销全过程自动化应用实践

差旅费报销业务服务于中国石油内部所有员工,是用户面最广、单据量最大的业务,差旅费报销难易程度,直接影响用户体验。共享运营公司采用"边上线、边优化"策略,通过与科大讯飞、睿琪软件等人工智能领先企业合作,同时基于开源软件自主研发,将语音交互、智能识别、知识图谱等技术应用到差旅费报销业务,上线应用智能语音秘书"油宝",结合 RPA "小铁人",实现了"你给我票据、我帮你报销"的全过程自动化处理,如图 11 所示。

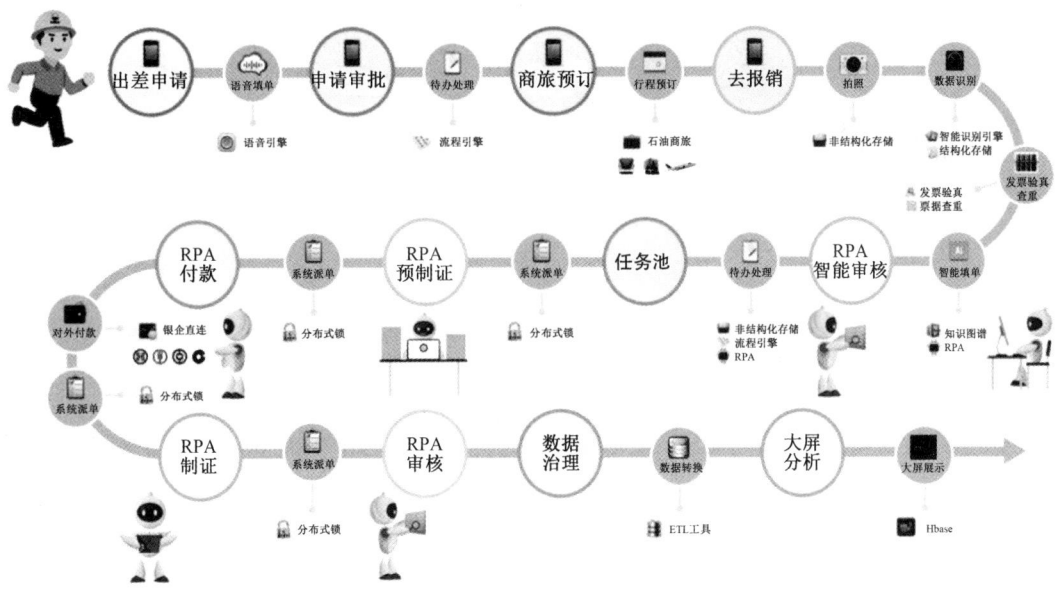

图 11 差旅报销全过程自动化及智能化应用

1. 语音交互填写出差申请

在出差申请环节,利用移动 App,基于科大讯飞"言知"公有云平台开发的智能语音秘书"油宝",只需一句"我要出差","油宝"作为专属智能机器人秘书,以交互方式按用户指令完成出差目的、申请事由、往返日期、往返城市、交通工具等确认,自动生成出差申请单,并自动推送至审批人。审批通过后,在出行预订环节,无缝集成石油商旅、同程商旅等服务,无需垫付资金,员工直接拎包出行。

2. 智能识别自动填写报销单

差旅报销环节,App 程序自动提取出差申请信息,拍下票据,发起差旅报销;通过与睿琪软件合作,引入"票小秘"智能识别产品,实现多张、多类型票据自动切割、混合识别,应用于增值税发票、火车票、机票、汽车票等 8 类票面信息的自动识别、自动归类,将票面信息转换为结构化数据;通过与国税系统集成完成发票验真;查验完成后,系统根据识别结果,自动完成城市间交通费、市内交通费、过路过桥费、住宿费、培训费等内容的填写,将票据信息"手工录入"变为"自动提取"并填充。对于该业务场景下的各类个性化信息,基于开源产品自主研发报销知识图谱,利用积累的大量数据资产,通过知识推理、知识计算等自动推导出差补助、个性化扩展信息的填写。用户只需通过向导式的操作指引对各项信息进行确认,相关单据便会推送至共享中心进行报销处理,智能填单运行监控界面如图 12 所示。

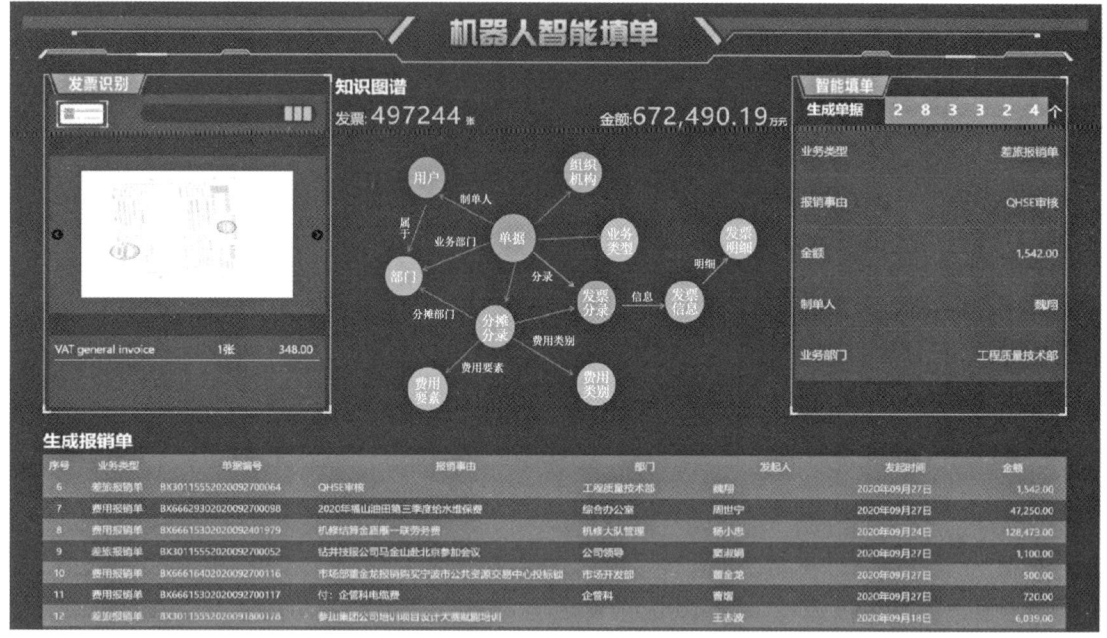

图 12　中国石油财务共享智能填单运行监控

3. 资金自动支付

在资金支付环节,根据预设规则和流程,支付"小铁人"校验通过后自动向银行发送支付指令,跟踪返回结果,支付成功后向报销人推送支付消息。

4. 自动制证记账

在支付核算环节,根据预设规则和凭证模型,付款制证"小铁人"完成凭证生成、校验、保存,付款凭证审核"小铁人"对凭证及原始单据信息进行校验,完成凭证审核,自动记录凭证、报销单和增值税发票的关系。

(四)中国石油财务共享智能应用效果

1. 提高核算质量

中国石油财务共享按合规管控要求进行独立审核,在"小铁人"协助下,审核发现发票不合规、报销金额大于票据金额、无合同或超出合同范围、缺少支持性附件等多项合规性问题,发挥了合规管控的作用,财务退单率已由上线初期的 7% 降至 0.74%。

2. 提升运行效率

通过 RPA 及人工智能技术在各业务场景的应用,员工报销周期从 1 周以上缩短至 3 个工作日内;发票认证与核对从 1.5 天缩短至 0.5 天;单笔付款处理时间比共享前缩短了 5 分钟;单笔收款处理时间比共享前缩短了 10 分钟;发票信息录入和验真比共享前缩短了 15 分钟;账务核对检查、月末结账关账比共享前提前了 2~3 小时。如金额低于 5 000 元的员工费用报销等流程已实现共享运营公司内部全流程自动化处理,运行效率处于行业领先水平。

3. 提升用户体验

智能差旅报销业务自 2019 年 12 月试点以来,已服务 2 000 余人的出行,帮助 6 000 余人完成近 2 万笔差旅费智能化的报销填报。2020 年 3 月,基于知识图谱技术的费用报销智能填单投产,形成知识图谱节点 412 万个、知识关系 3 539 万个,累计为 73 家单位 1.46 万个用户提供了 11 万多笔费用报销智能填单服务,其中业务信息推导准确率达到 86% 以上。经过初步测算,通过应用人工智能技术,业务人员填单工作量减少了约 35%,用户体验显著提升。

4. 降低运行成本

企业通过不断推进数字化、智能化等技术创新手段,可降低管理运营成本。目前,中国石油财务共享共有 6 类 180 个"小铁人"机器人,累计完成岗位任务 2 亿余笔,处理效率平均为人工的 20 倍,完成工作量占整体工作量 54% 以上,减少用工 560 余人。会计档案电子化在中国石油各分子公司 125 家单位推广应用,综合电子化率达到 50%,每年可节约纸张2.5 亿张、硒鼓 2 万余个,节约成本 5 400 万元。

5. 增强风险防控

2018 年 11 月,中国石油上线集团公司集中统一的进项税发票池,与国税总局发票系统集成,实现自动查重验真和批量认证等功能,累计拦截不合规发票 2.96 万张,涉及不含税金额 6 亿多元,有效发挥税务风险防控能力。

四、财务共享智能应用展望

中国石油将在财务共享智能应用的研究与应用中不断前行,一方面将继续在采购至付款、销售至收款、总账至报表等业务场景下应用 RPA、图像识别、语音识别、知识图谱等智能技术,使得数字化劳动力大规模参与业务处理,提升用户体验及共享服务质量和效率;另一方面将在数据预测、决策支持等更广范围应用自然语言处理、神经网络、深度学习等人工智能技术实现智能管控、智能预测、智能决策等服务,发挥智慧共享力量,为业务赋能,推动共享中心成为敏捷服务、业务洞察和智慧决策的提供者,实现数字化转型、智能化发展。

参考文献

[1] 中华人民共和国国务院.新一代人工智能发展报告[R].2017.
[2] 阿里巴巴达摩院.达摩院 2020 十大科技趋势[R].2020.
[3] 中兴新云财务云,ACCA.2020 年中国共享服务领域调研报告[R].2020.
[4] 德勤.2020 技术趋势报告[R].2020.
[5] 德勤.2019 全球人工智能发展白皮书[R].2019.
[6] 中国石化,ACCA.国有企业共享服务行业发展现状暨共享服务中心 2019 年调研报告[R].2019.
[7] SCHULMAN D S, DUNLEAVY J R, HARMER M J, et al.Shared services-adding value to the business units[M].United States of America:PricewaterhouseCoopers and James S.Lusk,1999.
[8] 贾森·艾博年,布莱恩·曼宁.商业新模式:企业数字化转型之路[M].邵真,译.北京:中国人民大学出

版社,2017.

[9] 张庆龙.数字化转型背景下的财务共享服务升级再造研究[J].中国注册会计师,2020(1):102-106.

[10] 贾小强,郝宇晓,卢闯.财务共享的智能化升级:业财税一体化的深度融合[M].北京:人民邮电出版社,2020.

[11] 中兴新云财务云,南京大学职能财务研究院,厦门大学会计学系.财务的自动化智能化数字化[R].2020.

[12] 中兴新云财务云.增值税专票电子化——打通财税数字化最后一公里[R].2020.

[13] 黄健婷.智能信息化对财务共享服务机构的影响研究[J].企业改革与管理,2019(20):111,113.

[14] 李克红.人工智能视阈下的智慧财务管理研究[J].财务与金融,2019(06):63-68.

[15] 梅新蕾,李伟.科大讯飞:探寻人工智能的实现路径[J].清华管理评论,2018(12):11-19.

课题负责人：丁淑颖、高级工程师

课题组成员：丁淑颖、闵广富、赵乾、范浩、汤洁泉、谭瑾、熊英、肖瑞民、姜寒竹、姜徽、邓龙兵、曹方成、吕洪伟、彭牡林

所在单位：中国石油集团共享运营有限公司

财务机器人在金融行业最佳实践研究

【摘要】 金融行业具有良好的数字化基础,近年来金融行业开始深度探索RPA财务机器人在行业中的应用。首先,本研究通过财务机器人在金融领域的建设现状和应用场景分析,构建了财务机器人的建设框架,并对框架中的产品与技术能力、产品平台的建设、财务机器人场景的交付与运营逐一进行分析。其次,基于丰富的企业财务机器人实践经验,本研究提出了财务机器人建设的规划发展路线。最后,本研究以某证券公司为例,通过建设思路、应用场景和建设成效,分享该企业的RPA最佳实践,以供其他金融机构参考借鉴。

【关键词】 财务机器人;金融行业;最佳实践

一、引言

随着"大智移云物区"等颠覆性技术力的发展,金融行业的领袖们意识到传统信息系统对于核心业务的束缚,银行、保险、证券等核心金融机构正开展着数字化竞赛。在诸多赋能技术中,机器人流程自动化(RPA)技术以其独特的技术手段与显著的部署成效脱颖而出,获得了企业管理者的认可。

相比大型信息系统的更新与升级,RPA为金融机构管理层提供了一个快速、经济、高效的解决方案。部署RPA实现快速的运营创新,将其作为企业数字化转型的切入点,已逐渐成为金融机构管理层的共识。配合银行、保险、证券等公司的业财一体化战略以及"大财务""大金融"目标,金融行业的"财务机器人"的能力所涵盖的范围也已向财务管理、运营管理、风险管理延伸。

二、财务机器人在金融领域的应用分析

(一) 建设现状

德勤对全球与大中华区财富五百强企业的调研发现,有78%的企业已开启了RPA机器人的建设进程,在成功部署了RPA的企业日常经营业务中,提升了92%的合规性,增进了90%的质量和准确性,提高了86%的生产率,降低了59%的成本。

在国内,各大银行与保险集团、证券公司、基金公司等企业在账务处理与核对、资金管理、监管报送、税务处理、财务分析、报表制作等主要业务场景部署了RPA机器人,在效率提

升、错误率降低等方面均获得了良性反馈。同时，这些行业领先企业均以不同形式制定与逐步推进着 RPA 卓越中心的建设，力求建设辐射企业全局的自动化服务能力。

（二）应用场景

根据麦肯锡全球研究院对财务自动化的研究，42%的企业财务活动通过采用成熟的技术可实现全自动化，19%的企业财务活动可实现近全自动化。其中，超过 50%以上的一般会计活动、现金支出、营收管理、财务控制与外部报告、税务等财务活动可实现高度的自动化。财务活动的自动化机会如图 1 所示。

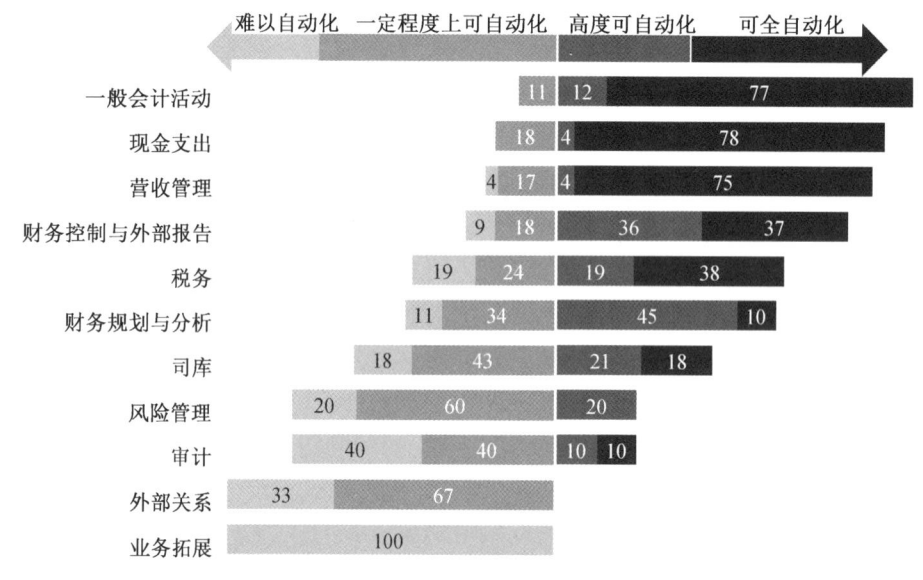

图 1　财务活动的自动化机会

资料来源：麦肯锡全球研究院相关报告。

特许公认会计师公会（ACCA）在《2018 财务共享服务中心 RPA 机器人调研报告》中发现，44.8%的共享服务中心应用了财务机器人，企业主要在账务处理、发票认证、发票查验、银行对账、费用审核、发票开具、合并报表等流程标准化程度较高的财务场景部署了财务机器人，极大减少了基层财务人员的工作量，通过利用机器人，实现了人员的优化与价值提升，成本效益显著。RPA 应用财务流程场景分布如图 2 所示。

金融行业企业在进行财务处理时也广泛应用 RPA 技术来提高其业务效率。例如，银行业可以利用 RPA 进行账户数据查询处理、财务报表自动编制、对账处理等；保险业在进行理赔支付、资金管理、纳税申报等财务处理时也可以运用 RPA 技术；证券业在月报整理分析、损益统计、交易结算等方面也能够通过 RPA 辅助其业务处理。

此外，在金融行业中运营、风控等领域也大量应用了 RPA 技术。例如：很多大型金融机构在反欺诈、反舞弊、反洗钱、尽职调查等风控细分领域陆续部署了 RPA，支撑了对贷款、账户管理、交易执行、客户画像、内部审计以及客服质量等运营环节。在反欺诈检测中，RPA 能够 7×24 小时不间断工作来实时跟踪检测所有的交易，全面且及时地发现交易中存在的潜

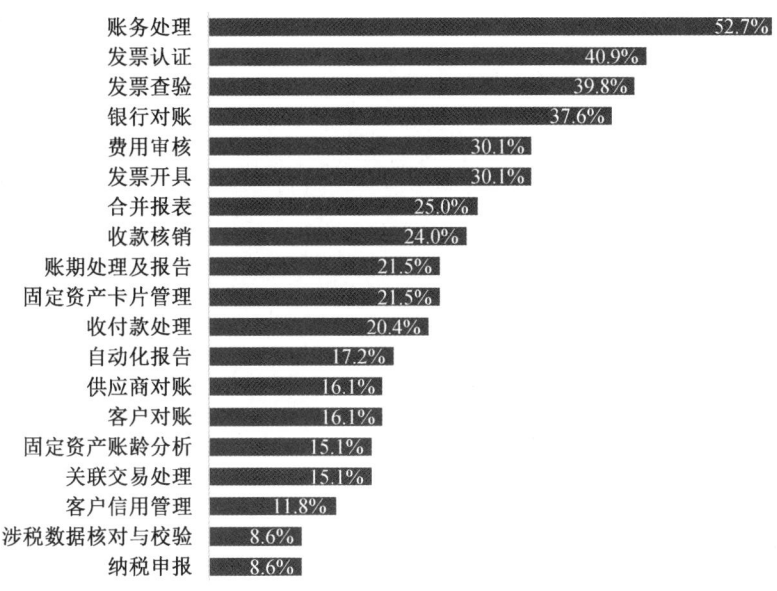

图 2　RPA 应用财务流程场景分布

资料来源:《2018 财务共享服务中心 RPA 机器人调研报告》。

在欺诈风险,降低从风险发生到采取措施应对的响应时间,将损失控制到最小。RPA 带来的直观效果,始终能够获得企业管理层与实际操作人员的满意反馈与推荐。

三、财务机器人的建设框架研究

根据其关注点与目标的不同,财务机器人建设可以分为两个明显的阶段或类型。

第一阶段是简单的财务机器人场景化交付与使用阶段。在这个阶段,企业往往更多关注特定财务处理场景的自动化实现或是高频手工财务处理的自动化替代。实现的方式更多的是依靠外部的力量,包括外部的服务商或是企业内部的 IT 人员。过程中的服务质量与支撑响应效率是企业对财务机器人使用感知的最大影响因素。

第二阶段是财务机器人的体系化建设阶段。在这个阶段中,企业会从多个不同的维度着手深度建设应用财务机器人,首先是 RPA 产品与技术的评估与选取,其次是一体化的 RPA 平台建设与保障、财务机器人场景的交付与维护,最后是财务机器人常态化的运营管理。

以艺赛旗为例,在财务机器人建设框架方面,财务机器人的体系化建设包括自动化技术能力平台,以及平台建设、运营管理和场景交付三大支柱,如图 3 所示。

(1) 自动化技术 RPA 的产品技术能力是实现财务机器人的相关产品与技术,是财务机器人建设的基础。尤其是在体系化的、大规模的财务机器人应用建设过程中,需求具备从财务机器人的挖掘到财务机器人的生成,再到财务机器人的运行与管理的提供端到端的自动化能力。并且保证未来的可扩展性。

(2) RPA 平台建设是需要针对企业财务机器人建设所涉及的自动化技术能力,根据企

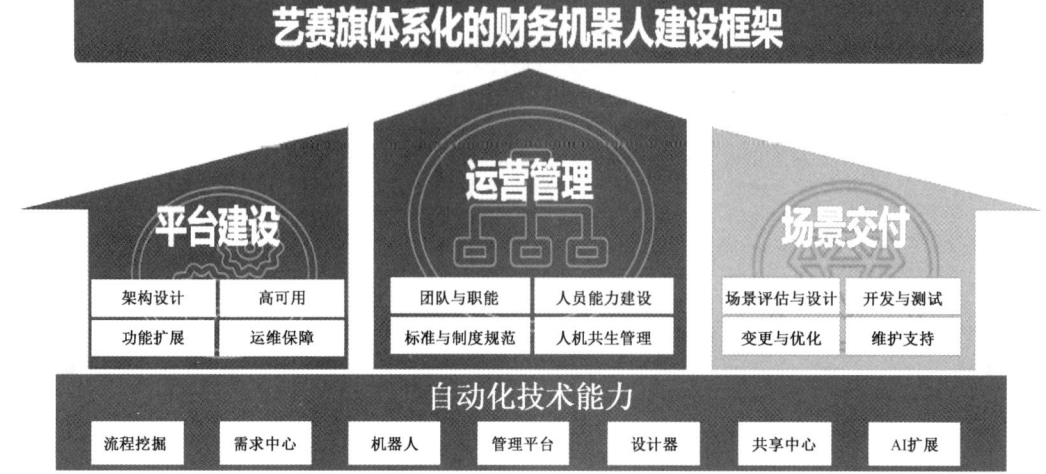

图3 财务机器人的体系化建设框架示意图

业内部信息化对于产品架构、稳定性、连续性、安全性,以及产品的运维保障等方面的要求,进行企业级的产品部署。

(3) 场景的交付是财务机器人从需求到投产运行的全过程。广泛收集企业内部可能适合引入 RPA 的财务场景,明确企业内部引入 RPA 的标准,确定最终引入 RPA 的财务场景,借助 RPA 产品进行自动化实现,并在运行过程中进行持续的维护与优化。

(4) 常态化的运营管理是财务机器人长期稳定运行的保障机制。建立贯穿财务机器人全生命周期的、标准化的、规范化的流程,构建稳定的、全面的、高能力的财务机器人团队,通过企业员工与财务机器人的紧密协同,实现财务机器人更高效运行。

四、RPA 产品能力与平台建设

RPA 技术的主要特性是通过无侵入式的部署方式对流程进行快速开发,最终实现相应财务流程的自动化处理。目前,大多数国内 RPA 厂商的产品主要由机器人、RPA 设计器、RPA 管理平台三个模块组成。艺赛旗通过 10 年的产品技术积累,以及与南京大学人工智能学院的深度合作,将诸多人工智能技术与算法融入产品,率先推出从需求发现到需求评估、开发实现、任务执行,以及管理运营的端到端流程自动化产品能力,如图 4 所示。

在产品部署方式上,艺赛旗 RPA 可根据企业对信息化的要求、业务对运行与管理的要求等做差异化部署。从 RPA 平台稳定性要求的角度出发,艺赛旗 RPA 支持 RPA 管理平台单点部署、RPA 管理平台高可用部署;从 RPA 产品运行环境类型的角度出发,艺赛旗 RPA 支持可以为分硬件环境部署、虚拟环境部署、云化部署;从企业资源管理的角度出发,艺赛旗 RPA 支持可以分为企业总部集中式部署、企业分散式部署、混合式部署。

此外,在产品部署完成并投产运行后,企业还需要对 RPA 平台进行常态化的运维支持,包括平台的监控、日常的巡检、产品平台的 Bug 修复与版本升级等工作。

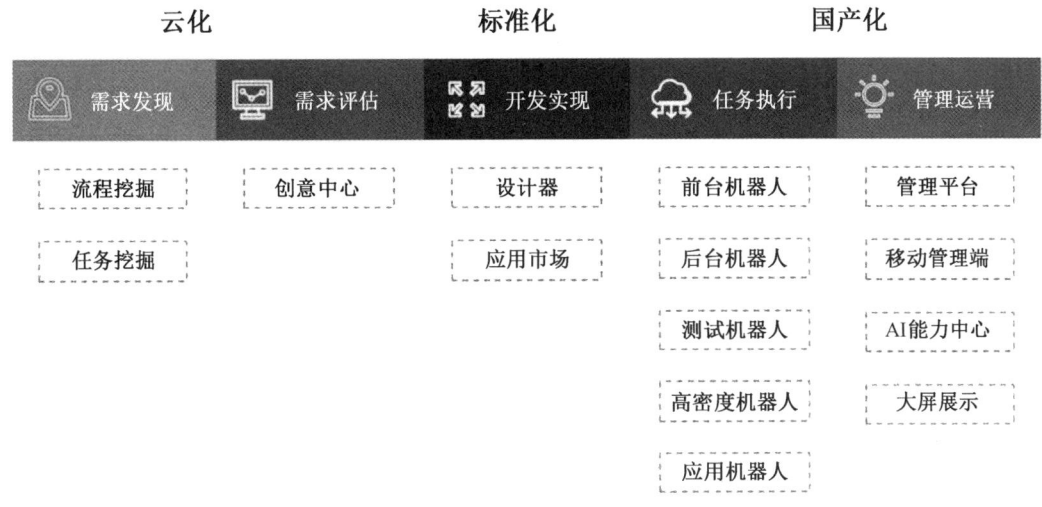

图 4　艺赛旗端到端自动化产品能力

五、财务机器人交付与运营

(一) 财务机器人场景交付

财务机器人的建设是一个长期的、动态的过程,场景的交付与质量又直接影响最终的使用效果,因而财务机器人的场景交付需要有清晰的方法作为指引。总体来说分为四个阶段,如图 5 所示。

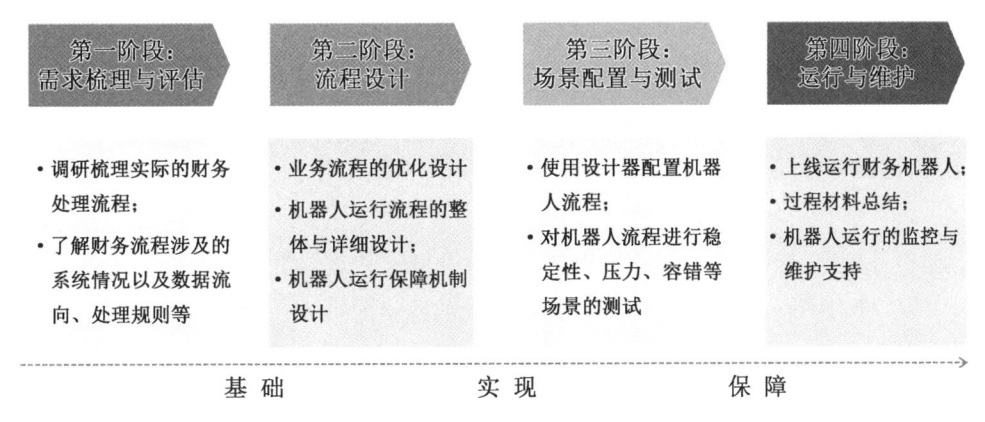

图 5　财务机器人场景交付方法

1. 需求梳理与评估

流程梳理是财务机器人开发的前提。企业需要对原有流程中的业务流(流程中涉及的每一个操作步骤,并标记如何操作)、系统流(流程涉及的信息系统、访问的方式、账号口令等)、数据流(流程运行涉及的数据对象、数据来源、获取方式、数据格式、数据流向等),以及处理规则(具体数据的处理逻辑、校验规则、财务机器人运行规则等)进行完整的梳理。

最终,在条件许可的情况下,企业可根据梳理的结果形成完整的流程需求说明文档,以便用于后续的评估与开发工作。同时,并非所有的财务流程都适合通过 RPA 实现,RPA 需要基于固定的规则处理相应的财务流程。因此,企业需要遵循一定的标准(流程标准化程度、数据电子化程度、业务变化程度、业务量与频次等)对流程进行评估,最终选出适合通过 RPA 实现自动化处理的财务流程。

2. 流程设计

财务机器人并不是简单地将原本的手工操作用财务机器人来替代,而是充分结合 RPA 的技术特性与财务流程的业务特点进行再造。因此,企业需要基于流程梳理的结果,对其进行全新的设计,包括但不限于流程架构的设计(例如:对长流程进行分解,将原有流程拆分为一个主流程和三个子流程,并通过主流程串联各个子流程)、流程数据的设计(根据处理的数据类型、数据的来源、信息安全重要程度、处理的方式方法等,对数据进行合理的设计)、流程容错的设计(针对流程中的异常情况或是业务的差异化要求,做出界面关键信息判断、关键操作环节的循环处理、操作等待与操作重新执行等的容错处理机制)、运行模式的设计(根据业务需求,对机器人的部署、调度方式等进行差异化设计)等。

3. 场景配置与测试

1)场景配置

虽然财务机器人是借助 RPA 的产品特性通过可视化的方式配置开发而来的,但在其开发过程中,也需要充分借鉴传统的信息化开发标准与规范。一方面,这有助于提升财务机器人开发的效率与质量;另一方面,这有助于减少后续财务机器人的运营成本,提高运营效率。

财务机器人的开发标准可以从命名、业务设计、容错设计、函数编写方面进行规范。

命名规范:流程、子流程、数据变量等都需要有统一的标识,因此需要对其名称、编号、描述等进行统一和规范。

业务设计规范:在 RPA 产品中,财务流程可以有很多种开发与实现的方式。例如,鼠标点击实现、键盘操作实现、代码函数实现等。因此,需要在开发规范中明确功能实现的优先级。

容错设计规范:在规范中明确流程中必须设置容错和建议设置容错的业务处理环节或类型。并且,针对不同的容错方式,可以给出建议的容错配置。

函数编写规范:对于财务机器人中编写的自定义函数,参照代码开发的标准,对代码的排版、变量的使用、代码的注释等进行统一和规范。

2)流程测试

对于开发完成的财务机器人,企业需要安排独立的人员进行流程测试。测试工作内容主要有业务一致性测试、代码审查、流程稳定性测试。

业务一致性测试:主要是参照经过确认的业务需求文档,对财务机器人的功能实现进行测试,测试是否与业务需求一致;

代码审查:参照流程开发规范,对财务机器人的代码质量进行审查;

流程稳定性测试:通过大数据量、长时间运行等方式,测试财务机器人是否会出现运行中断、异常报错等情况。

4. 运行与维护

财务机器人的上线运行意味着在一定程度上开始对原有的财务处理工作形成了替代，但上线初期财务机器人的运行稳定性还未得到验证，因此在上线运行前需要有完整的业务保障方案和机制。该方案中需要明确财务机器人运行故障后的响应处理机制、机器人运行故障后财务人员介入业务处理的时间与要求、是否有业务回退机制以及回退的要求等。

此外，财务处理工作并不是一成不变的，其涉及的信息系统、流程操作环节、内外部数据、处理规则等都可能会发生变化。为了保障财务处理工作的业务连续性，一方面，企业需要对财务机器人运行情况进行实时监控，如遇到问题及时响应解决；另一方面，企业需要提前获知变更信息，对财务机器人进行调整优化。

（二）财务机器人运营

在体系化的财务机器人建设中，财务机器人常态化的运营是很重要的内容。它更多的是由管理需求驱动的，是从管理层面为了保障财务机器人长期、稳定、高效、融合的运行而形成的一系列机制。它包括建立相关的团队并明确职能、对团队和人员进行相应的能力建设、对财务机器人的全流程过程中制定相关的标准与规范、基于管理与业务层面的具体应用进行人与机器人的协同。

1. 团队与职能

体系化的财务机器人建设需要完善的团队支持。从职能上这种团队可以简单划分为平台运营、流程运营、生态运营三类。其中，平台运营团队主要承担 RPA 平台的建设、日常监控与维护、资源与安全管理等；流程运营团队主要承担了财务处理工作的分析与挖掘、财务机器人的开发与测试、财力机器人的运行监控与维护等；生态运营团队主要是为了促进企业内部 RPA 赋能、共享、共用。企业在建设财务机器人过程中，可以根据自身的需求与规模进行灵活匹配。

平台运营团队的主要职能有对平台的运行进行日常维护和管理，确保系统的稳定可靠运行；对平台的故障问题进行支撑，保障平台长期稳定运行；对平台提供的资源进行管理、调度，保障项目正常运转；对平台的数据安全、业务安全进行有效管控，保障平台安全运行。

流程运营团队的主要职能有梳理企业内部的财务处理工作，根据既定的财务机器人流程标准评估并选取适用的场景；借助 RPA 产品并遵从相应的场景开发标准，完成财务机器人场景的开发与测试；制订财务机器人上线计划与方案，完成机器人的上线运行，并根据需求反馈进行持续优化。

生态运营团队的主要职能是建立起财务机器人的场景交付、共享、使用、赋能生态，有根据地通过构建面向开发者的开发生态，降低软件的开发门槛，吸引优秀且熟悉业务的开发者加入并持续强化其开发意愿，使得能够最大限度地发挥其专业优势，以更低的成本实现自动化流程的开发。同时，通过构建面向用户的用户生态，打造财务机器人用户交流、共享、应用的平台，有效地推动企业财务机器人 RPA 应用的推广，并能够与开发生态有效互动，形成良性闭环。

2. 能力建设

能力是财务机器人建设中很重要的一个环节,团队中的每个角色都基于其工作职能有相应的能力要求,但同时能力的建设是一个长期的过程,需要有常态化的能力建设的机制保障。常见的方式有能力培训、交流与分享、知识库的建设等。

平台运营团队的职能偏重 IT 支持,团队的能力就以操作系统、网络、数据库、信息安全等方面为主,相应的能力建设就以上述相关领域的主流产品技术培训以及实际环境的操作演练为主。流程运营团队职能侧重业务与 IT 的融合,要求团队既要了解一定的财务知识,同时又能够掌握 RPA 产品技术的使用。考虑到目前主要 RPA 产品主要是通过可视化的形式进行场景实现,因此,大多流程运营团队的人员是通过对原有财务人员进行 RPA 产品的培训而发展组成。

生态运营团队职能侧重于财务机器人开发者的培育与应用的推广,团队应具备策划、培训及用户体验传递等相关能力,同时,生态运营团队人员应熟悉 RPA 的产品特性与技术创新趋势,并深刻理解用户需求。

3. 标准与制度规范

财务机器人的运营建设需要有流程化、标准化、规范化的管理,并且需要贯穿财务机器人的全生命周期,以提升财务机器人的迭代效率,降低过程中的人力、时间等成本投入。在 RPA 平台建设环节,需要有平台的监控与运维规范、平台安全管理规范、平台故障响应与处理流程、资源申请与回收流程等。在财务机器人场景交付环节,需要有机器人需求提出与响应流程、需求的评估标准、财务机器人设计与开发的规范、财务机器人上线运行流程等。在财务机器人正式运行后,需要有财务机器人的监控规范、流程故障响应与处理流程,需求变更与机器人优化流程等。

4. 人机共生管理

财务机器人是一种虚拟劳动力的体现,在某种程度上需要等同于自然人对财务机器人进行管理。并且,财务机器人在工作中也会与自然人产生一定的联动与协同。

1)机器人管理

财务机器人的权限管理:财务机器人的运行需要一定的系统与数据权限,对其进行授权时,应秉承权限最小化的原则,只为其开放运行流程所需的最小权限。并且,权限的开通还需要有周期上的限制。

财务机器人的排班管理:财务机器人不同于自然人,它可以 7×24 小时不间断工作。一个机器人可以处理多个不同的财务流程。为了最大化发挥财务机器人的效能,需要对机器人进行合理的任务分配。

财务机器人的监控管理:财务机器人毕竟只是一种信息化的手段,而且处理的大多是财务上的敏感数据,因此,需要对财务机器人的运行过程进行完整的监控和留痕,以便出现问题时可以有效地回溯。

2）机器人协同

财务机器人不是一个独立的存在，它只是财务领域一种特殊的信息化实现，只是一种虚拟劳动力的体现，只是财务领域中的一种创新形式。因此，财务机器人首先需要充分融入原有的财务体系，形成机器人与人之间的工作协同，然后带动财务体系在一定程度上的变革。

工作流程与职责的变革：财务机器人替代了部分原有的财务操作，在一定程度上是将该工作职责从原有财务人员身上进行剥离。企业不可避免地需要对原有的财务流程进行优化，对原有财务人员的工作分工与职责进行合理的调整。

人员结构的变革：财务机器人上线后，其更多地是完成了对财务领域标准化的事务性工作的替代。对于原有的财务人员而言，空出的时间可以用来完成更有价值的工作，推动财务人员做出转型，从基础的财务向战略财务、业务财务、管理财务进行转变。

六、财务机器人建设的发展路线

财务机器人建设不是一蹴而就的，而是一个从接触到尝试再到全面应用的过程。财务机器人工厂的建设过程与企业数字化转型节奏一致，通过财务机器人工厂的初建，解决企业当前系统融合、数据处理、业务处理的自动化短板。随着劳动力结构向多元化的转变，财务机器人工厂将为企业提供财务机器人管理的技术与方法论支撑。企业财务机器人建设的规划路线可以归纳如图6所示。

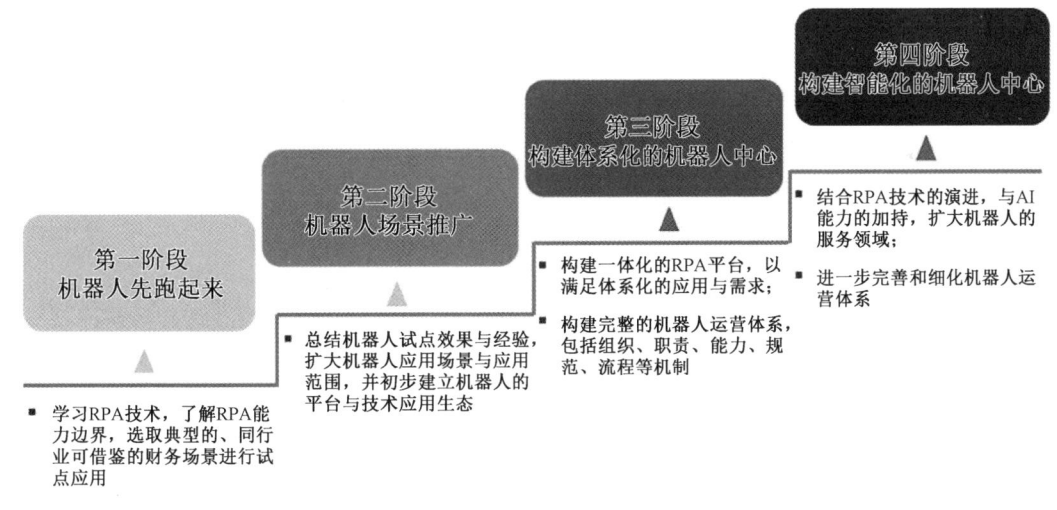

图6 企业财务机器人建设演进路线

第一阶段：机器人先跑起来。

RPA建设早期，企业对RPA的理解、产品与技术的应用场景、对企业产生的价值等内容还未有足够的认知，或者认知还仅仅局限于同行业的或外部的了解，还未能在企业内部得到认证。基于此，更多的企业会选取几个典型的、同行业可借鉴的场景在企业内部进行试点应用。企业通过财务机器人的试点部署，认证RPA产品技术的能力、与企业现状与需求的契合度等，进而为后续产品技术的深度应用提供指引。

第二阶段：机器人场景推广。

企业经过财务机器人试点的论证，对于RPA产品技术的能力、应用领域，尤其是机器人的应用效果有了足够的了解。企业内部存在大量同类型的财务处理工作场景可以通过RPA产品技术实现自动化。在技术上，企业可以建立完整的机器人平台，以支持应用的拓展。在管理上，企业对试点过程中的经验教训进行总结沉淀，建立相应的团队，明确职责，并且逐步在财务机器人的场景交付层面形成标准的指导方法，为后续体系化的财务机器人建设奠定基础。

第三阶段：构建体系化的机器人中心。

基于体系化的财务机器人建设框架，从平台建设、场景交付、运营管理三个方面建设企业内部的机器人中心，扩大RPA产品技术的应用价值，驱动财务管理的数字化转型。在平台建设方面，企业需要从原来仅限于满足财务机器人运行需求的基础平台，升级到支持安全、高可用、容灾需求的整体平台。在场景交付方面，企业需要通过标准化的、精细化的交付方法，提升场景交付效率。在运营管理方面，企业可以建立财务机器人全生命周期管理机制与财务机器人管理组织体系，建立相关管理制度框架、流程框架等。

第四阶段：构建智能化的机器人中心。

企业结合RPA和AI技术的发展演进，通过AI技术对RPA产品的能力加持，实现从财务机器人到智能财务机器人的发展，扩大机器人的服务领域。

七、金融行业RPA最佳实践分享

以上海某证券公司为例。在"十三五"规划期间，上海市国资委大力提倡国有企业深入推进全面预算管理、资金集中管理、风险预警、内控制度建设、财务信息化"五位一体"财务管控体系，切实发挥财务决策支持作用。与此同时，随着业务的不断拓展，金融科技的不断发展，财务管理工作面临着新的挑战。

面对新挑战，如何借助科技赋能财务、促进业财融合、提升财务管理水平、强化财务管控力度、实现财务数字化转型、助力企业创新发展，成为摆在该证券公司财务人员面前的新命题。在财务数字化转型过程中，该证券公司财务部门积极探索提升工作效率和质量的方法。在这样的背景下，财务机器人应运而生。

（一）建设思路

1. 规划设计

该证券公司于2018年接触财务机器人，当时国内正处于RPA发展初期，可选择的RPA产品、成熟的财务机器人场景有限。本着"大胆尝试、小心论证"的原则，该证券公司先选取典型的场景进行试点，从技术、应用、价值等方面进行评估论证，然后根据试点结果再进行横向的应用拓展以及纵向的机构覆盖。

2. 系统架构设计

该证券公司网络天然隔离。经纪业务系统、业务结算系统等位于交易网；财务系统、办公系统位于办公网;增值税发票综合服务平台、国资委报表系统等位于外网。财务人员大部分日常财务管理工作,可以通过办公电脑访问办公网和外网完成;而围绕业务开展的工作,则需要申请专用的交易电脑访问交易网中的业务系统。交易网与办公网、外网隔离。

因此,在财务机器人的整体架构上,该证券公司采用如图 7 所示部署方式,既满足业务需求,又能满足财务机器人集中管控的需求。

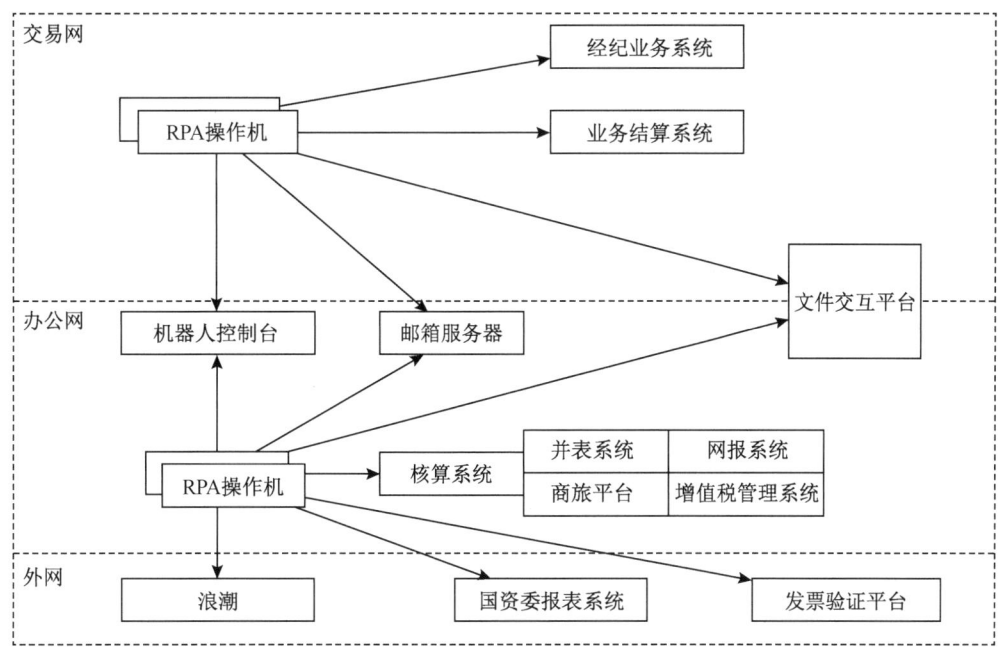

图 7　财务机器人系统整体架构

3. 财务机器人场景挖掘

从财务人员众多的日常工作中,挖掘出适合财务机器人来完成的工作,主要从以下三方面考量:

(1) 财务工作的频次。频次越高的财务工作,借助财务机器人来完成,产生的效益越好。

(2) 财务工作的复用程度。财务自动化流程给越多的财务人员应用,财务机器人带来的收益就越高。

(3) 财务工作的标准化程度。有明确的工作规则、主观创造性小的财务工作,自动化复杂程度不高,流程稳定,出错的可能性小,投入的维护成本低。另外,在挖掘现有财务工作的过程中,财务人员逐渐了解财务机器人的能力范围,可以激发财务人员将尚未标准化的工作流程标准化,形成"财务流程标准化——应用 RPA 财务机器人——解放财务人员——更多财务流程标准化"的螺旋式上升循环。

挖掘可应用 RPA 技术的过程,本质上是财务流程的优化过程。财务人员和业务人员体验不断提升,公司财务管理水平不断提高,公司业务高质量发展和创新的过程。鼓励财务人员在日常工作中多考虑财务流程的优化,可以促进财务机器人自动化流程的挖掘。

同时,在前期的调研分析中,该证券公司发现有许多财务管理工作无法完全应用RPA财务机器人。这些无法应用RPA技术的财务工作,如财务报表合并、财务报表分析和财务报告撰写等,都具有流程非标准化、处理逻辑主观性强、创造性强等特点。对于这部分财务管理工作的流程挖掘,该证券公司采用业务流程分解法,将标准化、处理逻辑明晰的部分,从工作中分离出来,交给财务机器人完成,剩余的创造性工作仍由财务人员完成。

4. 财务机器人的开发与使用

在组织设置方面,该证券公司财务管理部门设置财务信息化工作小组,引导各级财务人员学习、应用RPA技术,引入技术专业人才弥补信息技术短板;借助RPA服务商的培训、指导以及知识传递,逐步建立自身的RPA能力。财务人员与技术型人员共同挖掘应用场景、分析需求、规划作业流程,开发自动化流程,完成财务工作的升级转型。

(二)应用场景

根据该证券公司证券财务机器人的建设情况进行总结,应用场景可以分为以下四大类:税务管理、会计核算辅助支持、数据采集及加工和财务统计分析。下面列举部分具有特点的应用场景。

1. 税务管理

增值税发票验证的财务机器人工作流程为:首先通过"国家税务总局全国增值税发票查验平台",批量导出尚未勾选认证的增值税发票,其次按照发票代码和号码进行发票状态批量自动查询,接着自动对比生成验证结果,最后以邮件的方式发送给发票管理人员。增值税发票验证流程如图8所示。

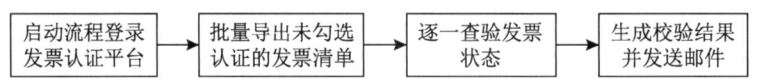

图8 增值税发票验证流程示意

增值税发票打印财务机器人工作流程为:首先读取需要开票的数据,其次自动打开增值税发票税控开票软件,填写发票要素,待开票人员审核,无误后,最后自动打印。该机器人不间断地进行上述开票过程。增值税发票打印流程如图9所示。

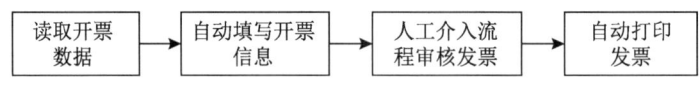

图9 增值税发票打印流程示意

以上是该证券公司目前已实际应用的RPA财务机器人业务流程。除此之外,RPA财务机器人在税务管理方面的应用还包括纳税申报明细查询、进项发票查询、查询上海地区增值税及附加、查询母公司税收缴纳数据、获取企债利息税客户申报信息等流程。

2. 会计核算辅助支持

财务机器人在会计核算辅助支持方面主要用于清算凭证附件输出、新意系统附件输出、月结报表自动批量计算、总分往来对账、审核记账、刷新业务系统密码、打印公司本部日报表、报表计算、财务月末对账等流程。

分支机构清算附件输出机器人是财务机器人在会计核算辅助支持方面的一大应用。其工作步骤为：每日先通过登录柜台系统，查询导出所有分支机构保证金日结表作为凭证附件，再批量输出并上传至对应文件目录，最后交换给各分支机构财务人员。分支机构清算附件输出流程如图10所示。

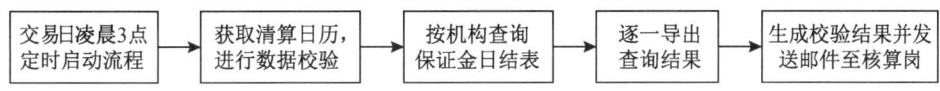

图10 分支机构清算附件输出流程示意

总部清算附件输出机器人是RPA在会计核算辅助支持方面的第二大应用场景。其工作流程为：通过结算系统，每日批量查询导出总部各业务部门的清算附件并邮件发送给总部对应财务人员。总部清算附件输出流程如图11所示。

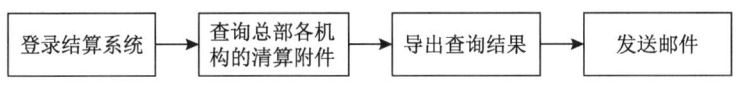

图11 总部清算附件输出流程示意

3. 数据采集及加工

在数据采集及加工方面，该证券公司主要将RPA财务机器人应用在券商月报数据采集、国资委报表填报、打车费用分拆、采集预算费用数据、采集预算利润数据、查询运营中心利息收支、查询解缴利润等方面。

国资委报表填报机器人，通过财务核算系统，自动查询导出母公司相关监管报表数据，然后通过国资委在线数据填报系统，将数据自动填报给国资委。这一应用的特点主要体现在RPA财务机器人的查询和自动填报功能，其流程如图12所示。

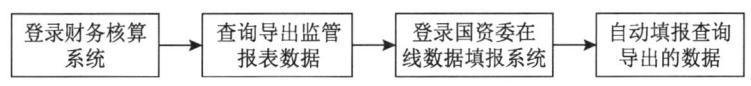

图12 国资委监管报表填报流程示意

4. 财务统计分析

财务统计分析领域主要在集团并表数据差异分析、通用账务查询、科技投入数据查询、查询凭证和附件数量、切换通用账务查询任务等方面应用RPA财务机器人。

在集团并表数据差异分析方面，RPA财务机器人通过登录集团并表系统，查询导出所有单位昨日和今日的利润表和资产负债表，比较计算得到两张表的日差异数据，并根据预设筛选条件,自动筛选出异常变动的科目,通过邮件发送给相关人员,其流程如图13所示。

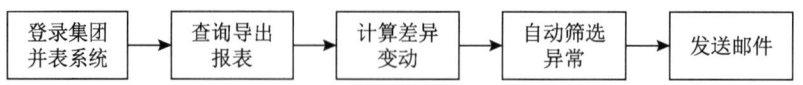

图 13　集团并表数据差异分析流程示意

(三)建设成效

1. 提升工作效率

财务流程自动化缩短了每项工作的耗时,效率提升普遍60%以上,部分工作的效率可以提升90%。并且,对于"总部清算附件输出"等场景,该证券公司充分利用财务机器人全年无休的特点,安排其在每日凌晨3点开始运行。对比效果如表1所示。

表 1　部分财务机器人场景运行效率对比

机器人应用场景		人工耗时(小时)	机器人耗时(小时)	效率提升
税务管理	增值税发票验证	3.00	0.15	95%
	纳税申报明细查询	0.20	0.07	65%
	增值税发票打印	0.25	0.09	64%
会计核算辅助支持	分支机构清算附件输出	60.00	4.00	93%
	总部清算附件输出	0.42	0.17	60%
	新意银行互划凭证导出	0.83	0.33	60%
	审核记账	0.50	0.17	67%
	总分往来对账	7.00	2.50	64%
数据采集及加工	券商公告采集	1.50	0.17	89%
	打车费用分拆	3.00	0.03	99%
财务统计分析	集团并表数据差异分析	0.50	0.17	67%
	科技投入数据查询	0.83	0.25	70%

2. 提高工作质量

财务机器人高效检查工作。对于规则明确的检查,财务机器人可以自动化完成,并出具检查报告。对于需要人工复核的检查要素,财务机器人可以自动生成自动化流程运行结果报告。财务工作交给财务机器人后,财务人员仅需检查财务机器人的检查报告和工作完成报告。

例如,经济业务清算凭证附件流程中,针对可能出现的附件营业部名称不对、清算日期不对的问题,财务机器人自主检查核对,并形成检查报告。流程执行完,根据获取的附件情况,形成运行结果报告。财务人员通过检查报告和运行结果报告来监督、完善财务机器人的工作。

3. 降低管理成本

应用财务机器人可以发挥规模效应。公司每天需按时完成300多家营业部的经纪业务核算工作，每月月初需要完成结账，每个季度需要完成所得税报送等。应用RPA技术实现财务流程自动化后，同一个流程可以应用在所有分支机构上，产生规模效应。

通过跨网段财务机器人的协同工作，财务工作变得更为便捷。交易网工作由财务机器人完成，财务人员的交易网电脑终端需求大大减少，降低了财务管理成本。

4. 财务工作转型

随着财务机器人技术的深入应用，大量枯燥烦琐的常规化操作逐渐消失，财务人员手工劳动得到大幅释放。这驱动了公司财务职能的转型，由原有的核算型向管理型转变。总部财务人员更多从事财务分析和业财融合的工作，如财务杜邦分析、汇兑损益变动分析、每日损益变动分析等专项财务分析工作。同时，企业增设大量财务信息管理岗位，负责智能财务建设，深入推进财务数智化转型工作。

分支机构财务工作集中度与自动化程度提升更加明显，使得单个财务人员能接管更多账套的财务核算工作，分支机构财务人员大幅减少，由原来348人减少至128人，降幅达68%，减少的220人用来充实一线业务岗位。这使得单个财务人员能接管更多账套的财务核算工作，由原先一个财务人员核算一到两个机构账套，提升到三到四个账套。

此外，财务机器人日常的优化、系统运维工作也随着系统应用的深入而大幅增加。这需要企业跟踪流程执行结果及排查流程执行失败的原因并及时修复问题，同时也要根据前端系统升级排期不定期优化流程。

八、结语

不管过去还是现在，信息化技术的高速发展总是一次次刷新我们对事物的认知，正如当下财务机器人的快速应用，使得财务从业人员抑或是科研工作者都在思考未来财务工作会是怎样。我们在享受科技进步带来的红利的同时，也要冷静思考结合业务本身的技术下沉。财会工作本身更是以严谨、规范、精确为准绳，这也要求我们在更加关注财务机器人辅助财会工作的同时，思考如何更大地发挥财务机器人的价值。

作为数字化基础最好的领域，金融行业的领袖们积极探索新技术应用为企业带来的高附加值。RPA技术作为近年迅速崛起的智能化应用，以其优秀的技术特性与行业成功实践案例，取得了企业的高度信任与期待。随着机器学习、自然语言处理、计算机视觉等智慧技术的成熟，RPA技术也将充分吸收并与它们融合，自动化全职的机器人员工必将成为金融企业未来多元化劳动力生态的一部分，与人类员工共同构成混合人才模型，服务于未来的金融领域。

首先，本研究基于金融行业财务机器人建设的积累与发展，分析了财务机器人建设的整体框架，包括产品与技术能力、产品平台的建设、财务机器人场景的交付、财务机器人运营管理。其次，本研究还结合企业实际财务机器人建设的情况，提出了财务机器人建设可参照的建设规划。最后,本研究以某证券公司为例,以企业的财务机器人建设历程回顾了财务机器人建设的框架。

未来已来,带上你的财务机器人;未来已来,运营好你的财务机器人!

课题负责人: 王得利[1]
课题组成员: 王得利[1]、马中[2]、陈巍鋆[2]、李博[1]
所在单位1:上海艺赛旗软件股份有限公司
所在单位2:海通证券股份有限公司

基于财务共享平台的智能财务分析模型与大数据分析应用

【摘要】 随着数字化技术不断发展,基于财务共享平台的智能财务分析模型与大数据分析应用在国内外大中型企业中发挥着越来越重要的作用。首先,本研究在理论层面探讨财务共享、智能财务分析、大数据分析三者的内涵、特点及相互关系;其次,本研究以提升企业价值为切入点,建立中国石油依托于财务共享平台的企业价值地图,应用云计算、大数据和人工智能技术整合数据信息,全面建设数据资产管理体系和运行机制,充分发挥数据资产价值创造功能;再次,本研究以企业价值地图为基础,以共享平台数据挖掘与分析技术为抓手,以高精度的财务分析算法为依托,构建智能数据分析平台及应用框架,助力企业经营决策;最后,本研究以中国石油共享中心对标分析平台、发票数据分析平台、供应链信息服务平台为具体实践案例展示研究成果,提供基于财务共享平台的智能财务分析模型与大数据分析应用的基本范式。

【关键词】 财务共享;智能财务分析模型;大数据分析

一、引言

全球第一次财务变革以财会电算化为标志,第二次财务变革以财务共享中心为标志,第三次财务变革则是以大数据、云计算、人工智能等新技术为标志。随着信息技术的高速发展,大数据与智能化技术作为信息化浪潮的新要求,逐步进入各个领域。智能化在财务领域的应用和发展,是财务会计向管理会计转变的重要体现。中国石油天然气集团有限公司(以下简称中国石油)是集产、炼、运、销、储、贸一体化的国有综合性国际能源公司,于2017年正式启动共享服务建设,借助人工智能及大数据技术,建成中国石油对标分析平台、发票数据分析平台、供应链信息服务平台等数据集成管理平台,以推动共享服务创效增值,赋能集团管理决策与价值创造,助推中国石油数字化转型与智能化发展。

(一)研究意义

在大数据为世界战略的今天,"用数据说话、用数据管理、用数据决策、用数据创新"的管理思想深刻影响着企业管理理念和治理模式变革。基于大数据的智能化财务分析在解决传统财务分析难题、获取关键决策财务信息方面发挥着不可替代的作用,本研究从中国石油财务共享平台建设出发,构建企业价值地图与智能数据分析平台,发掘共享中心数据资产优势,旨在推广智能化技术、数据资产化在战略财务、业务财务、共享财务等领域的应用场景,为中国石油共享中心推进财务管理模式变革提供创新原动力,为中国石油高质量发展提供新思路。

(二) 研究方法

1. 文献研究法

本研究查阅国内外财务共享服务、智能财务分析模型、大数据分析领域文献,收集国家、行业、企业层面技术研究报告、人工智能白皮书、共享服务行业调研报告等资料,结合相关理论,深度挖掘财务共享领域智能财务分析模型与大数据分析应用的范围与场景。

2. 案例分析法

本研究基于中国石油共享中心在机器人流程自动化及图像识别等方面已开展的系列研究与应用所积累的理论与实践经验,对中国石油共享服务现有智能化财务分析模型与大数据分析应用进行深入研究,为财务共享智能应用全业务场景的研究及实践落地奠定应用基础。

(三) 研究内容

本研究阐述了基于财务共享服务平台的智能财务分析模型与大数据分析应用研究的背景、意义、思路及方法,探讨了财务共享、智能财务分析、大数据分析的特点及三者之间的关系。

本研究以中国石油为例,构建企业价值地图,整合数据信息,建立智能财务分析模型,多维度灵活应用数据信息。

本研究选取中国石油对标分析平台、发票数据分析平台、供应链信息服务平台为具体案例,展示中国石油财务共享智能财务分析与大数据分析成果。

本研究提出基于财务共享平台的智能财务分析模型与大数据分析应用的基本范式,供中国石油扩大应用范围和其他企业借鉴,并对其发展做出展望。

(四) 研究创新点

1. 以企业价值链为核心,构建企业价值地图

中国石油是产、炼、运、销、储、贸一体化的国有综合性国际能源公司,主要业务包括九大板块,涵盖国内外市场、油气上中下游全产业链。本研究采用文献研究案例分析等方法,对中国石油企业价值分析主题、经营决策分析场景进行系统梳理,构建出企业价值地图,是一次重要创新。

2. 应用智能化技术,探索智能化数据分析模型

本研究基于企业价值地图,对分析主题、分析场景等进行数据分类汇总,建立大数据中台,打破了业财系统数据壁垒,通过算法应用与智能化技术,探索构建数据分析平台,提供可视化效果展示,满足深度决策支持需求。

3. 建设数据资产化战略性基础工程

数字化转型是财务共享高质量发展的战略性工程,数据资产是该战略工程的基础。本文聚焦于中国石油共享中心现有数据管理模式,从数据治理着手,穿透数据资产管理,为构建数据资产管理体系、释放数据生产力和实现数据价值最大化提供方法。

(五) 研究技术路线

本研究技术路线如图1所示。

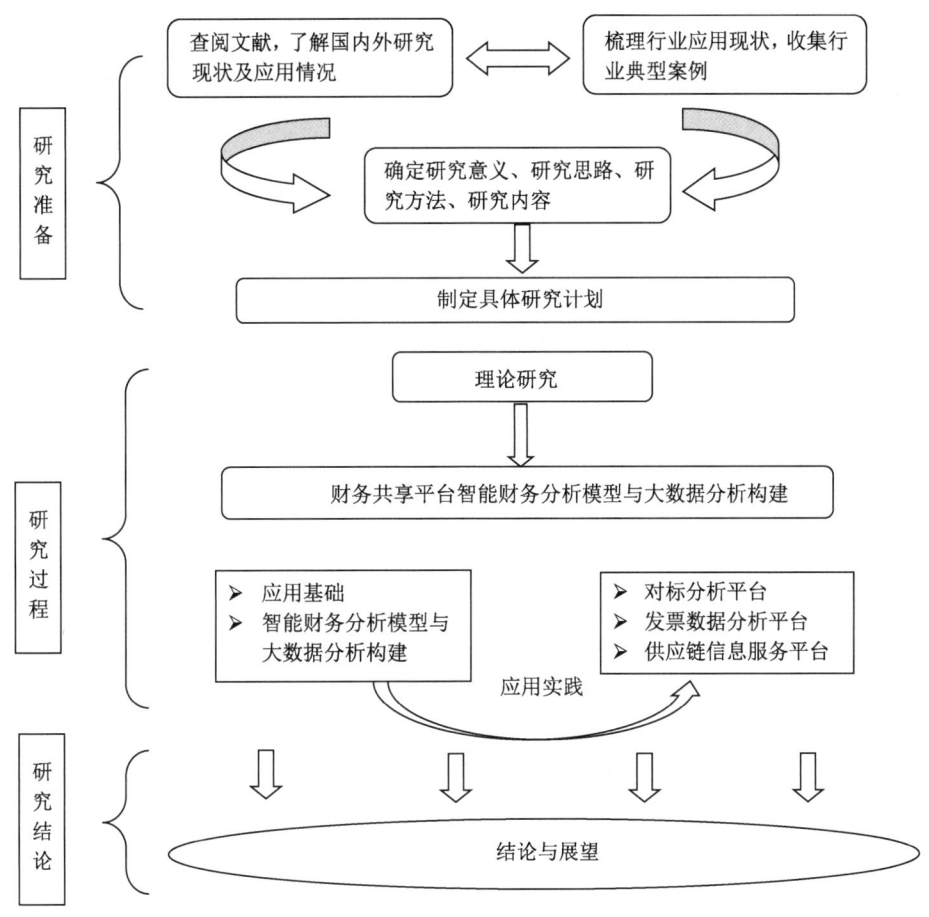

图1 技术路线

二、理论研究

(一) 相关概念介绍

1. 大数据分析

大数据指无法在一定时间范围内用常规软件工具进行捕捉、管理和处理的数据集合,是需要运用新处理模式才能发挥决策力、洞察发现力和流程优化能力的海量、高增长率和多样化的信息资产。

大数据具有四个特点:

(1) 海量的数据规模。从 TB 级别升级到 PB 级别。

(2) 多样的数据类型。它包括网络日志、视频、图片、地理位置信息等。

(3) 快速的数据流转。在几秒中的数据处理过程中即可获得最有价值的信息。

(4) 价值密度大。能够获得有价值的信息,为关键决策提供依据。

2. 智能财务分析

智能财务分析是财务分析流程的智能化。智能财务分析将财务分析模型与专家经验固化在计算机程序中,通过从外部导入企业财务报表数据或以内部数据仓库存储的财务信息为分析对象,系统即可自动依照分析模型对数据进行处理,迅速给出各种形式的满足企业经营决策的财务分析报告。

智能财务分析具有三个特点:

(1) 它是基于业财深度一体化的智能财务共享平台,也是智能财务的基础。

(2) 它是基于商业智能的智能管理会计平台,也是智能财务的核心。

(3) 它是基于人工智能的智能财务平台,代表智能财务的深度发展。

3. 财务共享服务

财务共享服务是一种将分散于各业务单位、重复性高、易于标准化的财务业务进行流程再造与标准化,集中和整合到财务共享服务中心统一处理,以促进企业集中有限的资源和精力专注于核心业务,创造和保持长期竞争优势,并达到降本增效目的的作业管理模式。

财务共享服务具有六个特点:

(1) 规模性。通过业务整合,实现规模效应。

(2) 专业性。集中专业财务人员,业务处理更加专业。

(3) 统一性。基于标准化的业务流程,形成统一的操作模式及运营模式。

(4) 技术性。依赖于高集成度的软件系统与信息技术。

(5) 协议性。签订服务水平协议,明确权责划分。

(6) 服务性。以顾客需求为导向,以提高顾客满意度为宗旨。

(二)三者的相互关系

人工智能、大数据作为互联网信息技术发展的产物,具有信息性和技术性的特点。大数据及人工智能技术通过在大量数据中挖掘有用信息,深化财务管理创新、优化业务流程、改善业务工作流、提升工作效率,促进会计核算工作重心转移至智能财务分析、预测和决策支持。

大数据时代财务共享通过数字技术提供服务。共享服务中心通过处理不同企业及企业内部的数据,进行有针对性的合并与整合。大数据最核心的价值在于对数据资产进行专业化处理,通过"加工"实现数据"增值"。人工智能的服务主体是信息,核心功能是提高信息处理与利用的效率与效益。财务共享服务为企业提供了独立的服务模式,将企业资源从零散的财务业务中释放出来,转移至专注提升企业核心业务增长与管理能力。

三、中国石油智能财务与大数据分析平台构建

(一)智能财务与大数据分析应用基础

中国石油共享服务自2017年开始建设,至今,积累了大量的业务、财务数据,并且在吸

收内外部财务模型的基础上,结合业务需求开发了系列智能财务分析模型。目前,中国石油共享服务已在相应业务场景上投入使用,具有良好的应用基础。

1. 业务基础

中国石油共享中心围绕采购至付款、销售至收款和总账至报表三条主业务线推动共享实施、运营和持续优化,对客户实际业务建立了深入理解,具有良好的业务基础。

2. 技术基础

中国石油共享中心承担中国石油集团公司全部财务信息系统建设与运营,在采集、存储、聚合、数据治理、数据深度分析、数据应用场景等方面具有稳定的技术支持团队和先进的技术渠道,具有良好的技术基础。

3. 数据基础

中国石油共享中心财务共享平台与财务及业务系统如FMIS(财务管理信息系统)、司库、ERP、HR、合同、HOS(加油站管理)等深度融合和集成,积累了丰富的业财数据资源,具有良好的数据基础。

4. 人员基础

中国石油共享中心拥有大量经验丰富的财务领域专家、专业知识扎实的信息技术开发团队以及跨领域人才队伍,具有良好的人员基础。

5. 实践基础

中国石油共享中心在多年的共享建设实践中积累了对标分析、经济活动分析等传统管理工具,在共享模式下通过创新工作方法,具备快速复制转化条件,具有良好的实践基础。

(二)构建企业价值地图

构建企业价值地图的目的在于系统展现企业价值提升关键驱动因素,为全面实施智能化财务分析提供理论方向。

1. 企业价值地图内涵

企业价值为企业遵循价值规律,通过以价值为核心的管理,使所有企业利益相关者均能获得满意回报的能力。企业围绕价值创造,结合公司战略和一体化管理框架,将企业经营活动层层分解,发掘价值提升驱动因素,匹配驱动因素衡量指标,这些价值分解的过程即构成"企业价值地图"。

2. 企业价值地图的构建流程

企业价值地图通过构建关键业务因素间的逻辑关系,量化各关键业务因素对上级因素的贡献度,明确业务活动价值提升路径,促进精益化高效价值管理。具体构建流程如下:

第一步,选取价值创造指标。企业价值创造指标通常表现为利润扣除资金成本后的盈余,如经济增加值、现金增加值、股东价值和现金流投资回报(Cash Flow Return on Investment,CFROI)等。不同指标的重点与计算方法不同,但都会考虑资金成本。本研究选取"股东价值"指标。

第二步,分解价值创造指标。对价值创造指标成分进行分解以确定"价值驱动力",分解过程形成"企业价值地图"。本研究对"股东价值"指标连续进行了四层分解。

第三步,分析价值创造驱动因素。首先深入分析企业价值创造最大驱动因素,其次明确每一个领域改善的方向和空间大小,最后针对每一个特定的价值驱动因素深层次分析以提出改善建议。

3. 设计构建企业价值地图

本研究对中国石油端到端流程的全业务场景进行梳理,设计构建企业价值地图(图2)。企业价值地图顶层目标为股东价值,下设四个二级驱动因素,即融资域、投资域、运营域、估值域。融资域主要衡量资金管理,主要指标为资金存量分析、银行账户分析、资金归集分析、资金运行监控分析、融资情况分析、资金成本分析和汇率分析。投资域的主要衡量投资管理,主要指标为资本投资分析和资产投资分析。运营域主要衡量综合分析、收入分析、成本分析、税务管理和资产管理。其中,综合分析的主要指标为利润表分析、资产负债表分析、现金流量表分析、综合指标分析、预算执行分析。收入分析的主要指标为产销量分析、产品价格分析、营业收入分析;成本分析的主要指标为营业成本分析、期间费用分析;税务管理的主要指标为税务结构分析、各税种分析、税务风险分析;资产管理的主要指标为固定资产分析、在建工程分析、存货分析、应收账款分析、应付账款分析、内部往来分析。估值域主要衡量内外部期望领域,主要指标为绩效对标分析、外部因素分析。

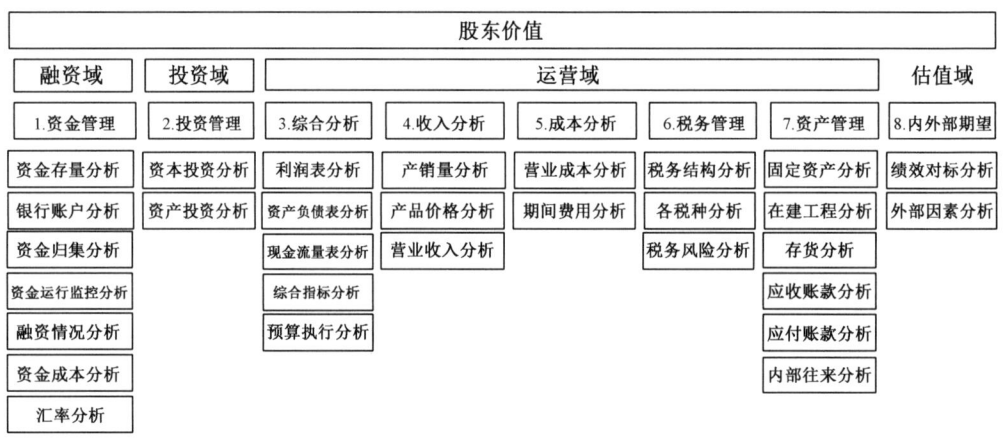

图 2　企业价值地图

(三) 整合数据信息

数据资产是企业在过去的经营管理活动中形成的数据资源,预期可以为企业带来未来的经济利益。基于财务共享平台的数据资源,经过数据资产化形成数据资产,嵌入业务流程,在云计算、大数据和人工智能技术应用整合加工下展现。建立数据资产管理体系、全生命周期的数据管理措施,可以保障数据资产安全性,以满足业务连续性需求,为企业智能核算、智能决策分析等提供基础支持,实现数据资产化运营,发挥数据价值最大化。中国石油依托财务共享数据中台,结合数据主题框架设计,建立了数据字典和相关数据管理规范,目前已形成集团统一指标库和数据应用语言。

(四) 建立智能数据分析模型

建立智能数据分析模型总体思路是：以建立数据资产管理体系为前提，以企业价值地图为基础，以共享平台数据挖掘与分析为抓手，借助数据分析模型，以高精度的财务分析算法为依托，对企业关键价值驱动指标进行详细分析，从而在专业化、一体化、集成化的管理平台下生成财务分析报告，为企业管理层做出正确决策提供有力参考。

1. 建立数据资产管理体系

数据资产管理主要通过全面建设数据资产管理体系实现。建设数据资产管理体要求明确数据资产全貌，以数据链贯通、共享应用为抓手，以数据治理为重点，统筹规划数据资产管理工作，将数据价值与业务价值目标对齐，实现数据资产权属界定清晰、全生命周期可控、共享流转有序、应用创新高效、处置评估规范，推动企业向数据驱动的智能化转型。

1）数据资产全生命周期管理

数据资产全生命周期管理过程分为核心过程和支撑过程。核心过程涵盖数据资产生存周期的登记、应用、盘点、变更和处置等；支撑过程包括数据资产安全和审核等。数据资产全生命周期管理为数据资产拥有者建立有效的数据资产管理环境提供指导，为建立数据资产管理平台提供核心功能模块建议。

2）数据资产形成管理

数据资产形成管理是指将数据资源转化为数据资产的过程。它依据数据资产化管理细则，通过一系列的数据核查、资产识别、资产加工等手段使数据具备资产属性，具备可评估的价值，并通过资产化率评价，持续改进完善的过程。

3）数据资产需求管理

数据资产需求管理是在数据资产运行维护过程中，建立"数据"和"业务"的桥梁，包括：构建业务指标体系，对业务提出的新的需求，通过构建业务指标体系，建立"数据"和"业务"的桥梁；筑建数据资源体系，依据业务指标体系组织形成面向服务的数据资源；创建监测评价体系，发现异常情况并及时调整业务工作；新建决策服务体系，制定组织决策并贯彻落实到具体业务工作，实现数据驱动业务诉求。

4）数据资产标准管理

数据资产标准管理是数据资产管理的基础性工作。它借助标准化管控流程得以实施数据标准化的整个过程。数据资产标准分为基础类数据标准和指标类数据标准。首先，数据标准为数据平台提供统一的数据标准定义和平台逻辑模型。其次，数据标准是数据平台进行数据治理的依据和根本。再次，数据标准是衡量数据平台数据资产运营和管理的评估依据。最后，实施数据标准管理，实现对数据平台数据资产的统一运营管理。

5）数据资产问题管理

数据资产问题管理是指根据数据在全生命周期的各个阶段特性，建立数据问题控制机制，及时发现数据问题，不断改善数据质量，提升数据的可用性。一是根据业务要求制定和明确数据问题发现机制；二是开展数据问题的日常监控，发现数据问题，定位并分析问题，指导数据问题整改;三是制定数据问题解决方案,并实施相应措施;四是数据问题回归验证,对完成整改的数据问题进行结果验证。

6) 数据资产应用管理

数据资产应用管理是数据资产价值的体现过程,主要包括资产估值、业务共享管理、业务监督管理、分析应用管理等,它支撑数据资产应用,催生新业务。

2. 数据来源与选取方法

本研究的进行智能财务分析模型与大数据分析的数据来源有两类:一类是企业财务系统,另一类是企业业务系统。企业财务系统包括报表系统、司库系统、报销系统等;企业业务系统包括 ERP 系统、HR 系统、HOS 系统、合同系统等。具体如图 3 所示。

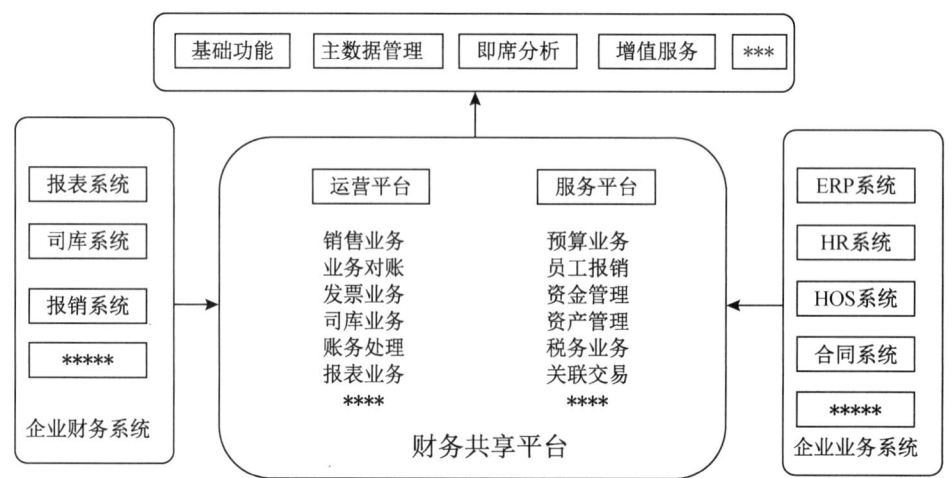

图 3 财务共享平台智能财务分析模型与大数据分析的数据来源

基于财务共享平台的数据资源,经过数据资产化形成数据资产,嵌入整个业务流程,经过云计算、大数据和人工智能技术加工整合最终展现。在这个过程中,具体数据选取操作如下。

1) 统一数据标准

在数据选取时,对于企业分散的、标准不一的各种数据,需要制定涵盖数据输入、处理和输出全流程、各阶段统一的数据标准。建立统一的数据标准有助于规范管理数据资产,打破部门间的数据壁垒,方便数据资源共享,提升业务流程规范化。

2) 数据加工处理

财务共享平台通过数据采集、清洗、处理,从大量原始数据中抽取、推导出对信息使用者有价值的信息作为行动和决策的依据,并借助计算机技术科学地存储和管理。这个过程是基于数据体系在物理层面实现,包括元数据抽取、主数据填充和数据标签设置等工作。元数据抽取,即根据业务关系抽取经过标准化的相关元数据,是获取数据维度、数据指标、数据口径的过程;主数据填充,即根据元数据的字段进行主数据写入,是保证数据准确性和完整性的过程;数据标签设置,即详细说明数据内容的应用领域、使用时效等方面信息,是保证数据准确性、一致性、及时性的过程。

3）数据整理入库

在数据资产化过程中，财务共享平台通过分类、整理、加工，使分散、庞大的数据成为有价值的数据集，利用数据建模将其进行规范化整理，通过建立资产管理目录，加载到统一的数据仓库中，并提供数据的业务、技术解释，成为业务人员找得到、看得懂数据，完成企业数据的标准统一。

3. 智能数据分析平台的构建

智能数据分析平台立足于对财务系统与业务系统数据的深度挖掘，在大数据平台进行适度集成汇总及处理转换，完成数据服务、数据集成、数据目录、数据整合、数据存储、数据采集等工作，最终依托分析主题（如产品主题、客户主题）提供数据分类汇总下的多指标、多场景的分析成果，以灵活多样的可视化展现方式呈现出来，最大化满足决策支持需求。具体如图4所示。

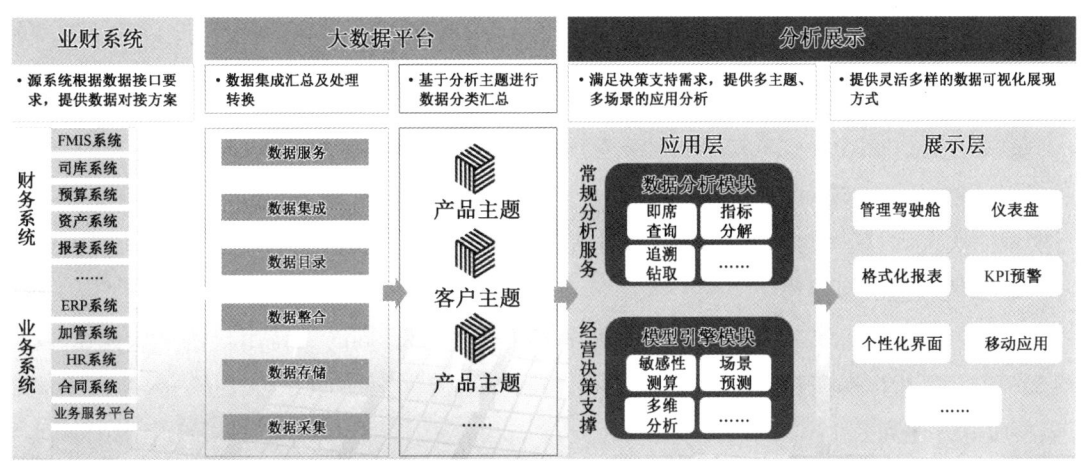

图4 智能数据分析平台与分析展示

智能数据分析平台的构建是企业实现自身"数据驱动"发展的重要途径，必须与企业价值地图指标构建相应的关联关系。智能数据分析平台的构建过程包括以下四个步骤：

（1）结合企业价值地图中的数据主题框架细化衡量价值指标，快速有效获取及整合数据信息。比如，利用 Microsoft Query 或 VBA 直接与 ODBC（开放式数据库互连）通信从外部数据库中采集数据，并对数据资产进行适当加工分析。

（2）明确指标定义、计算方法及公式、系统来源、取数逻辑、数据管理权限等。比如，依托数据挖掘技术、回归分析模型等评估企业筹资需求，依托关联模型对融资渠道、融资方式进行分析，挖掘企业最理想的融资方式和渠道。

（3）匹配指标适用的分析方法和分析维度。分析方法包括但不限于同/环比，趋势分析、多维分析、预实对比、结构分析、建模分析、对标分析等。分析维度包括但不限于期间、组织、板块、产品、项目、客户、供应商、员工、设备、账户、币种等。

（4）在具体交付每一项增值服务产品时，按照客户需求选取相应的指标、分析方法、分析维度,三者叉乘后形成多种多样、满足决策支持需求的应用场景(如两金压降、联合清欠等),并提供灵活多样的数据可视化展现方式。

四、中国石油应用实践

在理论探索的基础上,对标分析平台、发票数据分析平台、供应链信息服务平台是中国石油依托财务共享平台,在集团财务管理工作上应用智能化财务分析模型与大数据分析技术的重要实践。

(一)对标分析平台

对标分析平台是基于海量数据采集、汇聚、分析的服务平台,包含数据总览、对标分析、专题分析、数据管理、BI即席分析5个专题,共13个功能界面。依托财务共享数据平台,对标分析平台通过与业务、财务系统及外部建立接口,搭建财务分析模型,应用大数据分析技术,全面展示各类业务、主要指标排名变动,快速直观对标标杆企业差异,提供对标分析支持。该平台具有如下特色。

1. 指标数据自动获取

该平台通过ERP、MES、FMIS(财务管理信息系统)等跨系统数据集成,形成一套完整的对标指标数据库,实现对标指标及企业间财务指标数据共享;同时,增加外部数据导入功能,可实现一次录入、多次运算,多年数据快速查找、汇总,增加数据获取的灵活性。

2. 系统模型共享应用

该平台以业务板块对标需求为模板建立标准对标模型,同时支持用户建立个性化对标模型;实现BI指标拖拽自建模型应用,多用户间模型协同应用,如协同建模、模型共享、发送、接收等方便高效。

3. 展示形式灵活多样

该平台在平台建设中应用BI模块,采用帆软公司技术实现财务指标自由拖拽、组合和展示模型的多样化选择;通过业务类型选择及数据筛选功能,自由组合展示企业财务经营指标,同时设置穿透查询功能,实现多维度对标穿透分析。

4. 对标分析报告自动生成

该平台根据对标模型分析结果,可自动生成对标报告;提供导出和修改条件,用户可根据实际需要调整报告整体顺序,也可加入更多个性化需求数据,满足板块专业公司和地区公司的对标分析需求。

(二)发票数据分析平台

发票数据分析平台是基于中国石油进项税发票池、会计核算信息等,接入共享平台和FMIS(财务管理信息系统)系统海量相关数据,选取关键指标,匹配算法模型,利用数据资源,运用大数据技术,模拟业务场景,实现5大主题场景,16个应用场景的系统功能,帮助客户减轻税负、优化采购资源、降低采购成本、规避采购风险。中国石油发票数据分析平台具有以下特色。

1. 建立发票数据分析平台

选取客户单位或其下属单位的供应商、采购产品、供应商省份分布热力图和采购商品金额占比等作为关键指标，便于管理者直观了解企业进项发票情况。根据各指标进行统计与分析比较，为企业单位采购行为进行描述；通过对比分析追溯探索企业的运行状况，观察可能存在的企业业务变化以及经营风险。

2. 提供多维度供应商分析服务

基于中国石油上线以来发票池的非代开供应商交易信息及 MDM 系统供应商基础信息，利用已建立的推荐模型和风险评价模型，利用大数据分析技术，为供应商刻画高度精炼的特征标识，形成 7 大维度立体 360 度供应商信息库，按照多种个性化需求指标对供应商进行优先级推荐。

3. 深度挖掘发票数据

充分利用数据资源优势，对进项发票池中数据进行深度挖掘、分析，场景再造，化零为整，重新组合，指导业务管理，推动企业财税融合。

(三) 供应链信息服务平台

中国石油依托共享中心独具的数据资源优势，利用中国石油企业信誉，建立供应链信息服务平台，运用大数据分析技术，精准定位客户供应商的融资需求，促进金融企业开产品开发，为融资企业提供快捷的线上服务，降低融资成本，实现产业链企业共赢和效益最大化。中国石油供应链信息服务平台具有如下特色。

1. 建立供应链信息服务平台

中国石油通过建立供应链信息服务平台，在实现中国石油所属企业资金与票据业务集中管理的基础上，拓展推广集团、股份票据池贴现、中国石油销售企业与中国石化销售企业油品串换、票据贴现以及昆仑银行线上秒贴业务（昆仑快贴），实现共享中心、金融机构、核心企业、客户供应商多方共赢。

2. 构建共赢价值链条

中国石油通过整合信息、资金、物流等资源，达到提高资金使用效率，为各方创造价值和降低风险的作用，并构筑银行、企业和商品供应链互利共存、持续发展、良性互动的产业生态，提供定制化金融服务。

3. 应用大数据分析技术

全流程网络化运作和自金融模式，重构传统信贷制度。利用交易数据对融资人进行分析，通过数据决策替代财务报表对融资人进行评价、授信。构建创新型融资体系，实现贷款流程智能决策、贷款业务批量化处理、资金风险动态监控。

五、结论与展望

(一) 研究结论

本研究基于中国石油财务共享平台的智能财务分析模型与大数据分析应用实例，探索了智能财务分析模型和大数据应用的方法,旨在促进企业数据转化为数据资产,为企业创造价值。本研究对中国石油在深化智能数据分析的应用具有参考价值,同时对于国内外大型企业共享服务领域智能财务数据分析应用也具有良好的借鉴作用。

1. 以企业价值链为核心,企业价值地图的构建

整体梳理企业业务链条,构建企业价值地图,有助于从中快速找出对企业价值影响较大的关键价值节点,分析价值驱动因素,从而确定智能分析、大数据技术的应用对象,分析优化的方向、空间、路径。

2. 智能财务分析模型及大数据应用的价值

本研究对于关键价值点展开研究,整理出不同的企业价值节点、场景适用的建模方法、数据指标内容,如蒙特卡罗算法、数据拟合、参数估计、插值、线性规划、分治算法、矩阵算法、图像处理算法等,通过实际数据分析,找出企业价值链中的优化点,洞察业务发展趋势,通过修改模型中的可控参数,形成模拟决策数据,从而探寻价值优化路径、趋势发展应用策略。

3. 数据转化为数据资产的有效管理过程

本研究通过数字化战略指引,组织机构保障,制度规范落实,构建数据资产管理体系,培育数据资产企业文化意识,形成数据资产长效运行机制。清晰地呈现了数据资产化路线:根据需求整理分析—建立指标体系—统一数据标准—数据加工处理—通过数据模型形成数据资产,有效指引数据资产全过程、全生命周期管理。

(二) 未来展望

数字化转型为财务共享建设带来新机遇,基于财务共享平台的智能财务分析模型与大数据分析应用,将会呈现更丰富的形态和模式。本研究建议企业应紧跟智能化、数字化发展新趋势,依托财务共享平台,深度挖掘数据内在关联,围绕"连接、智能、洞察"打造智慧共享服务平台,发挥全产业链数据优势,实现技术与业务深度融合;同时,按照"业务数据化、数据资产化、资产价值化、价值最大化"的总体思路,协同规范数据来源,加快提升数据加工、数据建模、数据指标化、数据分析等能力,支撑增值服务产品快速落地,实现智能决策、精益管理、高效运营、极致体验,推动企业数字化转型,助力企业高质高效发展。

参考文献

[1] ZHANG D U. Granularities and inconsistencies in big data analysis[J]. International Journal of Software Engineering & Knowledge Engineering,2013,23(06):887-893.

[2] Li X,Du X,Su S. Research on the internal control problems faced by the financial sharing center in the digital economy era1 — an example of financial sharing center of H Co. Ltd[J]. Procedia Computer Science,2021,187(9):158-163.

[3] 张艳云.大数据环境下建材企业财务分析平台应用研究[D].上海:上海财经大学,2020.

[4] 吴娜.大数据环境下的企业财务分析变革研究[D].武汉:武汉理工大学,2016.

[5] 崔琳.大数据环境下S公司财务共享服务中心应用研究[D].哈尔滨:哈尔滨商业大学,2018.

[6] 吴采群,王磊,辛昕,等.财务共享模式下大数据应用初探[J].中国管理信息化,2020,23(14):76-78.

[7] 林毓桁,陈茵.人工智能在财务领域的应用及研究——以德勤为例[J].现代商业,2020(33):170-172.

[8] 徐林峰.集团财务共享模式下的大数据建设与应用[J].施工企业管理,2018(06):105-107.

[9] 邵永忠.智能化财务管理的作用和改进分析[J].现代经济信息,2018(01):265.

[10] 崔怡娟.人工智能、大数据在财税领域的应用[J].黑龙江科学,2019(08):100-101.

[11] 周林,袁蕴.智能财务分析的发展现状研究[J].财务管理研究,2020(10):48-52.

[12] 董昀.探析新形势下财务管理在企业价值地图构建中的运用[J].中国总会计师,2019(10):41-42.

[13] 张小平.智能财务的基本框架与建设思路分析[J].当代会计,2021(09):6-8.

课题负责人：谭瑾,高级工程师

课题组成员：谭瑾、李嘉斌、孙柏、熊英、刘鲁洋、李旭、李政玺、周璇、刘永娜、卢雅婷、慕小刚、曹方成、贾海龙、庞宇、鲁卓立

所在单位：中国石油集团共享运营有限公司

人工智能技术在预算管理业务预测中的应用

【摘要】 本研究针对企业全面预算管理所面临的无法通过业财一体实现多视角辅助决策的问题,以全面预算管理中的预测活动为应用场景,以特定行业数据为输入,以人工智能技术为工具,研究影响全面预算管理的关键因素,建立时间序列模型、混频神经网络模型、随机森林模型对企业的收入和现金情况进行预测,探索影响汽车制造业和超市零售业全面预算编制的关键指标,支持大型企业在编制全面预算时的辅助决策。

【关键词】 人工智能技术;预算预测推演

一、引言

(一) 研究背景

全面预算管理是发展比较成熟的管理会计理论。其在中国的应用从 2001 年开始,以财政部印发《企业国有资本与财务管理暂行办法》及《关于企业试行财务预算管理的指导意见》为标志,鼓励和推动在企业试行包括财务预算在内的全面预算管理,在企业控制成本、提高绩效等方面价值明显。

随着大数据、人工智能等新技术的出现,将预算编制工作与人工智能技术相结合,可全方位分析出各项财务指标的变化趋势,实现企业预算编制过程中的推演和预测,使全面预算智能应用的实现成为可能。

1. 企业年度收入目标预测

收入指企业通过销售其产品或劳务所获得的销售收入。企业的收入预测是利用历史数据和相关信息,使用科学的方法、适当的技巧,根据趋势、类推、相关和概率性的原理对企业收入的未来状况进行科学分析、估算和推断的过程。目前,用于收入预测的方法可归结为定性预测、因果分析预测、时间序列预测三种类型。

定性预测法主要依赖相关人员的经验、观点、偏好、预感等信息,这些信息一般难以量化,信息获取的途径通常包括调查、座谈和协商会议等。因果分析预测法是基于相关性、依靠变量之间的因果关系进行预测的方法,使用最多的是统计学领域的回归分析。时间序列预测法是利用历史数据的时间序列推测其未来值的方法。它是基于惯性与类推的原理,对按照时间顺序排列而成的数据序列,运用一定的数学方法,使其向外延伸,从而预测经济变量未来的发展变化趋势,确定市场预测值。

2. 企业现金预测

企业现金流量预测主要包括现金流入预测、现金流出预测、现金缺口及融资预测。关于现金流量预测,国内外学者尝试从不同角度进行研究。Knight(1972)的研究指出,将现金管理中的每个流动资产项目作为独立对象进行研究进而确定最优水平是不是合适,当将各项流动资产上的投资联合起来进行研究时,认为决策的目标不应当是最优化,而应该是满意化。王俊霞等(2006)以实际调研数据为基础,将其运用到修正的Miller-Orr模型中,较准确测算出了2006年某省国库现金月余额的控制范围,为建立省级政府现金管理模式提供了有益的参考。高翔(2011)以最佳现金持有量模型及理论为基础,分析多种模型的适用性后,以Miller-Orr模型为基础,建立了银行现金库存限额模型,预测某国银行26家支行的现金库存限额及最佳持有量。

现金预测研究的结论与建议,虽有较强的实例支持,但主观性过强。虽基于科学有效模型的分析所得的结论具有较强的解释度,但这种结论具有来源单一的局限,忽略了现金预测的复杂性、不确定性、模糊性。

(二) 研究目标

本研究以全面预算管理的预测活动为基础,以大数据、人工智能技术、机器学习、深度学习为基础的预测算法为处理手段,研究影响特定行业全面预算管理的关键因素,建立若干种实现企业收入和现金预测的方法模型,探索和发现影响全面预算编制的关键指标,支持大型企业在编制全面预算时的辅助决策。

(三) 研究意义

从上述分析可以看出,依据全面预算管理的发展趋势和需求,本研究具有一定的未知探索意义。

从理论意义来看,本研究能起到两方面的推动作用。一方面,本研究能够推动人工智能基础理论的探索与发展。将人工智能技术应用到全面预算管理领域后,全面预算管理的可推演、可预测,将推动基础算法的改进和新应用的生产。另一方面,本研究有助于丰富全面预算管理过程的准确性、科学性。随着业务的发展和技术的革新,全面预算管理不能只停留在编报流程、控制方式、分析手段的自动化层面,而应当利用全面预算管理的特点,在智能预测、数据分析等方面展开深入的研究。

从现实意义来看,全球500强企业和中国央企,都运用了预算管理,为企业在战略目标的分解、资源配置、绩效考核方面创造了管理和经济效益。随着企业的不断发展、企业规模的不断扩大,全面预算管理需要与智能化技术结合,为企业的管理决策提供支撑,为企业的业务发展提供引领。

二、国内外研究现状及文献综述

(一) 人工智能技术在企业全面预算领域的应用综述

在人工智能层面,国内外的文献主要在利用人工智能、大数据等新技术,通过使用智能算法分析历史财务数据、进行财务共享服务智能应用研究方面进行论述。

Martin(2011)认为,面对云计算、人工智能等技术对各行业的影响,财务服务的流程和内容将深受影响,企业要在新技术背景下进行优化,否则可能会承担失败的风险。Annette(2013)认为,新技术可应用到人力资源管理、采购管理等领域,以提升公司的整体绩效。Forst(2001)进一步认为,财务作为服务性质的机构,降低成本固然无可厚非,但是更应该将提升顾客满意度作为立足之本。郑延巍(2017)认为,一些着眼长远的企业由于能够获得最新的大数据、人工智能等技术的支持,可以搭建更为先进和富有特色的财务管理体制机制。成畅(2019)认为,未来企业集团需要将视线更多地从财务数据的处理转移到大数据的全流程控制,并思考如何运用人工智能等新技术创新财务管理方式方法,使我国的全面预算管理、财务共享等迈向新的高度。

Fabiane 等(2019)提出可以使用 6M 工具(人力、方法、材料、机械、测量和管理)建立反映公司员工情况的 12 个指标,用于反映财务健康状况,提升中心的能力。刘涛(2019)认为,全方位、多渠道、更加广泛地收集企业的相关信息,多角度、多层次地对企业经营所需要的数据指标进行分析与预测。张敏济(2019)以 K-means 算法和 C4.5 决策树算法为工具,对财务管理中的绩效评价和员工服务等方面进行评价和预测,实现运营管理的智能优化。赵化(2019)以机器人流程自动化、BP 神经网络和决策树算法等方法为工具,对项目材料发料成本进行预测,提出了企业财务管理中的材料核算优化方案。

(二) 人工智能预测方法在预算辅助决策中的应用

1. 基于混频数据不确定性的预测方法

在影响企业收入和现金业务预算的众多影响因素中,宏观经济、行业景气等数据往往以日度、月度、季度、年度等不同频率的数据统计累积,而企业的财务数据一般是以季度、年度为标准进行统计公开,这就产生了混频数据的预测问题。

混频数据预测即通过构造某种方法直接利用混频数据来分析变量间关系。适用于混频数据预测的主流方法主要有桥接方程、状态空间方程、混频数据抽样(MIDAS)、混频向量自回归(MF-VAR)等。Bińkowski 等(2017)提出可用于处理混频时间序列的神经网络架构"显著—偏置卷积神经网络",该架构提出了一种新的混频数据表示格式——SOCNN,输入到深度卷积神经网络中,计算时间序列上各个时间节点的权重,实现混频数据预测。

2. 基于随机森林的预测方法

随机森林就是通过集成学习的思想将多棵树集成的一种算法。它的基本单元是决策树,它的本质属于机器学习的一大分支——集成学习(ensemble learning)方法。集成学习通过建立几个模型组合来解决单一预测问题。它的工作原理是生成多个分类器或模型,各自独立地学习和做出预测。这些预测最后结合形成的预测,优于任何一个单分类的预测。随机森林的名称中有两个关键词:一个是"随机",另一个是"森林"。"森林"我们很好理解,一棵树叫作树,那么成百上千棵树就可以叫作森林了。这也是随机森林的主要思想——集成思想的体现。

3. 基于神经过程的预测方法

将神经网络和随机过程推理结合起来,弥补两种方法分别具有的一些缺陷,这作为一种潜在解决方案越来越受到关注。在这项工作中,DeepMind 研究科学家 Marta Garnelo 等人的团队提出一种基于神经网络并学习随机过程逼近的方法,他们称之为神经过程(Neural Processes,NPs)。NPs 具有 GP 的一些基本属性,即它们学习在函数之上建模分布,能够根据上下文的观察估计其预测的不确定性,并将一些工作从训练转移到测试时间,以实现模型的灵活性。更重要的是,NPs 以一种计算效率非常高的方式生成预测。给定 n 个上下文点和 m 个目标点,一个经过训练的 NPs 的推理对应于一个深度神经网络的前向传递,它以 O(m, n)为尺度函数,替代经典 GP 的 O(m, n)³ 的三次尺度函数。此外,该模型通过直接从数据中学习隐式内核(implicit kernel)来克服许多函数设计上的限制。神经过程的图模型与计算模型如图 1 所示。

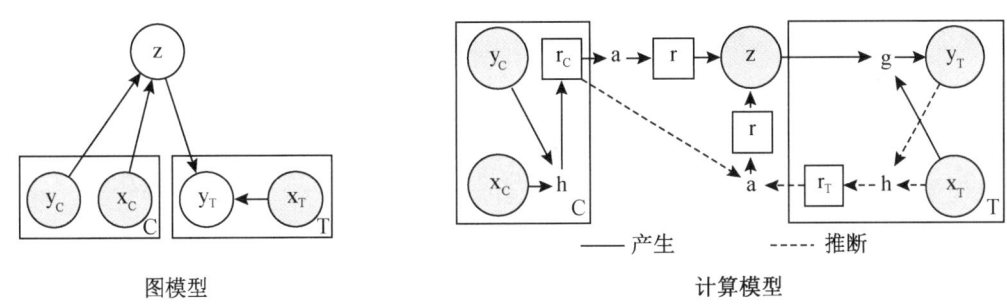

图模型　　　　　　　　　　　计算模型

图 1　神经过程的图模型与计算模型

从总体上看,初级智能化技术或弱人工智能技术在财务领域已经有了一定规模的理论应用和时间推广,但在面向全面预算管理的现金和收入预测层面,可见的研究较少。然而,无论从指导宏观顶层设计层面,还是微观的企业生产经营层面来看,实现准确的现金和收入预测,基于此辅助进行全面预算决策,具有较大的实践应用前景。

三、主体研究内容

(一)研究方法

本研究以汽车制造业和超市零售业的公开财务数据结合外部宏观、微观数据为基础,比较分析了混频神经网络模型、随机森林模型、时间序列模型对收入、现金目标的预测效果,同时结合预测建模,发掘影响上述两个领域企业全面预算的影响特征指标,形成冲击因素集,辅助用户进行全面预算的推演。

1. 全面预算事件冲击因素分析

本研究基于企业用户内外部、宏观到微观数据，通过调用用友新一代数据智能中台的AI能力，建立考虑经营环境、生产运营、风险控制、营销供给、资源需求等非财务、多模态数据深入融合的企业全面预算数据模型，结合企业用户实际应用场景的业务模型，比较经典数理统计和机器方法，对收入、现金预测的场景适用性，支持企业用户实现针对不同场景的全面预算辅助决策。

2. 基于企业业务全过程的推演指标探索

本研究通过比较应用各类模型之后，现金、收入两个全面预算指标预测的准确性，反向推演各类事件冲击指标对企业现金、收入预测的影响，探索形成可解释、可同行业泛化的全面预算冲击指标，支持模型、指标更好地泛化。

（二）技术路线

本研究在汽车制造业、超市零售业（高频场景，对内外部环境因素的变化更为敏感，财务数据较为可靠，不存在法律风险），共选取 2 家头部用户，以公开的经营数据和财务数据为主，以内外部环境数据为辅助，基于小样本学习与事件联想，验证推演模型合理性，以业务规则为校验分析标准，分别建立现金、收入预测模型，探索和发掘适合汽车制造、零售行业的现金和收入预测模型，分析各类主流模型在全面预算管理领域的适用场景，发掘可用于全面预算推演和辅助决策的相关特征，支持大型企业全面预算的辅助决策和可推演。课题研究的技术路线如图 2 所示。

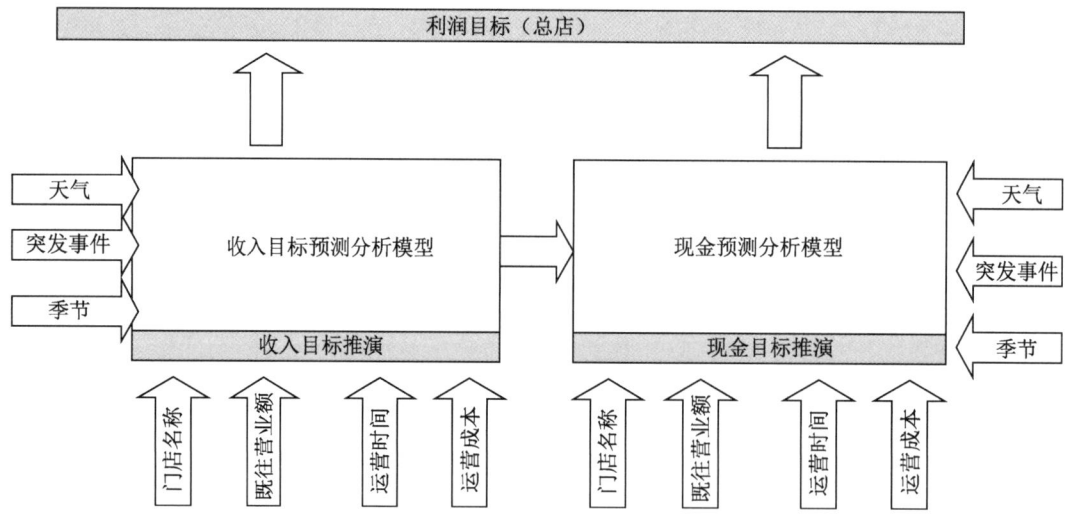

图 2 课题研究的技术路线

（三）实验设计和结果分析

1. 企业预算管理业务预测——汽车制造业

1）试验设计方案综述

汽车制造业是我国国民经济发展的支柱产业之一。汽车制造业的收入预算与宏观环境密切相关。本研究在汽车制造业收入预测中,重点关注存在的两个问题:一是影响因素数据中的混频问题,即各因素的统计采样频率往往以年、季、月等不同频率单位,这导致了常规预测方法的失效;二是预测的精度问题,当前的机器学习相比于传统财务中的回归方法具有更强大的逼近能力和预测效果。因此,本方案采用了时间序列模型、混频神经网络模型、随机森林模型三种方法,对汽车制造业的收入目标和现金进行预测,分析各智能算法的效果及应用场景。

2) 汽车制造行业预算管理业务冲击因素的确定

本研究结合汽车制造业的特点和数据的可获得性,选定了宏观环境因素、外部汇率因素、经营成本因素、成品油价格因素及企业产销情况五个因素作为企业收入目标的冲击因素。

3) 基于时间序列模型的收入目标预测

时间序列预测方法目前在市场变动预测中的运用非常广泛。与其他的预测方法相比,时间序列预测方法具有启动时间短、分析所需的数据量小、成本低的优点,其原始数据获取简单,一般来说只需要知道企业的历史数据就能进行分析预测。

(1) 数据说明。

本部分研究的数据范围为 2012 年第一季度至 2020 年第一季度,共计 33 个季度的数据。因变量为企业的营业总收入数据,由于该项数据的公布周期为季度,本研究将各影响因素经过简单加权平均统一频率为季度。数据及指标说明如表 1 所示。

表 1 数据及指标说明

因素	指标	均值	标准差
宏观环境因素	企业景气指数	120.03	7.844
	采购经理指数	50.441 414	1.090 649 3
外部汇率因素	日元汇率	6.218 561	0.757 744
经营成本因素	贵金属价格	177.289 93	71.059 45
成品油价格因素	柴油价格	6 677.75	948.405
企业产销情况因素	产量	45 995.212 1	22 535.021 23
	销量	45 924.840 9	24 005.442 95

(2) 各冲击因素与收入的回归分析。

本部分基于选定的 7 个因素指标作为自变量,与因变量收入进行多元线性回归。回归结果显示,R 方 = 0.609 1,即贵金属价格、企业景气指数等 7 个因素解释了 60.91% 的企业收入变化程度,如表 2 所示。回归方程的 sig = 0.001,说明回归方程的线性关系显著,如表 3 所示。在回归系数表中,贵金属价格、日元汇率、企业景气指数和 PMI 指数 4 个变量通过了显著性检验,说明这 4 个指标对于因变量收入存在显著性影响,如表 4 所示。

表 2 回归模型汇总

模型	R	R 方	调整 R 方	标准估计的误差
多元线性回归	0.780	0.609 1	0.499 7	0.230 5

表 3 方差分析

模型	平方和	df	均方	F	$Sig.$
回归	2.070 0	7.000 0	0.295 7	5.565 3	0.001
残差	1.328 4	25.000 0	0.053 1		
总计	3.398 4	32.000 0			

表 4 回归系数

模型	非标准化系数 B	非标准化系数 标准误差	标准系数	t	$Sig.$
(常量)	1.221 1	13.864 1		0.088 1	0.930 5
贵金属价格 x_1	1.118 3	0.324 5	1.081 8	3.445 9	0.002 0
柴油价格 x_2	0.728 7	0.494 8	0.323 7	1.472 7	0.153 3
日元汇率 x_3	−1.537 0	0.533 0	−0.550 4	−2.883 4	0.008 0
企业景气指数 x_4	−4.225 8	1.120 7	−0.920 6	−3.770 6	0.000 9
PMI x_5	9.001 3	4.468 3	0.611 5	2.014 5	0.044 8
销量 x_6	−0.213 4	0.217 8	−0.337 1	−0.979 8	0.336 6
产量 x_7	−0.066 2	0.252 5	−0.104 3	−0.262 2	0.795 3

最终得到的线性回归方程如下：

$$y = 1.081\ 8\ x_1 + 0.323\ 7\ x_2 - 0.550\ 4\ x_3 \\ - 0.920\ 6\ x_4 + 0.611\ 5\ x_5 \\ - 0.337\ 1\ x_6 - 0.104\ 3\ x_7 + 1.221\ 1$$

对于企业收入来说，总体上，企业收入受到外部环境、成本价格、行业景气程度等多方面的影响作用，各因素共同联合作用使得收入发生变化。回归分析的标准化残差 P-P 图如图 3 所示。

4) 基于时间序列模型 (ARIMA) 的收入预测

由上述回归分析得到，贵金属价格、日元汇率、企业景气指数和 PMI 指数对企业收入

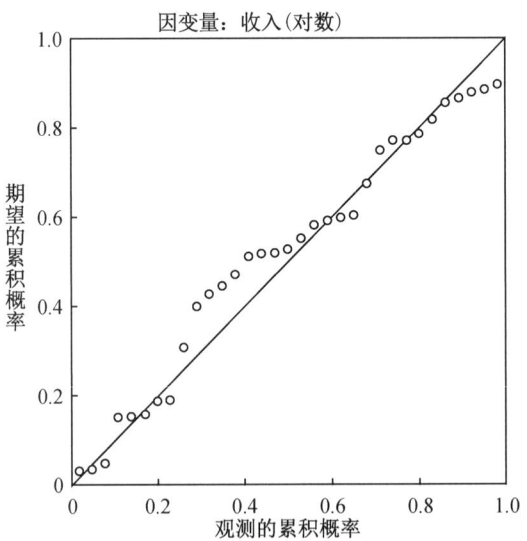

图 3　回归标准化残差 P-P 图

变化具有显著影响。本部分基于以上4个因素，采用时间序列模型（ARIMIA）对企业收入走势进行预测。ARIMA 预测拟合曲线如图4所示。

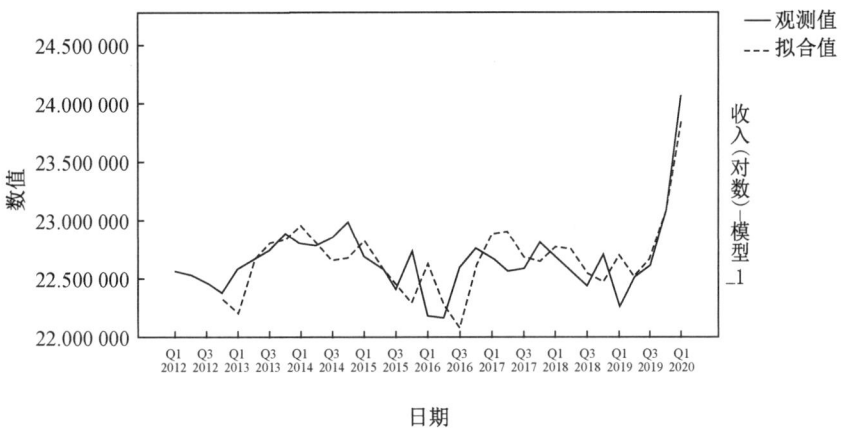

图4 ARIMA 预测拟合曲线

从拟合效果来看，ARIMA 方法在一定程度上能够预测出收入变动的趋势，但由于是基于历史数据的滑动推演，实际预测过程中存在一定的滞后性，尤其是在数据峰值时预测效果并不是特别理想。ARIMA 拟合统计量如表5所示。

表5 ARIMA 拟合统计量

拟合统计量	均值	拟合统计量	均值
平稳的 R 方	0.856 9	MaxAPE	2.295 3
R 方	0.525 0	MAE	0.174 6
RMSE	0.274 2	MaxAE	0.518 7
MAPE	0.770 8	正态化的 BIC	-1.567 2

5）基于随机森林的收入预测

随机森林算法在量化投资领域有着广泛的应用，也表现出良好的预测效果。因此，本部分使用随机森林算法对汽车制造行业收入建立回归模型。考虑到数据的时间累计效应，我们设计了批量数据训练、滑窗数据训练两种训练方法，训练结果详见图5至图8。

图中实线表示真实收入、虚线表示预测收入。横坐标表示由2014年第一季度至2019年第三季度的23帧数据，纵坐标表示相应时间的收入。

在一部分时间，模型预测结果较为良好，但仍然有一定程度的误差。

使用其他宏观经济数据作为输入，预测结果有一定程度的提升。

6）基于混频神经网络模型（MIDAS-ANN）的收入目标预测

本部分构建了一种针对混频数据不确定性的收入目标预测方法——混频神经网络模型（MIDAS-ANN）。本部分将其应用于汽车制造业的收入目标预测，并将该智能算法与传

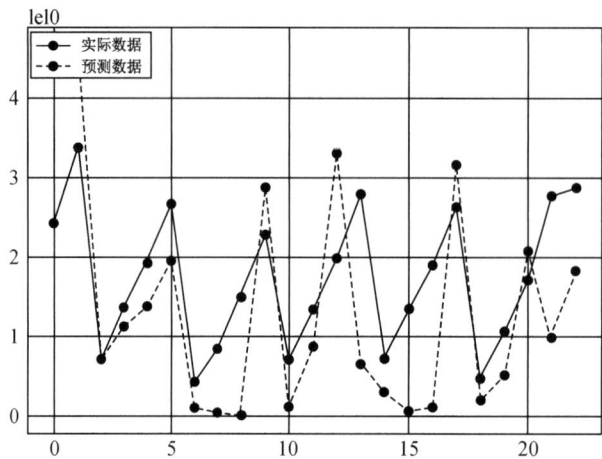

图 5　随机森林批量数据训练(不使用其他数据)拟合曲线

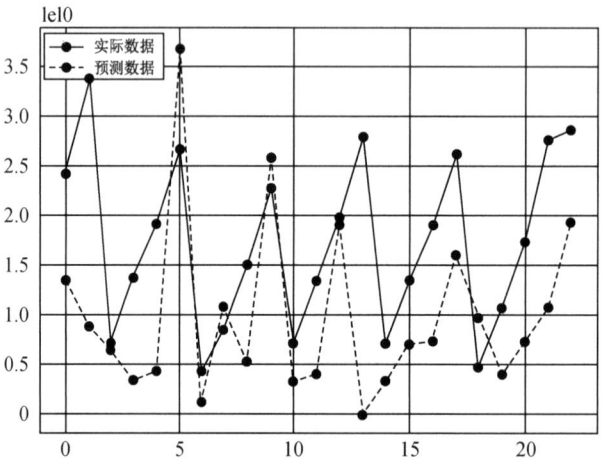

图 6　随机森林滑窗数据训练(不使用其他数据)拟合曲线

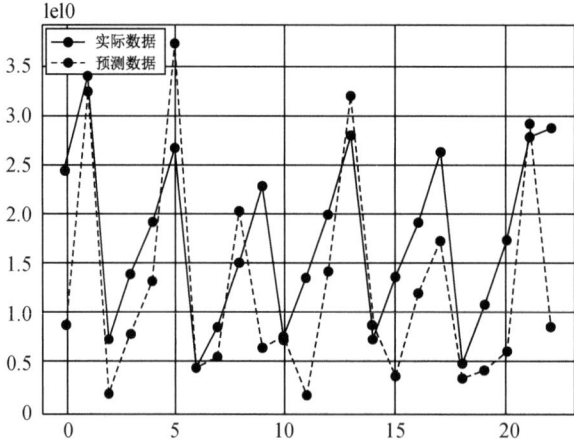

图 7　随机森林批量数据训练(使用其他数据)拟合曲线

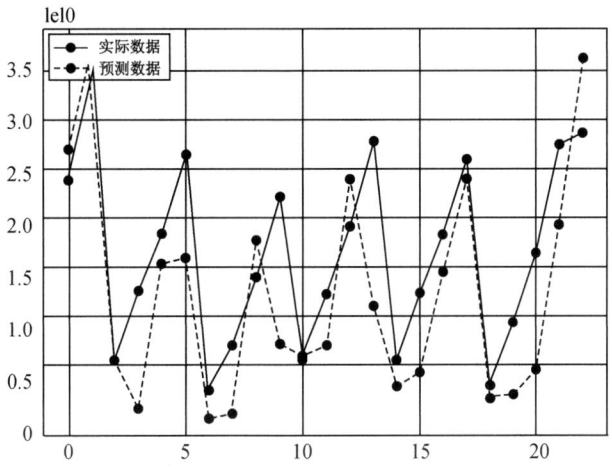

图 8　随机森林批量数据训练（使用其他数据）拟合曲线

统同频的时间序列预测方法的性能进行对比，探讨预测方法的有效性，充分挖掘企业财务相关的混频数据全部有价值信息，从而提高预测精度。

（1）混频神经网络的结构搭建。

现有的神经网络模型仅适用于输入变量为同频的情况。本部分通过在前馈神经网络中引入 MIDAS 模型的高频加权形式，提出一种适用于混合频率数据的前馈神经网络预测模型 MIDAS-ANN。

简化起见，我们这里考虑一个简单的三层前馈神经网络，由一个含有 I 个输入神经元的输入层、一个含有 J 个隐藏神经元的隐含层和一个输出层组成。隐含层采用双曲正切 tanh 函数作为激活函数，输出层采用恒等函数。神经网络最优权重和偏置的求解通过梯度下降法求解。MIDAS-ANN 模型结构如图 9 所示。

（2）基于混频神经网络的收入目标预测结果。

冲击因素指标抽取及数据来源如表 6 所示。

表 6　冲击因素指标抽取及数据来源

所属分类	指标	频率	均值	标准差
宏观环境因素	企业景气指数	季度	120.03	7.844
	采购经理指数	月度	50.550 8	1.670 8
外部汇率因素	日元汇率	月度	6.426 4	0.911 3
经营成本因素	贵金属价格	季度	177.289 9	71.059 4
成品油价格因素	柴油价格	季度	6 677.75	948.405

本研究的企业收入数据范围为 2013 年第一季度至 2020 年第一季度共计 30 个季度、90 个月度的数据，训练集与测试集的划分比例为 3∶2，即将前 20 个季度的数据作为训练集，后

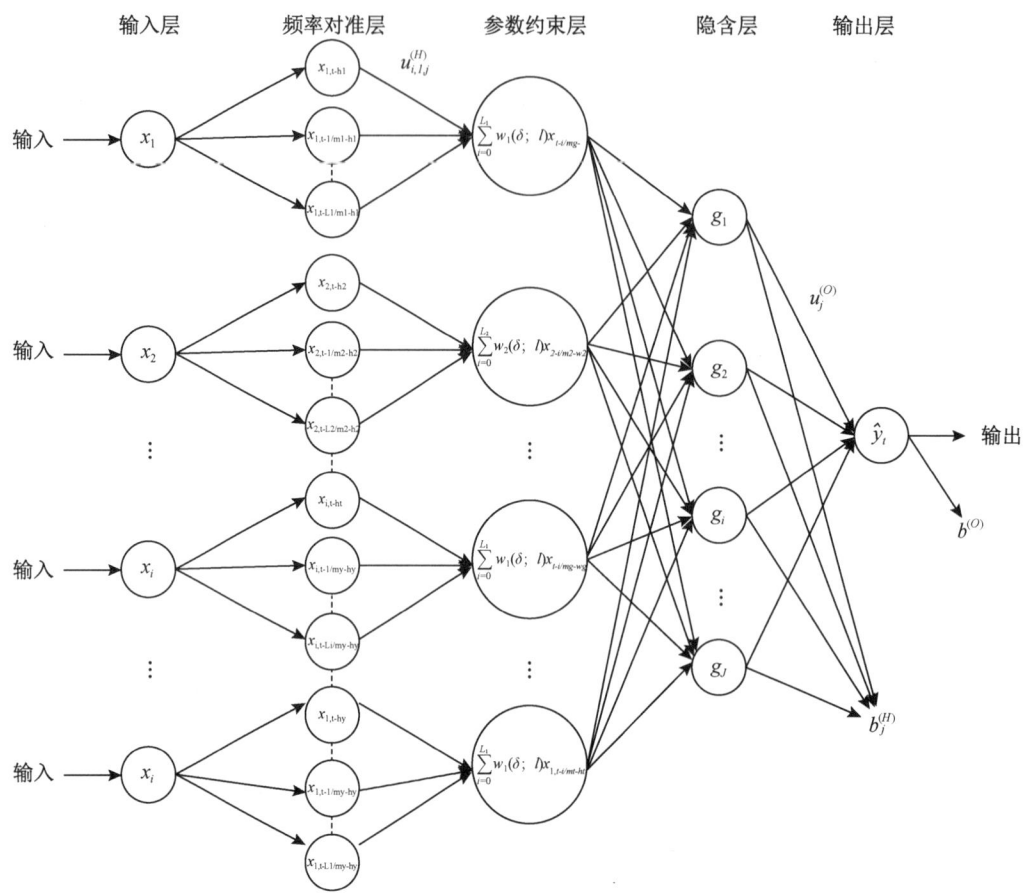

图9 MIDAS-ANN 模型结构

10个季度的数据作为测试集。

(3) 实验设计。

高频月度变量与季度因变量的频率差 $mM=3$,模型的输入变量为月度、季度的混频变量,输出变量为季度变量,需要对输入变量的滞后期数进行确定。简化起见,我们将滞后期数设为 $L_M=2m_M/m_M$,$L_Q=3$,即对季度收入目标进行预测时,PMI、日元汇率指标采用该季度前6个月的月度数据,企业景气指数等季度指标采用该季度前4季度的指标以及收入的4期滞后数据。具体如表7所示。

表7 各指标滞后期数

指标	企业景气指数	PMI	日元汇率	贵金属价格	柴油价格
滞后期数	4	6	6	4	4

在神经网络结构中,我们采用简单的三层结构,将隐含层的神经元个数设为4,设置最大迭代训练次数为5 000,学习率 $\eta=0.001$,目标精度为0.001。以上参数的设定是经过多次实验后确定的,这组参数能够取得较好的预测效果且网络收敛速度较快。

(4) 结果分析及比较。

本部分采用混频神经网络模型对季度收入目标进行预测,并将预测结果与传统时间序列模型进行比较。从测试集的预测曲线和三项预测性能指标来看,混频神经网络模型的预测表现最佳,拟合效果最好,泛化能力最强。预测结果比较如图10所示。

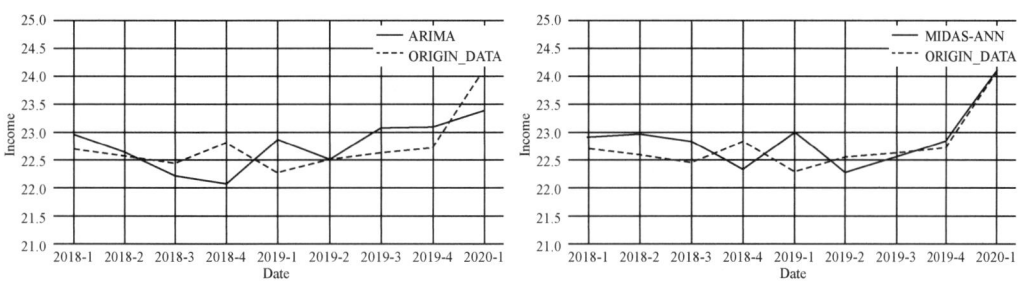

图10 测试集预测结果 ARIMA(左)、MIDAS-ANN(右)

两种预测模型的性能指标如表8所示。

表8 预测性能指标

模型	RMSE	MAE	ME
ARIMA	0.455 6	0.381 2	−0.007 21
MIDAS − ANN	0.369 7	0.278 0	−0.014 56

7) 几种模型和对应干扰因素对汽车制造业全面预算指标预测的影响分析

我们分别采用了传统的时间序列模型和新的混频神经网络模型以及随机森林模型对汽车制造业的收入和现金情况进行预测。预测结果表明,混频神经网络模型和随机森林模型具有较优的性能。

对汽车制造业来说,影响收入预算的指标绝大多数以混合频率统计。从实验结果来看,相比于同频的时间序列模型,混频神经网络模型具有更优的预测性能。因此,汽车制造业更适合采用混频神经网络模型进行收入预测。此外,研究发现,贵金属价格、日元汇率、企业景气指数和PMI(采购经理指数)对汽车制造业形成显著性冲击因素,针对后续的收入和现金推演,企业可利用混频神经网络模型,通过对4项主要冲击因素指标调优的方式进行构建。在实际应用过程中,只需要将与预算目标相关的反映事件冲击、内外部环境变化等指标输入模型,根据财务理论认知设定相关变量的滞后期数,模型即可自动计算出下一期的收入或现金目标。管理层人员可以根据预测值对企业生产经营活动进行及时调整,从而提高企业绩效。

2. 企业预算管理业务预测——超市零售业

与汽车制造业相比,超市零售业是一个季节周期性行业,其收入变动受到宏观环境和经营环境因素的影响较为明显。本部分采用时间序列模型和神经过程算法对零售业的收入和现金情况进行预测,探讨传统预测模型和智能算法的预测效果。

1）预算管理业务冲击因素的确定

本部分从宏观环境和经营环境两个方面来选取指数。本部分采用企业景气指数和消费者信心指数来衡量外部宏观环境的影响，采用一定时期内企业的门店数量和职工数量作为经营规模的衡量指标。

超市零售业方面的预测实验，采用与汽车制造业类似的试验方法，分别比较了时间序列模型（ARIMA）、神经过程算法的优劣势。后文重点介绍神经过程算法。

2）基于时间序列模型的收入目标预测

从历史收入数据来看，收入变动呈现规律性的螺旋上升。因此，基于历史数据的时间序列推演理论上应该能够取得不错的预测效果。

（1）数据说明。

数据及指标说明如表9所示。

表9 数据及指标说明

因素	指标	均值	标准差
宏观环境因素	企业景气指数	120.321 429	5.436 867
	消费者信心指数	111.027 619	9.073 544
经营环境因素	门店数量	724.428 571	452.699 183
	职工数量	80 574.428 571	16 240.699 053

本部分的数据范围为2013年第一季度至2020年第一季度共计28个季度的数据。因变量为企业的营业总收入数据，该项数据的公布周期为季度，宏观经济变量的披露周期为月度，因此，我们将其经过简单加权平均统一频率为季度。门店数量和职工数量为年度数据。门店数量及职工数量数据来源为B公司的公开年报。

（2）各冲击因素的相关性分析。

本部分采用Pearson相关分析方法，对选定的4个影响因素与B公司收入做相关性分析。从分析结果来看，企业收入与门店数量、职工数量和消费者信心指数存在显著的正相关关系，$P<0.05$。相关性分析结果如表10所示。

表10 相关性分析结果

		收入	企业景气指数	门店数量	职工数量	消费者信心指数
Pearson 相关性	收入	1.000 0	0.215 5	0.962 7	0.929 1	0.909 7
	企业景气指数	0.215 5	1.000 0	0.345 2	0.364 4	0.508 1
	门店数量	0.962 7	0.345 2	1.000 0	0.925 7	0.947 8
	职工数量	0.929 1	0.364 4	0.925 7	1.000 0	0.916 1
	消费者信心指数	0.909 7	0.508 1	0.947 8	0.916 1	1.000 0

(续表)

		收入	企业景气指数	门店数量	职工数量	消费者信心指数
Sig.（单侧）	收入		0.135 4	0.000 0	0.000 0	0.000 0
	企业景气指数	0.135 4		0.036 0	0.028 3	0.002 9
	门店数量	0.000 0	0.036 0		0.000 0	0.000 0
	职工数量	0.000 0	0.028 3	0.000 0		0.000 0
	消费者信心指数	0.000 0	0.002 9	0.000 0	0.000 0	

（3）各冲击因素与收入的回归分析。

本部分基于选定的4个因素作为自变量，与因变量收入进行多元线性回归。回归结果显示，R方 = 0.958 4，即企业景气指数、门店数量、职工数量、消费者信心指数4个因素解释了95.84%的企业收入变化程度，如表11所示。回归方程的 sig = 0.000 1，说明回归方程的线性关系显著，如表12所示。在回归系数表中，门店数量、职工数量和企业景气指数三个变量通过了显著性检验，说明这三个指标对于因变量收入存在显著性影响。

表 11 回归模型汇总

模型	R	R 方	调整 R 方	标准估计的误差
多元线性回归	0.979	0.958 4	0.951 2	0.033 5

表 12 方差分析

模型	平方和	df	均方	F	$Sig.$
回归	0.594 3	4.000 0	0.148 6	132.631 7	0.000 1
残差	0.025 8	23.000 0	0.001 1		
总计	0.620 1	27.000 0			

（4）基于ARIMA模型的收入预测。

本部分基于企业景气指数、门店数量、职工数量和消费者信心指数，采用ARIMIA模型对企业收入走势进行预测，如图11所示。

拟合结果表明，ARIMA模型对于零售行业的收入预测具有非常不错的效果。零售行业的收入呈周期性螺旋上升，波动呈现出一定的规律性，且依赖于宏观整体经济环境及门店规模，使用历史数据的时间序列预测方法预测效果十分显著。因此，零售行业适合于使用ARIMA模型对收入进行预测。

3）基于神经过程算法的收入预测

对于超市零售业收入预测我们使用神经过程算法，模型训练结果详见图12至图15。

图中实线表示真实收入、虚线表示预测收入。横坐标表示由2018年第一季度至2019年第三季度的6帧数据，纵坐标表示相应时间的收入。

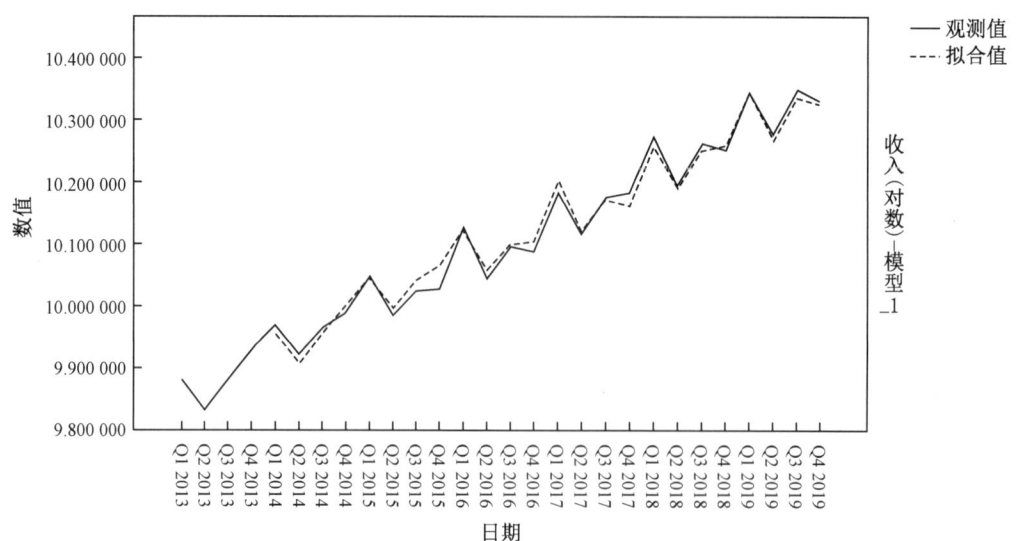

图 11　超市零售行业收入走势

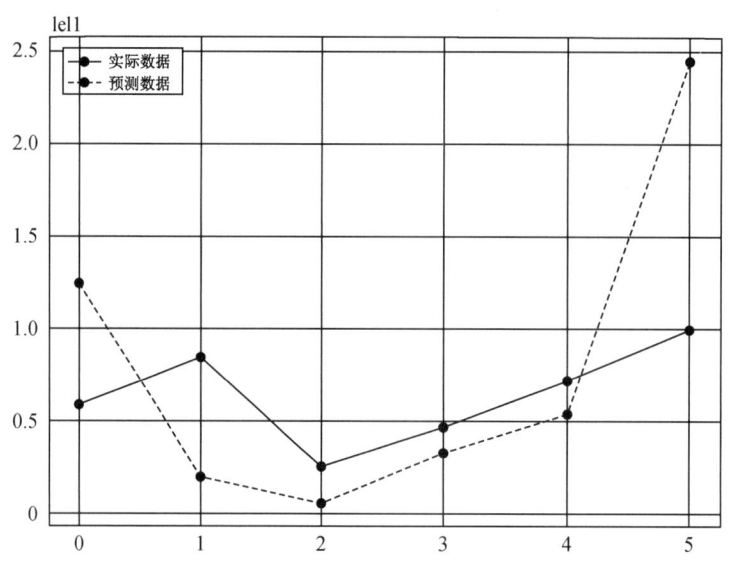

图 12　随机森林批量数据训练(不使用其他数据)拟合曲线

从神经过程预测企业收入的结果来看,结合神经网络与随机森林优点的神经过程模型起到了比较有意义的预测效果。尽管预测效果暂时无法达到应用于企业业务的预测精度,但由于其模型训练速度快,泛化能力比深度神经网络强的特点,其在未来的财务预测中会得到更广泛的应用。

4)各预测模型在超市零售行业全面预算指标预测中的效果分析

本部分中,我们采用时间序列模型和神经过程算法对超市零售业的收入及现金进行预测。结果发现,两种算法都表现出了不错的预测性能。

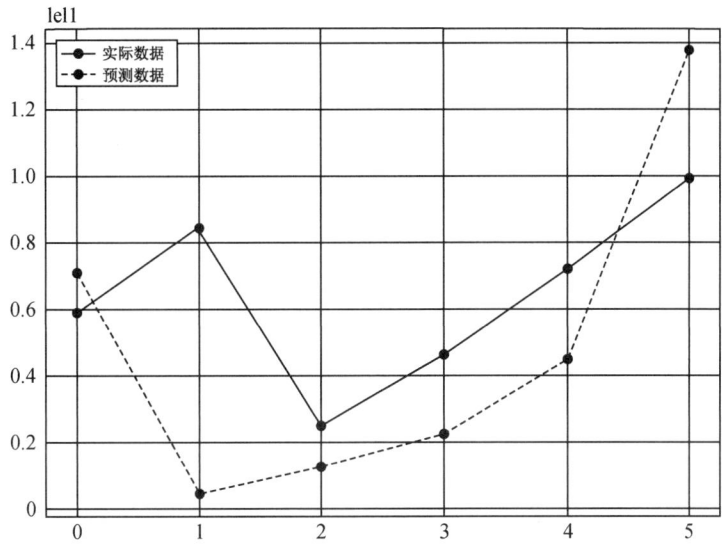

图 13　随机森林滑窗数据训练（不使用其他数据）拟合曲线

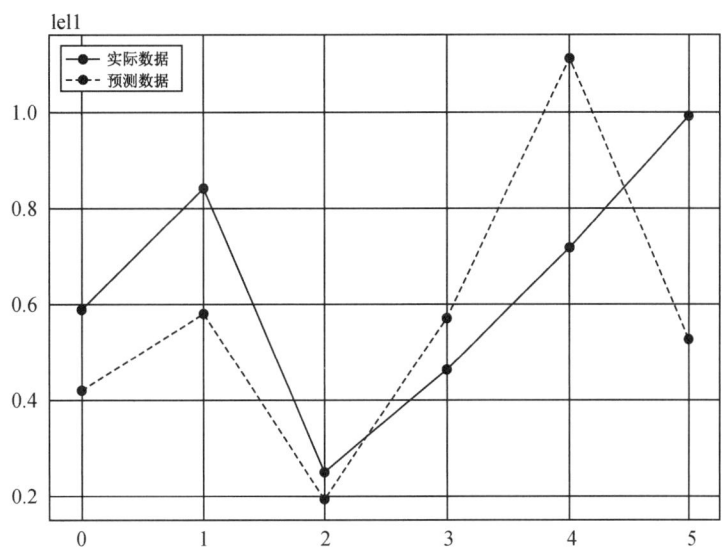

图 14　神经过程批量数据训练（使用其他数据）拟合曲线

超市零售业的收入一般呈周期性螺旋上升，波动呈现出一定的规律性，且依赖于宏观整体经济环境及门店规模，使用历史数据的时间序列方法预测效果比较显著。但是，这种方法依赖历史数值，不能够反映外部事件环境的变化。

此外，在财务收入预测问题中，我们往往没有足够的数据进行深度神经网络的训练，而如果使用小样本数据对复杂的深度神经网络模型进行训练，会导致模型出现过拟合的情况，影响收入预测结果。因此，神经过程算法的优势在于适用于小样本数据的预测，且十分适用于样本数据稀疏的行业。试验结果表明，纳入宏观经济变量的模型具有更优的预测性能。

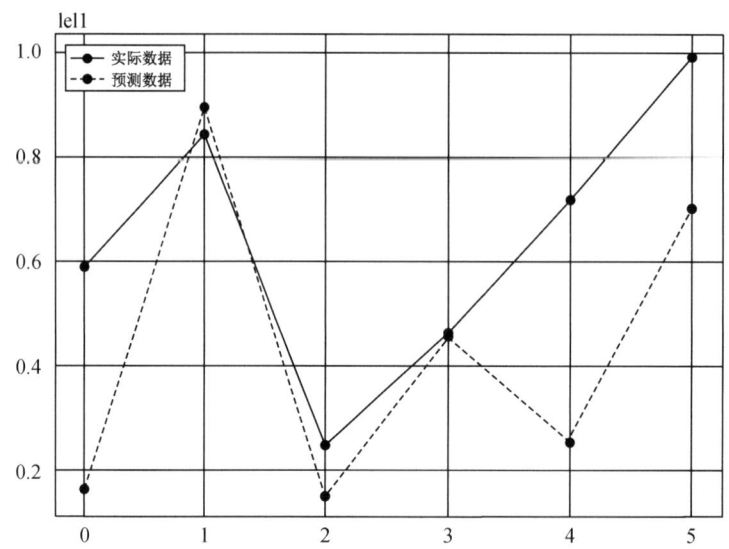

图 15　随机森林批量数据训练（使用其他数据）拟合曲线

因此，在实际预测中，我们可以将反映财务变化的指标及衡量内外部事件冲击及环境变化的变量纳入神经过程模型中，对企业下一期的收入和现金进行推演，从而为全面预算管理提供决策依据。

四、结论与展望

（一）研究创新

1. 面向全面预算编制的收入、现金预测技术

不同于模式识别、模式分类等人工智能技术的典型应用场景，全面预算决策过程实际上无法摆脱人员的决定因素。而动态、科学的收入、现金预测技术，将能够较好地辅助企业管理者进行更为精准的辅助决策。为此，本研究旨在围绕企业的价值创造过程，面向打通"业务—财务"全盘通路，比较和探索面向全面预算编制的收入和现金预测技术，支持企业经营场景智能化、分领域的全面预算辅助决策。

2. 基于小样本、多模态的跨价值环节的预算关联指标分析建模方法

针对财务域数据和企业经营域数据存在的样本小、模态丰富的特点，本研究通过将用有31年积累的企业服务经验与机器学习技术相结合，以小样本、多模态数据驱动数字化辅助决策输出，以行业、领域知识对结果进行辅助分析，使小样本、多模态数据与领域知识实现定量化结合，以规避人工智能技术的可解释性差、样本依赖大、与业务结合不深的问题。

（二）未来工作讨论

未来，基于本研究所发现的冲击指标以及相应算法模型，我们可较为明确地构建可解释的全面预算推演过程，支持在汽车制造业和超市零售业实现面向可重现、可推演的全面预算辅助决策。同时，本研究通过增大数据丰度，进一步探索模型在不同行业、不同规模企业下的可泛化性,结合财务机理与智能技术,进一步构建泛行业的全面预算辅助决策过程的闭环。本研究通过对全面预算决策过程的高精度重构,进一步考虑在不同场景、不同环境、不同领域、不同时间节点等因素影响下,对企业运营可能产生的影响,基于智能化算法进行预测,支持全面预算经营决策经验。

参考文献

[1] 王俊霞.基于 Miller-Orr 模型的省级政府现金管理实证研究[J].当代经济科学,2006(5):109-114.

[2] 高翔.基于现金最佳持有量模型的银行库存现金管理研究[D].山东:山东大学,2011.

[3] MARTIN W. Critical success factors of shared service projects-results of an empirical study[J]. Advances in Management,2012(05):4-9.

[4] ANNETTE HÄUSSER. Leverage Finance Shared Services (FSS) to Optimize Overall Corporate Performance[J]. Finance Bundling and Finance Transformation,2013(4):189-217.

[5] FORST L I. Shared services:a leg up on acquisition payoffs, mergers & acquisitions[J]. The Dealermaker's Journal,2001(4):26-29.

[6] 郑延巍.蒙牛的特色财务共享之道[J].新理财,2017(08):74-75.

[7] 成畅.企业集团财务共享服务创新研究——基于海尔集团的管理实践[J].会计之友,2019(03):90-94.

[8] FABIANE FLORES SUM, ISTEFANI CARSIO DE PAULA, GUILHERME TORTORELLA. Analysis of the Implementation of a Lean Service in a Shared Service Center:A Study of Stability and Capacity[J].IEEE Transactions on Engineering Management,2019(6):1-13.

[9] 刘涛."大智移云"技术条件下的财务共享服务理论与提升对策研究[J].商业会计,2019(20):4-7.

[10] 张敏济.基于大数据智能化的财务共享中心运营管理优化研究[D].重庆:重庆理工大学,2019.

[11] 赵化.财务共享模式下基于大数据智能化的材料核算优化研究[D].重庆:重庆理工大学,2019.

[12] BIŃKOWSKI M,MARTI G,DONNAT P. Autoregressive Convolutional Neural Networks for Asynchronous Time Series[C]. ICML 2017 Time Series Workshop, Sydney, Australia, 2017.

[13] W. D. Knight. Working Capital Management:Satisfaction versus Optimization[J]. Financial Management,1972(1).

课题负责人:任晓慧
课题组成员:任晓慧、陈宏志
所在单位:用友网络科技股份有限公司

机器学习算法在洞察费用支出风险中的应用

【摘要】 为了适应市场的变化,各行各业都在改变产品、应用与服务的开发和发布方式,转而采用敏捷设计、数字化制造与智能化发布模式。鉴于财务是深刻影响企业运营和发展的根本性要素,任何企业都极为重视财务领域的技术变革。费用支出风险洞察作为企业经营决策中的重要内容之一,也越来越受到企业界的广泛关注。本研究针对当前企业管理者和财务人员面临的工作繁杂、重复性高和办事效率低下等问题,对机器学习技术在洞察费用支出风险中的应用进行探索,研究了国内外机器学习在企业费用支出风险洞察中的应用场景、基于机器学习的费用支出风险洞察技术和基于对话式交互的数据洞察技术。本研究具有重要的研究价值与实际的行业应用意义,可以通过成果转化与企业管理云服务进行深度融合集成,有利于将机器学习等技术融入企业费用支出风险洞察中,帮助企业洞察潜在运营风险,为我国中小型企业客户向数字化转型升级提供人工智能云服务。

【关键词】 机器学习;费用支出风险洞察;财务;自然语言处理

一、引言

(一) 研究背景

近年来,随着互联网技术的迅猛发展,数据挖掘、机器学习等技术开始兴起,并在多个行业领域取得了重要突破和发展。鉴于财务为深刻影响企业发展的根本性要素,任何企业都极为重视财务领域的技术变革。机器学习是一门研究用计算机来模拟或实现人类学习活动的学科。它是人工智能中最具智能特征的前沿技术之一。基于机器学习的方法,试图利用人类思维来处理一些复杂的预测、检测和评估问题,已经被广泛应用于许多领域,如信用风险预测、市场风险预测、智慧费用管理等。

当今企业经营和科学决策中,如何应用这些新兴技术是企业领导和科研人员心中的未解之谜。费用支出风险洞察作为企业经营决策中的重要内容之一,也越来越受到企业界的广泛关注。国外典型案例如会计师事务所德勤建立的德勤分析学院(DAI),致力于为审计、咨询、企业风险管理、财务咨询及税务服务等提供最佳策略和技术,以帮助解决德勤中国客户最棘手的业务挑战。DAI提供一整套的技术能力;包括数据建模、可视化和管理,能够嵌入德勤中国的解决方案。会计师事务所安永也已将机器学习技术应用于企业全面风险管理中。2018年,安永发布了一款名为"安永 HelixGL"异常检测工具(HelixGLAD),利用机器学习算法,能够对审计中的舞弊交易进行洞察。思爱普(SAP)一直致力于践行"智慧费用管理"理念,通过 SAP Concur(差旅及费用管理)、SAP Ariba(采购管理)以及 SAP Fieldglass(劳动力管理)三朵云,帮助企业实现对所有支出和供应商的全程费用管理,提高运营成本管理可视度,高效管控费用支出,根据内外部费用变化及时响应和调整策略,获得更理想的业务成效。

然而,国内对于机器学习在洞察费用支出风险中的应用还较少,一些企业在相关领域做了前沿探索。比较典型的如阿里巴巴自主研发的阿里云原生的智能账单功能,能够分析云产品消费,提供可视化统计报表,并利用人工智能技术预测消费趋势、规划预算投入和智能发现异常消费,为符合企业业务必要的管控和合规要求,集成预算审批和分账管理,以降低预算失控的风险,提升企业云费用协同效率。

(二) 研究意义

机器学习、深度学习技术对于费用支出洞察的影响将贯穿于财务数据流转的整个生命周期,给财务数据处理带来巨大的变革,具有重要的研究价值与应用前景。对这些前沿技术的研究有利于将机器学习、数据挖掘、云计算等创新科技融入洞察企业费用支出风险中,帮助企业打通数据壁垒,洞察潜在增长机遇,让 CFO 和财务管理者将有限资源投入到更高价值的业务领域,帮助企业实现合规费用管理、智能财务分析、全球一体化管控,以及高效应用体验的目标,助力实现企业财务数字化转型。

(三) 研究方法

针对以上问题,本研究采用方法如下:

首先,对企业费用支出风险洞察场景和影响企业运营及决策的重要指标进行梳理,定义每项指标的风险等级和控制方式,并对结果的展现形式进行设计。

其次,针对特定的企业费用支出应用场景,对不同场景下大量的费用支出数据进行收集、清洗和标注,建立适用于大数据、机器学习处理的数据集,利用机器学习、神经网络等方法进行信息处理,建立费用支出风险洞察训练模型,在评估性能后对模型进行持续优化,从而提高风险洞察的准确性。

最后,对费用支出风险洞察场景用户的语言表达方式进行搜集和分析,对不同指标的意图类别和词槽类型进行标注,利用机器学习和深度学习算法训练意图识别模型和命名实体识别(Named Entity Recognition,NER)模型,借助苍穹对话交互平台实现对话式交互。

(四) 研究技术路线

本研究针对当前企业在费用支出洞察中面临的问题和挑战,结合机器学习和语音语言学等相关领域的理论和方法,采用如图 1 所示的研究技术路线:聘请财务专家对费用支出场景下影响企业经营和决策的重要指标进行梳理,对各项指标的数据展现形式进行设计;在此基础上,对各项指标进行分析,研究其风险洞察建模方法;对用户在数据洞察中的言语表达方式进行分析,研究基于对话式交互的数据洞察方法。

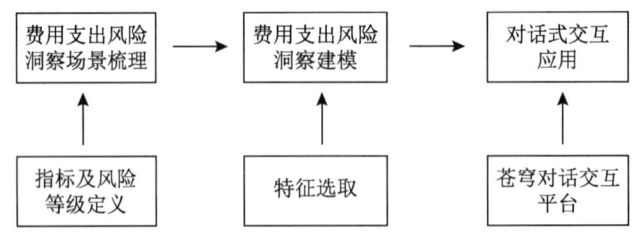

图1 本研究的技术路线

(五) 研究内容

本研究内容如下:

(1) 调研国内外机器学习在企业费用支出风险洞察中的应用场景,梳理企业经营过程中的重要指标。

(2) 针对特定的企业费用支出应用场景,构建机器学习模型。

(3) 针对企业费用支出的重要指标,研究基于对话式交互的数据洞察技术,改进风险管理系统的交互手段,提升财务人员和管理者的业务数据交互体验。

(六) 研究创新点

本研究创新点如下:

(1) 在基于机器学习的费用支出风险洞察建模方面,提出了一种基于机器学习的自动对账方法。该方法针对真实场景的业务数据,通过对日记账和银行对账单数据以及匹配规则进行分析,构建了日记账和银行对账单的自动匹配模型,解决了实际应用中一对多和多对一匹配的问题。

(2) 在基于对话式交互的费用支出洞察方面,提出了一种基于深度学习的中文命名实体识别方法。该方法以ALBERT为预训练语言表示模型,有效减少了模型参数,并利用跨层参数共享机制提升了中文实体识别的准确性和时间性能。

二、企业费用支出风险洞察场景梳理

费用支出风险管理是企业整个全面风险管理体系中的重要组成部分,为全面风险管理体系中进行风险评估、实施风险管理解决方案、执行风险管理的基本流程、履行内部控制系统提供必需的技术基础。研究表明,当前企业中有5%的损失源于费用支出风险。在构建企业的费用支出风险管理信息系统之前,要先明确会对企业的经营过程和科学决策造成影响重要指标,这些重要指标的风险等级划分以及采取的控制方式。

本研究目的是对国内外机器学习算法在费用支出风险洞察中的应用场景进行深入研究,对影响企业运营和决策的重要指标进行梳理,定义每项指标的风险等级和控制方式,即偏差在多少范围内定义为高、中、低等不同的风险等级,并对结果的展现形式进行设计。通过对指标进行监控,财务人员和企业管理者能够及时发现企业经营过程中的风险。

(一) 企业实时支出风险点分类

众所周知,在企业风险管理(Enterprise Risk Management,ERM)和内部控制(Internal Control)理论研究领域,全美反舞弊性财务报告委员会发起组织(The Committee of Sponsoring Organizations of the Treadway Commission,COSO)有着举足轻重的位置。1992年出版的企业内部控制整合框架(Internal Control-integrated Framework),作为在美上市公司内部控制体系的指导框架,在全球范围内被众多国家相关企业和上市公司监管机构采用和推广。新版框架已于2013年正式发布。该框架首先对内部控制进行了定义,其中第一条就是要专注于实现运营、报告和合规性目标。COSO框架将内部控制目标划分为运营(operations)目标、报告(reporting)目标和合规(compliance)目标三个类别。

运营目标:专注于业务运营的有效性和效率。例如,绩效目标和保护组织资产免受欺诈的侵害。

报告目标:包括内、外部财务报告与组织报告习惯的透明性、及时性和可靠性。

合规目标:遵守组织必须遵守的法律和法规。

针对我国企业独有的特点,本研究参照COSO框架,将企业中的实时支出风险点划分为平稳经营、异常交易、成本效率和政策法规等四种类别。

平稳经营:与COSO框架的运营目标类似,专注于业务运营的稳定性。

异常交易:作为COSO框架的新增内容,专注于业务经营的正常性。

成本效率:专注于业务运营的成本和效率。

政策法规:与COSO框架的合规目标相同,专注于遵守组织必须遵守的法律和法规,以确保企业经营的业务符合国家的法律和法规。

(二) 企业费用支出风险定义

根据定义的风险类别,本研究对每种风险类别下的重要指标(或风险项)、风险描述、风险等级和控制方式等进行了定义,如表1所示。

表1 费用支出风险定义

风险分类	指标定义	风险描述	风险等级	控制方式
平稳经营	支出偏差异常	一个或多个订单,物料的采购支出很高或很低	高	偏差在90%红色、80%黄色、其他绿色
异常交易	高频交易	在2分钟内存在多笔同一供应商、同样金额的支付	中	有5笔为红色、3笔为黄色、其他为绿色
成本效率	单项支出占比	针对全部支出项定义一个默认的阈值,也可以对于不同的支出项,定义不同的阈值	中	高于60%红色、高于50%黄色、其他绿色
政策法规	重大新闻	与供应商有关的重大政策、法律新闻、破产等,有预付款、交货风险	低	有5笔为红色、3笔为黄色、其他为绿色

三、基于机器学习的费用支出风险洞察建模

本研究针对费用支出洞察场景的每项指标,根据数据分布和风险描述选择合适的机器学习算法构建风险洞察模型。

(一)支出偏差异常检测

支出偏差异常是企业平稳经营中具有高风险类别的风险项,用于检测在一个或多个订单中,物料的采购支出很高或很低的情况。

研究方法采用均方差法按物料号分组,找出一年内的采购应付单,建立异常检测模型。

1) 均方差法介绍

本研究分别按一个标准差和两个标准差对价税合计计算偏差上下限,并将其对应到不同的偏差等级中。

2) 基于均方差法的支出偏差异常检测算法描述

(1) 根据物料号筛选出一年内(或一定时间内)所有的采购应付单记录 r_1。

(2) 对应付单记录 r_1 按价税合计进行统计分析,分别计算出所有价税合计的均值、一倍标准差和两倍标准差。

(3) 根据一倍标准差和两倍标准差计算均值偏差上下限。

$$anomaly\_lower = data\_mean - data\_std * 2$$
$$anomaly\_upper = data\_mean + data\_std * 2$$
$$middle\_lower = data\_mean - data\_std$$
$$middle\_upper = data\_mean + data\_std$$

(4) 对 r_1 中的每笔订单,根据价税合计和偏差判断异常类别。

若价税合计大于 anomaly_upper 或小于 anomaly_lower,则标记为红色;若价税合计大于 middle_upper 或小于 middle_lower,则标记为黄色;否则,标记为绿色。

经测试,该算法能够很好地对物料中的异常价格进行检测。

(二)高频交易异常检测

企业中物料的高频交易异常就是在短时间(本研究设置为2分钟)内对同一物料而言,存在多笔相同金额的支付,是企业异常交易风险类别下具有中度风险的风险项。通过对业务部门提供的数据进行分析,本研究采用基于统计的方法检测物料的高频交易异常。算法描述如下:

(1) 根据物料号筛选出本月所有采购应付单记录 r_1。

(2) 对应付单记录 r_1 按不同金额进行过滤,划分 r_1 分别为金额1,金额2,…,金额 n 的应付单记录,对应为 a_1,…,a_n。

(3) 循环处理每一种金额 i 对应的应付单记录 a_i。

对 a_i 按交易时间先后进行排序,得到排序后的结果;找出排序结果中的交易时间列表中在用户指定的时间间隔内的子列表,进行统计输出。例如,某个金额记录交易时间[1, 2,

3,12,20],间隔为2,则输出子列表[1,2,3],笔数为3笔,将对应的应付单状态显示为黄色。

(三)基于机器学习的智能对账

企业中日记账和银行对账单的对账清账问题是财务领域的关键问题,其中的关键技术在于日记账和银行对账单的相互匹配。当前,企业中的对账清账流程主要通过财务出纳人员将银行存款日记账与银行送来的对账单进行核对,利用凭证的种类、编号、摘要内容、记账方向及借方金额和贷方金额等方面加以核对,做到账实相符。然而,此种方式不仅要求出纳人员具备专业的知识背景和业务背景,而且还比较费时费力。此外,出纳人员在经过繁重的对账工作后,还容易出现失误。为解决财务出纳人员在对账过程中的痛点问题,降低对账风险,提升对账效率,寻找一种自动的对账方法成为目前亟待解决的问题。

本研究提出一种基于机器学习的自动对账方法,针对真实场景的业务数据,通过对数据和匹配规则进行分析,提取出日记账凭证号与银行对账单摘要之间的相似度得分、日记账业务日期与银行对账单日期之间的差值、日记账借方金额与银行对账单贷方金额之间的差值、日记账贷方金额与银行对账单借方金额之间的差值4个维度的数据特征;并利用匹配规则和随机采样等方法构造出正样本和负样本,然后使用基于机器学习的分类方法(如XGBoost、决策树、随机森林、神经网络等),从特征空间中找到训练数据匹配和不匹配的分类边界。该方法解决了实际应用中一对多和多对一匹配的问题,能够基于日记账和银行对账单中的相关字段完成自动对账清账过程。

1. 数据获取

本研究的建模数据来源于企业真实应用场景,经由财务出纳人员根据凭证号和摘要以及一定时间内"金额相等、借贷相反"等规则完成日记账与银行对账单的对账清账处理,并将数据整理保存为日记账和对账单匹配对的形式。

2. 特征提取

本研究通过对获取到的数据进行分析,拟提取如下4个维度的数据特征用于模型训练。

1) 日记账凭证号与银行对账单摘要之间的相似度得分

本研究采用基于XGBoost的文本相似度重排序方法,通过融合多种相似度计算方法,包括最长公共子串、Jaccard距离、编辑距离、文本长度差、Word2Vec平均词向量和Bert句向量6种相似度计算方法,使用XGBoost模型对6种相似度方法的得分进行重排序,解决融合多个计算模型权重分配的问题。

2) 日记账业务日期与银行对账单日期之间的差值

本研究通过计算两者之间的差值以体现日记账和银行对账单日期之间的关联关系。

3) 日记账借方金额与银行对账单贷方金额之间的差值

本研究通过计算两者之间的比值以体现日记账借方金额与银行对账单贷方金额之间的关联关系。

4) 日记账贷方金额与银行对账单借方金额之间的差值

本研究通过计算两者之间的比值以体现日记账贷方金额与银行对账单借方金额之间的

关联关系。

该种表示方法解决了日记账和银行对账单之间一对多和多对一的问题。

3. 训练数据的构建

采用提取到的特征作为模型训练的数据特征，根据日记账和银行对账单之间的匹配关系，将匹配类别标注为1，作为正样本；针对银行对账单中的每条数据样本，从日记账中随机采样出 $n(n \geqslant 1)$ 条满足"银行对账单中的借方金额不等于日记账中的贷方金额"或"银行对账单中的贷方金额不等于日记账中的借方金额"等条件的数据样本，并将其匹配类别标注为0，作为负样本。

4. 自动对账分类模型的构建

采用机器学习模型构建自动对账分类模型。建立分类模型的机器学习方法主要有XGBoost、决策树、随机森林和神经网络等。无论采用哪种方法，其基本原理都是在训练数据中找到匹配和不匹配的分类边界。利用构造的训练数据，对账问题将建模为日记账和对账单匹配与否的二分类问题。

5. 自动对账建模

利用训练好的对账分类模型对日记账和对账单进行自动匹配。

（1）对传入的日记账和对账单列表，为了提升匹配性能，本研究先根据日记账中的业务日期和对账单中的日期进行升序排序。然后针对日记账，根据业务日期的日期范围，将日记账记录拆分到不同的集合中，并用字典进行存储。其中，字典的键为日期范围，其形式为（"2008/08/01""2008/08/31"），字典的值为日记账中业务日期介于键值之间的记录列表。

（2）对对账单中的每条记录，根据其日期从日记账中找到满足日期介于键值之间的记录列表，然后根据构造出特征，并利用训练好的模型进行分类。若值为1，则表明对账单和日记账匹配成功，否则匹配失败。为避免重复匹配的问题（即同一条日记账记录与多条对账单记录相匹配），本研究采用列表对匹配后的日记账记录的索引进行存储，在每次构造特征前，都先判断当前日记账记录的索引是否在该列表中。若不在，则开始构造特征和进行匹配。

（3）当同一条对账单记录与多条日记账记录相匹配时，本研究将判断对账单的金额是否与日记账记录金额的和相等，从而达到"一对多"匹配的效果。

（四）基于对话式交互的费用支出数据洞察

本研究对费用支出风险洞察场景用户的语言表达方式进行搜集和分析，对不同指标的意图类别和词槽类型进行标注，利用机器学习和深度学习算法训练意图识别模型和命名实体识别（Named Entity Recognition, NER）模型，借助苍穹对话交互平台实现对话式交互。另外，分析每项指标下的数据组织形式，并抽象成数据模板，设计每项指标下的交互流程，从而打通前端对话式交互界面与企业费用支出洞察场景的结合。与传统人际交流的话语有着重要差别，人机口语交互中的用户话语具有如下一些鲜明特点：

（1）复杂性。内容长短不一、句子结构和表达方式多样、时序关系复杂。以平稳经营类别为例,用户表达可能为"看一下环球公司环比支出变动有异常的数据",也可能为"看一下环球公司有异常的环比支出变动数据"。

(2)自然性。语句形式自由运用。例如,在企业业务数据查询中,用户表达可能为"查询这个月的财务报表",也可能为"看看这个月的财务报表"。在人和机器进行言语交互时,对用户话语中的实体信息进行准确抽取是提升任务完成度和用户满意度的关键所在。本研究针对现有技术中存在的问题,重点对对话交互中的中文命名实体识别技术进行深入研究。

1. 对话交互中的中文命名实体识别技术

中文命名实体识别是指从文本序列中识别具有特定标签的实体(一般是名词),如时间、地点、人名、组织机构名等。命名实体识别是关系抽取、信息检索、查自动问答、对话系统等问题的基础任务,能否准确识别关系到后续的处理。因此,命名实体识别是自然语言处理研究的一个基础且重要的问题。

1) 基于ALBERT的中文命名实体识别

近年来,自然语言处理技术发展迅速,尤其是得益于深度神经网络方法在自然语言领域的广泛应用。大部分神经网络模型采用预训练字/词向量技术如Word2vec、Glove等模型,较好地捕获文本序列的上下文特征,但它们均属于静态词向量,无法解决一词多义问题,未有效考虑词在序列的位置对词意义的影响。于是,ELMO模型被提出,该模型本质是根据当前上下文对字或词向量进行动态调整,能够有效解决上述问题。但ELMO还是使用LSTM结构进行特征抽取,融合上下文特征能力较弱。2018年,谷歌提出了基于Transformer的双向编码器表示方法BERT。BERT为深度双向表示预训练语言模型,在各类NLP任务上达到了当时最好的效果。尽管BERT应用广泛、效果很好,对各项NLP任务提升都有很大帮助,但存在模型参数量大、效率低等问题。于是,Lan提出了一个精简版BERT模型,简称ALBERT,通过对词嵌入矩阵进行因式分解,再为下游任务共享不同层的所有参数。ALBERT模型在GLUE、RACE和SQuAD基准测试上都取得了新的SOTA效果,并且参数量还远低于BERT。因此,利用特征抽取能力强的ALBERT预训练模型与命名实体识别有效结合,以提高实体的识别效率,成为近期研究的热点。

针对上述问题,本研究提出一种基于ALBERT预训练模型的中文命名实体识别方法。该方法通过利用ALBERT预训练模型字向量对文本序列进行向量化,利用ALBERT模型的Transformer结构中的自注意力机制深度提取文本序列直接的隐含特征。文本的上下文信息能够得到充分利用,有助于提高命名实体识别的效果。最后在输出层采用CRF模型,该方法能考虑到序列标注直接的依存关系,有助于提高模型对实体识别准确率。CRF模型在《人民日报》数据集进行验证,总体命名实体识别F1值达94.9%。结果表明,本研究所提方法与BERT相比,参数量更小,效率更高,能有效降低模型大小和提高命名实体识别的整体效果。

本研究提出的基于ALBERT的中文命名实体识别框架由五层构成,分别是输入层、嵌

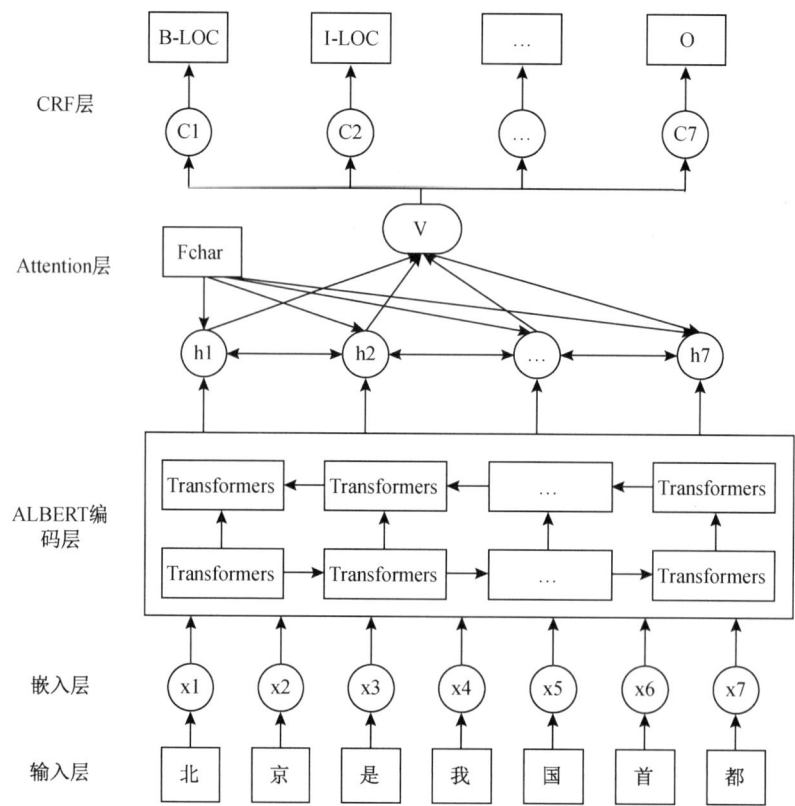

图 2　基于 ALBERT 的中文命名实体识别框架

入层、ALBERT 特征编码层、Attention 层以及 CRF 层(图 2)。模型首先利用 ALBERT 预训练语言模型对输入序列进行向量化表示,得到每个字符对应的字向量,再利用 ALBERT 预训练模型中的双向 Transformer 结构对输入字向量序列进行特征提取,得到包含上下文信息的语义向量;为了增加上下文相关的语义信息,使用注意力机制进行有效区分实体类别;最后使用 CRF 对语义向量进行解码,CRF 能够有效考虑到序列相邻词的标注信息,输出最大概率的标注序列,从而得到每个字词所属的实体类别。

其中,$x_1,x_2,\cdots,x_7$ 表示输入文本"北京是我国首都"经过 ALBERT 预训练语言模型向量化后的字向量;接着为 ALBERT 预训练语言模型编码层,主要由多层双向 Transformers 结构组成,得到包含上下文信息的语义向量 $h_1,h_2,\cdots,h_7$。Fchar 是计算两个字符之间关系权重的 Attention 层加权函数,拼接后向量表示为 V。最后为 CRF 层,用于计算输入序列对应的实体类别标签,如地点(LOC)、时间(T)等,其中"B-"为实体起始标志,"I-"表示实体中间或结尾部分。

2)实验及结果分析

(1)实验设置。

A. 数据集

为了检验模型有效性,本研究利用北京大学公开的 1998 年 1 月至 6 月人民日报语料进行验证。该语料不仅已经分词,还标注了地名、人名、组织机构名等实体。本研究采用"BIO"标记方式,"B"表示实体开始位置,"I"表示实体其余位置,"O"表示该词不是实体。地名采用"LOC"标记,开始位置为"B-LOC",其余位置为"I-LOC";人名记为"PER",开始位置为"B-PER";组织机构实体为"ORG",开始位置为"B-ORG"。实验中,以1998年1月至5月标注数据为训练集,6月标注数据为验证集。标注格式如图3所示。

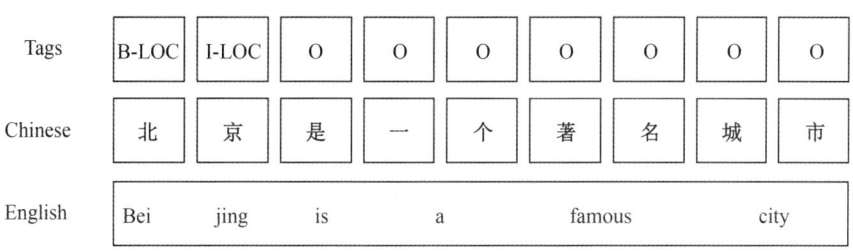

图3 中英文命名实体标注格式示例

B. 比较方法

本研究将提出的基于ALBERT的中文命名实体识别方法与常用的机器学习和深度学习方法进行比较,包括CRF,Bi-LSTM,Bi-LSTM+CRF和BERT+CRF。

C. 评价度量

模型评价指标采用精确率(Precision)、召回率Recall和F1值(F1-score)进行衡量。

D. 模型训练及参数设置

本研究采用Tensorflow深度学习框架构建和训练所提出的基于ALBERT的中文命名实体识别模型。为了对模型进行精调,大多数超参数与预训练时保持一致。其他参数设置如下:输入文本序列长度seq_length设为64,训练集和验证集的批大小batch_size为32,学习率为0.000 01。为了防止模型出现过拟合,设置dropout参数0.8。

(2)结果分析。

表2显示了我们提出的方法与其他机器学习方法的比较结果。

从结果中,我们可以得出以下结论:①仅使用CRF和BLSTM可以达到良好的性能,表明上下文相关性很重要。②当使用BERT作为预训练模型时,性能显著提高(相对F_1度量为4.23%~11.17%),表明BERT可以更好地利用上下文相关性将学习到的信息传递给下游任务。③当使用ALBERT作为预训练模型时,性能略有提高,这表明ALBERT模型可以更好地利用注意力层获得的上下文依赖性,句子级全局信息进行建模。

此外,表2的结果还显示出ALBERT在参数规模上的优势:仅依靠BERT4%的参数,ALBERT就能获得比BERT更加优胜的结果。相比于BERT,ALBERT在测试集上的准确率、召回率和F_1度量分别提升了0.54%、0.29%和0.49%,更有趣的观察是在相同训练配置下训练时的数据吞吐速度。由于较少的通信和较少的计算,与相应的BERT模型相比,ALBERT模型具有更高的数据吞吐量。

表 2 不同模型实验结果对比

任务	精确率	召回率	F_1 值	参数规模
CRF	84.18	85.34	84.76	*
Bi-LSTM	87.96	86.64	87.30	*
Bi-LSTM + CRF	89.78	88.23	89.00	*
BERT + CRF	93.58	92.94	93.26	108M
ALBERT + CRF	94.12	93.23	93.67	4M

注:"*"表示参数规模相比而言可忽略不计。

2. 基于对话式交互的费用支出数据洞察

对企业而言,获取企业财务数据与业务数据、洞察费用支出数据是高层管理者关注企业经营状况的高频动作。在传统的基于网站或 App 的交互方式下,管理者要亲自获取准确的数据,只能通过多次点击才能达到目的。这一过程步骤繁多且缺乏灵活性,操作重复性高。而且在频繁切换报表过程中,人的时间和精力也会无端被消耗,从而影响决策者对数据的思考分析。针对该问题,我们基于金蝶苍穹对话交互平台自身所具备的自然语言理解(NLU)和语音感知能力,运用自研的意图分类和中文命名实体识别技术,将高频且规律性较强的费用支出洞察过程智能化、流程化,大大提升管理者准确获取数据的效率。例如,用户可以通过移动端,采用单轮或多轮对话的方式查看实时支出和支出风险项。

三、总结与展望

本研究针对当前企业管理者和财务人员面临的工作繁杂、重复性高和办事效率低下等问题,对机器学习技术在洞察费用支出风险中的应用进行探索,进行了如下三个方面的研究:

(1)对国内外机器学习在企业费用支出风险洞察中的应用场景进行深入调研,对企业经营过程中的重要指标进行梳理,定义每个费用支出场景下的风险等级和控制方式,探索这些场景在国内市场落地的实际价值。

(2)针对特定的企业费用支出应用场景,利用机器学习算法和模型建立费用支出风险洞察模型。在基于机器学习的费用支出风险洞察建模方面,提出了基于机器学习的自动对账方法,有效解决了企业管理者和财务人员的痛点问题。

(3)针对企业费用支出的重要指标,研究基于对话式交互的数据洞察技术,改进风险管理系统的交互手段,提升财务人员和管理者的业务数据交互体验。

本研究未来将挖掘更多的影响企业运营和决策的重要指标,利用前沿的机器学习和深度学习技术对这些指标建模,通过与机器人流程自动化技术结合实现超自动化。

参考文献

[1]彭岩,王万森,王旭仁,等.基于机器学习的风险预测方法研究[J].计算机科学,2009,36(4):205-207.

［2］吴玉轩.机器学习算法在金融市场风险预测中的应用［J］.信息系统工程，2019(2)：134-135.

［3］蒋鹏.机器学习在风险评估中的应用研究［J］.电子技术与软件工程，2017(23)：171.

［4］e-works数字化企业网.云时代，打造智慧费用管理的四大关键词［EB/OL］.［2020-03-12］(2022-07-08). https://mp.m.ofweek.com/ai/a245683026176.

［5］NARAYANAN VAIDYANATHAN.机器学习：科学向左，科幻向右［R］. The Association of Chartered Certified Accountants，2019.

［6］LAN Z, CHEN M, GOODMAN S, et al. Albert：a lite bert for self-supervised learning of language representations［J］. arXiv preprint arXiv，1909.11942，2019.

［7］KARIM Z A, SAID J, BAKRI H H. An exploratory study on the possibility of assets misappropriation among royal Malaysian police officials［J］. Procedia Economics and Finance，2015，31，625-631.

［8］ANN SNOOK. COSO Framework：What it is and How to Use it［EB/OL］.(2020-03-17)［2022-07-08］.https://i-sight.com/resources/coso-framework-what-it-is-and-how-to-use-it/.

课题负责人：宁义双

课题组成员：程超、李小平、宁可

所在单位：金蝶软件（中国）有限公司

基于大数据分析的应收坏账风险洞察及预测模型研究

【摘要】 大数据智能化时代的到来,加快了企业智能财务建设的进程。应收坏账作为企业财务管理的一个重要内容,也由传统模式向智能化、自动化管理模式不断发生转变。在大数据智能化的环境下,如何运用大数据、机器学习等技术,对应收坏账的风险洞察和预测,是亟待解决的问题。

本研究以企业的应收坏账为对象,首先对应收坏账风险洞察和预测的研究现状进行了分析,为后续的智能化提供必要的理论支撑;其次通过调研、访谈和搜集相关资料,对影响应收坏账风险的因素进行了分析,整理了适合中国企业的 27 个财务数据,作为分析的指标,采集了 2012—2019 年 3 000 多家上市公司的财务数据,并使用前沿的 XGBoost,LightGBM 和 RUSboost 三种机器学习算法,建立应收账款风险预测模型,使用实证分析的方法,对企业应收坏账的风险进行了详细的对比分析;最后发现使用 RUSboost 算法能更好地解决应收账款风险预测模型中的非平衡数据集问题和预测准确度的问题。

【关键词】 应收坏账;大数据;预测模型

一、引言

(一) 研究背景

应收账款是企业因销售商品或提供劳务形成的债权。受内外部各种复杂因素的影响,应收账款回收过程并不一定顺利,并会因此引发机会成本和管理成本,甚至产生坏账。对企业的财务造成极为恶劣的影响。也正因为此,应收账款的风险评估预测一直是会计学者们的热门话题。云计算、大数据、人工智能等新技术的出现,使得应收坏账风险洞察及预测的实现成为了可能,这也使得该研究领域成为新的热点。

(二) 研究目标

本研究拟从大数据和人工智能技术在智能财务应用入手,在提供应收账款管理研究中,探索可以使用大数据和人工智能技术进行应收坏账风险洞察和预测的典型模型,并将该模型应用在企业的实际应收账款管理中,从而实现企业应收账款管理的智能化水平提升。

本研究旨在利用机器学习等算法技术,从大数据的现代视角洞察应收账款风险,建立相应的预测模型,进一步优化坏账风险的预测,从而帮助提升企业的风险控制水平。

(三) 研究意义

依据应收坏账风险的发展趋势和需求,本研究的研究具有很强的理论意义和现实意义。

从理论意义来看,该项目能起到两方面的推动作用。一方面,本研究能够推动应收坏账风险基础理论的探索与发展。将大数据技术、数据挖掘模型算法应用到应收坏账风险预测,是大数据应用的必然趋势,而应收账款的新领域智能化需求,必将推动基础算法的改进和优化。另一方面,本研究有助于丰富应收账款领域的研究内容。随着业务的发展和技术的革新,应收账款风险的研究内容也不能停留在完成企业应收账款的原因及事后控制,而应在应收账款的事前、事中预测和监控方面,展开深入的研究。

从现实意义来看,一是可以提高企业财务管理水平。企业通过完善企业应收账款风险管理体系,可以有效提高应收账款的质量,可以将及时回收的应收账款用于其他投资,实现资产的保值增值,让资本运营效率得到提升。此外,由于财务管理包含资本运营管理和资产管理,对于赊销信用风险管理体系的完善表面上提升了资本运营管理和资产管理的水平,实际上也是对于财务管理水平的间接提升。二是敦促企业制订合理的信用政策。企业通过对赊销信用风险管理的研究,有助于制定合理的信用政策,进而在最大程度上提升企业控制风险的能力,降低赊销所带来的风险,从而避免信用危机,避免赊销带来的一系列不良影响。三是完善企业应收坏账风险管理体系。企业通过使用大数据技术和风险洞察模型,对应收坏账风险管理的研究,定性描述企业应收坏账风险管理的现状,定量分析应收账款的质量,有助于找出企业应收坏账风险管理中存在的问题,完善现有企业应收坏账风险管理体系。

二、国内外研究现状及文献综述

最初的应收账款风险研究大多为定性研究,而随着统计和大数据分析技术日益成熟,不少学者也尝试将大数据分析技术融入应收账款的研究中,对应收账款及其坏账的风险预测和评估产生了许多新的突破。其研究方向大致有二:其一是将坏账风险视为信用风险,对用户的信用进行评估分析;其二是将坏账风险与财务舞弊相关联,对赊账公司的财务舞弊的可能性进行评估预测。

(一) 信用风险

部分学者将坏账风险视为信用风险的一种,认为应收账款是商业信用的产物,并对相关客户进行信用评估。决策树、SVM、BP 神经网络是信用评估中最常见的机器学习方法。而近年来学者们在传统方法上做了许多改进。

有的学者抛弃 SVM 等的传统机器学习算法,尝试引进新兴算法进行信用风险评估,如徐荣贞和何梦珂(2021)提出了一种基于深度信念网络(DBN)的风险评估方法,建立了由受限玻尔兹曼机(RBM)和分类器 SOFTMAX 构成的深度信念网络评估模型,并且在实例中得到了理想的效果;刘伟江、魏海、运天鹤(2020)等则利用卷积神经网络构建客户信用模型,将反映客户信息 4 个方面的特征变量相互连接综合成灰度图,提高了违约预测准确率。

有的学者则在传统BP神经网络的算法上进行改进,如胡贤德、曹蓉、李敬明(2017)等针对BP传统神经网络学习速度慢、易陷入局部解等缺陷,提出一种基于改进离散型萤火虫(IDGSO)算法的BP神经网络集成学习算法;潘永明、王雅杰、来明昭(2020)等则在支持向量机(SVM)中引入信息增益(IG)提取对预测结果有显著贡献的特征变量,优化了模型的特征输入,提高了模型精度。

也有学者针对高维数据进行处理,如辛秀、熊晓轶(2011)将主成分分析与支持向量机结合,在变量输入之前,采用主成分分析法降低支持向量机的输入向量维数,有效提升了预测精度;李桂芝、王雪标(2020)等则采用基于动态特征的广义径向基神经网络对高维数据指标进行信用风险评估,取得了明显好于BP神经网络的效果。

另有一些学者在变量输入上进行变化,在财务指标的基础上引进其他变量。如刘逸爽、陈艺云(2018)将公司年报的文本内容激进型分词处理,利用情感词典衡量文本内容传递的管理层语调,将管理层语调作为变量加入模型中,提高了模型的预测效力;王小燕、张中艳、马双鸽(2021)则通过文本挖掘技术对现有研究进行文本信息搜集,得到相关先验词频,提出了基于文本先验信息的贷款信用风险评估模型。

此外,机器学习尤其是深度学习方法具有较低的解释性,难以使客户完全信任其预测结果,因此,还有学者对模型的可解释性进行了提高,如董路安、叶鑫(2020)采用"教学式"方法,在训练过程中以机器学习模型作为"教师",指导生成一个能近似表达机器学习模型功能且易于解释的决策树;宁婷、苗德壮、董启文(2021)则采用宽度和深度学习模型,先使用传统机器学习捕捉结构化数据特征,再用深度学习捕捉非结构化数据特征,使其既具备传统机器模型的高解释性又保有了深度学习模型的强预测能力。

(二)财务舞弊与财务欺诈

除了信用风险预测,应收账款的回收情况与企业的财务状况也息息相关,因此,财务危机、财务舞弊识别等对坏账预测也具有启发意义。随着机器学习在财务领域方向的应用,SVM、BP神经网络甚至CNN等方法逐渐被学者们使用。在此基础上,部分学者对常见机器学习方法进行了改进,如张佩瑶(2019)提出了基于模糊支持向量机的财务风险评级模型,有效解决了普通支持向量机的过拟合问题。有的学者则致力于解决财务危机识别中的舞弊公司数量少、样本不平衡问题,如张露、刘家鹏、江敏祺(2021)采用装袋法和采样技术对不平衡数据进行处理,提高了模型的预警能力。Y Bao,B Ke,B Li,YJ Yu,J Zhang(2020)则从两个方面做了创新。一是采用了改进的集成学习方法:RUSBoost。该算法在集成学习AdaBoost的基础上,使用低采样技术RUS,在保证预测效果的同时有效解决了样本不平衡的问题;二是在预测时,不同于通常的财务比率,选用原始会计数字,指标更为简单,也更贴合现实使用场景;且其最终模型预测能力良好,优于Dechow(2011)的基于财务比率的逻辑回归模型,以及Cecchini(2010)的含有财务比率映射内核的支持向量机模型。

三、应收坏账风险洞察及预测的主要研究内容

本研究以企业财务数据整合为基础,以统计学、机器学习、深度学习的智能算法为技术

手段,从应收坏账风险洞察的现实问题出发,建立应收坏账风险预测的指标体系,使用智能算法构建智能分析算法模型,解决应收坏账风险的洞察和预测。

(一)坏账风险洞察及预测的指标体系构建

考虑到数据的可获取和可解释性,项目组从资产负债表、利润表中直接选取相关指标,指标的维度较研究文献中的维度更广,且数据量更大。选取过程,主要参考 YANG BAO 等预测欺诈公司时使用的 28 个原始财务数据,共选取与之相关的 28 个指标,如表 1 所示。

表 1 YANG BAO 等人使用的原始财务数据与会计科目的对照

	YANG BAO 等人使用的原始数据	会计科目
	资产负债表项目	
1	Cash and short-term investments	货币资金
2	Receivables, total	应收账款
3		应收款项类投资
4	Inventories, total	存货
5	Current assets, total	流动资产(合计)
6	Property, plant and equipment, total	固定资产
7		预付款项
8	Investment and advances, other	持有至到期投资
9		长期股权投资
10		投资性房地产
11	Assets, total	资产(合计)
12	Accounts payable, trade	应付账款
13	Debt in current liabilities, total	短期借款
14	Current liabilities, total	流动负债(总计)
15		长期借款
16	Liabilities, total	负债(总计)
17	Common/ordinary equity, total	股东权益合计(不含少数股东权益)
18	Preferred/preference stock (capital), total	其他权益工具(优先股)
19	Retained earnings	盈余公积
20		未分配利润
	利润表项目	
21	Sales/turnover (net)	营业收入
22	Cost of goods sold	营业成本
23	Depreciation and amortization	资产减值损失
24	Interest and related expense, total	利息支出

(续表)

	YANG BAO 等人使用的原始数据	会计科目
25	Income taxes, total	所得税费用
26	Income before extraordinary items	净利润(含少数股东损益)
27		净利润(不含少数股东损益)
28		营业外支出
29(同26)	Net income (loss)	净利润(含少数股东损益)
30(同26)		净利润(不含少数股东损益)

可以看到,表1的数据主要分为资产负债表和利润表项目两大部分,其中资产负债表指标20个,利润表指标8个。由于中美会计系统的差异,以及获取到的数据的有限性,项目组并没有简单地赋值表1中YANG BAO等人使用的原始数据。具体来说,YANG BAO等人将指标分为资产负债表指标(Balance Sheet Items)、利润表指标(Income Statement Items)、市场价值指标(Market Value Items)以及其他披露项目(Other Disclosure Items)5个部分,考虑到数据的易取得性和准确性等因素,项目组忽略了所有的市场价值指标以及其他披露项目,包括:股价、已发行普通股数量、员工数量和积压订单量。此外,考虑到中美会计系统的差异,项目组替换和删除了部分资产负债表指标、利润指标。如表1所示,原文中的Receivables, total,意指应收项目总计,项目组使用应收账款和应收款项类投资两个中国会计系统中最常见的应收项目作为其替代指标;Investment and Advances, other,意指其他投资和预付款,项目组将其拆解为大陆资产负债表中常见的预付款项、持有至到期投资、长期股权投资、投资性房地产4个项目。

(二)相关算法介绍

由于要进行企业坏账风险的预测,属于分类算法的研究领域,本研究使用基于大数据分析思想的最新的研究算法,包括XGBoost、LightGBM和RUSBoost算法,这些算法的主要思想如下。

1) XGBoost分类算法

XGBoost是项目组采用的一个模型,该模型的英文全名为eXtreme Gradient Boosting,是使用tree boosting的一种可扩展机器学习方法。XGBoost的目标函数由损失函数和正则化项两部分组成,其中正则化项能防止模型过度拟合:

$$Obj = \sum_{i=1}^{n} l(y_i, \hat{y}) + \sum_{k=1}^{K} \sigma(f_k) \quad \text{(式1-1)}$$

XGBoost将根据目标函数,生成一棵树。值得注意的是,在生成树的过程中,XGBoost对损失函数——$(l(y_i, \hat{y}))$进行二阶泰勒展开,在增加模型精度的同时,实现了损失函数的自定义(因为二阶泰勒展开可以近似大量损失函数)。此外,和GBDT等传统梯度提升算法不同,XGBoost不仅支持CART作为基分类器,也支持线性分类器,大大增强了模型的灵活性。

2）LightGBM 分类算法

作为长盛不衰的机器学习模型，GBDT(Gradient Boosting Decision Tree)在工业界和各种数据挖掘大赛上都口碑良好。其主要思想是利用弱分类器(决策树)迭代训练以得到最优模型，具有训练效果好、不易过拟合等优点。

但 GBDT 并不是完美的，由于其在每一次迭代的时候，都需要遍历整个训练数据，需要大体量的内存支持，否则则会消耗过长的时间，造成了其处理海量数据方面的劣势。未解决 GBDT 算法的这一缺点，LightGBM(Light Gradient Boosting Machine)应运而生，在不影响模型准确率的同时加快了 GBDT 的训练速度，其主要优化点如下：

（1）基于 Histogram 的决策树算法。

（2）单边梯度采样 Gradient-based One-Side Sampling(GOSS)：使用 GOSS 可以减少大量只具有小梯度的数据实例，这样在计算信息增益的时候只利用剩下的具有高梯度的数据就可以了，相比 XGBoost 遍历所有特征值节省了不少时间和空间上的开销。

（3）互斥特征捆绑(Exclusive Feature Bundling，EFB)：使用 EFB 可以将许多互斥的特征绑定为一个特征，这样可以达到降维的目的。

（4）带深度限制的 Leaf-wise 的叶子生长策略：大多数 GBDT 工具使用低效的按层生长(level-wise)的决策树生长策略，因为它不加区分地对待同一层的叶子，带来了很多没必要的开销。实际上很多叶子的分裂增益较低，没必要进行搜索和分裂。LightGBM 使用了带有深度限制的按叶子生长(leaf-wise)算法。

3）RUSBoost 分类算法

RUSBoost 是集合学习的一种变体，它将高效的下采样技术(RUS)和有效的集合算法 AdaBoost 结合。在接下来的段落中，首先介绍 AdaBoost 算法，然后介绍如何将其与 RUS(下采样)相结合。

AdaBoost 算法是最重要的集合学习方法之一，其理论基础坚实，模型简单却又同时具备强大的预测能力，如图 1 所示。AdaBoost 算法的基本思想是：在反复加权的样本上"训练"一连串的弱分类器(即只比随机猜测稍好的模型，如小型决策树)。具体来说，在每次迭代中，被错误分类的不正确分类的观察值的权重将被增加，而正确分类的观测值的权重将被降低。这样，每个迭代中的弱分类器将被迫集中在以前的迭代中难以预测的观察。最后，一个强分类器可以通过取所有弱分类器的加权平均值来产生。其中的权重是基于弱分类器在训练样本中的训练样本中的分类错误率。具有较低分类错误率的弱分类器将获得更高的权重。

RUSBoost 是 AdaBoost 的一个变种，它利用随机下采样(RUS)来解决类不平衡学习的问题。它的工作方式与 AdaBoost 基本相同，只是 RUS 在每个迭代中进行，以解决 ST 和非 ST 公司的不平衡问题。具体来说，当在每个迭代中训练弱分类器时迭代时，RUS 算法使用训练期的全部 ST 公司样本和随机生成的非 ST 公司样本。RUS 估计需要选择多数类观察

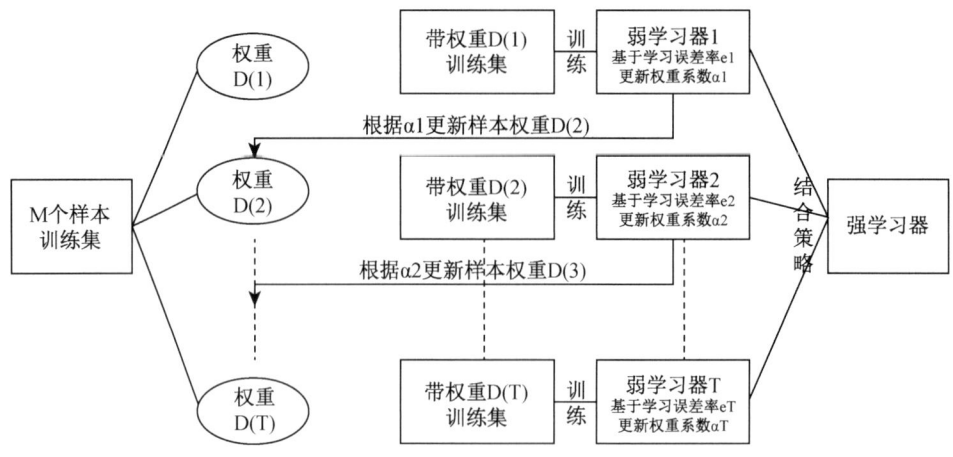

图 1　AdaBoost 算法基本思想

值（即非 ST 公司）中被采样的数量之间的比率（即非欺诈）和少数类观察值（即 ST 公司）的数量之间的比率。在本次研究中，设定正负样本比例为 1∶1 来构建的 RUSBoost 模型。也就是说，只是对相同数量的 ST 公司观察值和非 ST 公司观察值进行采样。

（三）应收坏账风险洞察及预测算法的评价标准

应收坏账风险洞察及预测是一个二分类问题，在分类问题中对于样本外模型的表现有个常用的评价指标：k－折交叉验证。但是由于样本数据具有跨期性，因此采取 k－折交叉验证是不正确的。在本研究中，项目组主要采用召回率（Recall）、精确率（Precision）和 AUC 作为评价指标。

本研究可以被看作一个二分类问题（ST VS 非 ST），采用混淆矩阵衡量模型的效果。有混淆矩阵产生的一个经典指标被称作准确率（Accuracy）。其公式如下：

$$Accuracy = \frac{TP + TN}{TP + FN + FP + TN} \qquad (式\ 1-2)$$

TP（true positive）代表 ST 公司被正确预测为 ST 公司的数量；FN（false negative）表示 ST 公司被错误地预测为了非 ST 公司；TN（true negative）表示非 ST 公司被正确划归为非 ST 公司；FN（false negative）相反则表示非 ST 公司被错误划归为了 ST 公司。需要说明的是，由于 ST 公司和非 ST 公司数量的严重失衡，准确率（accuracy）这一指标在本研究中并不适用。例如，使用准确率作为评价标准，预测 2017 年非 ST 公司的数量；上文中提到 2017 年 ST 公司在所有 A 股上市公司中占比仅为 1.56%，这意味着即使模型将所有的上市公司都预测为了非 ST 公司，其准确率也将高达 98.44%。然后，具有如此高水平准确率的模型对本议题的意义却不大，因为项目的目的是找出 ST 公司。

因此，可采用召回率（Recall）和 AUC 作为评价指标，其公式如下：

$$Recall = \frac{TP}{TP + FN} \qquad (式\ 1-3)$$

召回率表示实际 ST 公司中被正确预测的比例,因为期望找出的是应收账款风险较高的公司,能承受一定准确率较低的风险,但不能允许召回率较低,即宁将一些非 ST 公司预测为 ST 公司,也绝不遗漏可能的 ST 公司。因此,召回率的高低对于模型质量至关重要。

此外,可考虑使用 AUC 作为第二个评价指标。AUC 是 ROC 曲线下方面积的大小。ROC 曲线分别以真阳率、假阳率作为横纵轴。因为 AUC 是 ROC 曲线下方的面积,其值总是在 0~1,越接近 1 说明模型的效果越好。从数值的角度来看,AUC 等于随机抽出一对样本(一个正样本,一个负样本),然后用训练得到的分类器来对这两个样本进行预测,预测得到正样本的概率大于负样本概率的概率。

(四) 实证分析过程

如果企业需要进行应收坏账的风险决策,需要建立坏账风险评价指标体系,根据这些指标,采集对应企业采购商的数据。数据采集上来以后,在 Python 环境下,调用相应的算法依次计算相关系数,使用因子分析法计算每个采购商的综合得分,然后使用分类算法,得到各采购商的分类特征,结合业务特点,划分企业的坏账风险级别,用于风险的洞察和预测。

1) 数据源描述

由于应收账款的隐私性比较大,项目组只能选择上市公司的数据,样本选取区间为 2012 年 1 月至 2019 年 12 月,A 股所有上市公司的数据,其大致分布情况如表 2 所示。

表 2 项目组选择上市公司数量

年份(年)	A 股上市公司数	ST 公司数	百分比
2012	2 306	78	3.38%
2013	2 453	46	1.88%
2014	2 508	37	1.48%
2015	2 610	37	1.42%
2016	2 807	44	1.57%
2017	3 082	48	1.56%
2018	3 477	73	2.10%
2019	3 578	70	1.96%

其中 ST 公司的定义如下:沪深证券交易所于 1998 年 4 月 22 日宣布,根据 1998 年实施的股票上市规则,将对财务状况或其他状况出现异常的上市公司的股票交易进行特别处理(Special Treatment,缩写为 ST)。一般来说,ST 在股票上是指境内上市公司连续两年亏损,被进行特别处理的股票。ST 股是指境内上市公司经营连续三年亏损,被进行退市风险警示的股票。项目组假设 ST 公司就是那些坏账风险极大的公司,设置其特征为 1;而非 ST 公司是风险正常的公司,设置其特征为 0。

从表 2 可以看到:2013—2017 年 ST 公司数量较少,而 2018 年和 2019 年 ST 公司的数量则明显增多。ST 公司在各年份数量上的差距,可能造成样本外参数的失效,因此选用

2012—2016作为训练数据,2017—2018作为测试数据。其中样例数据如图2所示。

	营业收入	营业成本	资产减值损失	利息支出	所得税费用	营业外支出	净利润(含少数股东损益)	净利润(不含少数股东损益)	货币资金	应收账款	…	资产总计
0	1.791833e+10	1.144126e+10	0.0	17398018.19	13719549.57	1.011498e+09	2.422997e+09	2.297884e+09	8.314801e+08	4.402088e+09		1.219582e+09
1	4.766864e+07	2.570309e+07	0.0	-2179029.23	222694.73	2.857112e+06	2.887183e+06	6.988960e+05	-1.680741e+07	1.106643e+07		2.436679e+07
2	3.307376e+08	1.576626e+08	0.0	57486824.86	3068519.44	1.401479e+07	-6.495440e+07	-6.495440e+07	-5.907801e+08	1.495191e+08		7.780635e+07
3	1.254539e+09	7.678246e+08	0.0	-2720917.25	1259201.61	3.695489e+07	2.161612e+08	2.162561e+08	2.210079e+08	2.445734e+08		7.429962e+06
4	1.964910e+08	7.940061e+07	0.0	45930653.64	37798416.25	8.944022e+05	-1.308093e+08	-1.226878e+08	-3.064019e+08	8.998898e+06		9.295276e+07
…												
2562	4.496967e+09	2.643702e+09	0.0	-510973.30	15886847.48	3.578658e+08	1.056835e+09	1.020692e+09	2.010215e+09	5.945766e+08		4.983502e+09
2563	0.000000e+00	0.000000e+00	0.0	0.00	0.00	0.000000e+00	0.000000e+00	0.000000e+00	0.000000e+00	0.000000e+00		2.438463e+08

图2 采购商财务数据

针对企业的盈利能力、盈利质量、资本结构和成长能力共4个方面27个指标,根据当月的资产负债表、损益表和现金流量表计算这些指标当月的数据。

2)使用jupyter软件进行数据预处理

取得上述2 566行27列的坏账风险决策数据后,使用jupyter软件进行数据的预处理和模型的程序设计,进行相应的数据引入和数据缺失情况查询,并剔除了有值的数据。

此处使用sklearn包中的StandardScaler函数来进行归一化和标准化,使用的是z-score标准化方法。此函数针对每一个特征维度,而不是针对样本。标准差标准化(StandardScale)使得经过处理的数据符合标准正态分布,即均值为0,标准差为1。

3)使用LightGBM和XGBoost进行坏账风险预测

LightGBM,XGBoost均使用sklearn中相应开源数据模块,通过控制模型中scale_pos_weight这一超参数,赋予样本权重,进而实现正负样本的比例控制,处理ST公司数量极少导致的数据不平衡问题。

图3、4、5、6分别展示了LightGBM,XGBoost在测试数据、训练数据上各指标维度的表现,实线、虚线、点线分别代表准确率(Acc)、AUC和召回率(Rec)。可以看到,就训练数据而言,scale_pos_weight在后期的增大反而破坏了模型效果(在XGBoost中这一现象尤为显著);就测试数据而言,在前期随着scale_pos_weight这一参数的增大,正样本比例增多,模型的召回率和AUC值得到了明显提升,在保证一定准确率(Acc)的情况下,XGBoost,LightGBM两个模型的AUC值和召回率(Rec)分别达到了0.833、0.812以及0.765、0.653的峰值,模型结果较为理想。

4)使用RUSBoost进行坏账风险预测

与XGBoost,LightBGM对数据不平衡的处理方式不同,RUSBoost通过直接引用RUS下采样技术实现对非平衡问题的处理,如前所述,将正负样本的比例调整为1∶1,因此,在RUSBoost中,主要针对决策树个数进行调参,结果如图7所示。

如图8所示,在决策树个数上升的初期,测试集数据在RUSBoost上的表现有些许改善,

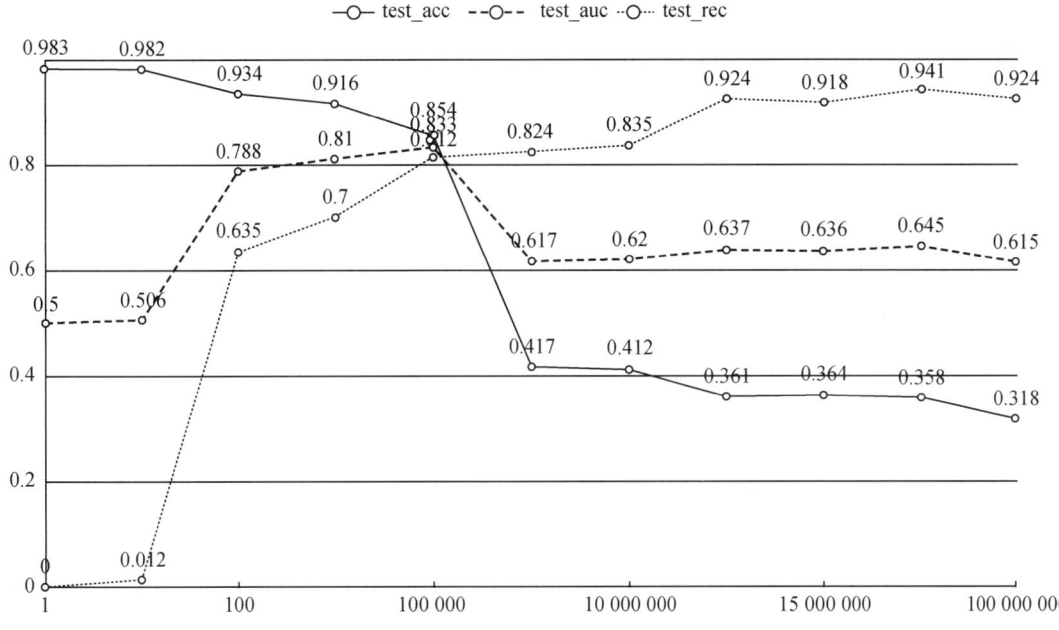

图 3　XGBoost 测试数据

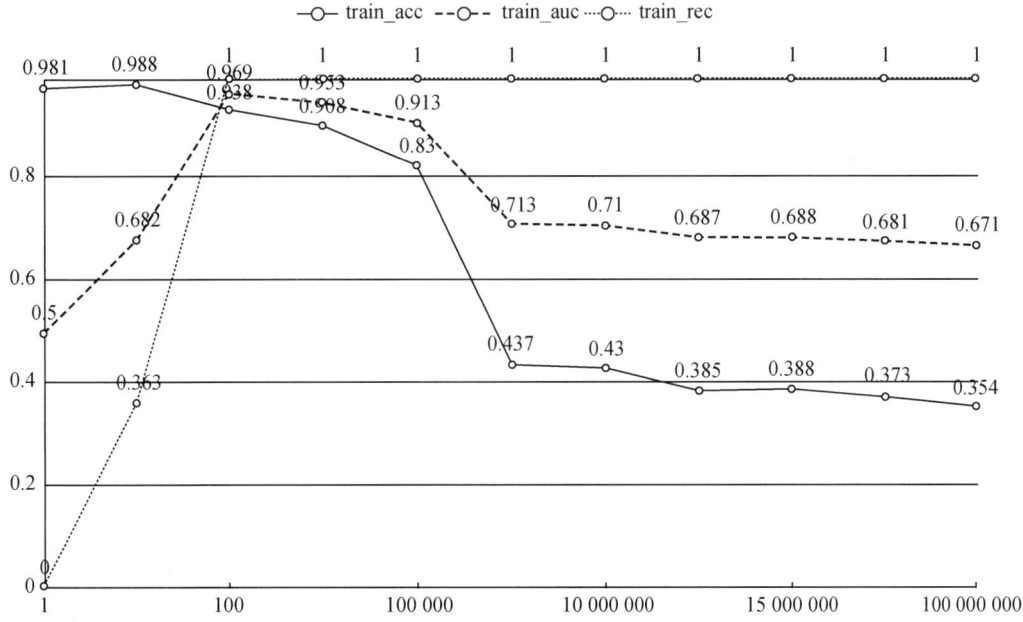

图 4　XGBoost 训练数据

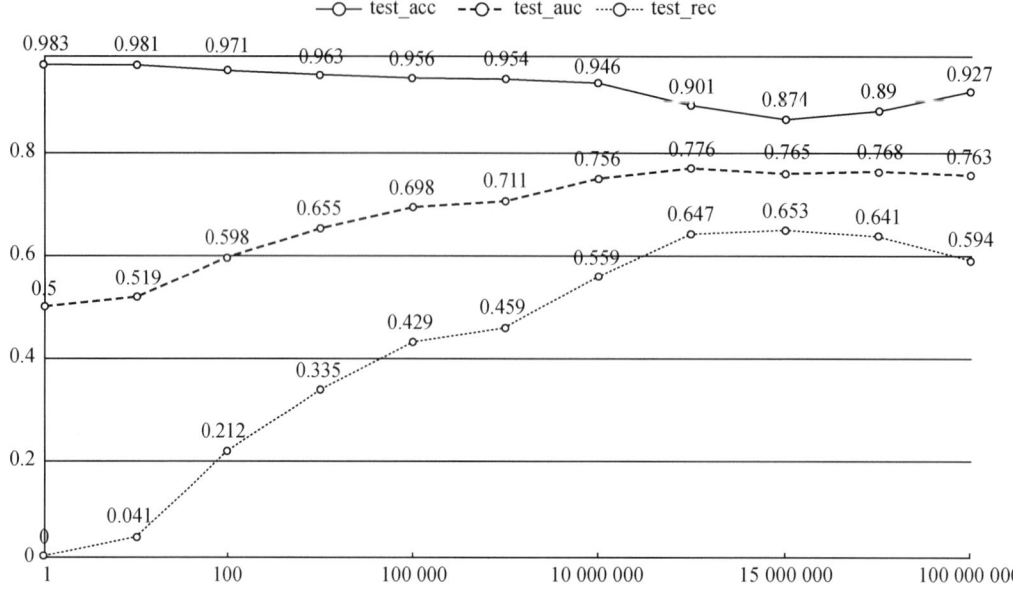

图 5　lightGBM 测试数据

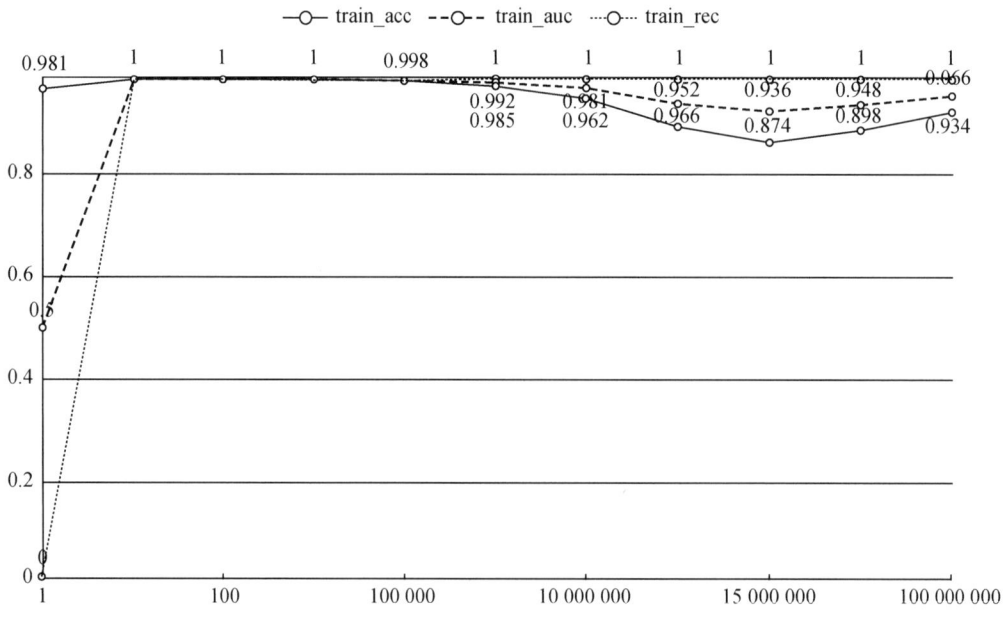

图 6　lightGBM 训练数据

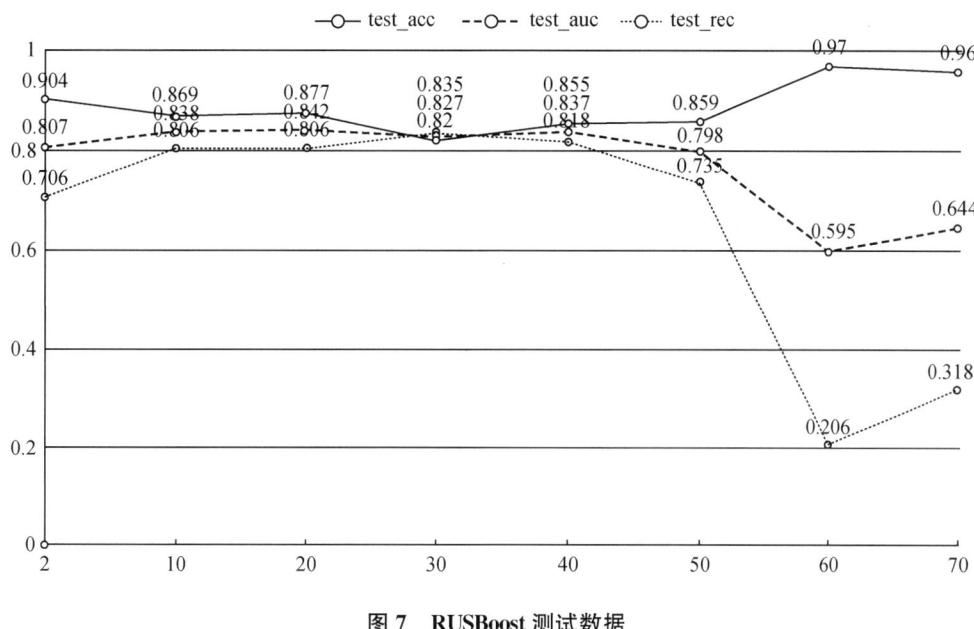

图 7　RUSBoost 测试数据

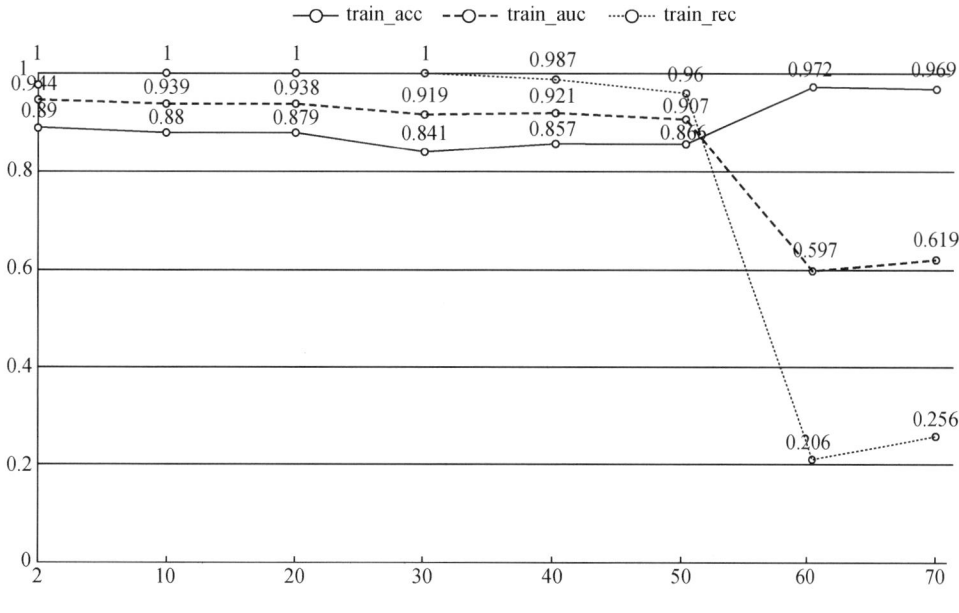

图 8　RUSBoost 训练数据

在保证一定准确率（Acc）的前提下，AUC 值和召回率（Rec）分别达到 0.827、0.835，但在后期随着决策树个数的提升，模型效果显著下降。

5）XGBoost，LightGBM 和 RUSBoost 的优值对比

相较 LightBGM，XGBoost 和 RUSBoost 在通过参数调整后，AUC 和召回率（Rec）明显更为理想，如表 3 所示。这说明两者在应收账款风险预测中更具优势。进一步地，可以将

XGBoost 和 RUSBoost 两者进行比较，尽管 XGBoost 模型的 AUC 要略优于 RUSBoost，RUSBoost 模型的召回率却明显好于 XGBoost。可以认为 RUSBoost 模型牺牲了一定的准确率换回了更高的召回率。这一特点对于 ST 公司的预测至关重要，它能更有力地保证财务状况不好的公司被探测出来，进而增强赊销公司的风险预警能力，保证公司财务状况的良好有序。

表3　XGBoost、LightGBM 和 RUSBoost 的最优值

	准确率（Acc）	AUC	召回率（Rec）
XGBoost	0.854	0.833	0.812
LightBGM	0.874	0.765	0.653
RUSBoost	0.82	0.827	0.835

6）特征重要性排序分析

为了进一步验证算法的业务特性可行性，项目组对预测模型的特征重要性进行了排序，考虑到可对比性，使用 LightGBM 和 XGBoost 两个算法按照特征重要性进行排序，结果如图9和图10所示。

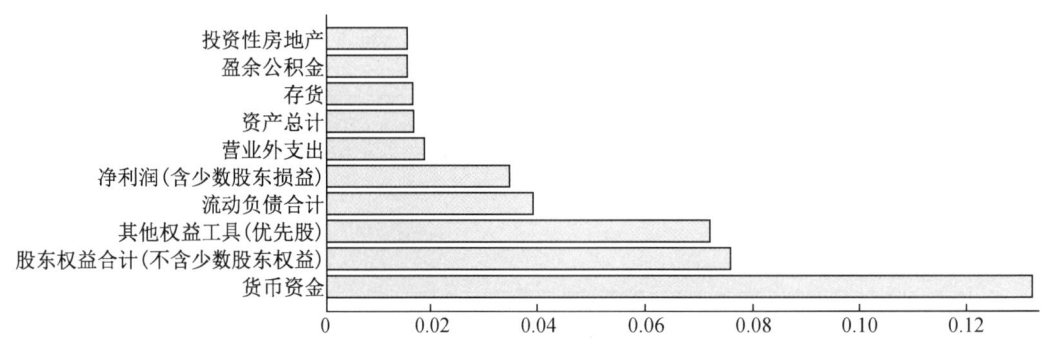

图9　LightGBM 最重要的特征（TOP10）

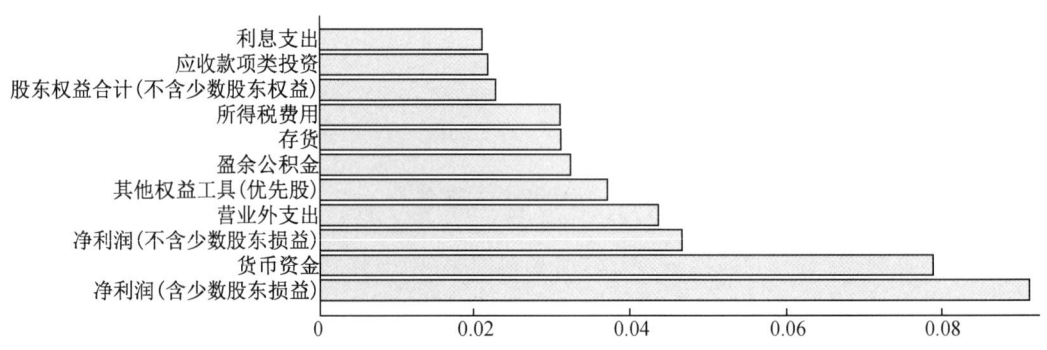

图10　XGBoos 最重要的特征（TOP10）

图 9 和图 10 分别列示了 LightGMB、XGBoost 中最具重要性的 20 个特征,可以看到在两个模型中常用于衡量公司偿债能力的流动性指标——货币资金,都占据了重要地位,与会计理论中一般认为的可供流通的货币资金越多,公司的应收账款风险就越小一致。和货币资金一样,净利润在两者中也具有较高的重要性。净利润通常用于衡量公司运营能力、收益水平,一家公司的净利润越高,盈利状态越好,发生财务危机的风险也就越小。而这同样也是与传统会计理论相符的。此外,可以看到其他权益工具(优先股)在两个模型中的重要性都达到了前三,这是因为虽然优先股的发放导致公司需要按期支付一定的股息,但相比债券,优先股股息的发放较为宽松,也无须偿还本金,对公司的资金压力较小,因为较为重要。

四、结论与展望

(一) 研究创新

本研究从企业应收账款的坏账风险实际问题出发,引出数据指标体系建立的方法讨论,使用最前沿的数据挖掘算法,并通过实证的方法验证了算法在该实际问题上的可行性。本研究完成的工作和创新之处主要有以下几方面。

(1) 在方法层面,探索了统计学、计算机科学与实际领域知识相结合的数据科学研究模式,提出让"大"数据变成"小"数据的分析理念,建立大数据为基础的应收坏账分析框架,梳理一套应收账款领域适用的模型和方法,为应收账款智能化提供可借鉴的研究思路。

(2) 在数据层面,针对应收账款的多企业多维度的数据,界定了数据层面整合和方法层面融合做法,开展数据质量讨论,探讨待融合数据定位、筛选、获取的流程和方法,构建广泛大数据处理理论方法体系。

(3) 在算法层面,开展了最新沿的 XGBoost,LightGBM 和 RUSboost 三个分类算法模型在应收坏账风险洞察和预测中的应用研究,并提出使用 RUSboost 模型能更好地适应该场景,特别是针对非平衡集的场景,建立基于统计指标体系的智能化全流程及分析范式,同时将这些模型应用到实际的应收账款管理的工作中,为应收账款智能化研究提供了一个新的探索方向。

(二) 研究展望

本研究研究了应收坏账风险洞察及预测模型,提出坏账风险决策的指标体系、基于 RUSBoos 分类预测模型。这些模型和指标体系在实验数据中有了较好的效果,但在指标的全面性和模型适应性上面有待优化,且没有能在具体的企业中进行实施。今后需要对这些指标体系和模型进一步进行验证,从而在各个行业能得到较好的效果,这是后续研究的一个重要方向。

当然,由于时间和成本的问题,考虑到本研究的目的是开拓性创新,指标体系的构建过程中有些地方还不够完善,本研究仅是从探索的思路上提出一些相关指标,有能力的企业和研究机构还可以在此基础上加入一些更重要的指标,使得模型的正确性进一步提升,从而更有利于应收坏账风险洞察及预测应用的落地。

参考文献

[1] 徐荣贞,何梦珂.基于DBN的线上供应链金融信用风险研究[J].会计之友,2021(11):61-67.

[2] 刘伟江,魏海,运天鹤.基于卷积神经网络的客户信用评估模型研究[J].数据分析与知识发现,2020,4(6):80-90.

[3] 胡贤德,曹蓉,李敬明,等.小微企业信用风险评估的IDGSO-BP集成模型构建研究[J].运筹与管理,2017,26(4):132-139,148.

[4] 潘永明,王雅杰,来明昭.基于IG-SVM模型的供应链融资企业信用风险预测[J].南京理工大学学报(自然科学版),2020,44(1):117-126.

[5] 辛秀,熊晓轶.基于支持向量机及主成分分析的财务危机预测[J].统计与决策,2011(18):76-78.

[6] 李桂芝,王雪标.大数据背景下基于GRBF神经网络的P2P机构信用风险预警研究[J].数学的实践与认识,2020,50(17):35-43.

[7] 刘逸爽,陈艺云.管理层语调与上市公司信用风险预警——基于公司年报文本内容分析的研究[J].金融经济学研究,2018,33(4):46-54.

[8] 王小燕,张中艳,马双鸽.基于文本先验信息的贷款信用风险评估模型[J].中国管理科学,2021,29(5):34-44.

[9] 董路安,叶鑫.基于改进教学式方法的可解释信用风险评价模型构建[J].中国管理科学,2020,28(9):45-53.

[10] 宁婷,苗德壮,董启文,等.逾期风险预测的宽度和深度学习[J].计算机科学,2021,48(5):197-201.

[11] 谭媛元,陈建英,孙健.基于CNN的上市公司财务危机预警研究[J].西南师范大学学报(自然科学版),2021,46(5):73-80.

[12] 张佩瑶,张佩瑶.基于模糊支持向量机上市公司财务风险评级——以高新技术产业为例[J].会计之友,2019,(2):61-64.

[13] 张露,刘家鹏,江敏祺.集成机器学习模型在不平衡样本财务预警中的应用[J].电子技术应用,2021,47(8):34-38.

[14] Detecting Accounting Fraud in Publicly Traded U.S. Firms Using a Machine Learning Approach[J]. Journal of accounting research,2020,58(1):199-235.

[15] DECHOW, P M; W GE; C R LARSON; AND R. G. SLOAN. Predicting Material Accounting Misstatements[J]. Contemporary Accounting Research 28 (2011):17-82.

[16] CECCHINI; M; H AYTUG; G J KOEHLER; AND P PATHAK. Detecting Management Fraud in Public Companies[J]. Management Science 56 (2010):1146-1160.

课题负责人:曹正凤[1]、数据中台架构师
课题组成员:付建华[1]、胡文杰[1]、吕华新[1]、祁鑫宏[1]、谭奕清[2]
所在单位1:用友网络科技股份有限公司
所在单位2:中国人民大学

区块链技术在财务会计领域的应用

【摘要】 在蓬勃发展的数字经济时代,真实数据采集和可信数据交互已引起广泛关注,尤其在财会领域,这成为行业数字化发展的核心要求。而区块链技术的诞生和应用则很好地满足了这一需求。区块链凭借其去中心化、不可篡改等特性,与人工智能、大数据、物联网等数字化前沿技术融合创新为财务会计行业赋能。

本研究首先聚焦于区块链技术在财会领域的多种应用,论述其与其他新兴技术的融合及共同之处;其次深入探讨区块链技术在业财融合、电子发票、数据审计、数字资产等细分领域的应用场景与实例,并探讨其在信息披露、会计准则等财会领域重塑价值增值的重要作用。本研究为区块链技术在财会领域的应用提供了理论框架与实践借鉴。

【关键词】 区块链;财务会计;应用场景;价值增值

一、引言

(一)研究背景及研究意义

目前,区块链技术正处于高速发展阶段,我国的区块链技术逐渐迭代为代表性数字化前沿技术,并出现相关新业态,为国家经济发展提供了新动力。2019年3月3日,全国政协十三届二次会议提出的议案"发展区块链技术,促进实体经济与区块链技术相融合,打破各行业与区块链技术间的壁垒"成为与会人员的关注焦点。在财会领域,区块链技术融合其他新兴技术的应用创新,同样也受到业界实践者和领域研究者的高度关注。

传统财务领域存在着诸多问题,如大量的资金交易结算需要一一进行人工核对存在一致性问题、多个法人团体存在分开记账再统一核算的问题、财务数据传输、使用过程中的安全性问题及财务数据所含信息在一定程度上具有的时滞性问题。而区块链技术去中心化的分布式账簿的特点可以解决资金结算中的交易核对以及一致性问题。另外,由于区块链搭建了一个平行账簿,任何一笔经济业务的发生都同时在双方的账簿中进行登记,即使企业内部有多个组织或法人存在,也会在多方的账簿中共享记账。此外,共识机制算法的一致性可以防止数据被恶意篡改。区块链技术还以其智能合约、去中心化和不可篡改等特点促进财务领域的信息共享,如图1所示。

因此,研究区块链技术在财务会计领域的应用,是积极响应我国"促进实体经济与区块

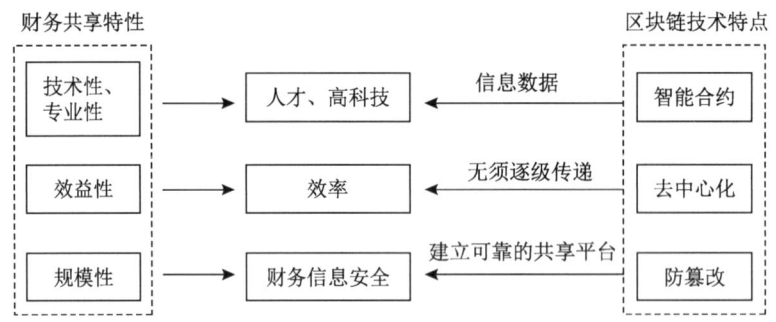

图 1　财务共享与区块链的技术架构

资料来源：本课题组整理。

链技术相融合"号召的强有力回应。本研究既能够帮助财会领域从业者省时省力，提高工作效果效率，还能够使得财会数据更安全、及时、完整、准确呈现，增强财会领域的通信效率。更重要的是，区块链技术在财会领域的融合应用，可以实现财会数据在跨部门、跨企业、跨行业之间的信息共享，为行业管理者、政策制定者等财会领域参与者提供了多方、安全、共治、共赢的新手段、新平台与新愿景。

（二）研究方法及技术路线

本研究将综合采用文献研究、案例研究、定性研究、定量分析、比较研究等多种研究方法，在理论框架指引下，结合具体行业和公司特点，总结区块链技术在财会领域的应用现状、应用效果与局限、未来发展与挑战。

首先，本研究对区块链技术理论与应用文献进行深入分析，形成研究的主要思路与框架。其次，基于区块链技术结合新兴技术与财会场景融合成熟度、国内外研究基础和典型案例、在财会工作中的重要作用等标准，本研究选取业财融合、电子发票、数据审计三个财会场景为研究重点，进一步列举并分析区块链技术在这些场景下的具体应用并列举行业内典型的应用案例。进而，本研究从广义的区块链技术应用视角，阐述区块链技术如何重塑信息披露、会计准则领域的理论与实践，并探讨其增值效益。最后，本研究做出区块链技术应用于财会领域的总结与展望。

（三）研究内容

本研究内容如下：一是从狭义视角，总结区块链技术在不同应用场景的实践，包括"区块链＋业财融合""区块链＋电子发票""区块链＋数据审计"。本研究通过具体案例总结其应用过程中的经验和困难，为进一步的创新提供借鉴。二是从广义视角，研究区块链技术如何重塑价值增值，并在价值创造、价值传递和价值管理方面发挥积极作用，包括基于"区块链＋数字资产""区块链＋会计准则"等研究。此外，本研究还用案例分析等实证研究方法，进行拓展性检验，以提升本研究的信度、效度及研究成果的可扩展性。

（四）研究创新点与主要贡献

本研究的创新点主要有以下方面：

（1）本研究通过多方面、多角度对全球区块链技术应用于财会领域的现有研究进行分类、归总，为后续研究提供理论追溯与参考。

（2）本研究在研究中发现并总结区块链技术与其他新兴技术的融合应用，关注多种技术在财会领域的融合赋能，为相关技术的应用场景研究提供借鉴。

（3）本研究系统性地梳理总结区块链技术在财会领域的典型的应用场景，包括业财融合、电子发票、监管治理和数据审计，并通过研究相关结合领域的痛点、解决方案、应用技术逻辑、应用实践等方面，对区块链技术在财会领域的应用做了全方面、全局观、全流程的呈现。

（4）本研究首先提出"区块链+财会"的概念定义，并通过狭义与广义两种方式分别探讨区块链在财会领域的应用场景，为后续将区块链技术应用到财会领域提供基础概念规范与理论指导。

在实践方面，本研究的主要贡献如下：

（1）本研究立足于对案例公司的实地调研对相关行业的数据进行挖掘和分析，系统性地总结区块链与财务会计结合的技术与应用问题，探讨在会计信息的生产、加工、应用等各个环节和流程中应用区块链技术的价值，为企业引入区块链技术提供切实可行的经验。

（2）本研究关注区块链技术与财会融合后的创新应用，挖掘多个应用领域与具体场景，为财会工作的技术创新提供解决方案。

（3）本研究提出财会领域面临的难点和痛点，也分析区块链技术应用其中的不足之处，推动实践场景下对这些不足的优化与完善。

二、文献综述

随着大数据、云会计、机器人流程自动化等技术与会计信息化的深度融合，在区块链时代，学术界和实务界对区块链技术在财会领域的应用展开了探讨。

在区块链置身业财融合、电子发票、数据审计等应用场景方面，程平和王文怡（2020）设计了区块链的电子发票防伪模型和发票追溯管理流程，打通全国税务信息渠道，实现对税务全过程的溯源。张月玲（2019）提出了融合区块链的基础架构模型，构建了包括数据层、共识层、合约层、审计访问层以及网络层在内的联网审计应用平台。杨霞（2018）提出区块链技术可以用智能账本与智能交易代替现有的财务管理部门，增强供应链管理，实现对产品与服务的可追溯化管理。李志杰（2017）提出了数字货币与区块链技术相结合运用之后，会产生一种可靠、可信和透明的货币体系，不仅可以即时结算、优化流动性、减少被繁杂结算流程套牢的资本和抵押品以及大大降低交易对手风险，还可利用其了解和追踪资金具体流向的特点，实现特定目标。

在推动财务共享建设方面，丁淑芹等（2019）提出依托共识机制确定财务共享中心的区块链参与者及共识协议、依托代码对业务交易前端进行有效控制、依托分布与集中的思维实现业务交易与财务共享的有效衔接、依托联盟链有效扩展财务共享的外延。吴丽梅等

（2019）提出可以运用区块链数据层的技术对财务共享的数据进行储存，运用业务区块链自动执行契约。数据区块链与业务区块链共同为战略区块链提供服务支持。同时将公司内区块链作为一个区块，组成公司间区块链，借以构成"双链"区块链结构。

综观上述文献，国内外学者从业财融合、电子发票、数据审计、数字溯源等财会领域对区块链技术的应用思想、逻辑、架构、方法、优点及风险进行了思考与探究。更进一步地，针对数字资产、会计信息披露与财会共享建设几大方面，探讨新经济业态下，广义上的区块链技术应如何赋能资产数字化和数字资产化，实现数字经济的价值升维。

本研究发现，现有研究缺乏对区块链赋能财会的系统性梳理以及具体落地方案的探讨，也缺乏对区块链与数字化前沿技术的融合创新的探索，如"区块链+智能物联网 AIoT""区块链+云计算"等方向对于财务的影响。现有研究鲜有从资源转化增值的生命周期层面，研究区块链技术如何重塑价值增值，如"区块链+数字资产""区块链+会计准则"等方向。鉴于此，本研究将探讨区块链与新兴技术的融合创新对财务行业的影响，并重点结合具体应用方案来系统性梳理和探讨区块链技术如何赋能财会，最后从广义的角度探究区块链如何重塑价值增值。

三、"区块链+财会"置身三大应用场景

"区块链+财会"从字面意思上看，是指以区块链为底层技术架构，辅之以人工智能、大数据、云计算等新兴技术，将传统财会工作的全流程或其中某一环节的实施进行数字化改造，以提高工作效率，为企业创造更大的价值。实际上，对于这一含义的理解可以分为狭义与广义两种情况。狭义上来看，"区块链+财会"着眼于以区块链技术的交易数据安全传输和算法，实现分布式一致性数据存储和一致性数据的本地化处理。广义上来看，区块链以通证经济激励范式，赋能资产数字化和数字资产化，实现数字经济的价值升维。

本部分将重点讨论"区块链+财会"狭义层面上的应用与价值，对其作出基础性和先导性的研究。在此基础上，后文会对广义层面的含义作出更进一步的探索。

（一）区块链+业财融合

1. 业财融合现存痛点及解决方案

在数字经济中，行业数字化是关键，对于财会领域也同样如此，企业财务与业务间的融合（以下简称业财融合）能否成功取决于其数字化程度。因此，我们的目光可以从推进业财融合的痛点聚焦到推进财会行业数字化转型上。目前，财会行业数字化转型中的主要问题集中在以下三个方面。

（1）财会数据传输：传统产业存在信息孤岛，数据传输没有统一的技术和标准能够兼顾和平衡大容量、高可靠、低时延、广覆盖的连接。

（2）财会数据处理：需要解决从本地"小数据"到网络"大数据"的处理、提升智能化水平以及需要平衡本地或边缘和云端的部署平衡，即数据处理云化和智能化问题。

（3）财会数据应用：行业应用碎片化和定制化的问题，需要低成本创新平台来解决。而

不同行业间差异性大,需要差异化的数字化解决方案去匹配和解决。

区块链技术可以从分类账簿、加密财务、去中心化等方面推动企业财务与业务间的融合,并以智慧合约、智慧筹资、智慧核算、智慧监督等为载体拓展业财融合。

2. 区块链技术在业财融合领域的应用分析

以中兴新云财务共享服务中心平台的"智能应付"为例,其业务流程如图2所示。该业务以区块链为底层技术架构,建立起一个完整的发票税务大数据池,并邀请供应商、税务局和协同平台等供应链上下游机构和企业的上链,将其占有的数据信息记录并储存在区块链系统中。这样一来,供应商和协同平台可以直接对接结算信息和支付进度,协调平台及时把数据反馈给税务局,进行验真认证。认证通过后,税务局便可同时向供应商开具相关发票、向协同平台集中报税。这种"区块链+业财融合"破解行业数字化转型难题的应用值得我们借鉴。

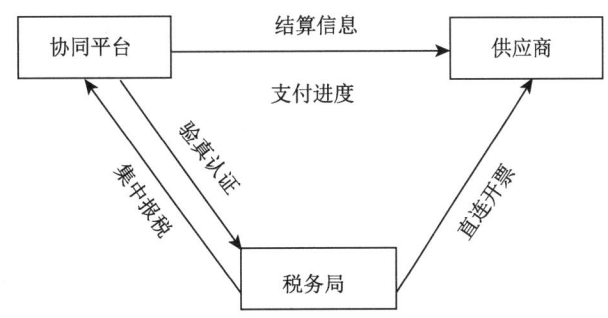

图2 "智能应付"业务流程框架

资料来源:中兴新云官网。

(二)区块链+电子发票

1. 电子发票现存痛点及解决方案

传统电子票据在传递的过程中没有携带资产的生命周期状态属性,存在易篡改、流程没有真正电子化闭环等问题。具体来讲:

(1)发票电子化后还是存在信息孤岛。目前电子票的存储,还依然分散在不同的电子票供应商中,构成了分散的数据孤岛。

(2)发票虚开、错开和发票造假问题突出。

(3)发票电子化后未做到全流程管理电子化。

使用区块链技术,建立相应的联盟链或公有链,可以使这些信息孤岛中的数据真正整合起来,还可以通过时间戳、哈希算法等对发票进行真伪确认,证明其存在性、真实性和唯一性。一旦在区块链上被确定,票据的后续操作都会被实时记录,其全生命周期可追溯、可追踪,这为财税全业务流程管理,提供了一种强大的技术保障和完整的数据支撑。

2. 区块链技术在电子发票领域的应用分析

腾讯区块链业务架构如图3所示。其为区块链电子发票提供底层区块链服务能力,从架构上分为业务应用平台、电子发票业务平台、区块链基础平台及云基础设施。

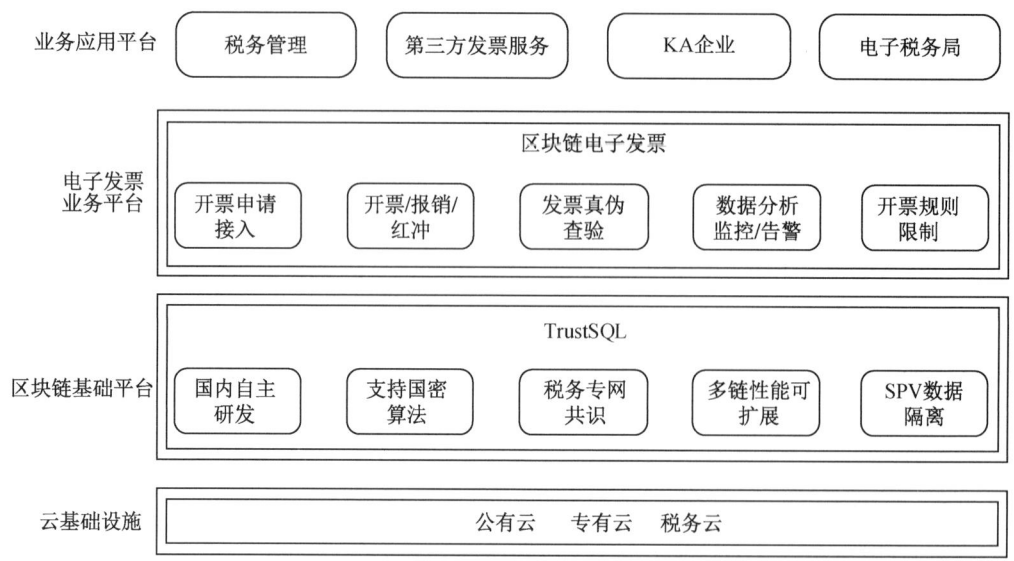

图3 腾讯区块链业务架构

资料来源：《2019腾讯区块链白皮书》，本课题组整理。

基于腾讯区块链技术，借助区块链分布式记账多方共识和非对称加密机制将"资金流、发票流"二流合一，将发票开具与线上支付相结合，打通了发票申领、开票、报销、报税全流程，如图4所示。

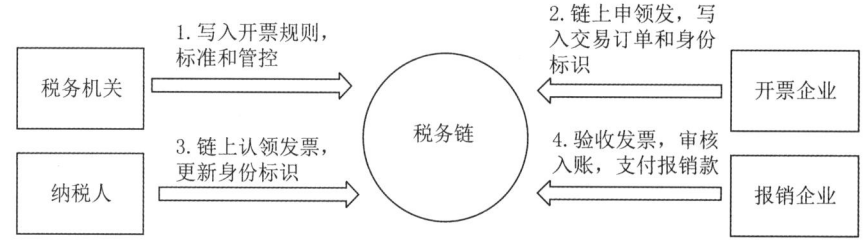

图4 发票申领、开票、报销和报税全流程

资料来源：《2019腾讯区块链白皮书》，本课题组整理。

这种业务模式创新在To C层面，可解决用户报销难、流程繁杂的问题；在To B层面，可帮助企业降低开票、存档以及审核入账成本；在To G层面，可帮助税务局降低监管成本、服务成本。

（三）区块链+数据审计

1. 传统审计面临的痛点及解决方案

区块链+审计的相关研究从2016年开始蓬勃发展，各地也积极推进审计信息化建设工作并取得了初步成效，尽管与传统审计相比，联网审计可以实时、远程、连续地开展审计工作，但仍存在多方面的问题：

(1) 在审计工作中,被审计单位出于规章制度的要求和信息安全的考量,很少提供全部的财务系统电子数据,甚至不允许拷贝一些涉密数据。

(2) 为了实现远程和实时审计,需要建立审计机构与被审计单位的数据传输路径。

(3) 目前会计师事务所也缺乏相关的信息技术人才。

区块链的分布式账本可以作为可靠的媒介来存储任何与审计有关的文件,所有文件都可追溯且不可更改,而且这些文件可以在管理者、审计师、商业伙伴和债权人等相关各方之间进行交叉验证。此外,区块链以及相关的智慧合约能够安全地存储会计数据,实时与利益相关方共享相关信息,并且增加业务数据的可验证性。同时,应用数据分析、智能计算和连续审计或监控模型等众多分析工具,能够及时总结发现模式规律、识别风险和异常情况,实时提取相关审计证据。

2. 区块链技术在数据审计领域的应用分析

以德勤 Rubix 的区块链内部审计平台为例,其主要的业务模块包括对账、审计、土地登记、忠诚度积分。德勤将机器人流程自动化(RPA)与行业领先的智能应用业务相结合,向认知自动化方向进化。

基于德勤 Rubix 系统在企业内部审计应用方面的优势,结合内部审计业务的特点,构建区块链内部审计平台,如图 5 所示。

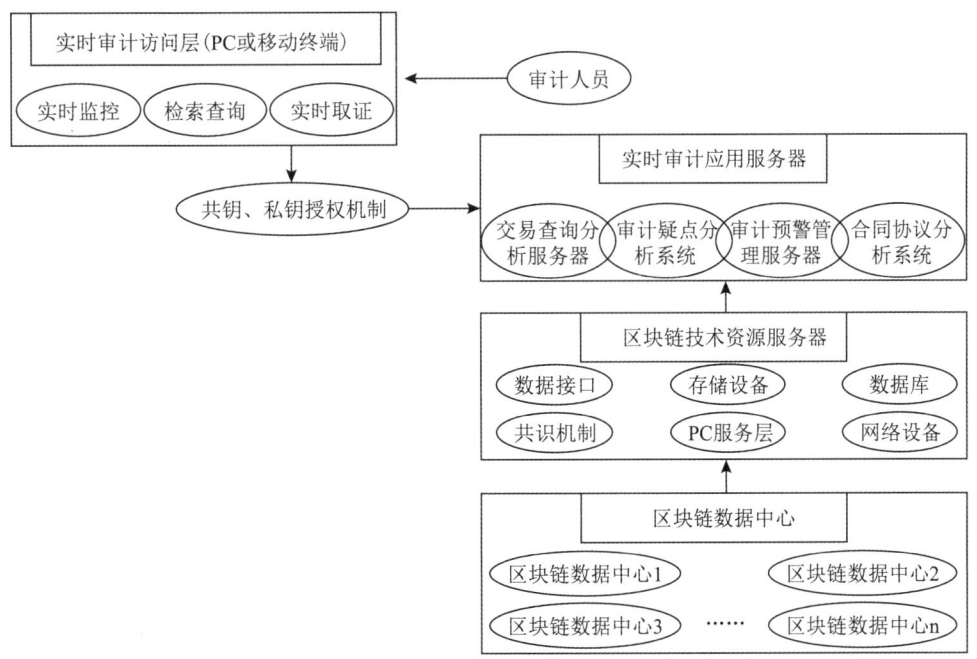

图 5　区块链内部审计平台

资料来源:本课题组整理。

实时审计访问层是内部审计人员的直接操作界面。区块链应用平台基于区块链技术而实现,在访问层登录时受到授权机制的保护。区块链系统主要通过公钥和私钥来分配不同的登录和使用权限,审计人员只有通过公钥和私钥的验证,才能浏览相关权限下的信息。

实时审计应用服务器是实现实时审计的核心部分,是一个带有案例库、数据库及数据分析功能的决策系统。内部审计人员可以通过交易查询分析服务器和审计疑点分析系统,对企业的财务运作情况进行监控。

区块链技术资源服务器是基于区块链技术的实时审计平台构建的基础,由软件(数据库、共识机制和PC服务层)和硬件部分(数据接口、存储设备和网络设备)构成。其主要功能是存储被审计单位的交易数据,经由数据接口,通过共识机制使参与者对交易信息达成高效共识,缩短相互认证时间,并实现在线实时审计系统和财务处理系统之间的数据交换。

区块链数据中心是实时审计平台的主要构成部分。企业财务数据实时传输到区块链网络上后,经过全网节点的授权批准,可将数据存储到区块链数据中心。区块链的分布式存储结构能够保证数据资料被内部审计人员实时获取。内部审计人员可通过平台应用端口同步使用文件和传输数据。这既能保障数据存放的合理性,又能保障数据使用的安全可靠性。

四、区块链技术重塑价值增值

上述提及的广义上的区块链技术,是区块链以通证经济激励范式,赋能资产数字化和数字资产化,实现数字经济的价值升维。

因此,本部分选取数字资产、信息披露、会计准则三个财会研究的基础领域,分析这些领域区块链技术的应用价值以及如何重塑这些领域并创造独特价值,以期帮助业界对此类财会基础业务活动进行改革与创新。

(一)新经济业态下的数字资产

区块链技术将资产证券化相关的交易方和业务节点联系到一起,可以实现对资产证券化业务的金融服务基础设施的重构。区块链技术对资产证券化业务模式的改良主要体现在以下几个方面,如图6所示。

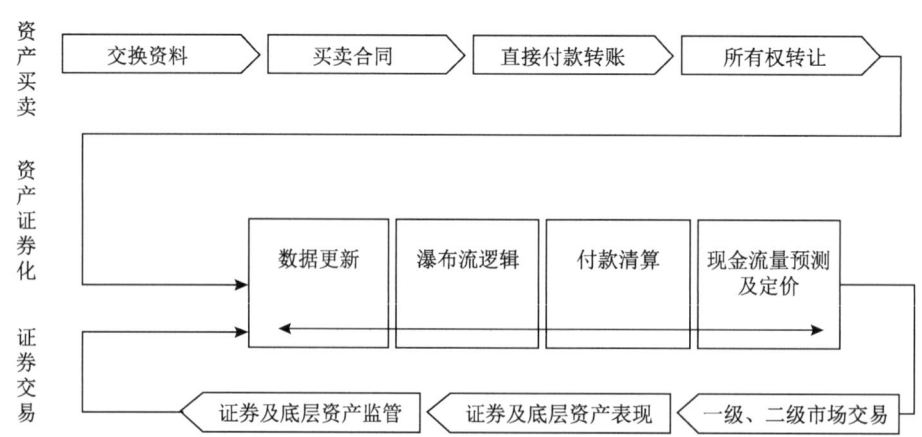

图6 区块链技术在资产证券化业务流程中的应用

资料来源:本课题组整理。

在证券化过程的早期阶段,当基础资产被纳入资产包时,通过私有区块链,资产数据被参与机构实时获得,不但避免了各方录用数据可能产生的误差,有利于对资产的风险评估,同时也保护了数据的隐私。在项目存续期,当基础资产数据更新时,信息也可即时传达。因此,区块链的应用有利于加强参与方对风险的认知和判断。在所有这些应用中,基于区块链的系统整合信息可以直接导致金融活动效率的提高。

区块链赋能数字资产证券化,使得资产的归属权更加明晰、资产流动更加透明。智能合约的应用也使得现金流的交割更加高效,从而以技术信任代替中介和人工信任。

(二)传统信息披露方式的改变

在传统信息披露方式下,信息的真假无法分辨,且标准化格式难以满足信息使用者的个性化需求。区块链技术打破了单向的信息传送模式,将利益相关方纳入系统,成为链上的节点,多节点共同维护信息的记录和存储,保证数据的透明程度和真实性,降低信息不对称带来的信任成本。区块链技术对信息披露的影响主要体现在以下方面:

(1)分布式记账保证信息的真实性。用户不需要在第三方平台或中心化的背书下,即可进行可信任、可溯源的交易,使得整体的信息鉴证成本接近于零。这也有助于重塑社会信任关系体系。

(2)防篡改维护信息的安全性。在区块链技术下,一项数据的修改需要推送全网进行审核。一旦上市公司对自身财务数据进行违规篡改,在网节点将发现其与自身储存数据不符,拒绝修改请求。只有超半数的节点同意之后修改才能够通过,参与者人数越多,破坏系统的难度越大,系统安全性也随之上升。

(3)去中心化增加信息透明度和及时性。基于区块链的智能合约有效解决了电子合同的可追溯问题,更高效地提供验证机制,解决了底层资产穿透的技术难题。而分布式的多节点架构,解决了互联网外部性导致的数据分享激励机制问题。同时,区块链还可以为第三方资金托管提供信息核验机制,有效实现托管和交易过程的记录与管理。

在现实应用中,美国证券交易委员会已批准了在线零售商 Overstock 的 S-3(简化注册申明)申请,可在区块链上发行该公司新的上市股票。纳斯达克宣布与区块链初创企业 Chain 合作推出的基于区块链技术的私募股权交易平台 Nasdaq Linq。该平台服务于非上市公司的股权转让,可以完成私人股权的交易结算。

(三)区块链会计准则的探究

国际上应用最广泛的是国际财务报告准则(IFRS),此外,美国、中国、澳大利亚等相关国家也都有各自的会计准则。但在当前,无论是国际会计准则,还是美国、中国或澳大利亚的会计准则,都没有对数字通证、数字货币等财会领域重要概念的界定。但国际上已成立了国际区块链财税标准学会(IBATA),对区块链会计准则的研究与探讨也逐渐火热起来。

目前,在中国以至全球具有影响力的区块链会计准则的相关研究进展如下。

1.《国际财务报告准则:加密货币不属于金融资产》

2019年11月,IASB下属的IFRS解释委员会认为,"加密货币不能视为金融资产",即加密货币既不同于现金,也不同于银行存款、股票、债券、保险、信托等金融商品。IFRS的这一声明,为加密货币的应用与会计准则的制定明确了方向,是区块链加入后会计准则制定的依据。

2. 皓风审计链区块链会计及审计准则

皓风审计链探索专门针对区块链经济体系及区块链会计核算语境下的独立审计准则。这些准则是依据区块链技术、区块链经济模型、区块链金融逻辑及区块链会计核算原则而制定的。此外,在区块链领域中采用以"时间"为第三轴的全新记账方法——"三式记账法"(triple-entry bookkeeping)。

3.《数字通证会计准则(征求意见稿)》

《数字通证会计准则(征求意见稿)》由国际区块链财税标准学会(IBATA)内的教授、学者联合研究并撰写,于2019年3月27日发布并向全球公开征求意见。在这套标准中,所有的Token(通证)都被划分为数字通证,并且在传统会计准则中新增了区块链科目。会上还首次提出了"数字法币""数字证券""数字积分""隐私代币"等类别概念,并对其作了初步的界定与澄清。

五、结论与展望

财务的大数据生态圈是指在大数据的收集和传递下,业务财务数据及时传递、共享财务数据及时收集、战略财务数据充分决策、业务财务再充分利用的一个过程,通过网络、数据库和应用软件等软硬件系统平台的整合再造,实现进一步财务的循环分工的共享和管理。

在共享经济下,人、机、网络的一个大数据互联生态圈已经形成并逐步开放,但是,大数据在企业财务数据传递和决策中应用不充分,共享财务的数据信息收集、业务财务的数据信息利用、战略财务的数据信息利用等链接通道未能在公司内部、公司之间完全打通。

区块链技术的出现,在思想和技术上为企业提供了良好的发展前景。同时,为了防止下一阶段"财务共享危机"的出现,公司内的财务共享服务中心可作为公司间区块链上的一个区块,形成公司内与公司间的"双链结构"。

通过第三部分的深入理论分析与应用展示,我们可以梳理总结出目前区块链技术在财会领域的主要应用场景——业财融合、电子发票与数据审计。第四部分进一步从数字资产、信息披露、会计准则三个基础财会研究领域切入。区块链技术通过发挥其不可篡改、去中心化、多点记录等优势,提高了业务流程中数据的可信度、加快了数据获取速度与业务进程,在解放人力的同时大大提高了业务处理的准确性、可靠性和及时性,让该领域存在已久的业务痛点、难点得到了很好的解决。

除了三大财会领域应用场景,区块链在财会其他场景中的应用价值也逐渐凸显。比如,在政企沟通领域,区块链可以搭建起联系政府审计部门和企业财会部门的桥梁,定期将企业有关财务数据传输给政府部门并保障数据的真实安全,防止企业提供虚假数据,辅助政府部门对全国企业的数据统计工作。在这些领域之外,还存在着更多值得开发、研究的领域与场景,需要科研工作者在实践中不断发现、挖掘。

参考文献

[1] 程平,代佳.基于区块链技术的费用报销业务大会计研究[J].会计之友,2020(03):154-160.
[2] 丁淑芹.区块链思维下的财务共享实现路径研究[J].财会月刊,2019(07):171-176.
[3] 李军,于永生.区块链技术对会计信息透明度的影响[J].财会研究,2018(12):48-51.
[4] 李志杰,李一丁,李付雷.法定与非法定数字货币的界定与发展前景[J].清华金融评论,2017(04):28-31.
[5] 吴丽梅,丁洁,王深茏,刘新允,庞清乐.基于区块链技术的财务共享模式架构[J].会计之友,2019(02):149-154.
[6] 杨霞,董劼.区块链技术下企业财务活动的优化[J].财会月刊,2018(21):53-58.
[7] 杜勇,谢彪,李勤.基于区块链的管理会计报告体系构建[J].会计之友,2020(08):153-159.
[8] 王燕霞.区块链下企业会计信息系统重构探讨[J].财会通讯,2020(15):146-149.
[9] 王刚,叶明,郑天娇.信息质量视角下区块链技术在企业会计领域的应用探析[J].财务与会计,2019(2):67-69.
[10] 谷新乐.区块链技术对会计监督的影响分析[J].中国市场,2020(20):157-157.
[11] 蔡维德,姜晓芳.基于科技视角的区块链监管沙盒模式构建研究[J].金融理论与实践,2020(08):60-70.
[12] 区块链在我国证券市场的关键应用与监管研究[A].中国证券业协会.
[13] 创新与发展:中国证券业2018年论文集(下册)[C].中国证券业协会,2019:22.
[14] 梁珊,王世豪.基于区块链技术的数字加密资产会计处理探讨[J].财会通讯,2020(11):97-100.
[15] 邢卓玥.基于区块链和云计算技术下的财务管理智能化探析[J].财会管理,2020(1):73.
[16] DASKALOS C. Increasing supply chain assurance via the block chain[D].Pittsbwgh:Carnegie Melon University,2016.
[17] COHEN L R, SAMUELSON L. KATZ H. How securitization can benefit from blockchain technology [J]. The Journal of Structured Finance,2017,23(2):51-54.

课题负责人:李志杰[1]
课题组成员:王阳雯[2]、王冰倩[3]
所在单位1:智安链云科技(北京)有限公司
所在单位2:中国人民大学商学院
所在单位3:中国科学院大学

基于云原生和微服务架构的财务云及典型应用场景研究

【摘要】 随着"创新驱动、转型发展"战略目标的指引和管理会计在企业的深化应用,财务管理已经从传统的财务核算向价值创造、精细化、高效多能的专业化分工转型。当前,集团企业的财务系统具有复杂分散、实施周期长的特点,传统系统存在升级换代慢、部署运维困难等问题,原有的信息技术架构往往难以为继,集团企业迫切需要构建一个全新架构的财务云。本研究探讨了基于云原生及微服务架构的财务云的构建及典型应用场景,为企业财务上云提供有利指引。

【关键词】 云原生;微服务;财务云

一、引言

(一)研究背景及研究意义

1. 云原生概述及发展现状

过去数十年,企业信息技术架构经历了单机、分布式和云计算三个阶段的技术演进。2013年,云原生的概念被提出,它指应用在设计阶段就明确将进行"云化"的部署运行,充分利用弹性、松耦合等云化的优势进行架构设计。在国内,众多IT企业很早就开始研究云原生。2011年,阿里巴巴内部系统开始向容器等云原生技术演进;2018年,阿里巴巴提出"全面上云且上云原生"战略,并将云原生社区的新技术引入阿里巴巴内部进行实践。腾讯云很早就布局云原生领域。目前,腾讯云原生产品 API(应用程序接口)每日调用量已经超过100亿次,拥有超过100万的开发者同时服务超过50万的客户。百度在2012年推出了容器调度引擎 Matrix,开启了内部业务的容器化探索。华为云早在2015年就在 Kubernetes 社区发起了 Federation 项目。浪潮于2018年发布了基于云原生的 GS Cloud,并助力大量企业实现财务云转型。

2. 云原生的关键技术介绍

在我国,云原生理念经过几年的推广、普及,已经逐步被企业接受,云原生产业已步入快速发展期。过去两年,容器技术的应用持续深化,以容器及其编排技术为核心的生态,逐渐扩展至涵盖微服务、DevOps、服务监测分析、应用管理的完整闭环。云原生区别于传统的云应用,具有敏捷、可靠、高弹性、易扩展、故障保护不中断、业务持续更新等优势特点,从宏观概念上云原生是微服务、容器化、DevOps、持续支付等不同技术的集合，具体包括以下部分。

1）微服务

微服务是指将大型复杂软件应用拆分成多个简单应用，每个简单应用描述一个小业务，系统中的各个简单应用可被独立部署。各个微服务之间是松耦合的，可以独立地对每个服务进行升级、部署、扩展和重新启动等流程，从而实现频繁更新而不会对最终用户产生任何影响。相比传统的单体信息技术架构，采用微服务的信息技术架构具有降低系统复杂度、独立部署、独立扩展、跨语言编程等特点。

2）容器化

容器化是一种轻量级的虚拟化技术，能够在单一主机上提供多个隔离的操作系统环境，通过一系列的 namespace 进行进程隔离，每个容器都有唯一的可写文件系统和资源配额。容器技术化分为运行时和编排两层。运行时负责容器的计算、存储、网络等，编排层负责容器集群的调度、服务发现和资源管理。

3）DevOps

DevOps（Development 和 Operations 的组合词）是一组过程、方法与系统的统称，用于促进开发（应用程序/软件工程）、技术运营和质量保障（QA）部门之间的沟通、协作与整合。它的出现是由于软件行业日益清晰地认识到：为了按时交付软件产品和服务，开发和运营工作必须紧密合作。

4）持续交付

持续交付是指持续的将各类变更（包括新功能、缺陷修复、配置变化、实验等）安全、快速、高质量地落实到生产环境或用户手中的能力。持续交付的能力通过自动化流水线的方式实现，以满足频繁发布、快速交付、快速反馈、降低发布风险的需求。

3. 基于云原生和微服务架构的财务云的研究意义

在数字化转型浪潮下，所有企业的目标都是打造智慧企业，其中，数字化是典型特征。根据 IDC Futre Scape 的研究，到 2025 年，近 2/3 的企业将成为软件生产商，他们创建的应用程序，将有 90% 是云原生的。而财务管理作为企业运营管理的重要一环，正如在企业信息化之初一样，当前基于云原生微服务的财务云将成为最为热门的应用之一。

财务云，既是基于财务共享服务的管理模式，也是新兴技术在财务领域的应用。它融合大数据、人工智能、移动互联、云计算、物联网等信息技术，提升了财务服务的用户体验，实现了财务能力的集中与共享，促进了财务的转型。

当前，集团企业的财务系统具有复杂分散、实施周期长的特点，传统系统存在升级换代慢、部署运维困难的问题。为了搭建大型的财务云平台需要进行大范围的系统建设与协同，原有的信息技术架构往往难以支撑，这就导致了很多企业在推进大集中的财务云平台的过程中面临重重困难，甚至难以为继。而基于云原生微服务架构的财务云更适合当前企业的需求，同时也可以满足企业实现多云融合互联互通的全方位体验提升，具有重大研究意义。

二、基于云原生和微服务架构的财务云构建

（一）当前财务信息系统分析

传统的大型财务云的建设主要集中在集团性企业,但随着集团企业的高速扩张,业务的不断深入,传统的信息技术架构已经无法适应新的管理要求,集团的财务管理也面临着重复投入、效率低下、核算差异、信息滞后等问题。究其原因,主要问题体现在以下几个方面。

1. 缺少统一规划

财务信息化建设主要针对财务业务的信息化与处理,主要优点是相较于手工做账表,更加方便快捷、准确及时。但想要进一步充分发挥财务信息化的优势,需要先实现财务信息从原始资料端口录入到数据处理的全面打通,也就是企业目前聚焦的"业财一体化"的建设模式。但是,当前很多企业缺少统一规划,业务信息与财务信息的整合程度往往达不到标准,企业各部门都有自己独立的信息系统,这些系统并非同一品牌,系统与系统之间也未做任何数据或功能上的对接,因此,分散在企业各部门的系统逐渐形成了各自独立的封闭小模块,这造成财务部门需要跨平台收集数据做多口径财务分析时,只能通过手工收集汇总的方式处理,效率不高,更谈不上复杂分析模型的建立。

2. 系统稳定性差,在大并发交易下存在效率问题

随着信息化建设的不断深入,财务信息系统逐步向网络化和集成化迈进。系统架构的设计和性能优化越来越重要。一个功能完整的财务系统,包括预算、核算、资金支付等,几乎涵盖了企业管理的方方面面。因此,财务信息系统的高性能、高可用性、良好的可扩展性有至关重要的意义。但当前很多企业中的财务软件往往存在性能问题,例如,建筑施工类企业在月末需要大量支付职工工资,在资金系统中,大量的资金支付交易在发起时会导致系统响应缓慢、卡顿,严重时甚至崩溃,会影响正常的薪酬发放,从而引发其他风险。

3. 系统的开发和维护严重受限于系统承建厂商

财务信息系统的使用者是企业本身,但企业的业务是在不断变化的。尤其是在当前的市场环境下,敏捷地响应市场需求是企业存活下去的保证,但多变的需求也同时要求企业的财务信息系统可以支撑。当前很多企业的财务信息系统往往存在大而笨的问题,稍微调整一些功能就会影响整个系统的稳定性,而且往往运维过程中,数据集成的成本、功能变更的成本、运维的成本极其高昂,这导致很多企业宁愿体验感不好,也不会轻易对财务系统进行合理的改造。企业有自己的信息部门,但在财务部门提出需求后却无法对系统做出调整,严重时甚至在表单与流程的调整上,都需要系统承建商进行更改,整个财务信息系统的运营与维护严重依赖厂商,这种现象在境外的财务管理软件中更加明显。

4. 系统的可扩展、可迭代能力差,需要不断投入换新

近年来,随着企业信息化的不断投入,企业的信息化建设逐渐演变成一个异常复杂的庞大系统,软件平台必须适应企业千变万化的个性需求和持续的变革,并对企业业务的重组和

发展提供快速、高效的软件支持。在信息平台的建设过程中,人们所面临的问题不再仅仅是考虑软件系统的功能问题,还面临着要解决更难以处理的非功能性需求的问题,如系统可迭代、可扩展等,这对信息平台的开发提出了更高的要求。在自身发展的过程中,企业需要不断地调整核心商业过程,发展越快的企业其核心商业过程的调整频率就越快。因此,在信息系统建设时,主要需要考虑的就是扩展性。目前,构建 ERP 系统主要存在的问题是,ERP 系统一般采用 C/S 结构,该结构属于两层的应用软件架构,二次开发的部分通常会涉及软件模块的改动,要增加或修改软件的功能,不一定可以迁移到新版本上,日后的维护也很困难,需要定期重复投入建设。

(二)新一代财务云平台技术框架

在云原生和微服务架构的技术框架下,我们可以很好解决上述传统财务信息系统中存在的问题。在技术架构上,我们认为应该选用具备微服务治理能力、低代码能力、弹性计算能力与数据服务能力的云平台来开发及运维。

1. 云平台

1)云开发平台

在云开发平台的核心架构中,基于 MDA 模型驱动架构的设计方法,采用可视化建模及业务化封装有效屏蔽底层技术;支持多层开发,同时,采用领域模型驱动 BEF 设计方法,引用业务实体描述领域模型,将业务逻辑进行细粒度拆分、编排,最终实现业务逻辑可沉淀(图1)。

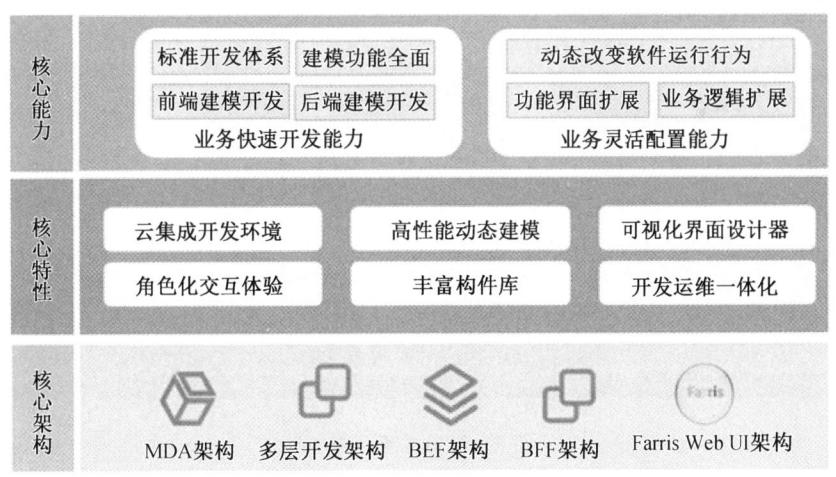

图1 云开发平台架构

2)云运行平台

云运行平台以微服务单元架构、云应用开发框架(CAP)、多云部署架构、全生命周期管理支撑架构为核心架构,提供了系统管理、系统运维升级、云应用基础服务运行环境要求四大核心能力,具有个性化工作中心、多维度权限控制、高性能 RPC 通讯、数据库横向扩展、全层面国际化支持五大核心特性,为 Web 端、移动端等多终端 App 提供运行支撑(图2)。

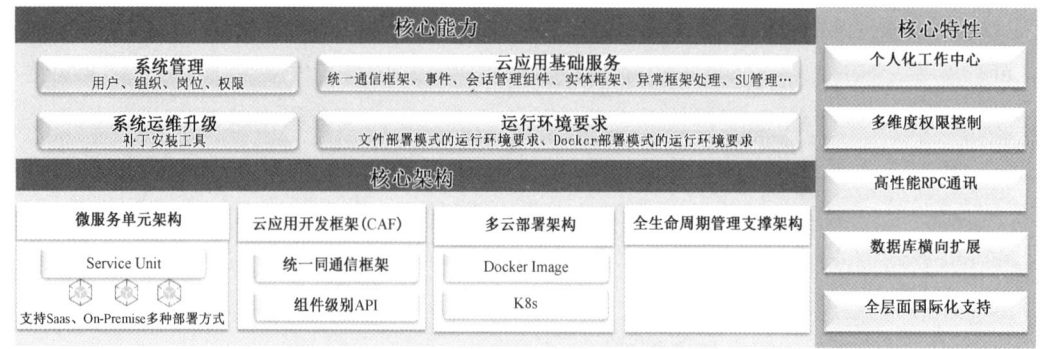

图 2　云运行平台架构

3）云运维平台

云运维平台基于大型异构微服务集群运维场景,提供微服务治理平台、弹性计算平台、运维监控与行为分析(用户声音)三大模块,是覆盖微服务部署、治理、升级、监控全方位的运维解决方案。针对微服务数量大、治理难度大的问题,建立了系统化、模型化的运维治理体系,通过一体化、自动化的管理工具,有效控制微服务化产生的运维管理成本,使业务服务在微服务架构下,充分发挥其灵活、高效的业务价值(图3)。

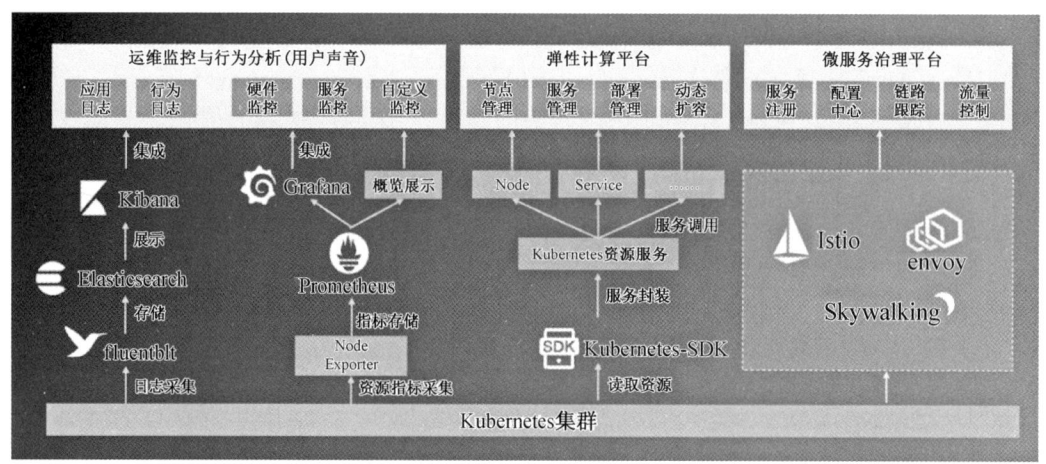

图 3　云运维平台架构

2. 微服务治理平台

微服务治理平台提供微服务开发、运维及治理功能,包括微服网关、服务注册与发现、熔断、限流、降级,使得用户可以快速构建基于微服务架构的业务系统,并利用云调度的弹性和敏捷,实现微服务的独立打包、独立部署、独立升级和独立扩容。通过云计算的弹性伸缩、单点故障迁移、服务健康度管理和自动容量规划等措施,结合微服务治理,逐步实现微服务的自治(图4)。

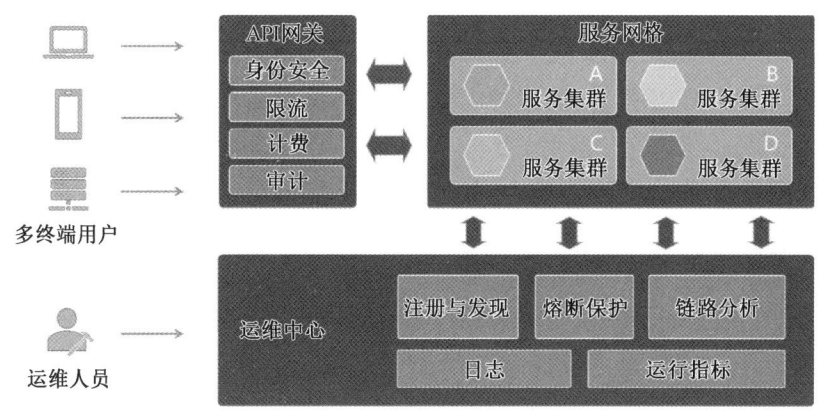

图 4 微服务治理平台架构

3. 低代码平台

低代码开发平台(图5),基于 MDA 架构(model driven architecture,模型驱动架构)的设计方法,采用可视化建模及业务化封装方式,形成开发模型体系,提供业务应用的开发、构造、发布部署等各阶段的开发建模、管理工具和体系化、可复用的开发模板库,封装和屏蔽底层技术,使应用开发聚焦在业务领域模型的设计与实现。开发平台的建模工具,能够大幅提升业务应用的开发效率,保障业务应用实现的可复用性、可扩展性、可移植性、可靠性及安全性,提升业务系统性能,保证开发期及运行期的产品质量。

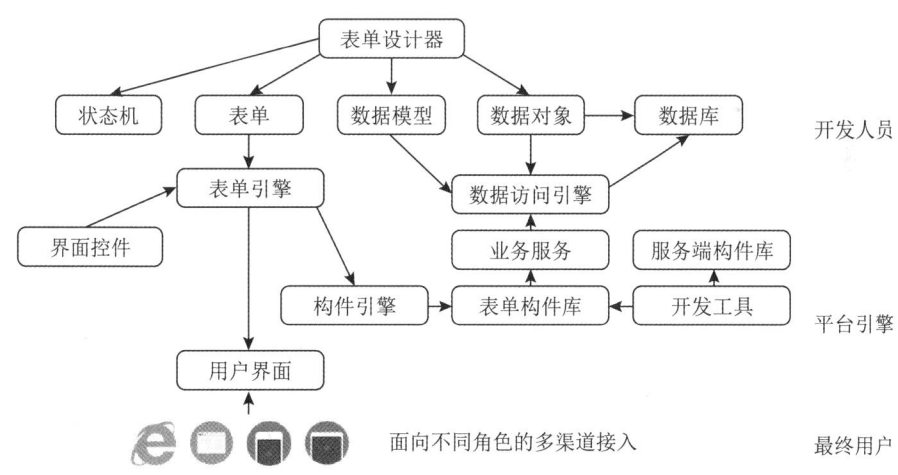

图 5 低代码平台架构

4. 弹性计算平台

弹性计算平台可以帮助企业建立快速适应需求变化的应用系统,加快需求落地速度,帮助企业轻松建立无须停机即可完成升级的业务系统。该平台基于开源的、标准化的"Kubernetes + Docker"等云原生计算技术建立,有利于企业信息技术的持续发展。在此基础上,平台内建完善的服务目录支持,打通新建的云原生应用与传统软件服务间的隔阂,轻松实现企业信息技术系统的平滑升级。

弹性运行环境针对所托管的应用提供自动扩容支持。扩容可以依据自动监控信息中对硬件资源占用情况设立阈值,也可以根据具体业务的具体活跃情况设置针对业务的指标阈值。弹性运行环境提供可视化的手动扩缩容(图6),也可以基于配置在符合扩缩容临界条件时进行自动扩缩容。

图6　弹性扩容界面

5. 数据服务平台

数据服务平台借助全面的数据采集能力,对主机、容器、业务系统等进行全要素信息采集和可视化展现(图7),实时收集分布在不同节点或容器中的数据日志,进行集中化采集、全方位态势分析和实时展示,并利用机器学习和人工智能算法实现故障的提前预警和自动修复,帮助企业构造全方位、全天候的业务系统态势监控和实时预警能力(图8)。

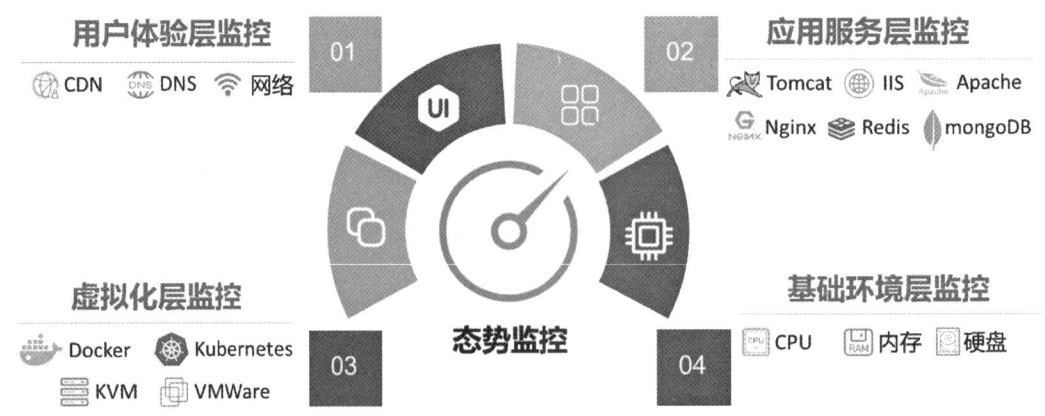

图7　态势监控平台

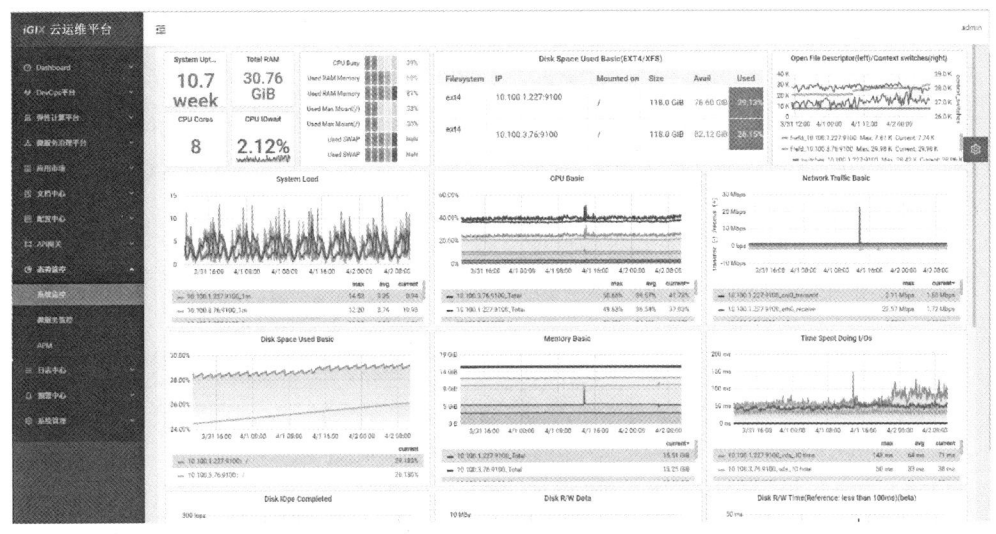

图 8 系统监控展示

基于云平台与智能服务的深度融合,围绕风险预测分析、资源优化配置等复杂业务场景智能决策分析需求,针对共享运营导致的经营活动参与主体增加、风险影响因素增加的现状,融合领域知识图谱多主体交互及其属性的关系结构,采用数据特征分析、维数约简方法确定与风险相关的关键特征,提出大数据环境下支持动态调节的风险因子数值量化计算方法,构建面向多主体的本体风险推理模型,支持业务过程动态运营风险快速分析;基于行业场景知识图谱对制造过程和服务场景的抽象描述,引入多目标粒子群算法、神经网络建模、多元统计分析等数值分析算法,动态计算资源需求,实现多主体、多目标、多约束条件下的资源动态优化配置,研究面向不同角色的经营预测需求,构建经营预测关键指标体系与预测模型,匹配不同角色、不同层级主体间经营预测共性需求,形成多层次动态经营预测主体分析方法体系(图 9)。

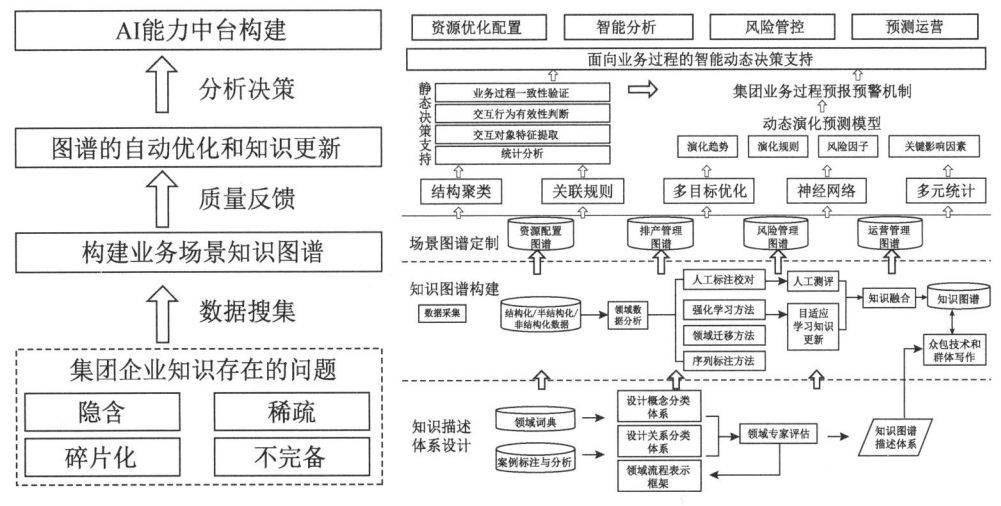

图 9 基于知识图谱的预测分析体系

(三) 基于云原生和微服务的财务云

1. 基于云原生和微服务的财务云架构

基于云原生和微服务架构的技术平台,企业应打造以"价值创造"为核心的财务云,包含财务共享、全面预算、资金管理、财务核算、影像与档案、税务管理在内的完整解决方案,实现财务管理转型升级(图10)。

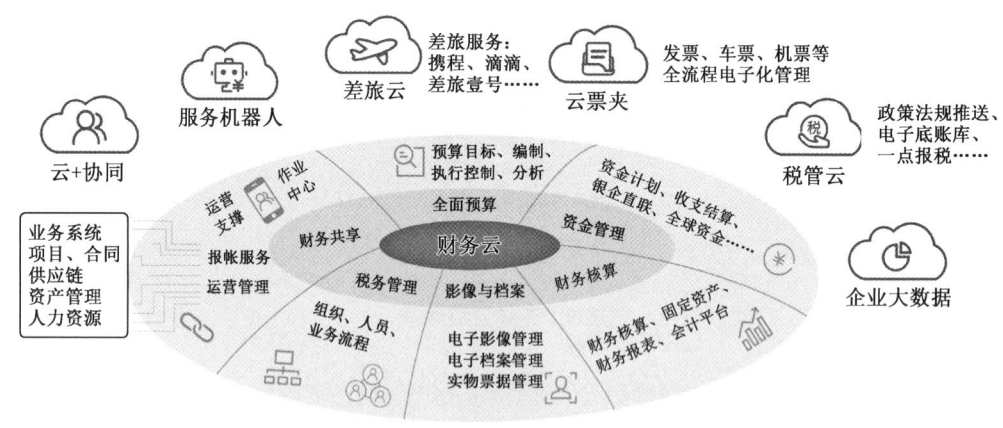

图 10 财务云架构

基于云原生的全新架构,支持私有云、公有云、混合云部署,支持浏览器、数据库、操作系统、CPU全国产、全开源环境运行。满足多语言、多时区、多格式、多币种、多汇率、多税制、多会计准则的国际化操作。融合机器学习、深度学习等人工智能技术,内置认知服务,支撑企业应用实现智能交互、流程自动化、决策预测等智能化场景。满足商旅到费用、线索到现金、销售到收款、采购到付款、工程到资产等端到端全流程数字化(图11)。

2. 基于云原生和微服务的财务云先进性

1) 支撑独立部署与灵活扩容

基于微服务架构进行设计,服务单元(Service Unit,SU)是微服务拆分、部署的最小单元,微服务架构具有可伸缩性、灵活性以及使用独立技术堆栈的能力,提供系统中服务单元的注册、加载、发现功能,实现微服务灵活拆分与组合部署(图12)。

基于微服务架构设计,每个微服务可独立部署、更新、扩缩容和重启。提供内部服务API和外部服务API,外部服务API负责各微服务单元以及外部系统的通信,内部API负责微服务单元内部的通信,这样充分保障系统的安全性。

2) 计算资源动态调配支撑大并发

财务云平台基于业内通用的Kubernetes作为计算资源管理标准,统一对IaaS资源按需求进行动态配给;实现了计算资源的动态、弹性调度;结合平台自身完备的运行监控体系,还可以自动感知资源消耗情况,动态扩容,以便更加智能地应对业务高峰期的特殊需求;进一步提升了业务可靠性和资源的动态利用率。

云平台分为集中式和分布式部署两种模式,它们均基于面向分布式架构的大并发设计,

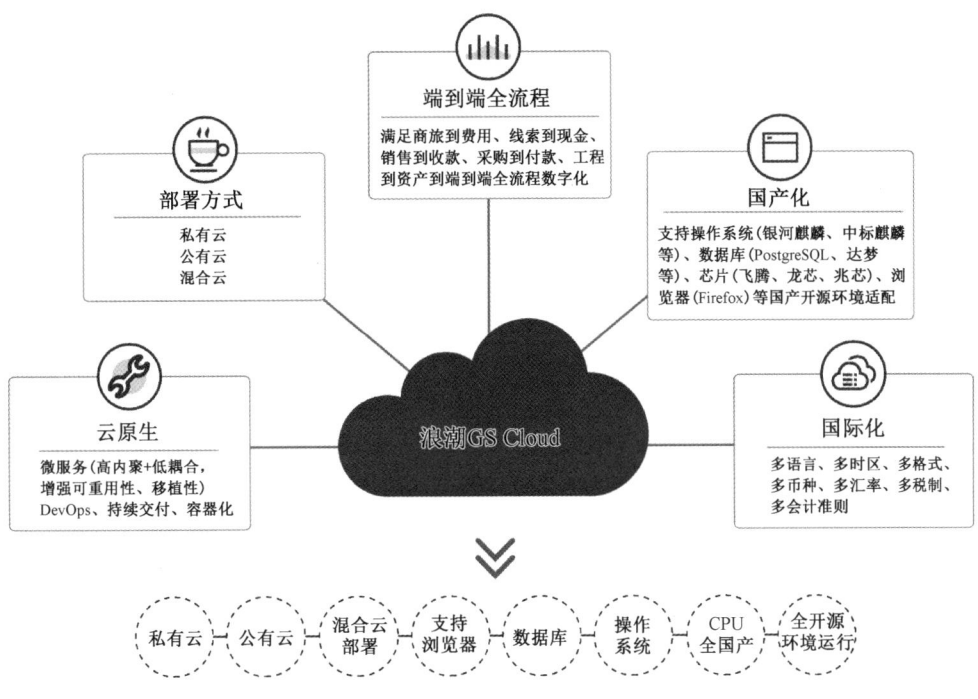

图 11 财务云特性

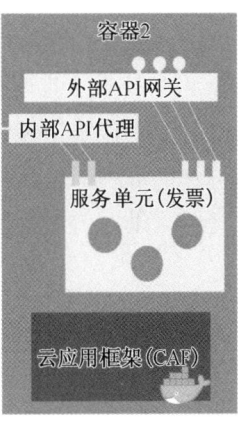

图 12 服务单元的拆分组合

内置微服务单元架构和动态数据路由组件,支持业务系统的大规模分布式部署以应对企业高并发场景。在应用服务器层面,支持按微服务单元进行分布式集群部署,每一个微服务单元都可以独立部署和集群化运行,以提升大并发场景下的处理性能;在数据库层面,首先可按照微服务单元拆分成多个数据库,以降低多个微服务单元间的数据库并发操作压力,可以有效降低数据库并发压力和 IO(输入输出负载)负载,进一步提升数据库的大并发支撑能力,实现数据库层面的动态横向扩展,提升业务系统访问性能。

3）支撑开发运维一体化打造敏捷系统

从业务应用开发过程管理角度，财务云平台采用开发、运维一体化（DevOps）方法理念，提供了覆盖软件生命周期的开发、构造、测试、打包、部署等各阶段的管理工具，包括在线开发过程管理基础数据、开发环境管理、源代码配置管理、持续集成流程管理、制品库管理、软件发布管理、研发过程管理等主要功能。

运维管理平台与底层云支撑平台运维管理无缝集成衔接，提供基于 ERP 软件开发、运行的业务应用的运行环境安装部署、参数配置、运行监控等运维支撑功能，保障系统安全、稳定、可靠、高效运行，并能够针对不同业务应用场景下的系统提供差异化的运维管理功能（图 13）。

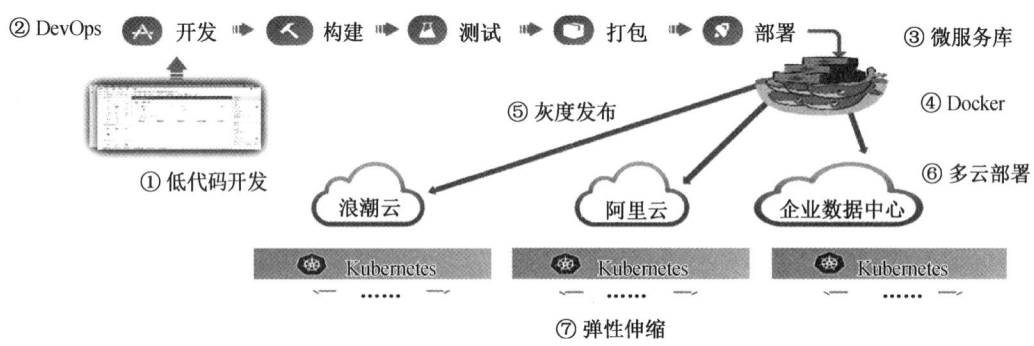

图 13　运维一体化

4）利于打造全集团全平台统一接口标准

财务云平台基于大量开放标准，内置 API Gateway，所有基于平台开发的应用自动发布为标准的 RESTful API，可满足集团统一、平台统一的接口标准，实现系统间的互联互通（图 14）。

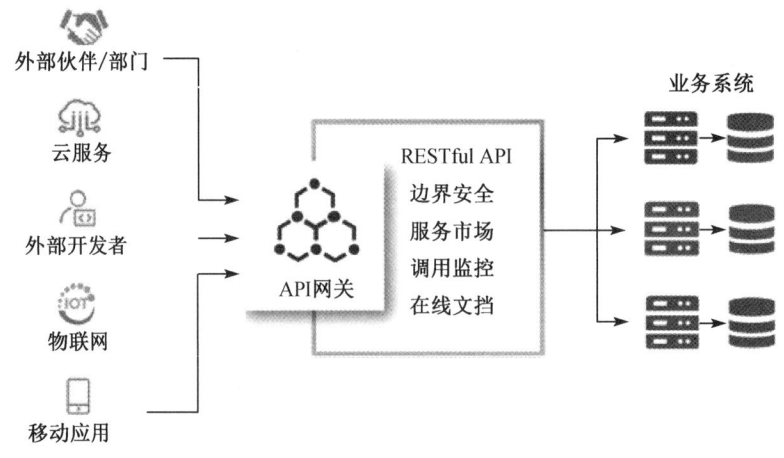

图 14　API 网关

API Gateway 基于 BFF（Backend For Frontend，服务于前端的后端）设计理念，提供服务

封装、发布及集成能力,将业务应用的内部数据、业务逻辑,以微服务方式快速、安全、可靠地开放出来,通过标准的 Restful API 标准,实现与其他应用微服务、界面展现、异构系统的集成操作,并提供服务调用框架,提供服务的负载、瞬态故障处理、一致性控制等核心能力。其主要功能包括服务注册定义、调试开放、安全配置、服务库管理、分析统计等主要功能。

三、基于云原生和微服务的财务云典型应用场景

(一)新一代财务云平台技术场景

1. 平台总体设计

新一代财务云平台通过微服务架构方式来构建集团财务云技术平台,将一些基础的、公用的、稳定的功能沉淀为基础服务,通过微服务的组装方式快速的实现各类业务应用系统的开发,快速满足业务的需求,减少因业务变化带来的对系统变化的要求,实现信息系统对业务系统快速响应,技术平台总体架构如图 15 所示(以某集团企业为例)。

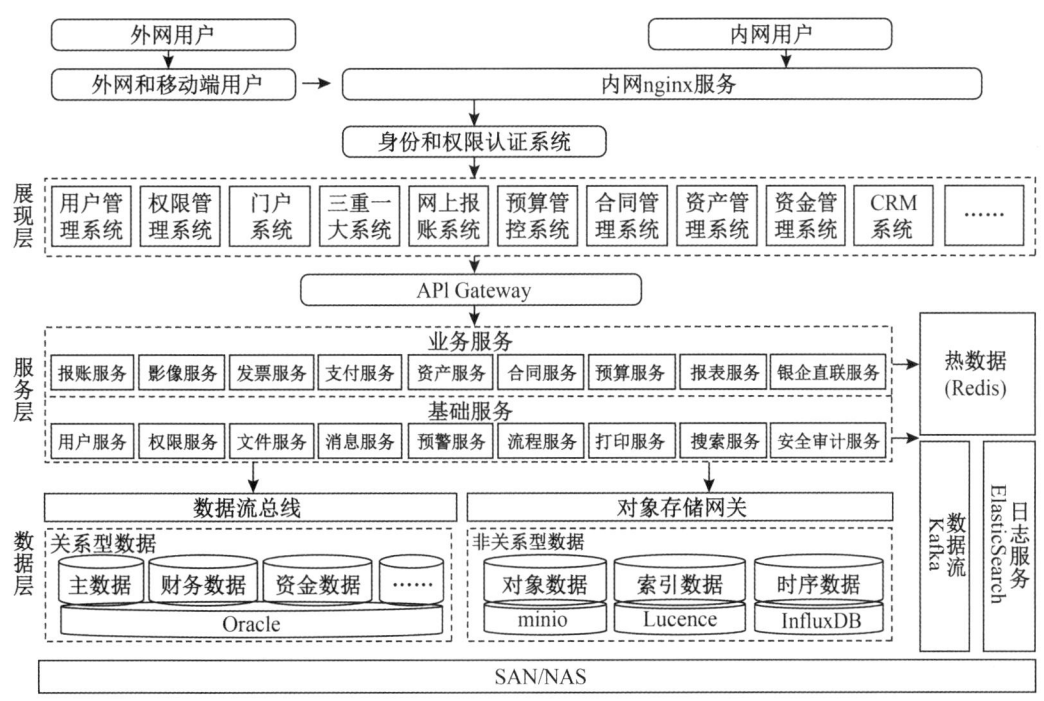

图 15 技术平台总体架构

2. 微服务划分原则

技术平台基于微服务、模块化部署架构进行设计,以微服务单元(Microservice Unit,MSU)作为最小的逻辑部署单元进行管理。业务系统部署时,可以根据负载和业务需要将每一个微服务单元进行独立部署,也可以将相关度高的几个微服务单元合并部署,以支撑业务系统不同的部署需求,实现业务系统的敏捷组装(图 16)。

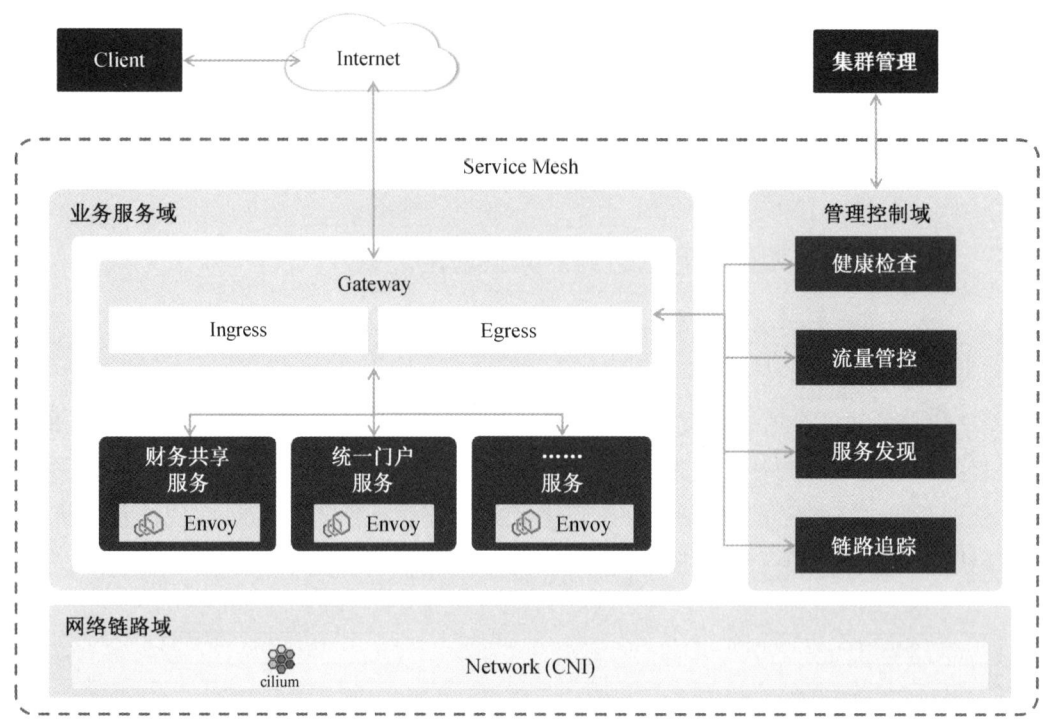

图 16　模块化部署

业务系统采用四层部署架构,分为客户端浏览器(browser)、展现层(web server)、服务层(application server)、数据层(data server)四层。

用户通过客户端浏览器访问业务系统,页面请求首先被身份和权限认证系统进行鉴权拦截,鉴权通过后即可打开 web server 提供的相应的展现层页面。

展现层调用服务层时,首先通过 API Gateway 进行统一的应用层负载均衡、权限校验、API 质量管控等,然后分发到具体的服务层中进行业务逻辑处理,服务层分为业务服务和平台基础服务两类,分别提供特定业务领域的服务和平台公共的基础服务。为提升运行性能可将运行时的临时缓存数据作为热数据缓存到 Redis 中,业务运行的日志数据可基于 Kafka 消息总线存入日志数据服务(Elastic Searck)中,Kafka 和 Elastic Search 是开源中间件产品。

业务数据通过数据流总线和对象存储网关进入数据层进行数据操作,业务数据分为关系型数据和非关系型数据(包括半结构化数据和非结构化数据)两类进行分别管理。业务层产生的结构化数据存入关系型数据库(Oracle)中进行管理;半结构化数据和非结构化数据根据数据类型分别存入对象数据库(Minio),对象数据可同时根据检索需求生成索引数据并存入索引数据库(Lucence)中,以提升对象数据查询和全文检索效率。

3. 微服务划分

技术平台所有应用系统所需要的公共功能划分为基础数据微服务、公共技术微服务、公共业务微服务、业务系统微服务、数据持久化微服务、云运维监控微服务六种类型。具体如图 17 所示。

图 17 微服务划分

（1）基础数据微服务是按照统一基础数据管理和分发的理念搭建的，实现了集团内基础数据的集中管控和统一分发。

（2）公共技术微服务提供公共的技术微服务，包括系统运行的所依赖的元数据、消息队列、调度服务等无具体业务含义的基础类公共服务。

（3）公共业务微服务是按照业务中台的理念，提炼集团内业务系统所需要的公共业务服务。

（4）业务系统微服务是根据集团需求搭建的各类业务系统服务。

（5）数据持久化微服务用于业务系统的关系型数据、半结构化数据、非结构化数据等各类数据的持久化，包括关系型数据库服务、非关系型数据库服务。

（6）云运维监控微服务基于全面的数据采集能力，对主机、容器、业务系统等进行全要素信息采集和可视化展现，帮助构造全方位、全天候的业务系统态势监控和实时预警能力。

根据业务可以不断封装服务，针对某企业财务云各微服务示例如表 1 所示。

表 1 某集团微服务划分方案

分类	微服务名称	微服务说明
基础数据微服务	用户管理	负责用户、组织机构、群组等基础数据的集中管理
	统一认证管理	负责提供用户统一认证服务
	基础数据	负责系统的其他公共基础数据维护
	审计日志	提供用使用系统的审计记录，对审计记录数据进行统计、查询、分析及生成审计报表的功能

(续表)

分类	微服务名称	微服务说明
公共技术微服务	系统管理	负责系统权限的集中管理
	流程中心	提供业务流程、工作流以及审批流定义和运行监控等
	工作中心	用户快速概览待审批任务、待办理业务及异常预警等信息
	消息中心	提供云端即时通信服务,提供业务通知提醒、企业内部员工沟通交流等业务支撑
	服务管理	对所有发布的微服务进行管理,内置文档与调试能力
	数据交换	提供可视化的工具实现数据源与目标的数据转换服务
	业务集成	提供面向业务应用的身份、流程、服务、数据集成整合工具,采用云原生、微服务架构设计,提供统一服务网关管理、CA集成、数据交换平台和统一身份认证等业务集成基础工具、服务
	云打印	可实现单据的预览和打印
	元数据管理	提供元数据资源管理器,主要用于元数据的查询、创建、目录管理、版本管理等,支持团队协作开发
	调度服务	提供无人值守的运行方式,支持周期性、时长间隔性及一次性等多种调度方式,同时支持单任务和任务组两种执行模式
	消息队列	消息中心提供的消息队列MQ是一个构建消息驱动的微服务应用的框架,为上层提供封装的统一API
	分布式事务	可保证分布式场景下中的数据的最终一致性
	云存储	支撑企业云盘、文档资料库、企业内部文件安全共享等业务需求
	附件管理	提供统一的文档类管理界面和简单易用的ApI,可以用于电子档案、电子文件管理和移动影像存储等文档类功能模块
	消息中心	消息平台提供消息发送、接收的基础服务,内置于平台内其他需要集成消息的功能模块集成,包括业务单据功能、审批流程、预警服务、通知公告等功能
	配置中心	实现配置信息的实时更新、动态调整
公共业务微服务	内网邮件	提供内部邮件通信服务
	接口接入	提供接口服务,对接口的注册、使用、流量进行全生命周期的管理
	影像服务	提供影像和在线图片浏览服务,支持内网、外网图片使用,对内部图片进行身份验证,外部图片可以匿名访问
	发票服务	提供发票全生命周期服务
	支付服务	提供收费款管理服务
	银企直联	提供银行接入服务,实现银企直联

(续表)

分类	微服务名称	微服务说明
业务系统微服务	门户管理	提供统一的门户模块,快速实现门户入口
	公文管理	提供公文管理服务
	财务共享	业务系统
	财务会计	业务系统
	全面预算	业务系统
	税务管理	业务系统
	资金管理	业务系统
数据持久化微服务	关系型数据库	对接数据库
	缓存数据库	Redis,提供统一的缓存服务
	文档数据库	Minio,提供统一的附件和文档管理服务
	半关系型数据库	Lucence、InfluxDB
云运维监控微服务	预警通知	快速识别潜在性能问题并进行预警,支持邮件、消息、等推送。
	实时监控	提对所有发布的微服务进行监控分析
	运行指标	图形化展示对微服务的运行指标
	日志采集	提供云模式的日志数据的采集功能,提升运维和运营效率

(二) 财务共享场景

在财务共享方面,基于云原生和微服务架构的特性,财务共享服务开始向财务中台的方向发展(图18),通过连接前后端,在保证后端应用稳定不变的基础上,实现前端应用的创新,帮助企业快速适应市场变化,支撑企业持续发展。企业通过建设财务共享中台,保证系统标准化、流程化、规范化运行,促进业财融合,打通数据供应链,提高数据质量,提供数据共享服务,支撑财务大数据分析,帮助企业实现持续规模化创新。

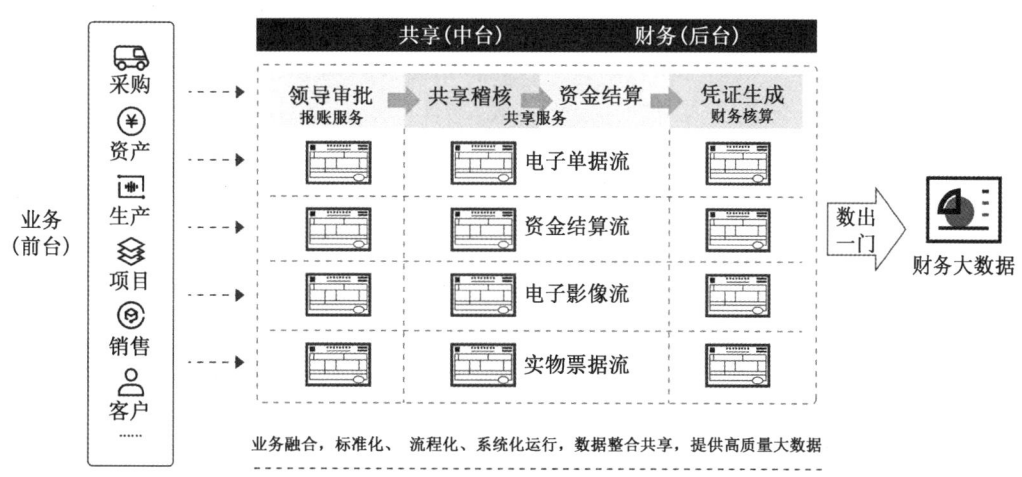

图18 财务中台架构

1. 多云融合、互联互通、端到端全流程

财务共享服务中心在业务处理的过程中通过各类轻应用、智能设备、应用服务,实现多云融合、互联互通、全流程数字化服务。基于自主研发的影像系统与报账平台的紧密结合,发票通过扫描仪、高拍仪、移动端实现电子影像的拍照及扫描,也支持本地文件上传方式直接传入影像系统,有效解决业务异地处理问题,实现票据影像与实物的统一管理,全面打通电子化、可视化的财务共享流程,端到端差旅费用流程如图19所示。

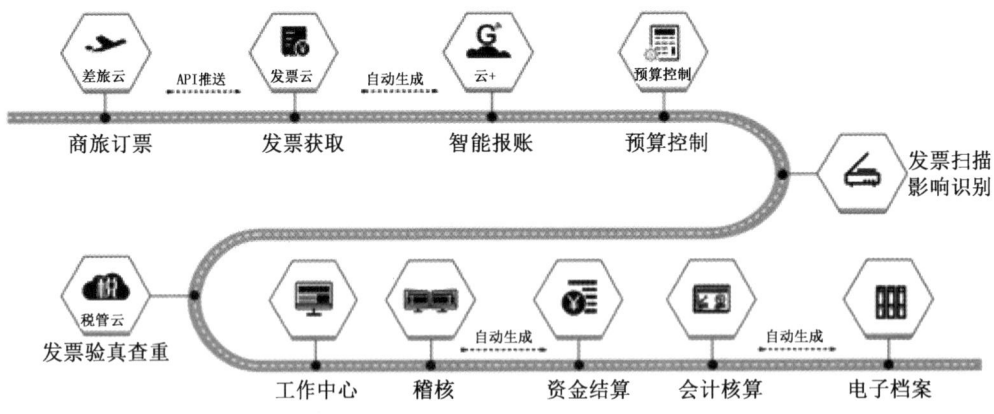

图 19 端到端差旅费用流程

2. 共享大数据支撑财务风险及运营控制

财务云平台利用大数据技术及财务共享的资源整合优势,提供统计分析和决策服务。首先,利用智能预算约束机制,对日常财务活动中的高风险点进行控制,实时控制企业财务风险,优化控制环境。其次,利用大数据和算法的人工智能与企业生产过程相融合,通过机器学习和人机交互等先进技术,优化企业财务内部控制和流程,大幅度提升企业财务效率。再次,将智能识别技术应用于企业内部控制活动方面,如应用人脸识别技术确保不相同岗位分离,应用指纹识别技术进行授权审批,应用虹膜识别技术进行财产保护等。最后,建立数据防护机制。数据在流动中可能产生数据被人为泄露的风险、数据治理体系的风险、数据使用不合规的风险。企业的数据保护,要制定自己的数据与数据策略,以多维度的信息,构建各种风控模型,通过系列的数据保护与合规手段,结合风险控制的动态策略,降低风险对业务数据流动的干扰与伤害。同时,利用数据备份技术对数据进行多元化备份,防止数据丢失,有病毒入侵或"黑客"攻击时,建立的数据防御机制通过人工智能技术自动转移并销毁财务数据,进而防止数据泄露。

3. 智能投融资决策辅助

企业进行投资活动和筹资活动时,为了降低决策不当导致的投资风险和筹资风险的发生,需利用数据服务能力,提供大量实时有效的信息。首先,充分利用智能化数据分析。智能化数据分析的结果可理解性高、可视化强,信息使用者能较快读懂数据,进而可以对自身风险进行定位,做出正确的投融资决策。比如,运用智能化数据分析出高风险资产,并将其抵押给银行或其他金融机构,完成风险的转移。其次,充分利用数据挖掘技术。在投资活动和筹资活动中运用数据挖掘技术主要是挖掘出核心价值数据,对这些数据进行各种智能化计算,并且对数据内容进行深层次分析。比如,通过数据挖掘技术深层次挖掘市场潜力,精准定位,实现资源最大化配置。再次,充分利用预算分析技术。预算分析技术可以对投融资费用做出精准化的预算,使得做出的投资决策和筹资决策具有可靠性。最后,充分利用网络爬虫技术。运用网络爬虫技术从互联网上爬取所需的信息,再加上人工智能技术可以时刻更新数据库信息,确保投融资决策所需的信息是实时的。因此,利用人工智能可以帮助企业做出更有价值的投资决策和筹资决策。

(三) 财务会计场景

在财务会计方面,基于云原生和微服务架构的特性,企业在集团范围内搭建统一集中的财务管理系统平台(图20),支撑所属单位的会计核算与财务管理工作。该平台能够帮助集团各下属企业进行日常的财务核算、财务管理,对外提供财务会计信息,更有效地支持集团的财务监控,进而支持集团经营业务的协同增效;通过实施可控制的标准化与规范化会计流程,满足集团和子公司对外、对内的会计信息需求,及时形成符合投资人与内部管理者需求的合并财务报告;规范会计核算,忠实记录业务活动、资产状态和经营成果,为业绩考核提供数据支持。

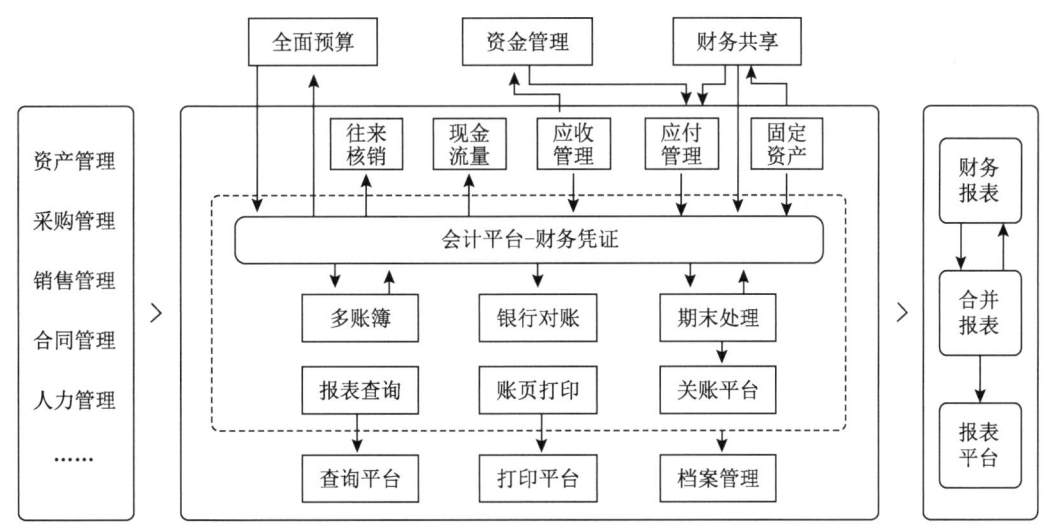

图20 财务管理系统平台框架

1. 实现动态财务指标的预警,支撑财务分析与决策

借助预警平台,可以定义企业运营过程中重点关注的指标、指标上限、指标下限、指标计算周期等相关内容。系统按照定义完成的内容进行数据计算、扫描。预警平台也可以运用到业务处理过程中,例如,进行业务到期提示等内容;从管理层面实现动态监控企业运营状况,在业务处理的过程中实现提醒等功能;提供销售分析地图管理驾驶舱,支撑企业的管理决策。

2. 满足全球化需求的多种行业会计制度、多种会计准则并存

针对同一会计实体,根据不同会计准则、不同管理口径数据统计的要求,通过建立一主多辅多套账簿,账簿之间可实现数据的共享,同时支持多币种、多语言、多税制,满足境外分支机构按当地的货币、会计期间及会计准则与制度进行财务核算的需要。同一核算组织,按照不同的报告要求,利用科目体系、本位币、会计期间等要素,生成多个核算账簿。

(四) 全面预算场景

在预算管理方面,基于云原生和微服务架构的特性,以业财一体化为基础,结合多维数据建模、高性能可扩展化平台,可以搭建分层级分业态、全过程管理平台。同时支持周期性灵活滚动预算,支持事前、事中、事后全业务环节预算控制,提供多维度、多角度预算分析,数据可层层穿透联查追踪,助力企业打造全新预算管控体系。

1. 全业务环节预算控制,降低企业运营风险

无缝链接各业务系统,设定多种控制策略和刚柔并济的控制方式,在业务处理的申请、审批、发生等环节对核心业务全方位监控,由传统的事后预算控制转变为业务的事前、事中、事后全过程控制(图21),提供更详细可靠的预算执行数据,降低企业运营风险。

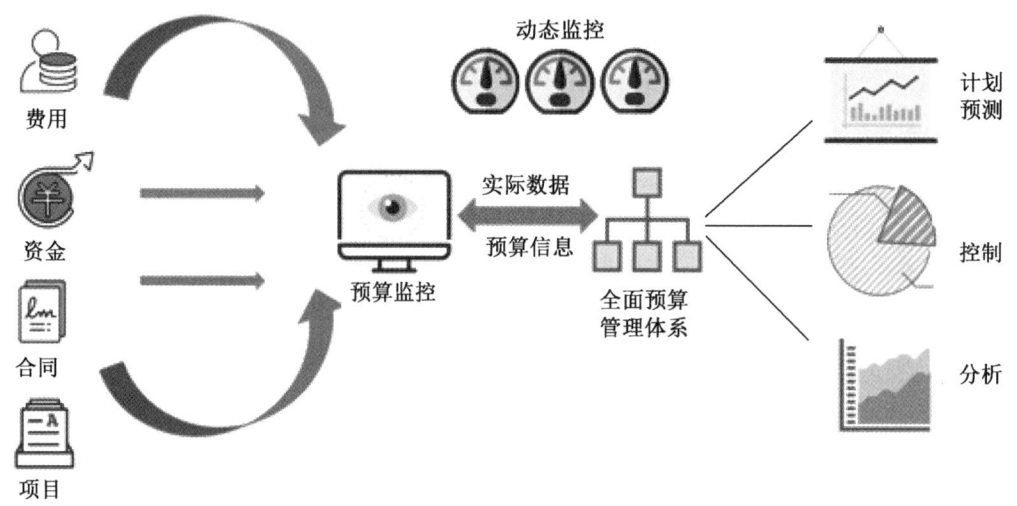

图21 预算全过程控制

2. 多维预算分析,全方位支撑企业战略决策

实现组织机构、产品项目、预算期间及预算版本等多维度的查询统计,异常数据可逐级穿透查询分析。支持指标分析、对比分析、环比分析等多种分析方法,提供智能驾驶舱、雷达预警、看板分析、智能报告等多种展现方式,全方位支撑企业战略决策。预算分析平台框架如图22所示。

(五) 资金管理场景

在资金管理方面,基于云原生和微服务架构的特性,平台囊括了资金计划、资金结算、票据管理、信贷管理、投融资业务、同业往来、企业现金和银企直连等一整套资金管理业务板

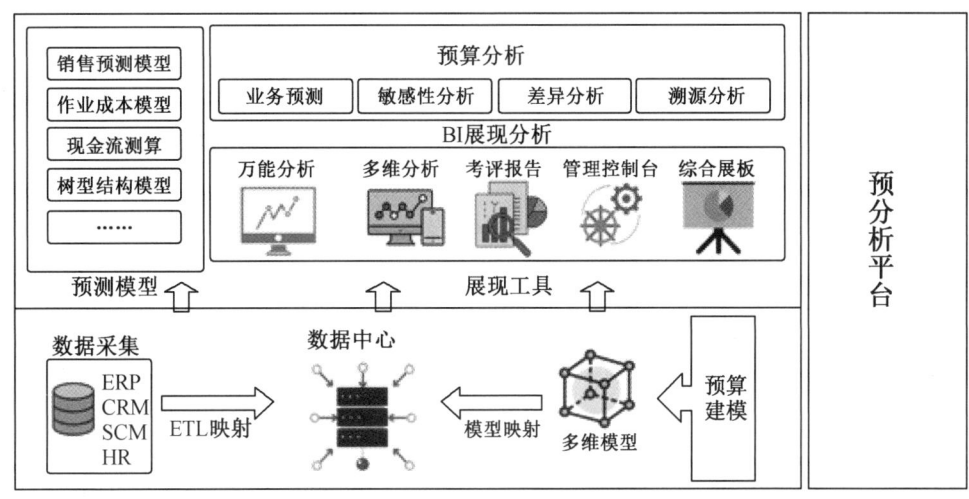

图 22　预算分析平台框架

块,可实现结合集团的资金收支预算,与集团内其他业务协同,实现集团资源优化配置,提高资金使用效率,降低财务风险,节约交易成本,产生规模效益。

1. 高性能的跨行结算,加快资金周转效率及可靠性

打造涵盖日常收支、合同收付、工资代发等各种场景的一站式高效不落地支付结算体系,支持集团成员单位间的内部结算以及资金中心、成员单位的对外结算,实现了对现金、票据、外汇、报销及工资等资金的收支管理,以及融资等业务的全流程结算与入账。

2. 精准的资金分析与业务预测,为管理决策提供支持

集团企业日常资金管理决策,必须有大量数据分析作为支撑。但不同管理层级能够接触到的数据范围不同,所需的分析口径也大相径庭,因此,对集团内部大数据的整合与分析就显得十分重要。

平台实时获取集团的资金数据,并进行可视化展示,可帮助管理层实时了解集团资金管理的重要指标,监控集团资金运转情况,实时掌握资金流入、资金流出趋势,监控重点项目的债权债务数据,实现企业资金预测,帮助企业进行融资的规划,为决策提供量化依据(图 23)。

图 23　资金决策分析可视化展示

3. 风险管控贯穿全流程，为企业经营保驾护航

风险管理是资金的重要内容。风险管理不构成一个独立的系统，而是嵌入在具体的资金业务过程中。通过对业务的多级审批和关键节点进行控制，加强各项业务审批流程管控力度；通过授信、预算与计划、账户头寸等实现对业务的额度预警与控制；通过关键的参数设置，如单笔支付限额、业务重复性检查、账户累积付款检查，加强对业务潜在风险的提醒和预警。通过对资金业务的跟踪和追溯，加强事后管理；同时对于贷款、票据、存款等业务可以采用灵活的预警方式，如自动发短信、发系统消息、发邮件等方式预警。

四、结语

大势将至，未来已来。历次科技革命都催生新的产业格局。当前，世界百年未有之大变局正在加速演变。智能技术无疑将成为经济增长的新动能、产业发展的新蓝海、高质量发展的新引擎。推动数字经济和实体经济融合发展，加快推进数字化转型势在必行。

企业数字化转型，财务先行。基于云原生与微服务的财务云顺应时代的浪潮，在未来的发展将进一步融合智能技术，使财务工作内容和工作方式向自动化、智能化、可视化、人机协同更深入转变。

参考文献

[1] 王兴山.数字化转型中的财务共享[M].北京：电子工业出版社，2018.

[2] 王兴山.数字化转型中的企业进化[M].北京：电子工业出版社，2019.

[3] 王文静.财务转型背景下的智能财务构建研究[J].财经界，2020(29)：179-180.

[4] 冯志勇，徐砚伟，薛霄，等.微服务技术发展的现状与展望[J].计算机研究与发展，2020，57(5)：1103-1122.

[5] 吴化尧，邓文俊.面向微服务软件开发方法研究进展[J].计算机研究与发展，2020，57(3)：525-541.

[6] 于戈，谷峪，鲍玉斌，等.云计算环境下的大规模图数据处理技术[J].计算机学报，2011，34(10)：1753-1767.

[7] 方意，朱永强，宫学庆.微服务架构下的分布式事务处理[J].计算机应用与软件，2019(1)：152-158.

[8] 施亭博.人工智能兴起对未来会计行业的影响[J].现代商业，2017(28)：122-123.

课题负责人：徐晓音
课题组成员：徐晓音、杨智
所在单位：浪潮通用软件有限公司

本项目由以下机构共同支持